기독교문서선교회(Christian Literature Center: 약칭 CLC)는 1941년 영국 콜체스터에서 켄 아담스에 의해 시작되었으며 국제 본부는 미국 필라델피아에 있습니다. 국제 CLC는 59개 나라에서 180개의 본부를 두고, 약 650여 명의 선교사들이 이동 도서차량 40대를 이용하여 문서 보급에 힘쓰고 있으며 이메일 주문을 통해 130여 국으로 책을 공급하고 있습니다. 한국 CLC는 청교도적 복음주의 신학과 신앙 서적을 출판하는 문서선교기관으로서, 한 영혼이라도 구원되길 소망하면서 주님이 오시는 그날까지 최선을 다할 것입니다.

| 추천사 1 |

이 승 진 박사
합동신학대학원대학교 예배설교학 교수

    본서 『초대교회 예배』는 기독교 예배가 시작된 초대교회 예배 예전의 신학적인 배경을 추적한 것이다. 공저자 후스토 L. 곤잘레스와 캐서린 군살루스 곤잘레스는 초대교회 예배를 구성하는 설교와 세례, 성찬의 신학적인 배경으로 먼저 유대교 예배를 집중적으로 분석하였다. 유대교 예배와 기독교 예배는 분명 예수 그리스도의 십자가 죽음과 부활에 대한 감사라는 신학적인 분수령으로 날카롭게 구분될 수 있다. 하지만 유대교 예배와 기독교 예배의 강력한 불연속성만큼은 아니더라도 두 예배의 연속성에 대한 이해가 기독교 예배의 신학적인 고봉을 더욱 탁월하게 부각시켜 주리라는 기대 역시 무시하기 어렵다.

    초대교회 예배는 유대교 예배의 배경 속에서 그러나 새로운 하나님의 계시 사건인 예수 그리스도의 십자가 죽음과 부활 사건에 필연적으로 뒤따르는 하나님의 말씀 선포와 세례를 통한 거듭남 그리고 예수님의 십자가 죽음과 부활을 기념하며 그리스도와의 연합을 위한 성만찬으로 구현되었고, 주후 3세기 이후에 더욱 정교한 신학적 배경과 전망 속에서 발전을 거듭해왔다.

    오늘날 기독교 예배 인도자의 역할을 감당하는 목회자와 신학생뿐만 아니라 기독교 예배 참석자인 기독교 신자들도, 거룩하신 삼위 하나님이 기뻐 받으실만한 예배를 온전히 올려드리기 위해서는 기독교 예배가 어떠한 신학적인 배경 속에서 형성되고 어떤 신학적인 초점 속에서 발전되어 왔는지를 잘 이해할 필요가 있다. 21세기의 예배자와 예배 인도자들이 초대교회 예배를 공부해야 하는 이유가 여기에 있다. 그것은 초대교회 예배를 오늘날에도 그대로 모방하거나 그대로 따라가기 위함이 아니다. 그보다는 저자가 거듭 강조하는 바와 같이, 기독교 예배를 구성하는 설교와 세례, 그리고 성만찬이 어떠한 신학적인 배경 속에서 발전해왔는지를 먼저 이해하는 것이 중요하기 때문이다.

저자에 의하면, 예배에서 하나님은 우리에게 말씀하시고, 우리는 그분의 말씀에 순종으로 응답하겠다고 서약한다. 또 예배에서 우리는 하나님께 말씀드리고 하나님은 우리의 간구에 응답하신다. 만약 이 대화에서 하나님의 말씀이 우리에게 평화와, 정의 그리고 사랑의 나라를 약속하신다면, 우리 예배는 우리가 반드시 평화와 정의 그리고 사랑 속에서 살아가야 할 것을 요청한다. 이 시대의 개인주의 예배는 초대교회의 통전적인 하나님 나라 예배로부터 그 신학적인 전망을 올바로 학습해야 한다.

본서를 통해서 독자들은 초대교회의 기독교 예배에 대한 신학적인 배경과 그들의 신학적인 관심사를 더욱 깊이 있게 이해함으로 오늘날 거룩하신 삼위 하나님에 대한 예배의 신학적인 지평과 전망이 더욱 풍요로워질 수 있기를 기대하며 일독을 권한다.

추천사 2

주 종 훈 박사
총신대학교 신학대학원 예배학 교수

이 책은 기독교 예배 이해와 실천을 위한 역사의 빛바랜 보화를 다시 닦아서 오늘날 예배 회복을 위한 가치 있는 자료로 사용할 수 있도록 다가온 선물이다. 예배 실천에 주목하며 역사를 연구한 캐서린 곤잘레스와 기독교 형성의 발전 과정에 포괄적인 관점을 갖고 역사를 연구한 후스토 곤잘레스는 초대 기독교 예배의 자원들을 우리 시대 예배 회복을 위한 토대와 안내로 새롭게 소개한다. 예배와 기독교 역사 연구의 두 베테랑을 통해서 주어진 이 책은 21세기 예배 회복을 위한 초대교회 유산의 가치와 의미를 명료하게 분석하며 동시에 실천을 위한 지혜를 담아낸 안내서이다.

이 책이 담고 있는 탁월함은 무엇보다도 초대교회 역사에 대한 예전적 접근에서 주어진다. 지금까지 초대교회 역사 연구는 대부분 핍박과 박해 가운데 발전한 기독교 공동체, 삼위일체와 그리스도에 대한 신학 논쟁 그리고 구원의 은혜성과 같은 주제에 집중해 왔다.

하지만, 초대교회의 주된 관심 가운데 하나는 그리스도를 통해서 주어진 복음에 공동체가 창의적으로 반응하는 방식과 과정으로 형성된 예배이다. 곤잘레스 박사 내외분은 예배를 초대교회 형성의 핵심 주제이자 해석의 틀로 사용해서 면밀하게 분석하고 오늘날 예배 구성과 실천의 방향성을 암시적으로 제시한다. 특히, 초대교회 예배가 지닌 유대교와의 연속성과 불연속성, 시간의 구조적 접근에 따른 교회력의 형성, 공동체로의 입문 과정 교육과 세례 예식, 성찬을 통한 공동체성 강화와 성찬 예식의 발전에 관한 해박한 설명과 분석은 예전적 관점으로 역사를 이해하는 곤잘레스 부부의 탁월한 기여로 볼 수 있다.

더불어 이 책은 오늘날 기독교 예배 회복을 위해 노력하는 과정에서 주목받는 이른바 'Ressourcement'의 한 예시를 적절하게 제시해 준다. 예배의 회복은 이전에 없던 전혀 새로운 쇄신이나 실험적 실천에서 이루어지지 않는다. 오히려 기독교 역사에서 발전한 예배 구조와 구성에 대한 기본적인 방식을 존중하면서 그 실천이 지닌 신학적 의미를 우리 시대에 이끌어낼 때 예배의 회복이 가능하다.

곤잘레스 부부는 이 책을 통해서 초대교회 예배를 하나의 낭만적 모델로 제시하지 않고, 역사적으로 사례로 간주하면서, 우리 시대 예배 회복을 위한 원리를 제시하는 신학적 분석과 해석을 꼼꼼하게 담아내고 있다. 특히, 예배 구성과 실천에 대한 초대교회의 한두 개의 문헌에 의존하지 않고, 로마교회를 넘어서서 동서방교회의 유산을 균형 있게 분석하고 소개하는 것은 곤잘레스 부부의 학문적 탁월함에서 주어진 것으로 볼 수 있다.

이처럼 곤잘레스 박사 내외분은 이 책을 통해서 초대교회 역사의 흐려진 부분 곧 기독교 공동체의 예배를 우리 시대 독자들에게 더욱 선명하게 들여다볼 수 있도록 초청한다. 그런데 곤잘레스 부부의 초청은 초대교회 역사의 발전에서 주어진 순교와 영웅 이야기나 신학 논쟁에 따른 계보 확인이 아니라, 기독교 공동체 형성의 핵심 실천인 예배 구성과 발전에 대한 원리와 의미들을 우리 시대의 독자들에게 선명하게 제시해서 직접 활용할 수 있는 교훈을 담아낸 지혜로운 안내와 같다.

이 책은 초대교회를 연구하는 역사학자들과 연구가들뿐 아니라, 기독교 예배 회복의 새로운 방향과 과제를 모색하는 목회자, 신학생 그리고 다양하고 전문적인 영역에서 예배 사역을 담당하는 실천가들에게 구체적이고 유익한 자원이 될 수 있기에 적극 추천한다.

| 추천사 3 |

최 승 근 박사
장로회신학대학교 예배설교학 교수

기독교 신앙의 뿌리와 교회의 시작에 관심이 있는 그리스도인에게 고대(또는 초대) 교회와 고대 그리스도인들은 매력적인 주제입니다. 특히 그들의 예배는 더욱 그렇습니다. 예배는 신앙을 형성하고 표현하는 장이기 때문입니다. 그래서 고대교회의 예배와 관련된 연구들은 계속 이어져 왔습니다. 『초대교회 예배』(Worship in the Early Church)도 그 제목 자체에서 분명하게 밝혀지듯이 그러한 연구 중 하나입니다.

이 책의 공동 저자인 후스토 곤잘레스와 캐서린 곤잘레스 부부 박사는 서로마 제국이 멸망할 때까지의 시기를 고대 기독교 시대로 이해합니다. 그들은 고대 기독교 시대를 "유대-기독교", "주후 100년부터 313년까지", "콘스탄틴 황제부터 침략까지"로 나누어 각 시기의 역사적 상황 및 배경을 설명한 후, (주일)예배의 모습과 특징을 설교, 세례, 성찬, 시간, 장소, 관례의 영역에 초점을 맞추어 다룹니다. 그리고 서로마 제국의 멸망이 예배에 끼친 영향을 간략하게 서술하고, 우리가 고대교회 예배로부터 얻을 수 있는 통찰력을 제시하면서 책을 마무리합니다.

『초대교회 예배』는 고대교회 예배의 모습과 특징을 단순히 기술하는 데 그치지 않습니다. 또한, 일부 학자들처럼 고대 교회 예배를 우리가 (꼭) 따라야 할 패러다임이나 모델로 제시하지도 않습니다. 저자들이 분명하게 밝혔듯이, 이 책은 고대 그리스도인들의 예배를 통해서 오늘날 우리가 예배를 위해 얻을 수 있는 통찰력이 무엇인지에 집중합니다. 저자들이 설교, 세례, 성찬, 등의 제한된 영역만 다룬 이유도 오늘날 교회의 주일예배에 밀접하게 관련된 것들이기 때문입니다. 곤잘레스 부부 박사는 『초대교회 예배』를 집필한 목적이 고대교회의 예배를 통해 우리의 예배를 살펴보고, 예배와 관련되어 일어나는 여러 논쟁에 도움이 되는 통찰력을 제공하는 것이라고 말하는데, 개인적으로 그 목적이 상당 부분 달성되었다고 여겨집니다.

그동안 많은 저서를 저술한 후스토 곤잘레스 박사는 최근에 고대 기독교와 관련된 다양한 주제의 저서들을 계속해서 쓰고 있습니다. 곤잘레스 박사는 글을 쉽고, 명쾌하고, 흥미진진하게 서술하면서 풍성하고 통찰력 있는 내용을 전달하는데 탁월합니다. 『초대교회 예배』에도 이러한 탁월성이 나타나고 있습니다. 예배를 공부하는 신학생과 목회자는 물론이고, 일반 신자들도 쉽고 재미있게 읽을 수 있는 책이라 생각합니다.

2022년에 출간된 책을 한국어 독자들이 쉽게 접할 수 있도록 이른 시일 내에 번역하고 출판하신 김상구, 배영민 박사님과 기독교문서선교회(CLC) 출판사 여러분에게 감사드립니다. 『초대교회 예배』를 통해서 우리의 예배를 다시금 돌아보고, 하나님 앞에서 우리가 드린 어제의 예배보다 내일의 예배가 조금 더 나아질 수 있기를 바랍니다.

초대교회 예배

Worship in the Early Church
Written by Justo L. Gonzalez & Catherine Gunsalus Gonzalez
Translated by Sang Koo Kim, Young Min Bae

Copyright © 2022 by Westminster John Knox Press.
Originally published in English under the title Worship in the Early Church by Westminster John Knox Press, 100 Witherspoon Street, Louisville, Kentucky, 40202-1396, U.S.A.,
All rights reserved.

Translated and printed by permission of Westminster John Knox Press.
Korean Edition Copyright © 2024 by Christian Literature Center, Seoul, Korea.

초대교회 예배

2024년 02월 07일 초판 발행

지 은 이	|	후스토 L. 곤잘레스, 캐서린 군살루스 곤잘레스
옮 긴 이	|	김상구, 배영민
편 집	|	이신영
디 자 인	|	박성준, 서민정
펴 낸 곳	|	(사)기독교문서선교회
등 록	|	제16-25호(1980. 1. 18.)
주 소	|	서울특별시 동대문구 천호대로71길 39
전 화	|	02-586-8761~3(본사) 031-942-8761(영업부)
팩 스	|	02-523-0131(본사) 031-942-8763(영업부)
이 메 일	|	clckor@gmail.com
홈페이지	|	www.clcbook.com
송금계좌	|	기업은행 073-000308-04-020 (사)기독교문서선교회
일련번호	|	2024-14

ISBN 978-89-341-2649-2 (93230)

이 책의 저작권은 Baker Publishing Group과(와) 독점 계약한 (사)기독교문서선교회가 소유합니다.
신저작권법에 의하여 한국 내에서 보호를 받는 저작물이므로 무단 전재와 무단 복제를 금합니다.

Worship in the Early Church
초대교회 예배

후스토 L. 곤잘레스, 캐서린 군살루스 곤잘레스 지음

김상구, 배영민 옮김

CLC

목차

추천사 1 **이승진 박사** | 합동신학대학원대학교 예배설교학 교수   1
추천사 2 **주종훈 박사** | 총신대학교 신학대학원 예배학 교수   3
추천사 3 **최승근 박사** | 장로회신학대학교 예배설교학 교수   5

약어표   14
독자에게 드리는 글   15
역자 서문   18

시작하는 글   21

제1부 유대-기독교   28

제1장 배경: 유대교 예배(Jewish Worship)   29

1. 유대교 예배: 기독교 예배의 산실   29
2. 역경의 시간: 고대 유대교 예배의 배경   32
3. 성전   37
4. 성경   41
5. 유대 민족의 다양성   44
6. 회당과 디아스포라   47
7. 유대인 디아스포라   52
8. 달력과 시간들, 유대인의 정체성   55
9. 개종자들과 하나님을 경외하는 자들   62
10. 성전 파괴와 회당으로부터의 축출   66

제2장 유대교 예배와 유대-기독교 예배   68

1. 자료들과 한계   68
2. 성전과 그 예배   73
3. 균열   77

제3장 유대-기독교의 메시지   82

1. 비시디아 안디옥의 사례   87
2. 기독교 교회의 설교   90
3. 원거리 설교로서의 서신서   95
4. 성경 해석   98

제4장 교회력　　　　　　　　　　　　　　　　　102

1. 유대 달력의 연속　　　　　　　　　　　　　102
2. 주간 달력에 대한 새로운 관심　　　　　　　107
3. 연간 달력　　　　　　　　　　　　　　　　　109

제5장 개종에서 세례까지　　　　　　　　　　　112

1. 개종과 예배　　　　　　　　　　　　　　　112
2. 유대교의 선례들　　　　　　　　　　　　　115
3. 예수님과 세례　　　　　　　　　　　　　　118
4. 바울과 사도행전에 나타난 세례　　　　　　122
5. 신약의 다른 책들　　　　　　　　　　　　　128
6. 세례의 집례　　　　　　　　　　　　　　　129
7. 세례와 하나님의 백성　　　　　　　　　　　133

제6장 성찬　　　　　　　　　　　　　　　　　134

1. 몇 가지 기본적 사실들　　　　　　　　　　134
2. 바울 신학의 유월절과 성찬　　　　　　　　137
3. 요한 신학의 유월절과 성찬　　　　　　　　140
4. 새로운 유월절　　　　　　　　　　　　　　148
5. 성찬의 관례　　　　　　　　　　　　　　　150

제2부 주후 100년부터 312년까지　　　　　　　159

제7장 새로운 상황들　　　　　　　　　　　　160

1. 점증하는 이방인 기독교　　　　　　　　　　160
2. 국가, 사회 그리고 문화에 앞서는 교회　　　167
3. 자료의 출처　　　　　　　　　　　　　　　170

제8장 설교　　　　　　　　　　　　　　　　　176

1. 서신들과 설교들　　　　　　　　　　　　　178
2. 헤르마스의 설교　　　　　　　　　　　　　183
3. 클레멘트 제2서　　　　　　　　　　　　　186
4. 바나바 서신서와 알렉산드리아학파의 알레고리　188
5. 사르디스의 멜리토(Melito of Sardis)　　　199

제9장 세례   204

    1. 새로운 상황들: 세례 예비자과정   204
    2. 세례 집례: 장소와 시간   215
    3. 세례 집례: 의식 자체   217
    4. 일부 신학적 이슈들   226
    5. 다양한 관점들   236
    6. 공통점   240

제10장 성찬   243

    1. 신자들의 기도   243
    2. 평화의 인사   248
    3. 봉헌과 성찬 자체   251
    4. 몇 가지 신학적 이슈들   257

제11장 시간, 장소 그리고 관례   262

    1. 시간: 일요일   262
    2. 시간: 부활절   264
    3. 시간: 부활절 전후의 시간   271
    4. 시간: 일과들   274
    5. 장소들: 가정, 교회 그리고 카타콤   277
    6. 음악   280
    7. 일상생활에서의 실천   283
    8. 한 시대의 끝   297

제3부 콘스탄틴 황제부터 침략까지   299

제12장 새로운 상황들   300

제13장 설교   309

    1. 가이사랴의 바질(Basil of Caesarea)   314
    2. 존 크리소스톰   317
    3. 밀라노의 암브로스   323
    4. 히포의 어거스틴   326
    5. 대 레오   331

제14장 세례 예식의 확장　　　　　　　　　　337
　1. 세례 예비자과정　　　　　　　　　　　　337
　2. 세례 예식　　　　　　　　　　　　　　　345
　3. 세례의 의미　　　　　　　　　　　　　　351

제15장 성찬 예식의 확장　　　　　　　　　　359
　1. 고정된 형식과 화려한 의식　　　　　　　359
　2. 동방과 서방의 위대한 예전 계보들　　　369
　3. 신학적 강조점들　　　　　　　　　　　　370

제16장 시간, 장소, 그리고 관례　　　　　　　377
　1. 시간: 달력　　　　　　　　　　　　　　　377
　2. 장소: 바실리카　　　　　　　　　　　　　381
　3. 장소: 다른 건축물들　　　　　　　　　　387
　4. 관례　　　　　　　　　　　　　　　　　　388

제4부 침략 이후　　　　　　　　　　　　　　　393

제17장 새로운 시대　　　　　　　　　　　　　394
　1. 침략　　　　　　　　　　　　　　　　　　394
　2. 침략이 예배에 미친 영향: 설교　　　　　400
　3. 침략이 예배에 미친 영향: 세례　　　　　402
　4. 침략이 예배에 미친 영향: 성찬　　　　　406
　5. 장소와 관행　　　　　　　　　　　　　　408

제18장 나가는 글: 어제와 내일 사이에 있는 오늘의 예배　　412
　1. 첫 번째 기간: 유대-기독교　　　　　　　414
　2. 두 번째 기간: 주후 100년부터 313년까지　　416
　3. 세 번째 기간: 콘스탄틴부터 침략까지　　419
　4. 네 번째 기간 : 침략 이후　　　　　　　　423
　5. 우리 예배의 근본적인 변혁을 향하여　　425

약어표

ANF	Ante-Nicene Fathers(니케아 이전 교부들)
BAC	Biblioteca Autores Cristianos(기독교 작가 도서관)
FoC	Fathers of the Church(교부들)
Mansi	Sacrorum conciliorum amplissima collectio(신성한 회의의 방대한 모음)
NPNF1	Nicene and Post-Nicene Fathers, Sereis 1(니케아와 니케아 이후 교부들, 시리즈 1)
NPNF2	Nicene and Post-Nicene Fathers, Sereis 1(니케아와 니케아 이후 교부들, 시리즈 2)
PG	Patrologia Graeca, Migne(미그네의 헬라어 교부집[미그네(1800-1875) 프랑스의 신학자, 사제)]
PL	Patrologia Latina, Migne(미그네의 라틴어 교부집)

* 주(註): ANF와 NPNF1, NPNF2의 인용함에서 보다 현대적인 용법에 부합하도록 변경시켰다.

독자에게 드리는 글

본서는 두 명의 저자가 유사하지만, 각자 다른 경로를 취한 연구의 결과물이다. 원래 캐서린(Catherine)의 관심은 예전과 예배에 집중되어 있었지만, 점차 그것은 신학과 역사에 관한 연구로 이어졌다. 그녀가 예배에 흥미를 느끼고 있었던 반면, 후스토(Justo)는 신학에 특별한 관심이 있었다. 그리고 그 역시 역사 연구―특별히 신학의 역사―와 한편으로는 예배와 그 관행 그리고 다른 한편으로는 예배와 교리 사이의 뗄 수 없는 관계에 대해서 느리지만 지속적인 발견을 하게 되었다.

이렇게 다른 두 경로를 취했던 두 사람은 이제 신학의 발전뿐만 아니라 교회사를 이해하기 위해 예배의 역사가 절대적으로 필요하다고 생각하는 데에 의견을 모으게 되었다. 그러한 배경을 고려할 때, 본서가 공동으로 집필되었다는 사실을 주목하는 것이 중요하다. 그러나 그것은 각자가 장들을 나누어서 집필했다는 의미가 아니라, 오히려 본서에 무엇을 포함해야 할지 함께 토론하고 초안을 작성하며, 구할 수 있는 고대 저술들과 다른 자료들에서 필요한 연구를 함께 수행했던 완전한 협업이라는 점에서의 공동 집필을 의미한다.

비록 본서가 기독교 예배의 역사를 다루고 있지만, 그것은 예배의 역사는 아니다. 예배 역사 자체의 분야는 거대하고, 거기에는 전문가들도 여전히 토론 중인 방대한 문제들이 있다.

수많은 기독교 예배 역사가 있지만, 이런 역사는 논쟁의 여지가 많은 문제를 다룰 필요가 있다는 이유만으로 일반 독자들로서는 쉽게 접할 수도 없고, 흥미도 느끼지 못하게 된다. 그 역사는 다양한 실례들의 세부 상황에 관한 이해, 찬송가 혹은 고대 공식(formula)의 진화에 관해서 분명히 도움이 되고, 이런 사실은 매우 가치가 있다.

이 점에서 우리의 목표는 더욱 온건하면서도 보다 긴급하다. 우리는 독자들에게 예배의 각 요소에 관한 상세한 토론을 제공하려는 것이 아니다.

우리가 바라는 것은 단지 예배 인도자들과 일반 신자들이 자신들의 예배를 고대교회의 예배와 관련시키는 것을 도와주는 것이다. 그것은 하나가 다른 하나보다 낫다는 이유 때문이 아니라, 세대와 세기들 사이의 그 대화가 오늘날의 예배를 풍성하게 할 통찰력으로 인도해 줄 것이기 때문이다. 또한, 교회는 바로 예배로 인해서 존재하고, 또한 오랜 세월에 걸쳐 존재해 왔기 때문이다.

너무나 중요하지만, 오늘날 대부분 교회의 주간 예배에 직접 관련이 없는 몇몇 예식, 관행, 맥락에 관해 본서가 거의 혹은 전혀 언급하지 않는 것은 바로 이것 때문이다. 이것은 목사들과 지도자들이 선발되고 안수받거나, 혹은 임명 받는 방식, 결혼예식의 역사, 수도원 예배 시간의 세부사항, 다양한 예전 방식들의 기원과 많은 그 외의 사안들을 포함한다. 중요한 것으로 여겨질 때, 이러한 문제들과 관행들의 일부를 언급했지만, 그러한 것들이 본 연구의 초점은 아니었다.

그 초점은 대부분의 개신교 교회의 통상 주일 예배에 가장 밀접하게 관련되는 고대교회의 예배 요소들이다. 예배에서 이러한 공통적이고 필수적인 요소들은 기본적으로 설교, 세례 그리고 성찬, 세 가지이다. 따라서 본서의 각 장에서 그 세 가지 주제를 통상적으로 동일한 순서로 연구할 것이다.

우리가 관심을 가진 것은 무엇이 말해지고 행해졌는지가 아니라, 오히려 왜 그러한 일이 말해지고 행해졌는지에 관한 것이다. 다시 말하자면 예배의 관행 그 자체가 아니라, 그 관행에서 표현되고 그로 인해 형성된 신학 혹은 신학들이다. 따라서 우리는 현재 예배에 관한 대부분의 성과 없는 논쟁을 넘어, 예배 자체를 형성하는 교회와 복음에 대한 더 깊은 이해와 탐구로 나아가기를 소망한다.

간단히 말해서, 우리의 목적은 예배의 역사를 알리는 것이 아니라, 독자들이 고대 기독교 예배의 귀중한 요소에 접근할 수 있도록 돕는 것이다. 그것은 우리 자신의 예배와 교회로서 우리의 사명에 관한 성찰과 현재의 논쟁에 도움이 될 수 있을 것이다. 만약 본서가 이러한 면에 이바지한다면, 그것은 우리에게는 너무나 큰 보상이 될 것이다.

| 역자 서문 |

김 상 구 박사
백석대학교 실천신학 교수

　본서(초대교회 예배[*Worship in the Early Church*])는 저명한 신학자이자, 격찬을 받고 있는 『기독교 사상사』(CLC 刊)의 저자인 후스토 곤잘레스(Justo L. González)와 그의 아내인 예배학자 캐서린 곤잘레스(Catherine Gunsalus González)가 협업을 통해서 공동으로 집필한 역작이다.
　두 사람은 신학의 발전만 아니라, 교회사를 이해하기 위해서는 예배의 역사가 절대적으로 필요하다는데 의견을 모았다. 그러나 본서는 단순히 기독교 예배의 역사를 알리는 것에 그치지 않고, 그리스도인들이 자신들의 하나님에 대한 신앙에 함께 참여하는 모든 것을 의미하는, 가장 넓은 의미에서의 기독교 예배 자체를 다룸으로써 고대교회가 우리를 가르칠 수 있는 관행과 경험이 무엇인지 숙고하도록 촉구한다.
　교회는 예배로 인해서 오랜 세월에 걸쳐 존재해 왔고, 세대와 세기들 사이의 대화가 오늘날의 예배를 풍성하게 할 통찰력으로 인도해 줄 것이기 때문이다.
　본서는 초대교회의 역사를 총 4부 18장으로 나누어 기술하고 있다. 제1부는 유대-기독교, 제2부는 주후 100년부터 313년까지, 제3부는 콘스탄틴 황제로부터 침략까지, 마지막 4부는 침략 이후의 시대이다. 각부에서는 시대적 배경과 예배의 요소인 설교, 세례, 성찬 및 시간, 장소 그리고 관례 등의 발전 과정을 매우 상세하게 기술하고 있다.

저자에 의하면, 우리가 본서로부터 배울 수 있는 교훈은 **첫째**, 고대교회가 예배와 그 기능에 대해서 가졌던 기본적인 비전은 참된 예배는 하나님과 하나님 백성 사이의 대화로서 항상 양방향이라는 점이다. **둘째**, 현재 교회의 예배는 하늘의 지존하신 분의 보좌 앞에서 일어나는 훨씬 광대하고 영화롭고 압도적인 예배의 일부이다. **셋째**, 예배의 근본 목적은 하나님의 백성을 개인뿐만이라거나, 혹은 개인이 주가 아니라, 지체 모두를 하나의 백성으로서 공동으로 만들고 강화시키는 것이다.

저자는 궁극적으로 다음과 같이 주장한다.

> 교회의 주된 기능은 하나님의 백성이 되는 것이다. 교회의 예배 생활은 하나님의 백성이 형성되는 모루(anvil)가 되어야 한다. 예배는 우리가 참으로 하나님의 백성과 그리스도의 몸이 되도록 도와주는 것이 되어야 한다. 중요한 것은 내 신앙, 혹은 나의 순종, 혹은 나의 거룩함이 아니라, 오히려 이 백성, 우리가 '교회'라고 부르는 이 몸의 신앙, 순종, 거룩함이고, 이것이 곧 초대교회의 예배를 바로 이해하는 것이다.

역자 또한 저자가 그러하듯 개인주의 혹은 집단이기주의가 팽배한 오늘날, 본서가 독자들에게 안내자의 역할을 하게 되기를 소망한다. 그것은 우리가 고대교회를 단순하게 모방하는 것이 아니라, 그 힘의 깊은 뿌리를 재발견할 수 있게 되어 미래세대에게 우리 신앙의 조상들이 우리에게 남겼던 것과 유사한 유산을 남겨주는 것이다.

본서가 나오기까지 도움을 주었던 손길을 잊을 수 없다. 예배학 전문가로서 본서의 초역을 해주신 배영민 박사님께 감사를 드린다. 배 박사님과는 이미 여러 권의 책을 공역하였으며, CLC에서 출간한 것으로는 『예배와 설교』(2015), 『기독교 예배학 개론』(2017), 『성경에 따라 개혁된 예배』(2020), 『종교개혁자들의 예배 예전』(2022), 『예수님처럼 예배하라』(2023)가 있다. 그리고 본서의 가독성을 위해 백석대 기독교전문대학원생인 박주명 전도사님의 도움과, 함께 강독하며 격려해준 기독교전문대학원 예배학 콜로키움 회원들에게 감사의 마음을 전한다.

끝으로, 주옥같은 추천서로 본서를 한층 돋보이게 하신 합동신학대학원대학교 이승진 교수님, 총신대학교 신학대학원 주종훈 교수님, 장로회신학대학교 최승근 교수님께 감사함을 표한다. 책이 출간될 때마다 한국 교회 예배 갱신을 위하여 흔쾌히 추천사를 써 주셨던 이 분들의 노고에 진심으로 감사를 드린다. 본서를 출간하는 데 있어서 큰 도움을 주신 기독교문서선교회 박영호 목사님께 깊이 감사드린다.

2023년 12월
방배동 연구실에서

시작하는 글

본 연구의 범위, 제한 그리고 일반적인 특성

고대 기독교 예배 자체라는 주제로 들어가기 전에, 독자들에게 다음에 나올 내용, 그 구성방법 및 지향하는 목표에 대한 일반적인 아이디어를 드리는 것이 도움이 될 것이다.

우선, 일반적인 주제로서 예배에 관한 것이다. 우리 둘 다 교리와 기독교 사상의 역사는 물론 교회의 삶과 조직, 세상에 미치는 영향, 또한 다른 유사한 주제들에 오랫동안 연구해 왔다. 그런데 또 다른 주제가 우리를 사로잡았고, 그것은 실제 기독교 역사의 이런 다양한 측면들을 결속시키는 역할을 한다. 그 주제는 바로 예배―특히 회중이 공동으로 하나님을 예배하는 시간과 또한 예배에 수반되는 다양한 관행에 의해서 의미하는 예배―이다.

종교를 이해하기 위해서는 그 교리나, 구성방법, 혹은 사회에 어떤 영향을 주는지를 아는 것만으로는 충분하지 않다. 예배 중의 신앙 표현 또한 반드시 고려되어야만 한다. 예를 들면, 고대 아즈텍(Aztecs) 종교를 이해하기 위해서는 그들이 자신들의 신, 사물의 기원, 자기 민족의 출현에 관해서 말한 것을 아는 것만으로는 충분하지 않다.

또한, 사회 질서 속에서 표현된 그러한 고대 신화들 속에서의 방식을 고려하는 것만으로도 충분하지 않다. 우리는 아즈텍 예배―그 제사, 의식들, 그리고 기도들―를 고려해야만 한다. 힌두교, 불교, 이슬람교, 혹은 다른 어떤 종교의 경우도 마찬가지이다. 종교가 그 추종자들의 삶에 가장 큰 영향을 미치는 것은 바로 그―공동의, 가정 혹은 개인―예배를 통해서이다.

이것은 교리를 아는 것 심지어 교회가 구성되었고, 주변 사회에 관련되는 다양한 방식의 역사를 아는 것조차도 기독교를 이해하는 데에는 충분하지 않다는 사실을 의미한다. 우리는 또한 기독교 예배-그리스도인들이 자신들의 하나님에 대한 신앙에 함께 참여하는 모든 것을 의미하는 바로 가장 넓은 의미에서의 예배-를 이해해야만 한다. 따라서 우리 두 사람 다 기독교 사상사와 교회 자체의 역사에 관해 많은 양을 집필해왔지만, 이제는 기독교 예배 자체를 다루는 것이 필요하다고 생각한다.

본서는 고대교회에 한정되어 있고, 이를 통해 전형적인 고대교회를 이해한다. 일반적으로 이 특정 시기는 특별히 5세기 초에 게르만족 침략(Germanic invasions)으로 끝났다고 간주되기 때문에, 우리 연구도 그러한 침략들과 그것이 서방 예배에 가져온 가장 직접적인 결과들로 끝을 맺는다. 이러한 것이 독단적으로 보일 수도 있고, 어떤 의미로는 그렇기도 하다.

그렇지만 본 연구 전체를 통해서 우리는 또한 교회 생활의 저러한 처음 수 세기에서 배울 것이 많다는 사실-특히 교회가 예배를 통해서 자신의 신앙을 어떻게 표현하고 형성했는지-을 보여주려고 한다.

이렇게 해서 1세기-예수님과 그분의 첫 제자들이 살았던 시기-에 맞추어 시작하고 게르만족의 침략과 그 결과들로 끝내려고 한다면 또한 우리가 말하는 이야기를 이해할 수 있도록 그 사이의 시간을 일련의 기간으로 나누어야 한다.

교회의 역사를 검토함에서, 우리는 자주, 박해가 끝나고 국가가 교회를 지지하기 시작했던 콘스탄틴(Constantine)의 통치 시기를 큰 전환점으로 이해한다. 이런 분할 방식은 중요하고, 여기서도 그것을 사용할 것이다. 그러나 그 전에 또 다른 전환점을 언급하는 것이 중요하다. 그 변화들은 적어도 콘스탄틴 정책에 뒤따른 변화들만큼 중요하다.

종종 가볍게 넘어가는 이 첫 번째 분할점은 회당과는 별개 기관으로서, 그리고 교회와 유대교와는 별개 종교로서 기독교의 시작이다. 한 세대 이상 지속하는 동안, 유대인들과 사회 전체, 또한 교회 자체도 교회를 다양한 운동과 종파로 내적 활력을 보여주었던 유대교 내의 또 다른 종파에 지나지 않는 것으로 보았다. 그 기간에 그리스도를 믿는 신자들은 유대인의 후손이거나, 혹은 오랫동안 유대교의 많은 교리와 관행들을 받아들였던 이방인들(비유대인들[Gentiles])이었다.

"하나님을 경외하는 자들"(God-fearers)인 유대인들에 대해서는 이후에 다시 언급할 것이다. 우리는 그 다음에 "유대-기독교"(Judeo-Christianity)에 관해 말할 것이다. 그런 상태는 적어도 1세기까지, 어떤 경우에는 더 오래갔다.

첫 번째 기간을 연구하면서, 우리는 이스라엘의 신앙이 오늘날 우리가 유대교로 알고 있는 것으로 이어지는 격심한 탈바꿈의 과정을 겪었으며, 그 조상의 종교와는 여러 가지 점에서 다르다는 사실을 인정하지 않으면 안 된다. 고대 기독교 예배의 전개와 또한 교회 자체의 기원들을 이해하기 위해서는, 그 첫 세기 동안 이스라엘 신앙의 변천과 변화, 그리고 그 결과들을 고려해야만 한다. 왜냐하면, 유대-기독교의 출현과 발전이 이스라엘의 저러한 발전되는 신앙 내부에서 일어났기 때문이다.

마찬가지로 중요한 또 다른 문제는 그 시기에 유대교가 아브라함의 후손에게만이 아니라, 자신들의 전통적인 종교에 환멸을 느껴서, 세상을 이해하고 고대 이교도가 제안했던 것보다 훨씬 적절한 삶을 꾸리려는 방법을 모색했던 많은 사람에게 아주 매력적이었다는 점이다.

그렇게 진화하는 유대교 안에서 유대인 그리스도인들—그 시기에 사실상 모든 그리스도인—은 허락되는 한 회당에 오래 남기를 추구했지만, 동시에 자신들만의 예배와 기도 관행이 회당의 것과 평행되도록 발전시키고 있었다. 이러한 관행들은 이스라엘의 전통뿐만 아니라, 아브라함과 그의 후손들에게 주신 고대 약속들의 완성으로서 예수 그리스도를 믿는 믿음에 의해서 깊은 영향을 받았다.

특히, 1세기 말 이후에, 교회에 더욱 더 이방인들이 많아지면서 기독교와 유대교는 계속 갈라졌다. 여전히 이스라엘의 신앙과 그 경전에 깊게 뿌리박고 있었지만, 기독교는 사실상 모든 연결이 끊어져 버렸던 유대교와는 다른 종교로 스스로를 이해하고 있었다. 그 시점에서, 우리는 유대교의 예배와는 다른 기독교 예배를 숙고하기 시작해야 한다. 처음부터 유대-그리스도인들은 더욱 전통적인 이스라엘의 신앙형식을 유지했던 사람들과는 달랐지만, 이제는 그러한 갈등이 늘어났고, 심지어는 사실상의 적대감을 가지게 되었다.

따라서 이제 우리 이야기 안에서 두 번째 기간에 들어가게 되고, 이것은 대부분 비유대적 기독교 형식의 시작부터 콘스탄틴과 그의 후계자들이 세웠던 새로운 정책들이 가져온 거대한 영향까지 이어지게 된다.

두 번째 기간 동안 교회는 한편으로는 유대교와 구별되지만, 다른 한편으로는-항상 이스라엘의 역사와 그 고대 종교의 정당성을 역설하면서-주변사회와 비교해서 유대교에 동질감을 주는 예배 형식을 발전시켰다. 그러나 이곳은 사회에서 소외되었고, 점점 심해지는 잔인한 박해로 강한 적대감을 드러냈던 정치적인 분위기 속에서 반복적으로 핍박과 위협을 받아왔던 교회였다.

그 시기의 문서들은 한편으로는 유대교에, 다른 한편으로는 이교도를 반대하는 이중 논쟁을 입증한다. 그러한 상황에서, 교회는 이스라엘의 성경에 근거하지만, 반면에 유대교와는 구별되는 기독교라는 정체성을 유지할 수 있는 예배와 종교적 관행들을 발전시키는 것이 필요하다고 판단했다.

세 번째 기간이 시작되었다. 두 번째 기간 동안 교회가 발전시켰던 예배와 종교적 관행들은 4세기에 콘스탄틴의 새로운 정책으로 근본적으로 바뀌었다. 그래서 4세기 말경에는 기독교는 제국의 공식적인 종교가 되었다. 이 시기에 기독교의 정체성은 점차 혼란스러워졌고, 그리스-로마(Greco-Roman)의 정체성과 결합되었다. 그래서 기독교는 급성장하는 추종자 무리에게 적어도 기독교 신앙의 기본을 가르칠 필요가 있었다. 마찬가지로 필요했던 것은 그들이 그리스-로마의 유산에서뿐만 아니라, 무엇보다도 예수 그리스도의 복음, 또한 성경과 이스라엘 민족의 신앙으로부터 반드시 자신들의 정체성을 발견하도록 확인하는 것이었다.

그 결과 점차 정교한 예배 형태가 되었고, 이것은 제국의 지원을 향유하는 교회에 어울리는 것처럼 보였다. 동시에 많은 교회 지도자가 교회의 이익과 국가의 이익이 점점 더 혼란스러워지는 제국 내에서 교회의 정체성을 반복적으로 재확인하려는 시도로 이어졌다.

그런 다음 제국 자체가 분열되었다. 4-5세기에 일련의 계속된 침략이 있었다. 다양한 게르만족(Germanic peoples)―그리고 게르만 출신이 아닌 민족들(non-Germanic)―이 구 로마 제국의 서방 지역에 정착하기 위해 라인강과 다뉴브강 접경을 가로질러 왔다. 그들은 그곳에서 비교적 독립적인 왕국을 세웠지만, 얼마 동안은 자신들을 이론적으로는 제국의 신하들이라고 간주했다. 헬라어를 사용하는 동방에서 구 로마 제국은 이제 비잔틴 제국(Byzantine Empire)이 되었으나, 곧 이슬람의 침략으로 영토를 잃게 되었다. 이러한 이유로, 그중에서도 특히 게르만족의 침략 이후에 서방의 기독교는 동방의 기독교와는 다른 길을 걷게 되었다.

서방에서, 이러한 사건들은 전통적인 고대에 종지부를 찍고 중세로 가는 길을 열게 된 여러 상황을 야기했다. 예배와 기도의 분야에서도 다수의 변화를 가져왔다. 이에 관해서 본 연구의 말미에 간단히 언급하겠지만, 당면 과제의 연대기적 제한범위를 넘는 것이기 때문에 충분한 토론은 하지 않을 것이다.

이 이후에, 예배의 몇몇 요소들과 차원들이 중시되어야만 한다. 아마 가장 중요한 것은 예배가 하나님과 맺는 양방향 관계일 것이다. 예배는 하나님의 백성이 주권자 하나님께 드리는 찬양이다. 그러나 이 주권자 하나님께서 사람들에게 하시는 것은 또한, 말씀이기도 하다. 예배는 찬양을 포함하고 그것은 또한 듣는 것을 포함한다. 우리는 예배의 자리에서 우리의 믿음, 감정, 사악함, 기쁨 그리고 소망을 하나님 앞으로 가져온다.

그뿐 아니라, 하나님께서 그분의 백성에게 말씀하기 원하시는 것을 듣기도 한다. 그것이 바로 기독교 예배에서 설교가 중심인 이유이다. 예배에서 교회는 구약과 신약 둘 다에 있는 하나님의 말씀(Word of God)을 듣는 곳이다. 이 하나님의 말씀이 들리고, 해석되고, 현재 상황에 적용되는 곳이 바로 예배이고 이것이 과거뿐만 아니라, 오늘날 그것을 듣는 사람들을 위한 하나님의 말씀이 되게 한다.

첫째, 고대교회가 설교와 성경 낭독뿐만 아니라, 세례와 성찬 같은 행위들에서도 하나님의 말씀을 듣는 것을 보게 된다. 세례와 성찬은 고대교회에 있어서 교회의 가장 중요한 행위가 아니라, 오히려 하나님의 백성들에게 복을 주는 신성한 행위였다. 초기에는 이것이 어떻게 그렇게 되었는지를 설명하려는 것이 강조되지 않았다. 이 문제에 관한 논쟁들은 이후에 일어나고, 그로 말미암아 결국 교회 내에서 심각한 분열로 이어졌다.

그러나 초기에 교회가 확언했던 것은 세례와 성찬에서 인간의 능력이 아니라 주로 하나님의 활동으로 어떤 것이 정말로 일어난다는 사실이었다. 따라서 하나님의 백성은 성경 낭독과 설교에서뿐만 아니라, 세례와 성찬에서 또한 개인기도, 신자들 상호 간의 사랑, 인류에 대한 봉사 등에서도 하나님의 말씀을 들어야만 했다. 이 모든 것에 있어서 교회는 홀로 행하는 것이 아니었다. 왜냐하면, 하나님 역시 하나님의 계획을 실행하시고, 하나님께서 바라시는 하나님의 백성이 되도록 신앙 공동체를 인도하시는 일에 적극적으로 관여하시기 때문이다.

둘째, 교회는 홀로 하나님을 예배한다는 것을 절대 믿지 않았다는 사실을 알 수 있다. 교회가 예배 중에 하는 것은 영원히, 그리고 하나님을 경배하는 하늘의 무리에 참여하는 것이다. 교회는 또한 천사들, 천사장들 그리고 자신들의 면류관을 보좌와 유리 바다 앞에 던지는 구속받은 성도들의 영원한 합창대에 직접 합류하는 그날을 위한 연습과 준비로써 이것을 행했다.

셋째, 예배는 그저 개인적이거나 사적인 문제가 아니라는 사실을 알게 될 것이다. 비록 예배에서 신자들이 하나님께 개인적으로 말하기는 하지만, 그것은 또한 사람들, 실은 그리스도의 몸이라고 불리는 사람들의 일부로서 그렇게 하는 것이다. 우리는 분리된 개인으로서가 아니라, 부활하신 그리스도(One)에 접붙여진 지체로서 하나님께 말한다. 그분 속에서 우리 또한 부활할 것이다. 하나님은 예배하는 이 공동체에, 각자의 소망이나 문제 그리고 하나님의 부르심을 가진 일련의 고립된 개인으로서뿐만 아니라, 또한 특별히 하나님께서 하나님의 백성이 되도록 만드시는 공동체로서 말씀하시는 것이다.

따라서 본서를 읽고 그 속에서 오늘날의 예배를 위한 통찰력과 방향을 추구하는 데서 고립된 개인들로서가 아니라, 오히려 하나님께서 그분의 백성에게 말씀하신 것과 이 백성에게 기대하시는 것, 그리고 그들에게 약속하셨던 것을 함께 듣는 몸으로서 생각하도록 노력하라.

제1부

유대-기독교

제1장 배경: 유대교 예배

제2장 유대교 예배와 유대-기독교 예배

제3장 유대-기독교의 메시지

제4장 교회력

제5장 개종에서 세례까지

제6장 성찬

제1장

배경: 유대교 예배(Jewish Worship)

1. 유대교 예배: 기독교 예배의 산실

이스라엘 민족이 수 세기에 걸쳐 살아남았다는 것은 너무나 놀라운 사실이다. 유목민이었던 이스라엘은 결국 자신들의 땅이라 부를 곳을 찾았고, 그 땅을 차지했다. 그리고 마침내 그곳에 왕국을 건설했고 영광의 시기를 맞았지만, 곧 둘로 쪼개졌다. 그 후 이스라엘은 정복되었고, 일부가 황량한 땅에 남아 있었지만, 지도자들은 바빌론에 유배되었다. 그들은 신앙의 진정한 중심인 성전이 파괴되는 것을 목격하였다. 마침내 유배되었던 자들이 성전과 사회를 재건하기 위해 이스라엘로 돌아왔으나, 처음에는 마케도니아, 다음에는 이집트 그리고 시리아에 의해서 또다시 정복되었다.

그들은 성전을 재건하긴 했지만, 이번에는 로마에 의해서 또다시 성전이 파괴되는 것을 지켜볼 수밖에 없었다. 이스라엘 민족은 로마 침략자들에게 저항했지만, 조국에서 쫓겨났고, 이스라엘의 수도는 이교도의 도시가 되었다. 거듭된 박해와 추방을 당했던 이 민족은 영고성쇠(榮枯盛衰)와 역사의 비극들을 겪으면서도 놀랍게 자신들의 정체성을 지켜내었다.

무엇이 이 민족이 역사의 격랑 속에서도 단일성과 정체성을 유지하게 했을까?

그것은 바로 그들의 예배임을 의심할 여지가 없다. 이스라엘의 예배는 이 특별한 민족과 맺으신 하나님의 언약을 반복해서 기억하고 경축하였다. 이 언약과 그 역사는 이스라엘 경전(Scriptures of Israel)의 주요 주제 중 하나였으며, 따라서 그 예배의 주제이기도 했다. 이 언약의 핵심에는 율법이 있었고, 그것이 모든 삶-일과 여가, 잔치와 금식, 가족과 직업-을 지배하였다.

이스라엘이 격변하는 상황 속에서도 정체성을 유지할 수 있었던 것은 경전을 따르는 일상생활과 그러한 삶을 살도록 하신 하나님에 대한 예배가 합해진 결과이다. 비록 우리가 깨닫지 못하는 때가 많지만, 교회도 이와 비슷하다. 교회도 박해의 시간을 경험했고 통치자들의 지지를 받는 번영의 시간 또한 경험했다.

교회는 온 지구상에 퍼져 있다. 때로 어떤 지역에서는 지지를 받지만 어떤 지역에서는 박해를 받는다. 교회는 정치 권력과 충돌하고, 세속 문화와 갈등을 빚고, 내부 분열을 겪으면서도 존속해왔다. 전쟁과 역병을 이겨내기도 했다.

그리고 이 모든 일의 와중에서도 교회는 그 예배 덕분에 존속했다. 교회가 번성했던 시기에 예배는 이스라엘의 예배를 반영했다. 이스라엘의 예배가 교회 예배를 형성한 것이다. 히브리인들의 예배와 마찬가지로, 기독교 예배도 경전(성경)을 기반으로 한다. 그러나 지금은 이스라엘의 신성한 책들과 기타 기독교 기원의 다른 책들도 모두 포함하고 있긴 하지만 말이다.

교회가 이스라엘 민족 안에서 탄생했고, 교회의 예배 또한 이스라엘 예배에서 생겨났기 때문에, 그리스도인들이 자신들의 예배를 이해하고자 할 때 이스라엘 예배의 일부 요소들을 이해하는 것이 중요하다. 그렇지만, 이는 단순히 1세기 이스라엘의 예배를 모방하는 것이 아니다. 오늘날 많은 사람이 특별한 기도나 단어들을 반복하거나 특정한 몸짓과 행위들을 모방하고, 히브리어로 기도하는 등과 같은 방법들을 통해 예배의 능력이 회복될 것이라고 굳게 믿으며 1세기 유대교 예배를 단지 표면적으로 모방하게끔 한다.

그렇지만 사실 우리는 1세기의 이스라엘 예배에 대해 거의 알지 못한다. 우리가 알고 있는 1세기 예배의 세부적인 요소는 거의 대부분 훨씬 더 후세기의 문서들에서 나왔다. 이것들에는 1세기에 행해진 것들이 잘 반영되어 있겠지만 이후의 발전상들 또한, 상당 부분 포함되어 있을 것이다. 초기 기독교 예배가 히브리 예배의 흔적을 간직하고 있음은 의심의 여지가 없다. 나중에 그러한 흔적을 간직한 다양한 요소들을 살펴볼 것이다. 그러나 예수님과 사도 시대의 이스라엘 예배를 상세하게 묘사하며 재구성하기는 불가능하다.

첫 번째 문제보다 훨씬 더 중요한 문제는 외견상 히브리 예배로 돌아가는 쉬운 해결책으로는 오늘날 우리의 문제의 핵심을 놓친다는 것이다. 우리가 이 글을 쓰고 있는 동안에도, 오늘날 교회들은 예배를 드리는 방법에 대해 심각하게 분열된 견해들을 보인다. 어떤 이들은 좀 더 "전통적인" 예배를 선호하지만, 어떤 이들은 소위 "현대 예배"를 선호한다. 어떤 이들은 100년 전에 유행했던 찬송가를 부르고 싶어하고, 어떤 이들은 모든 음악과 노래들에 이 시대 젊은 세대의 취향이 반영되어야 한다고 주장한다. 어떤 이들은 교회가 받아들일 수 있는 단 하나의 악기는 오르간이라고 믿는 것 같다. 반면, 어떤 이들은 드럼, 전자 기타와 탬버린을 사용하고 싶어한다.

소위 "예배 전쟁"이라고 부르는 혼돈의 한복판에서, 우리는 무엇이 우리가 드리는 대부분의 예배와 기독교 및 유대교에서 드려진 최고의 예배 사이를 가로막고 있는지를 무시하고 있다. 문제는 우리가 예배에서 무엇을 하느냐가 아니라, 우리가 예배를 무엇이라고 생각하느냐이다. 왜냐하면, 우리가 예배에 대한 서로 다른 견해들의 어느 편에 서 있든지 예배의 목적은 신자 개개인을 하나님과 관계 맺게 하는 것이기 때문이다. 하나님과의 그런 관계는 분명 중요하고 필요한 것이다.

그러나 그에 못지않게 중요한 것은 고대 이스라엘 민족처럼 우리가 하나님의 **백성**(people of God)임을 우리에게 상기시켜 주는 일에서 예배의 필요성이다. 예배는 나 혹은 당신을 위한 것이 아니라 우리를 위한 것이다. 예배에 있어서 중요한 것은 내가 좋아하거나 예배가 내 감정을 표현하는 것이 아니라, 하나님의 백성임을 우리에게 상기시켜주는 것이다. 이런 예배는 어떻게든 우리를 하나님의 백성으로 만들고, 새롭게 해 준다.

오늘날 예배의 가장 큰 적은 전통적이라고 생각되는 것을 반복하는 것이나 최신의 것들을 쉽게 선택하는 것이 아니다. 특정 종류의 음악도 아니다. 수동적으로 조용하게 있는 사람들이나 시끄럽게 환호하는 사람들도 아니다. 오늘날 우리 예배의 가장 큰 적은 일종의 개인주의다. 예배가 나를 만족시키지 못하거나 예배가 내 마음에 들지 않는다면 그것은 진정한 예배가 아니며, 내가 좋아하는 음악이 아니라면 나를 위한 예배가 아니라고 생각하는 것이다. 내가 좋아하는 음악이 아니라면 나를 위한 예배가 아니라고 생각하는 것이다.

이러한 생각에 빠져서, 우리는 제자들이 예수님께 기도하는 법을 가르쳐 달라고 요청했을 때, "하늘에 계신 나의 아버지"가 아니라, "하늘에 계신 우리 아버지"라고 말씀하셨던 것을 잊어버린다. "전통적"이든, "현대적"이든 오늘날의 예배에 스며든 개인주의는 새로운 현상이 아니다. 개인주의는 이미 중세 시대에도 일반화되었다. 당시의 신앙은 여기서 성경에 나타난 여러 증거까지 언급하진 않더라도 개인 구원에 집중되어 있었다. 16세기 위대한 종교개혁자들이 대안적인 통찰력들을 제시했지만, 이것들은 – 부분적으로는 증가하는 현대의 개인주의와 그리고 부분적으로는 구원 과정 자체에 대한 끝없는 논쟁 때문에 – 곧 잊혀졌다.

2. 역경의 시간: 고대 유대교 예배의 배경

예수님과 사도들의 시대에, 유대와 주변 지역의 삶과 예배는 평화로운 상황에서 이뤄지지 않았다. 그 땅은 오랫동안 정복당했고 불안정한 상태에 있었다. 주전 232년(BCE 232)에 알렉산더 대제(Alexander the Great)가 그곳을 점령했고, 그의 사망 이후 부하들 간에 충돌이 있었고 영토는 분할되었다. 처음에는 이집트 출신의 프톨레미 장군(General Ptolemy)과 그의 후계자들이 고대 이스라엘 지역을 다스렸다. 그러나 그 후, 주전 158년에는 알렉산더의 부하 쎌레우쿠스의 후손이자 시리아를 다스렸던 쎌레우시드 일족(Seleusids)이 그 지역을 정복했다.

대부분의 외국 통치자가 이스라엘에 어느 정도의 자치권을 허락했고, 심지어는 모세의 율법(Law of Moses)에 따라 살도록 허락하기도 했다. 그러나 정치적인 상황 또한 헬레니즘화 되어 갔기 때문에 보다 종교적인 유대인들은 그것을 가증스럽게 여겼다. 여호수아 벤 시락(Joshua Ben Sirach)—그의 **지혜**(Wisdom)는 이제 구약의 제2정경에 포함되어 있다—의 경우가 그러했다. 그러나 당국은 그가 항의하지 못하도록 강하게 압박했다.

그렇지만, 보다 경건한 사람들의 저항에도 불구하고, 주전 170년쯤에는 유대 전통을 헬라화하는 옹호자들이 이스라엘 민족의 대제사장들이 되었고, 그들은 심지어 여러 면에서 시리아의 이익을 대변하였다.

결국, 주전 167년에 유대인들은 하스몬 일족(Hasmonean family)의 지휘하에 반란을 일으켰다. 그중 가장 유명한 사람인 유다(Judas)는 "망치"(hammer)를 뜻하는 마카베우스(Maccabeus)란 칭호를 받았다. 왜냐하면, 그가 외국인 침략자들을 때리는 망치로 보였기 때문이다. 시골 사람들과 도시의 빈민 대중이 반란을 지지했지만, 다른 사람들보다 더 헬라화되었던 상류계급들은 이를 위협으로 보았고, 적어도 반란이 실패할 때 일어날 결과를 두려워했다.

하스몬 일족이 독립을 쟁취했을 때, 우선 그들은 모든 헬라적인 영향을 반대했고, 할례받지 않은 유대인들에게 강제로 할례를 받게 하는 극단으로 치달았다. 그때까지 대부분 대제사장을 배출했던 가문 중 일부가 이집트로 달아났고, 예루살렘 성전을 대체하려는 의도로 그곳에 유대 성전을 세웠다. 그것은 예루살렘 성전이 파괴된 지 3년 후인 주후 73년까지 존재했지만, 그 당시 황제였던 베스파시언(Vespasian)이 성전을 폐쇄했다. 한편, 팔레스타인에서는 하스몬 일족의 지배자들 스스로 피할 수 없는 헬라화 압력에 항복하기 시작했고, 그로 인해 많은 사람의 지지를 잃기 시작했다.

이러한 마지막 사건들이 일어나고 있는 동안, 커지던 로마의 권력이 동쪽으로 관심의 방향을 돌리기 시작했다. 주전 63년, 다른 이유로 이 지역에 있었던 로마 장군 폼페이(Pompey)는 하스몬 일족 내의 투쟁을 이용하여 이곳을 침공하여 예루살렘을 손에 넣었고, 말을 타고 성전에 입성함으로써 신성을 모독하였다. 그 후에 로마의 통치가 그 지역에 확립되었다.

로마의 통치로 즉시 질서가 회복된 것은 아니었다. 왜냐하면, 주전 39년까지 내분이 계속되었기 때문이다. 그래서 로마 당국은 헤롯을 유대의 왕으로 지명했다. 후에 "헤롯대왕"(Herod the Great)으로 알려진 이 인물은 자신이 하스몬 일족의 먼 친척이기 때문에 유대 지방을 다스린다고 주장했으나, 그가 왕관을 획득한 것은 로마의 지지 덕분이었다.

그는 로마의 도움으로 갈릴리, 이두매아(Idumaea[에돔]), 사마리아를 정복하고 예루살렘까지 진격했다. 그곳에서 그는 자신에게 대항했던 모든 사람을 사면하겠다는 약속을 하고 마침내 실제적인 왕이 될 수 있었다. 그리고 주전 4년 그가 죽을 때까지 그 자리를 지켰다.

헤롯은 세 명의 자녀인 아켈라우스(Archelaus), 안티파스(Antipas), 빌립(Philip)에게 영토를 나누어 주도록 유언하였다. 유대는 아켈라우스가 다스리는 지역에 있었는데, 로마는 그의 잔인함과 악행 때문에 그를 쫓아내고 그 자리에 로마의 "대리인"(procurator)을 임명하였다(예수께서 "저 여우"라고 불렀던 사람이 바로 헤롯 안티파스[눅 13:32]이다. 그는 마태복음 14장과 복음서의 다른 부분에도 나타난다. 사도행전에 나오는 "헤롯왕"은 헤롯 아그립바[Herod Agrippa]로서 헤롯 대왕의 손자 중의 하나이다).

유대 민족주의는 로마의 지배에 대항하며 빠르게 성장했다. "헤롯당"(Herodians)이라 불리는 사람들은 심지어 헤롯대왕이 약속된 메시아라고 주장하기까지 했고, 이를 근거로 헤롯 자손들의 지도하에 독립왕국을 세우고자 했다. 그러나 이러한 시도는 얼마 가지 못 했다. 일반적으로 "열심당"(Zealots)이라고 알려진 좀 더 급진적인 다른 그룹들은 특히 시골의 가난한 대중 사이에서 급속하게 성장했다.

그리스도가 오시기 10년 전, 시리아의 총독인 퀴리누스(Quirinus)의 지시하에 보다 강압적으로 세금을 부과하기 위한 근거 마련의 방편으로 인구 조사가 시행되었다. 이때 "갈릴리 사람"(Galilean)으로 알려진(행 5:37) 가말라의 유다(Judas of Gamala)가 반란을 일으켰다.

반란 진압으로 백성들의 괴로움은 점점 더 심해졌고, 이는 열심당의 성장으로 이어졌다. 막카비(Maccabees)의 역사-이제 하나님의 강한 팔로 인해 성공한 위대한 해방 투쟁으로 기록되고 묘사되고 있는-는 많은 사람이 하나님은 무장 반란을 위해 개입하실 것이라고 믿도록 부추겼고, 결과적으로 이전에 하스몬 일족이 반란했던 때와 비슷한 상황으로 이어지게 되었다.

가장 급진적인 그룹 중에 "시카리"(Sicarii)가 있다. 이들은 **단검**(*sica*)을 지니고 다니며 군중 사이에서 로마의 통치를 지지하는 사람들을 죽인다고 하여 그 이름을 따서 시카리라 불렸다(이들이 바로 예루살렘의 로마 호민관이 "그러면 네가 이전에 소요를 일으켜 자객 사천 명을 거느리고 광야로 가던 애굽인이 아니냐"라고 말했을 때, 바울이 관련되어 있다고 믿었던 바로 그 시카리이다. NRSV의 행 21:38에서 "자객"[assassin]으로 번역한 부분은 실제로는 "시카리"[Sicarii]이다).

마침내, 주후 66년에 열심당이 반란을 일으켜 로마가 세운 정부를 전복하고 예루살렘과 유대 땅 대부분을 차지했다. 로마는 이에 신속하게 대응했다. 네로 황제는 반란을 평정하려고 베스파시언을 보냈다. 베스파시언은 예루살렘을 공격하기 전에 그 주변 지역을 차지하기 시작했다. 이러한 베스파시언의 전략으로 인해, 또한 같은 해에 3명의 황제가 연이어 즉위할 정도로 무질서한 로마의 상황으로 인해 반란자들은 고무되었고 힘을 얻을 기회를 얻었다.

그는 아들 티투스(Titus[디도])를 유대 군사작전의 책임자로 앉혔다. 이후에 황제가 될 티투스는 예루살렘의 일부를 차지하였고, 나머지도 포위할 수 있었다. 결국, 예루살렘은 항복했다. 바로 성전 안에서 대량학살이 있었고, 도시의 많은 곳이 약탈되고 불탔다. 기억에 남을 만한 다른 포위전 중 하나는 마사다(Masada) 요새를 방어하던 열심당이 로마군에 항복하지 않고 자살을 선택한 것이다. 이것으로 반란은 끝났고, 그 대가는 엄청났다. 유대의 모든 사람은 궁핍해졌고, 성전은 사라졌다.

앞으로 살펴보겠지만, 이것은 유대교와 기독교 둘 다에 엄청난 결과를 가져왔다.

이러한 대학살조차 또다시 하나님이 주신 율법에 완전히 순종할 수 있는 독립국이 되려는 사람들의 꿈을 종식하지는 못했다. 반란의 정신은 마침내 주후 115년에, 그리고 132년에 또다시 폭발하였다. 어떤 면에서 이 두 번의 반란 중 첫 번째 반란이 로마의 지배에는 가장 위험한 것이었다. 왜냐하면, 메소포타미아와 유대 지방뿐 아니라 북아프리카와 이집트의 로마 영토에서도 유대인들이 반란을 일으켰기 때문이다. 반란군들은 쿠이투스(Quietus)가 이끄는 로마군대에 의해 격파되었는데, 이 전쟁은 보통 "쿠이투스의 전쟁"(the war of Quietus)으로 알려져 있다.

유대지방의 계속된 불안정에 대응하여, 하드리안 황제(Emperor Hadrian)는 예루살렘에 물자를 보급하는 항구도시인 가이샤랴(Caesarea)에 전군을 주둔시켰다. 로마가 예루살렘의 폐허 위에 아엘리아 카피톨리나(Aelia Capitolina)로 불리는 새로운 도시를 건설하고 유대교 성전이 있던 흙더미 위에 주피터 성전을 건설하기 시작했을 때, 유대인들은 또다시 반란을 일으켰고, 유대지방의 많은 곳으로부터 로마군들을 격퇴할 수 있었다. 하드리안 황제는 그 지역을 되찾고 반란군들을 가혹하게 처벌하기 위해 6개 군단과 몇 개의 보조 부대를 파병하는 조치로 응수했다.

전쟁이나 잇따른 기근에서 죽지 않은 사람 중 대다수가 노예로 팔려갔다. 게다가 유대인들에게는 거의 예외 없이 예루살렘 접근이 금지되었다.

이러한 일들과 그 결과들은 유대인과 그리스도인 사이에 길이 나누어지고, 또한 그들이 각자의 정체성과 예배를 발전시키게 된 배경이 되었다.

3. 성전

예수님 시대에, 도시의 가장 높은 지점에 있었던 예루살렘 성전은 유대인 종교 생활의 중심이었고, 일정 정도 유대 지역 정치 권력의 중심이기도 했다. 당시의 성전은 스룹바벨이 건설한 것이었지만(스 3장), 헤롯대왕이 그런 규모로 재건하고 확장했기 때문에 통상 헤롯성전이라고 알려져 있다. 재건은 대략 주전 20년에 시작되었고, 헤롯의 사망 훨씬 이후에도 계속되었다. 요한복음 2장 20절에는 예수님께서 성전의 파괴에 대해 말씀하신 것을 다음과 같이 기록하고 있다.

> 이 성전은 사십 육 년 동안에 지었거늘 네가 사흘 동안에 일으키겠느냐(요 2:20).

성전 공사는 주후 63년경까지 계속되었는데, 이는 로마에 의해 성전이 파괴되기 고작 7년 전이다.

1세기에 살았던 플라비우스 요세푸스(Flavius Josephus)의 저술들 덕분에 성전공사와 성전의 외관에 대해 어느 정도 알 수 있다. 또한, 후대 히브리 문학, 특히 미슈나(Mishnah)에서도 일부 자료를 찾아볼 수 있다. 이런 경우에 종종 그러하듯 이 자료들은 세부적인 면에서 모두 일치하지는 않는다. 학자들은 일반적으로 다른 자료들보다는 요세푸스의 자료를 받아들이는 것으로 보인다.

그러나 그들은 요세푸스가 성전의 화려함과 치수를 과장했을 가능성이 꽤 클 것이라는 사실 또한 인정한다. 요세푸스가 유대교 성직자 안에서 엘리트에 속했기 때문에, 그가 성전을 잘 알고 있었을 것이라는 사실은 틀림없다.

결과적으로 성전의 파괴를 초래했던 반란 기간에, 그는 갈릴리 지방을 방어하는 반란군의 장군이었고, 주후 67년에 베스파시언 군대에 항복했다. 그는 수년간 노예로 베스파시언을 섬긴 후에 자유를 얻었다. 그때 요세푸스는 베스파시우스 일족의 이름이었던 "플라비우스"라는 이름을 갖게 되었다.

그는 결국 로마 시민이 되었고 주후 70년의 예루살렘 포위 공격에는 통역으로서 티투스 황제를 섬겼다. 그는 분명 유대인들에게 다시 호의를 얻기 위해 저술했을 것이다. 아울러 로마인들에게 자기 민족의 위대함과 지혜를 이해시키려는 목적도 있었을 것이다. 어쨌든 그의 저술은 우리가 반란의 스토리와 성전에 대한 지식에 접근하는 주요 자료 중 하나이다.

헤롯이 성전 재건의 과정을 시작했을 때, 그는 유대민족의 마음이 상하지 않도록 조심해야 했다. 왜냐하면, 그들은 헤롯을 믿지 않았고, 그가 기존의 성전을 헐고 다른 성전을 세우지 않을까 두려워했기 때문이다. 그래서 그는 재건될 부분들을 철거하기 전에, 재건 작업에 필요한 자재 대부분을 예루살렘으로 가져와서 성전 근처에 보관하였다. 그리고 나서야 실제 건축이 시작되었다.

또한, 성전 건축을 위해서는 일부 노동자들이 성직자들에게만 허용된 성전부분에 들어가야만 했기 때문에, 헤롯은 이 부분에서 특수한 작업을 시킬 목적으로 석수장이나 목수장이기도 한 성직자 1,000명을 모집하였다. 이 건축 작업에만 10,000여 명의 노동자가 더 필요했다. 이러한 엄청난 숫자의 건설 노동자들 덕분에 단지 1년 반 만에 대부분의 일을 마쳤다. 그러나 나머지 소규모의 작업은 약 80년 정도 더 걸렸다.

본관은 폭 200미터, 길이 400미터가 좀 안 되는 안마당 주변에 벽으로 둘러싸여 있었다. 그 벽 안쪽에는 지붕이 있는 통로가 있었는데, 그것의 세 면은 기둥 2열이, 네 번째 면은 기둥 3열이 받치고 있었다. 이 바깥쪽 벽 안의 공간은 "이방인의 뜰"이었다. 이곳에는 이방인들의 출입이 허용되었기 때문이다. 이 벽 안쪽에는 좀 더 작은 뜰을 둘러싸고 있는 또 다른 벽이 있었다. 이 뜰의 일부분은—별도의 벽에 의해서 나머지와 분리되어 있었던—"여인들의 뜰"이었다. 나머지 부분은 "이스라엘 남자들의 뜰"이었다. 좀 더 안쪽으로는 제사장들을 위한 좀 더 작은 뜰이 있었다.

실제 성전은 이 뜰의 안쪽에 있었고, 그 앞에는 번제단이 있었다. 이 제단의 북쪽에는 번제를 위해 제물이 될 동물들을 죽이고, 각을 뜨고, 준비하는 공간이 있었다. 성전 자체에는 약 15 미터의 넓이와 10미터의 깊이로 된 현관이 있었다.

동쪽면은 금으로 덮어서 해가 뜨면 빛이 나도록 했다. 이 영역 너머에 마침내 "성소"가 나온다. 그것은 가로 20미터, 세로 10미터의 공간으로서, 매주 안식일에 진설병이 보관되고, 새롭게 만들어지는 곳이다. 같은 공간에 향을 피우는 등잔대와 제단이 있다. 마지막으로 "지성소"(holy of holies)에 도달할 수 있다. 이곳은 비어있고, 대제사장만 일 년에 한 번 속죄일(Day of Atonement)에 들어갈 수 있다(언약궤[The Ark of the Covenant]는 솔로몬성전이 파괴되었을 때 사라졌다).

속죄일은 레위기 16장에서 규정한 대로 연례적인 금식과 제사일이다. 그날에 드리는 제물 외에, 두 마리의 숫염소가 특별한 역할을 담당하는 의식이 있다. 한 마리는 제물로 쓰였고, 다른 한 마리는 사람들의 모든 불의와 죄를 지고 사막으로 쫓겨났다. 숫염소가 사막으로 이끌려갈 때 사람들은 거부의 표시로 그것에 침을 뱉는다(그래서 "희생양"이라는 단어가 생겼다).

성전이 파괴된 후에, 더 이상 제물을 바치지 못하게 되었을 때, 속죄일은 욤 키푸르(Yom Kippur)의 형식을 취하게 되었고 유대민족은 여전히 그것을 지킨다. 속죄일은 예수님이 제물되신 것에 대한 기독교의 해석에 영향을 미쳤다. 이것은 신약성경의 몇 책에서, 특히 히브리서에서 볼 수 있다. 다른 축일들은 본장의 후반부에서 토론될 것이다.

성전처럼 큰 시설을 관리하려면 매우 많은 사람이 필요했다. 그중 하나가 성전지기였고 그들의 우두머리는 가장 중요한 제사장 중의 하나였다. 성전과 관계된 물리적 및 행정적 문제를 관리하는 사람이었다. 그의 지도

하에서 성전 경비대는 질서를 유지하고, 각 사람이 성전 경내의 정해진 뜰과 구역에 있도록 하였다. 사도행전 4장 1절에서 그들이 일하는 것의 예를 볼 수 있다.

요약하자면, 주후 70년 성전 파괴의 때까지 이스라엘의 종교는 본질에서 제사의 종교였다. 엄밀히 말하자면, 예루살렘에 있는 성전에서만 제사를 지낼 수 있었다. 그리고 그 방식은 율법에 따라 엄격한 규정하에 행해져야만 했다. 제물로 드려지는 것은 반드시 최고의 품질이어야만 했다. 왜냐하면, 불완전한 동물을 제물로 드리는 것은 가증스러운 일이었기 때문이다. 만약 제물을 드리는 사람이 육체적 결함을 가진 자나 노예, 여자라면 봉헌의 표시로 자신들이 드리는 제물에 안수하는 것이 허용되지 않았다.

그리고 제물의 다양한 종류와 동기를 신중히 분류해야 했다. 왜냐하면, 어떤 것은 속죄를 위해 드리는 것이고, 어떤 것은 단순히 하나님이 주신 것의 일부를 하나님께 돌려 드리는 감사제로 드리는 것이기 때문이다.

성전의 거대한 크기에도 불구하고, 성전과 그 뜰은 예루살렘의 모든 인구, 더구나 모든 유대 민족이 들어가기에는 충분하지 않았다. 성전은 오늘날 우리가 생각하듯이 모든 유대 민족이 모여서 예배를 드리는 장소가 아니라, 유대 전 지역뿐만 아니라, 이스라엘 민족이 있는 곳 어디에나 영향을 미치는 예배 생활의 중심이었다. 예루살렘 안에 살거나, 먼 땅에 살거나, 그들이 있는 곳에서는 어디서나 유대인들은 기도할 때 성전을 향해서 돌아서야 한다. 될 수 있는 한, 기도 시간도 성전의 시간과 동일해야 한다.

20세 이상의 모든 유대인 남자는, 어디에 살든지, 자신이 직접 바칠 수 없는 제물 대신에 매년 반 세겔-대략 은 사분의 일 온스-을 보내야만 한다. 비록 전 세계에 있는 유대인들에게 성전이 소중한 곳이고, 예배의 중심으로 여겨질지라도 대부분 유대인이 정기적으로 모여서 하나님을 예배하고 성경을 공부하는 곳은 회당이었다. 그에 대해서는 이후에 다시 논할 것이다.

4. 성경

성전이 유대 종교의 중심이었지만, 대부분 유대인이 하나님과 또한 성전에서 드리는 예배와 좀 더 직접으로 연결될 수 있는 수단은 성경이었다. 예루살렘과 근교에 사는 사람들을 제외하고는 성전은 숭배하는 대상이었지만 먼 현실이었다. 비록 모든 사람이 가능할 때마다 언제든 방문하여, 그곳에서 율법이 요구하는 제물을 드리고자 하였지만, 그리고 많은 사람이 이런 방문을 꿈꾸었지만, 로마 제국 전체에 흩어져있었던 유대민족 대다수는 상상 속에서만 성전을 방문할 수 있었다.

그러나 성경은 가까이 있었다. 원래의 히브리어로 된 성경뿐만 아니라, 성지(Holy Land), 시리아 그리고 더 먼 동쪽에 사는 유대인 대부분의 언어인 아람어로 번역된 성경("탈굼역"[Targums]으로 알려짐)과 (또한) 로마 제국의 많은 부분의 공통어인 헬라어로 번역된 성경("70인역"[Septuagint]으로 알려짐)이 있었다. 그렇지만 유대인들 사이에서 정확히 어떤 책이 성경으로 간주되어야 하는지는 아직 결정되지 않았다. "율법과 선지서"에 관해서는 일반적인 합의가 있었다(예를 들어, 마 7:12, 11:13, 22:40; 눅 16:16을 보라).

"성서들"(the Writings)이라고 알려지게 된 책들(욥기, 잠언 등등)은 보통 높이 평가되었으나 영감을 받은 성경책들에는 포함되지 않았다. 시편은 아주 예외적이었다. 시편은 특히 예배에서 사용되고, 또한 하나님의 영감을 받은 것으로 믿었기 때문이다. 이는 신약성경에서 예수님과 다른 사람들을 소개하는 방식에서 볼 수 있다. 그들은 자신들의 견해와 주장을 뒷받침하기 위해 시편을 인용하고 사용하였다.

유대당국이 얌니아(Jamnia)시에서 율법과 선지서 그리고 성서들을 포함하는 정경의 정확한 한계를 설정한 것은 나중이었다. 그렇지만 그때도 헬라어를 선호하여 70인역을 사용했던 일부 유대인들은 오늘날 "제2정경"([deuterocanonical](즉, 제2 정경의 책들), 혹은 그리 정확하지는 않지만, "외경"(apocryphal)—막카비서(Maccabees), 유디트서(Judith), 토비아스서(Tobias) 등-이라고 불리는 책들을 여전히 사용했다.

모세에게 전달되었던 하나님의 율법에 근거해서 이루어진 성경은 유대 종교의 진정한 핵심이었다. 이 율법은 하나님께서 시내산에서 백성들과 맺었던 언약의 기초이자 최고의 표현이었다. 그러므로 이것은 하나님께서 사람들에게 하라고 명령하신 지시들일 뿐만 아니라 이스라엘 민족 정체성의 진정한 기반이었다. 그것을 연구하고 순종하는 것은 언약 일부였다. 따라서 율법을 연구하는 것은 이스라엘에 어떻게 행동해야 하는지를 가르쳐 줄 뿐만 아니라, 자신들의 정체성을 상기시키는 것이기도 했다. 율법 그리고 그에 입각한 예배는 이스라엘에 하나님의 백성으로서 자신들의 존재를 상기시켰다.

민족 정체성을 상기시키는 율법의 차원은 최고로 중요한 것이었다. 왜냐하면, 언약은 하나님이 하나님의 백성을 위해 행하신 위대한 행위들에 근거한 것이고, 따라서 율법을 따르는 것은 자신들이 누구인지, 또한 자신들이 하나님의 뜻과 은혜에 의존한다는 사실을 천명하는 것이었기 때문이다. 이것이 바로 율법 자체가 그 기반을 하나님께서 이스라엘을 위해서 하셨던 일을 기억하는 것에 두고 있음을 반복적으로 보여주는 이유이다.

십계명(Decalogue)에 대한 소개에서, 계명(Commandments)을 주시기 전에 하나님께서 이스라엘에 "나는 너를 애굽 땅, 종 되었던 집에서 인도하여 낸 네 하나님 여호와니라"(출 20:2, 그리고 하나님의 행위에 관한 소개가 훨씬 더 상세한 신명기 5장도 보라)라고 상기하신다.

안식일에 관한 명령에서 유사한 예를 찾아볼 수 있다.

> 네 하나님 여호와가 네게 명령한 대로 안식일을 지켜 거룩하게 하라. 엿새 동안은 힘써 네 모든 일을 행할 것이나, 일곱째 날은 네 하나님 여호와의 안식일인즉 너나 네 아들이나 네 딸이나 네 남종이나 네 여종이나 네 소나 네 나귀나 네 모든 가축이나 네 문 안에 유하는 객이라도 아무 일도 하지 못하게 하고 네 남종이나 네 여종에게 너 같이 안식하게 할지니라. 너는 기억하라 네가 애굽 땅에서 종이 되었더니 네 하나님 여호와가 강한

손과 편 팔로 거기서 너를 인도하여 내었나니 그러므로 네 하나님 여호와가 네게 명령하여 안식일을 지키라 하느니라(신 5:12-15).

이제 칠칠절에 관해서 언급하는 신명기 후반에서 하나님은 다음과 같이 선포하신다.

너와 네 자녀와 노비와 네 성중에 있는 레위인과 및 너희 중에 있는 객과 고아와 과부가 함께 네 하나님 여호와가 자기의 이름을 두시려고 택하신 곳에서 네 하나님 여호와 앞에서 즐거워할지니라. 너는 애굽에서 종 되었던 것을 기억하고 이 규례를 지켜 행할지니라(신 16:11-12).

마지막으로 동일한 책에서 하나님은 다음과 같이 명령하신다.

너는 객이나 고아의 송사를 억울하게 하지 말려 과부의 옷을 전당 잡지 말라. 너는 애굽에서 종 되었던 일과 네 하나님 여호와께서 너를 거기서 속량하신 것을 기억하라. 이러므로 내가 네게 이 일을 행하라 명령하노라(신 24:17-18).

요약하자면, 율법은 교훈집이라기보다는 이스라엘 민족이 자신들의 역사를 기억하고, 하나님께서 그 역사 속에서 어떻게 행하셨는지를 기억하는 수단이었다. 율법을 연구하며 각 세대는 삶의 지침과 방향을 발견했을 뿐 아니라 하나님 백성의 한 일원으로서 자신들의 정체성에 대한 증거를 발견했다.

율법의 내용을 살펴보자면, 율법은 사람들이 하나님께 드리는 제물과 예배에 관한 가르침, 이스라엘이 모든 부정한 것들로부터 정결해지고 자유로울 방법, 하나님께서 이스라엘 민족에게 요구하신 사회적 질서에 관한 것들을 담고 있다. 오랜 후에 의식과 정결에 관한 법과 도덕적, 사회적 정의의 문제에 관한 법으로 나누어졌다. 이러한 구분에 근거하여 에베소서 2장 15절은 예수님에 관해 다음과 같이 말한다.

> 법조문으로 된 계명의 율법을 폐하셨으니 이는 이 둘로 자기 안에서 한 새 사람을 지어 화평하게 하시고(엡 2:15).

얼마 안 가서 성경을 "율법과 선지서들"이라고 부를 때, 선지서들도 율법과 유사한 권위를 갖게 되었다. 그러한 선지자들은 사람들에게 반복적으로 정의에 대해 말했고, 예배, 제사 그리고 종교적 축일에 관한 문제뿐 아니라, 정의-특히 과부, 고아, 가난한 자, 그리고 나그네처럼 아무도 돌보지 않는 사람들을 위한 정의-와 관계된 문제들에서도 율법에 순종해야 한다고 주장하였다.

선지자들은 하나님의 약속들에 관해서도 말했다. 한편으로는 평화와 정의의 새로운 질서(예를 들어, 사 11장과 미 4:1-4를 보라)에 대해, 또 다른 한편으로는 새로운 질서를 가져오실 기름 부음 받은 자(anointed One), 혹은 하나님의 메시아(God's Messiah)의 강림을 말했다. 메시아에 대한 그러한 기대와 그것이 현재의 삶에 함축하는 바는 다양한 방식으로 이해었지만, 그것들은 항상 선한 유대인들의 신앙 일부였다.

5. 유대 민족의 다양성

유대인들은 성전과 성경 그리고 어느 정도는 메시아에 대한 기대를 중심으로 통일성을 지녔지만, 사람들의 삶에서 이들이 각각 어디에 위치하는지는 유대 지역의 유대인들 사이에 의견 차이가 있었다. 이러한 차이에서 연유한 다양한 그룹들은 종종 "종파"(sects)라고 부르는데, 이들을 다루는 주된 고대 자료가 그들에게 이런 이름을 붙였기 때문이다. 이 자료는 앞에서 언급했던 요세푸스의 저술이다. 요세푸스는 다양한 문헌에서 이

"종파"를 언급하지만, 그가 그들을 주제로 가장 분명하게 토론하고 비교한 문헌은 그의 『유대 고대사』(Jewish Antiquities)이다.

얼마 동안 유대인들에게는 그들 자신의 세 가지 철학적 종파, 즉 에세네파, 사두개파, 그리고 세 번째 견해를 가진 바리새파에 속하는 종파가 있었다 … 바리새인들은 음식의 즐거움을 거부하면서 금욕적인 생활을 하였다. 그들은 이성의 길을 좇았고, 이성이 그들에게 하라고 하는 것은 무엇이나 행한다. 그들은 자신들이 이 길을 따라야만 한다고 확신했다. 그들은 또한 노인을 특별히 공경했고, 그들을 거역하려고 하지 않는다. …그들은 영혼은 원래 불멸의 힘을 가지고 있고, 지하에는 보상과 벌이 있을 것이라고 믿는다. 그들은 보상받기로 된 사람들은 부활하리라 생각한다. 이런 견해로 그들은 대중들 사이에서 인기를 가지게 되었다. 그들이 거룩한 예배, 기도, 제사에서 하는 것은 무엇이든지 동일한 근거를 따른다. 결론적으로 도시에 사는 사람들은 그들을 높게 평가한다. 왜냐하면, 그들의 모든 행위와 말이 명백히 도덕적이기 때문이다.
그러나 사두개파의 교리는 영혼은 몸과 함께 죽는다는 것이다. 그들은 또한 율법이 명령하는 것을 무엇이든지 하는 것으로 족하다는 견해를 견지한다. … 그러나 그들의 가르침을 따르는 사람들은 거의 없고, 다만 높은 지위에 있는 자들만 그들을 따른다. 그들은 자신들이 의도하는 바를 달성할 수 없었다. 왜냐하면, 그들이 권력을 가지고 그럭저럭 사람들을 이끌 수 있었을 때, 바리새파들이 말한 것을 따를 수밖에 없었는데, 그렇게 하지 않으면 사람들이 거부할 것이기 때문이었다.
에세네파는 모든 것은 하나님으로부터 기인한다고 가르쳤다. 그들은 영혼의 불멸을 믿었기 때문에 무엇보다도 덕행에 대한 보상이 추구되어야 한다는 생각을 견지한다. … 그들은 성전에서 제물을 드리지 않는다. 왜냐하면, 그들은 자신들만의 정결 의식이 있었기 때문이다. 그 이유 때문에 그들은 성전의 일반 뜰로부터 배제된다. 그러나 그들은 자신들만의 제사를 지낸다.

그들의 삶의 형식은 나머지보다 낫다. … 그들은 미덕에 있어서 다른 모든 사람을 뛰어넘었기 때문에 매우 존경을 받는다. 이 점에서 그들은 헬라 사람이건 야만인이건 다른 사람들이 한 모든 것을 능가한다(『고대사』 18.1.2-5).

이러한 유대교의 종파를 논할 때, 사람들은 종종 유대민족이 이 세 종파로 그리고 아마도 다른 종파들로 분포되어 있다는 인상을 받는다. 그러나 요세푸스는 자기들 외의 사람들로부터 탈퇴한 상태라는 의미에서 볼 때 종파를 형성한 것은 에네세파뿐이었다고 암시하는 것으로 보인다. 사두개파에 관해 얘기하자면, 요세푸스는 죽음 이후의 삶에 대한 믿음이나 다른 유사한 문제들처럼 혁신이라고 생각되는 것을 완고하게 반대하는 귀족적인 성향이 있는 소수파가 있었다는 것을 분명히 보여준다.

요세푸스와 다른 자료들 모두 사두개파가 고위 제사장직들을 차지했고, 그들은 사회의 고위계층을 대표하며 로마 당국에 공개적으로 협력했다는 것을 분명히 한다. 대제사장직은 전통적으로 세습직이자 종신직이었지만 막카비 시대에는 더는 그렇게 되지 않았고, 그 이후로 일반 대중 사이에서 명성을 많이 잃게 되었다. 헤롯과 그 이후의 로마는 자기들 멋대로 고위 성직자들을 임명하고 물러나게 했다. 요세푸스가 사두개파는 자신들이 무엇을 믿고 선호했건 간에 종종 그 견해를 대부분 바리새파에게 공감하는 사람들에게 강요할 수 없다는 것을 알았다고 주장하는 이유가 바로 이러한 상황 때문이다.

바리새인들은 종종 위선자들이라고 불리기 때문에 바리새인이라는 말에 주의와 설명이 조금 필요하다. 일반적인 말로 누군가를 "바리새인 같다"(pharisaic)라고 부르는 것은 모욕적이고 위선을 비난하는 것이다. 당연히 이것은 복음서에 반복적으로 나타나는 예수님과 바리새인들 사이의 갈등에 기인한다. 그러나 복음서에도 예수님께서 말씀하셨던 것을 정중하게 경청하는 바리새인들 또한 있었다.

바리새인들의 진정한 본질을 이해하기 위해서는 예수님께서 그들을 반복적으로 공격하시고 사두개인들은 사실상 무시하셨던 이유를 아는 것이 매우 중요하다. 예수님이 그렇게 하신 것은 사두개인들을 좋아해서가 아니라 오히려 예수님의 가르침에 보다 가까이 있었던 사람들이 바리새인이었기 때문이다. 바리새인들은 그저 율법의 문자에 순종하는 것에 만족하지 않고, 율법이 일상생활에 의미하는 바를 이해하고자 했다.

대조적으로 사두개인들은 자신들의 권력과 성전 예배에 대한 지배권에 만족했다. 또한, 사두개인들은 로마 정부에 협력하였고 때에 따라서는 그들을 대신하기도 했지만; 반면 바리새인들은 공개적으로 로마 정부에 반대하지는 않았지만, 그들과 거리를 두었다.

이 마지막 점이 요세푸스가 비록 갈릴리의 유다에 관해서 계속해서 말하기는 하지만, 위에 인용된 구절에서 언급하지 않은 다른 그룹으로 우리를 옮겨가게 한다. 이 그룹 역시 예수님의 죽음과 부활 직후 팔레스타인의 역사에 엄청나게 중요했다. 이들이 바로 유대의 반란들과 결국 제1성전, 그다음에 예루살렘 자체의 파괴로 이어지는 과정을 논할 때 이미 소개되었던 열심당원들이다.

6. 회당과 디아스포라

회당의 기원은 역사의 그늘에 가려졌다. 회당이 언제 생겼는지를 결정하는 것은 불가능하지만, 회당의 목적에 관해서는 의심의 여지가 없다. 처음에 바빌론으로 끌려가서 지중해 세계 전체로 흩어졌던 이스라엘 민족은 여전히 신앙의 중심으로서 예루살렘과 그 성전을 바라보았고, 그곳에서 자신들의 정체성을 찾았다. 그렇지만 그들은 하나님에 대한 예배와 종교적인 형식을 일부 사람들이 드물게 성전을 방문하는 경우로만 제한할 수 없었다. 팔레스타인에서조차 대부분 사람은 이따금씩만 성전을 방문할 수

밖에 없었다. 왜냐하면, 이런 방문에는 장거리 이동과 많은 어려움이 따랐기 때문이다.

따라서 이스라엘 민족이 주기적으로—특히 한 주일의 일곱째 날인 안식일에—만나서 성경을 공부하고, 기도하고, 하나님의 백성으로서 자신들의 정체성을 확증하는 관례를 시작한 시기를 결정하는 것은 불가능하다. 원래 헬라어인 "회당"(synagogue)이라는 단어는 단순히 "모임" 혹은 "집회"를 의미하기 때문에, 원래의 의미가 정확히 집회나 모임을 의미하는 "교회"(church)라는 단어와 매우 유사하다.

"회당"은 70인역이 히브리어 성경에서 사람들의 집회라고 언급한 것을 번역한 헬라어이다. 사실상 "회당"이라는 용어가 현재의 의미를 가지기 전에는, 유대인들이 기도하고 성경을 공부하기 위해서 모였던 모임에 일반적으로 부여된 이름인 **프로슈케**(proseuchē)였을 가능성이 매우 크다.

프로슈케는 단순히 "기도"를 의미했다. 이것이 바로 NRSV가 사도행전 16장 13절에서 "기도할 곳"(a place of prayer)이라고 번역한 것이다. 여하튼, 비록 두 단어 모두 고대에서 기도하고 성경을 공부하기 위해 모였던 그룹을 언급하는 데 사용되었지만, 결국, 이 용어들은 그룹이 모이는 장소를 가리키는 데 사용되기도 하였다. 우리가 "교회"를 회중 자체를 가리킬 때 사용하기도 하고, 때로는 회중이 모이는 장소를 가리킬 때 사용하기도 하는 것처럼 말이다. 1세기부터 시작하여, "회당"이라는 단어는 모이는 사람들과 또한 그 모임이 있는 장소 둘 다에 가장 일반적으로 사용되었다.

이는 예수님과 동시대의 유대철학자인 알렉산더의 빌로(Philo of Alexander)의 저술들과 신약성경에서 볼 수 있다. 1세기에 때때로 회당에 붙여진 다른 이름은 **사바테이온**(sabbateion)인데, 보통 안식일에 회당에 모였기 때문이다. 회당은 연구와 교육의 중심이고 또한 예배의 장소였다. 랍비나 선생이 이끌었는데, 그는 신중한 성경연구자로서 연구에서는 물론 예배에서도 성경을 가르치고 해석할 수 있었다.

여전히 논쟁 중인 회당의 기원에 관한 것은 제쳐두고라도, 적어도 예수님 당시에 회당이 유대민족의 종교적 삶에 있어서 중요한 요소였다는 것은 확인할 수 있다. 성전 내에 율법을 읽고 연구하는 전용 공간이 있었다. 어떤 이는 누가복음 2장 46절에서 마리아와 요셉이 "성전에서 선생 중에 앉으사 그들에게 듣기도 하시며 묻기도 하시는" 예수님을 발견하는 것에 대해 말할 때, 이 전용 공간을 언급하고 있다고 말한다.

사도행전 6장 9절 또한 예루살렘에 있는 회당에 대해 언급한다. 본문에는 회당의 숫자가 확실히 나와 있진 않지만, 사도행전 6장 9절에서도 예루살렘에 있는 회당에 대한 언급이 있다. "자유민들(이른바), 즉 구레네인, 알렉산드리아인, 길리기아와 아시아에서 온 사람들의 회당에서 어떤 자들이", 나아가 고대 랍비 전통에 따른다면 주후 70년에 성전이 파괴되었을 때, 예루살렘에 480개의 회당이 있었다. 회당은 복음서에서 매우 중요하고, 복음서는 회당을 자주 언급한다.

예를 들어, 누가복음 4장 15절에서는 예수님께서 "친히 여러 회당에서 가르치시매"라고 말한다. 비록 유대 지방에서 몇몇 회당의 옛터가 발굴되었지만, 안타깝게도 그중 어떤 것이 1세기의 것인지 절대적으로 확신할 수는 없다(가버나움에 있는 유명한 회당-예수님의 생애 이야기에 그 장소가 나오기 때문에 순례자들이 자주 방문하는 곳-은 아마도 3세기의 것으로 추정되는데, 그 아래에 예수님 당시 회당의 옛터가 있을 가능성이 매우 크다).

건물들은 규모와 구조가 다양하다. 일부 고대 자료들은 사람들이 기도하는 동안 예루살렘에 있는 성전을 향할 수 있도록 회당을 지어야 한다고 밝히고 있다. 고대 회당 유적지에서 일부 벽에 기대어 세운 돌 벤치를 자주 볼 수 있다. 아마도 나무로 만든 다른 좌석들도 방 안에 있었을 것이다. 그러나 있었다 하더라도, 고고학적으로 어떤 흔적도 찾을 수 없었다. 여자들을 위해서 남자들과 격리된 특별한 구역도 있었다. 여자들은 회당의 구성원으로 엄격하게 간주되지 않을 뿐 아니라, 예배를 열기 위해 필요한 인원으로 계산될 수도 없었다. 일부 자료들은 성경을 소리 내어 읽어야 하는 7명 중에 여자가 있을 수 있다고 말하지만, 율법 낭독은 남자에게만 맡겨졌다.

건물 중 가장 중요한 곳은 가죽으로 만들어진 성경 두루마리가 보관되었던 벽감(niche)이었다. 이 벽감은 천이나 휘장으로 보호되고, 그 뒤에서 읽은 두루마리들을 다시 감는다. 낭독 자체는 연단에서 한다. 신성한 본문을 읽은 후에 선생이나 유명한 방문객이 그에 대해 해설하는 기회가 있었는데, 때로는 앉아서 때로는 서서 했다. 그래서 누가가 우리에게 묘사했던, 예수님께서 "책을 덮어 그 맡은 자에게 주시고 앉으시니 회당에 있는 자들이 다 주목하여 보더라"(눅 4:20)라는 사건을 이해해야만 한다.

이것은 오늘날 우리가 생각할지도 모르는 것처럼, 예수님이 회중 사이에 있는 그분의 자리에 돌아가서 앉으셨다는 것이 아니라, 오히려 그분이 권위자의 자리에 이미 앉아계셨고 그곳에서 방금 읽으셨던 것을 해설하셨다는 것을 의미한다. 다른 경우에는 방금 읽은 부분을 해설해 달라고 초청받은 선생이 서서 했던 것이 분명하다. 이것이 비시디아 안디옥에서 "율법과 선지자의 글을 읽은 후에" 바울과 바나바에 말하도록 청하니 "바울이 일어나 손짓하며 말하되"라고 한 사건과 같은 경우이다(행 13:15-16).

성전에 대해 논할 때 그 안에서 일어났던 것을 상세히 묘사하려고 시도하지 않은 것처럼, 회당 예배에 관해서도 여기서 많은 설명을 하진 않으려 한다. 무슨 얘기를 하든지 간에 매우 조심스럽고 세심한 주의를 기울여야 하는데, 성전의 경우에서와 마찬가지로 1세기 회당 예배에 대해서 알려진 것이 거의 없기 때문이다. 현존하는 모든 문서는 훨씬 후대에 만들어진 것이고, 그 문서들이 1세기의 회당 예배에 관해서 어느 정도까지 설명하고 있는지, 혹은 후대의 상황들 아마도 심지어 어떤 경우에서는 유대교와 기독교 사이의 갈등으로 인한 관례들이나, 혹은 일반적인 것으로 간주하여서는 안 될 지역의 관례들을 어느 정도까지 반영하는지 알 수 없기 때문이다.

우리는 율법 낭독이 155 섹션으로 나뉘어 있으며, 삼 년 주기로 전체 율법이 낭독되고 연구될 수 있도록 안식일에 각 섹션을 읽어야만 한다는 것을 알고 있다. 우리는 또한 예배의 특정 순간에 특정 기도와 축복들이 반복된다는 것도 알고 있다. 팔레스타인과 아람어를 사용하는 다른 지역에서는 우선 히브리어로 본문을 낭독하고, 그다음에 낭독된 부분을 통역하는 것이 관습이었다.

이 일을 전문적으로 하는 전문 통역자가 통역하지만, 가끔 다른 사람을 초청하여 통역하게 했다. 때로는 어린아이들이 히브리어에 대한 자신의 지식을 보여주는 기회가 되기도 했다. 이는 아이들이 이스라엘의 전통, 역사 그리고 정체성을 배웠던 장소로서 회당의 전통적인 기능에 부합한다.

우리는 또한 노래, 때때로 교창이 있었다는 사실도 알고 있다. 그러나 사용되었던 음악에 관해 많은 것을 말할 수는 없다. 하나의 선율로 된 행(single melodic line)이 있었고, 노래를 교창으로 부를 때는 선창자(cantor), 혹은 찬양 대가 대부분 노래를 하고, 회중은 단순한 행을 노래하며 주기적으로 응답했을 가능성이 크다. 일부 다른 경우에는 선창자가 성시 자체를 노래하고, 그동안 찬양대는 간단한 단어나 구절로 응답했음이 분명해 보인다.

성경의 시편(Psalms of Bible) 외에 다른 음악과 본문들이 사용되었을 가능성도 아주 크다. 알렉산더의 빌로(Philo of Alexander)에 따르면, 그가 "하나님께 몸 바친 자"(Therapeutae)라고 부르고, 그 근거지가 이집트였던 유대교 종파는 명상에만 시간을 보내지만, 또한 하나님께 바치는 노래와 성가 역시 작곡한다. 모든 다양한 운율과 멜로디로 작곡하지만, 그들은 그것을 일반적인 엄숙함 이상의 척도로 나눈다(가이샤라의 유세비우스[Eusebius of Caesarea]의 『교회사』[Church History] 2.17,13; NPNF2 1:118에서 인용함).

일부 학자들은 성전과 회당 둘 다의 유대교 예배에서 축도, 할렐루야 등을 위한 짧막한 선율형식(brief melodic formulae)이 있었을 가능성이 아주 컸을 것이라는 의견을 제시한다. 그렇지만, 회당 음악에 관해 많은 기록을 남긴 가장 오래된 표본도 주후 7세기보다 빠르지 않다는 사실을 또다시 기억해야 한다.

비록 회당이 성전에서 섬기던 종교와 같은 종교를 따른다고 주장했지만, 곧 두 기관 사이의 차이와 긴장이 생겨났다. 어떤 이는 건물이 성전을 모방한 것처럼 보이는 회당이 있다고 불평하고 이것을 강탈이라고 단언했다. 어떤 이는 "와서 기도하라"가 아니라, "와서 봉헌하라"고 사람들을 초청하는 것을 비난했다. 이러한 비판에 따르면, 하나님께 제사를 지내는 단 하나의 장소는 성전인데도, 회당은 제사에만 쓸 수 있는 형식으로 사람들을 초청함으로써 성전의 기능을 강탈하고 있었다.

어떤 이는 기도 자체가 제사인 시편 141편 2절 "나의 기도가 주의 앞에 분향함과 같이 되며 나의 손 드는 것이 저녁 제사 같이 되게 하소서"를 인용하면서 이런 견해에 반박했다.

그러나 성전과 회당 사이의 갈등에는 다른 이유가 있었다. 성전은 대부분 사두개파가 장악했고, 회당은 일반적으로 좀 더 대중적인 종교의 경향을 보였는데, 그것은 바리새파의 것과 많이 유사했다. 대부분 유대인이 유대 지방에 살지 않고 디아스포라 상태였기 때문에 이러한 긴장은 점차 더 심해졌다. 이런 곳에서는 그들과 성전 사이의 거리로 인해 대다수 유대인은 자신들의 신앙 중심을 회당의 관례와 가르침에 두게 되었고, 성전과는 이상적인 방식과 연례적인 봉헌으로만 연결되어 있었다.

7. 유대인 디아스포라

유대인의 디아스포라, 혹은 분산은 예수님이 오시기 훨씬 이전에 시작되었고, 적어도 주전 6세기의 바빌론 유배로 거슬러 올라간다. 유배로 인해 메소포타미아, 바빌론, 메디아에 방대한 수의 유대인들이 살게 되었다. 이후에 처음에는 마케도니아. 다음에 시리아, 이집트 그리고 마지막에 로마가 고대 이스라엘 땅을 정복하자, 유대인들은 지중해 연안 전체에 흩어졌다. 예수님 시대에는 로마 제국과 그 너머 거의 모든 지방에 유대인과 회당이 있었다.

특히, 메소포타미아, 시리아, 이집트, 근동지역 그리고 로마 자체에 유대 인구가 가장 많았다. 비록 그들의 정확한 숫자를 아는 것은 불가능하지만, 일부 데이터가 분산 규모를 이해하는데 도움을 준다.

요세푸스는 유대전쟁 기간 시리아의 다마스커스 시에서 유대인을 대량 학살하였는데, 10,000명에서 18,000명의 유대인이 죽임을 당했다고 주장한다(요세푸스는 이 다른 두 숫자를 서로 다른 곳들에서 제시한다). 알렉산더의 빌로에 의하면, 로마 제국에서 둘째로 큰 대도시 알렉산더에는 다섯 개 구역이 있었는데 유대인이 그중 두 개 구역을 차지하고 있었다. 그리고 이집트 내륙에도 더 많은 유대인이 있었는데, 빌로가 그 땅에 백만의 유대인이 살고 있었다고 주장할 정도였다.

요세푸스는 구레네와 북아프리카 지역은 4개의 인구로 분할되어 있었는데 그중 하나가 유대인들이었다고 말한다. 이미 언급했듯이 2세기에 동일한 지역에서 유대인의 대반란이 있었고, 반란군이 너무 많아서 20만 명 이상의 이방인들을 죽일 수 있을 정도였다. 구브로 섬에서는 동일한 반란 기간 중 사망자가 거의 25만 명이나 되었다. 시리아에는 거의 백만 명의 유대인들이 있었다. 로마시에서 유대인들이 나쁜 영향을 끼친다고 생각해서 반복해서 다른 지역으로 내쫓고 추방했지만, 그중 많은 이가 종국에는 수도로 돌아왔을 가능성이 매우 크다. 디베리우스 황제(Tiberius, 주후 14-37) 재임 시에 수도의 유대인 인구는 전체인구의 거의 7퍼센트에 달했다.

요약하자면 가장 보수적인 숫자도 제국 내의 전체 인구 중 7퍼센트가 유대인이라고 제시한다. 그리고 다른 이들은 더 높은 백분율을 제시한다.

이러한 유대인의 존재는 여타 사회와 관습에 중요한 영향력을 미쳤다. 요세푸스는 아마도 과장했겠지만, 다음과 같이 단언했다.

이방인들은 상당히 오랫동안 우리 종교에 많은 관심을 가지게 되었다. 그래서 심지어 헬라인들의 어떤 한 도시도, 야만인들 중 어떤 민족도 우리의 이름을 모르거나, 한 주일에 한 번 안식하는 우리의 관습, 우리의 금식, 빛의 축제 그리고 우리의 식사와 관련된 많은 것들을 따르지 않는 자들은 더 이상 없을 정도였다. 하나님이 모든 곳에 계시는 것과 꼭 마찬가지로 율법도 사람들 사이로 나아갔다. 각자의 땅과 가족들을 살펴보면 내 말이 진실임을 확신할 것이다(*AG. Apion* 2.39.283).

주변 사회에 대한 유대교의 영향은 부분적으로는 유대인 자신들의 노력에 기인한다. 그들 중 몇 사람은 자신들의 신앙을 방어하기 위해서 저술했고, 그것이 최고의 헬라철학과 일치한다는 것을 보여주려고 노력하였다. 이러한 유대 변증가 중에 제일 유명한 이는 알렉산더의 빌로이지만, 다른 이들도 많이 있었다.

이러한 것은 막카비 제4서와 또한 『시빌의 신탁』(*Sibylline Oracles*)—고대의 여성 예언자가 유대교의 진리를 선포했다는 점을 보여주기 위해 저술되었고, 이후에 비슷한 목적으로 그리스도인들에 의해 수정되었던—의 분명한 목적으로 보인다. 이 신탁 중 하나는 다음과 같이 요세푸스의 신탁과 유사한 주장을 한다. "당신은 바다와 땅을 가득 채웠습니다"(『시빌의 신탁』, 3.27).

유대교의 확장과 영향은 멀리, 그리고 널리 여행했던 스트라보(Stravo) 같은 이가 주전 1세기에 유대인들은 "모든 시에서 볼 수 있고, 세상의 구석까지 그들이 들어가지 않은 곳이 없고, 그들이 소유하지 않은 곳을 찾기 어렵다"고 할 정도였다(요세푸스, 『고대사』 14.7,2에서 인용).

그리고 훨씬 후에 어거스틴은 세네카(Seneca)가 1세기에 유대인에 관해서 쓴 것을 다음과 같이 인용했다.

그렇지만, 이 가공할 만한 사람들의 생활 형태는 이제는 어느 곳에서도 받아들여질 만큼 충격을 일으켰다. 정복된 자가 정복한 자에게 자신들의 법을 주었다(『하나님의 도성』[City of God] 6.11).

특히, 이러한 증언들 대부분에서 유대인을 향한 의심과 증오 그리고 그들의 삶의 방식과 그들의 인내에 대한 감탄을 동시에 볼 수 있다.

8. 달력과 시간들, 유대인의 정체성

심지어 그들이 로마 제국과 그 너머로 흩어져 살았을 때도 유대인들을 결합하는 주된 요소 중 하나는 달력이었다. 한쪽 끝에서 다른 쪽 끝까지 널리 분산해 있으면서도, 유대인들은 하나의 달력을 공유하여 유사한 활동을 함으로써 그들의 통일성을 표현하고 경험할 수 있었다.

이 달력의 중심은 주 7일이었고, 그 정점은 안식일을 지키고 경축하는 것이었다. 각 날은 해질 때 시작하고 다음 해질 때에 끝났다. 주간의 7일째 날에 합법적으로 행할 수 있는 것이 무엇인가에 관한 끝없는 논쟁에 대해 많은 말들이 있었다. 히브리인은 안식일을 경건하게 지켰는데, 안식일이 더는 창조주 하나님의 사랑을 기쁘게 기념하는 날이 아니게 될 정도가 된 사례들이 분명히 있었다.

안식일 준수에 관한 문제로 예수님이 회당 지도자들과 자주 충돌했던 것을 복음서에서 볼 수 있다. 그러나 이런 사례들로 인해 안식일이 하나님께서 섭리로 주신 선물을 경축하는 날이었고, 하나님의 백성들 간의 사랑과 나눔의 시간이었다는 사실이 가려져서는 안 된다. 게다가 안식일에 무엇을 행하는 것이 합법적인가에 대해 유대인들끼리 의견이 일치하지 않았다.

주전 1세기에 가장 큰 두 개의 랍비학파는 보통 힐렐학파(schools of Hillel)와 샴마이학파(schools of Shammai)로 불리는데, 그들은 이런 문제에서 의견이 다르다. 안식일을 이해하는데 있어서 힐렐 파가 더욱 관대하고, 반면에 샴마이학파는 더 보수적이고 더 엄격했다. 랍비 아키바(Rabbi Akiba)가 다른 모든 날에 할 수 있는 것은 안식일에 해서는 안 되지만, 다른 날에 할 수 없고 필요한 것은 심지어 안식일에도 합법적으로 할 수 있다고 선언했던 것은 실제로 예수님 당시였다.

그리고 그의 선언은 사람들 사이에서 폭넓은 지지를 얻었다. 복음서에 나오는 것처럼, 그것은 또한 예수님의 가르침으로 보인다. 결과적으로 주간의 여섯째 날은 "준비일"(day of preparation)로 알려지게 되었다. 왜냐하면, 이날에 사람들이 안식일을 지킬 수 있도록 음식을 준비하고 필요한 모든 것을 해야 하기 때문이다.

안식일은 특별한 제물과 화목의 떡을 교체하며 성전에서 경축한다. 안식일의 시작과 끝 둘 다, 여섯째 날 해질 때와 다음 날 해질 때에 트럼펫 소리로 신호를 보낸다. 또한, 적어도 주전 5세기부터 전 세계의 회당들이 안식일에 모였다. 예수님 시대의 회당에서 있었던 안식일 예배의 세부사항을 아는 것은 불가능하다. 성전이 파괴되기 전, 회당에서 행해졌던 것은 사람들이 나누어진 여러 학파와 그룹들, "종파들"의 의견과 성향들이 반영되었을 가능성이 크다.

그러나 성전 파괴 이후에 통합을 향한 운동이 있었고 예배가 점차 획일적이 되었던 것으로 보인다. 비록 세부사항은 알려지지 않지만, 신약성경과 요세푸스로부터 율법과 선지서의 낭독이 있었던 것을 분명히 알 수 있다. 유명한 방문객이 있었을 때, 그는 방금 읽었던 구절을 설명해달라고 초청받았다. 만약 방문객이 없으면, 회당의 구성원이 해설했을 것이다.

특정 기도 또한 포함되었고, 그중 일부는 지정된 것이었다. 일부 선택된 성시들을 낭독하거나, 혹은 노래로 불렀을 가능성이 크다. 어쨌든 안식일을 지키는 것은 유대교의 현저한 특징이 되었고, 요세푸스가 말하듯이 다양한 지역의 이방인 대중들이 곧 그것을 모방했다.

 히브리인의 달력 기반을 형성했던 주간 달력 외에도, 몇 개의 중요한 날들을 포함하는 연간 달력도 있었다. 그 외에도 주간처럼 숫자 7에 기반을 둔 7년 동안 계속되는 달력도 있었다. 매 7년째는 안식년이었고, 7개의 안식년 다음에는 희년(Jubilee) 혹은 50년째 해인 "오순절의 해"(pentecostal year)가 있었다.

 각각의 해 동안에도 특별한 축일과 준수하는 날들이 있었다. 봉헌절(Feast of Dedication[하누카])과 부림절(Purim) 같은 날은 이스라엘 역사에서 상대적으로 최근의 사건들을 경축하는 날이었다. 봉헌절은 유다 막카비의 행적과 시리아에 대한 그의 승리를 기념하였고, 성전의 봉헌에서 절정을 이룬다.

 부림절은 에스더와 모르드개가 이스라엘의 적의 음모에 맞선 이야기를 경축했다. 초막절(The Feast of Tabernacles)과 칠칠절(Feast of the Weeks)은 추수의 완성을 경축했다. 속죄일(Day of Atonement)에 대해서는 이미 설명했다. 그러나 이스라엘 축일 중 가장 중요한 것은 유월절이다. 그것은 이스라엘인들이 양의 피를 문에 발라 표시하라는 지시를 받았고, 파괴하는 천사가 그런 표지를 가진 집은 넘어가고, 이집트인의 집에 들어가 그들의 장자를 죽였던 날로서, 이스라엘이 이집트의 속박으로부터 해방된 것을 경축하는 날이다. 유월절은 유대의 모든 축제 중에서 가장 중요했을 뿐만 아니라, 또한 기독교 예배에도 가장 큰 영향을 끼쳤다.

 출애굽기에 의하면, 유월절 경축은 그것이 기념하는 해방 사건이 일어나기도 전에 하나님께서 명령하신 것이었다.

> 모세가 이스라엘 모든 장로를 불러서 그들에게 이르되 "너희는 나가서 너희의 가족대로 어린 양을 택하여 유월절 양으로 잡고, 우슬초 묶음을 가져다가 그릇에 담은 피에 적셔서 그 피를 문 인방과 좌우 설주에 뿌리고 아침까지 한 사람도 자기 집 문 밖에 나가지 말라. 여호와께서 애굽 사람들에게 재앙을 내리려고 지나가실 때에 문 인방과 좌우 문설

주의 피를 보시면 여호와께서 그 문을 넘으시고 멸하는 자에게 너희 집에 들어가서 너희를 치지 못하게 하실 것임이니라. 너희는 이 일을 규례로 삼아 너희와 너희 자손이 영원히 지킬 것이니, 너희는 여호와께서 허락하신대로 너희에게 주시는 땅에 이를 때에 이 예식을 지킬 것이라. 이 후에 너희의 자녀가 묻기를 '이 예식이 무슨 뜻이냐' 하거든, 너희는 이르기를 '이는 여호와의 유월절 제사라 여호와께서 애굽 사람에게 재앙을 내리실 때에 애굽에 있는 이스라엘 자손의 집을 넘으사 우리의 집을 구원하셨느니라'"하라 (출 12:21-27).

"파스칼"(paschal)은 "유월절"(Pascha)의 형용사형으로 "지나가다", 혹은 "제쳐두다"-따라서 "지나가다"(pass over)라는 의미가 있는 히브리어 단어에서 나온 것이다. 원래 유월절은 정확히는 양의 희생을 기념하는 것과 관련된 것이었지만, 2세기부터 그 의미가 넓어져서 그날 전후로 행해진 다양한 예배들을 포함하게 되었다.

그런 의미에서 유월절은 실제로 무교절과 동의어가 되었다. 그러나 1세기에는 무교절과 유월절 사이가 여전히 구별되어 있었다. 유월절은 구체적으로 니산월(Nisan)의 열네 번째 날에 열렸고, 무교절의 7일을 시작하는 신호였다. 요세푸스에 의하면, 매년 약 10만 명의 순례자들이 유월절을 경축하기 위해 예루살렘으로 갔다.

1세기 예루살렘에서 있었던 그 경축에 대해 오늘날 알려진 것들의 상당수는 신약에서 말하는 것과 미슈나(Mishnah)의 증언에 근거한 것이다. 경축은 이집트를 탈출하던 날을 기억하면서 옛 누룩을 버리는 것으로 시작하였고, 이스라엘의 자녀들은 무교병을 먹었다.

그다음에 제9시에(대략 오후 3시), 잔치에 사용될 많은 양의 희생이 시작되었다. 유월절 양을 남김없이 먹어야만 했기 때문에, 모든 유대인은 다른 사람들과 함께 유월절 잔치에 참석해야만 했다. 그래서 대가족의 일원이 아닌 사람들은 잔치에 다른 사람들과 합류할 계획을 세웠다.

양들이 죽임당하고 피를 흘리는 동안 레위인들은 시편 113-118편을 노래했다. 이 피들을 모아서 이후에 제단에 부었고, 지방의 일부분도 제단에서 태워졌다. 양을 가지고 온 사람들이 그 양을 가지고 집에 돌아가서 그것을 구웠다.

특정 가족의 모든 세대가 이 특별한 경축을 위해 모였을 때, 그중 가장 어린 사람이 "이날이 다른 날과 어떻게 다른가요?"

이렇게 묻게 되어있었다. 이에 대한 대답은 하나님이 이집트의 노예 상태로부터 그들을 해방했던 날에 관한 노래와 내러티브로 했다.

그런 후에 하나님의 다른 위대한 구속행위에 관해서 이야기를 계속했다. 보통, 마지막 청원은 하나님께서 로마의 지배로부터 그 땅을 해방해 달라는 것이었다(이후에 마지막 기도는 하나님께서 이스라엘을 예루살렘으로 귀환하는 것을 허락해달라는 또 다른 요청으로 대체되었다). 이 경축은 하나님의 백성으로서 이스라엘의 정체성을 공고히 하고, 새로운 세대를 잔치에서 기념한 하나님의 위대한 위업들의 상속자로 키우는데 이바지했을 것이 틀림없다.

주목할 것은 유월절 잔치를 성전이나 회당에서가 아니라 대부분 집에서 했다는 점이다. 그러나 예루살렘에서는 양을 준비하는 임무를 성전에서 맡고, 회당에서는 특별한 유월절 준수 사항이 있었다. 유월절을 매년 지킬 것을 명하고, 유월절에 대한 지침들을 제시하는 율법은 양을 완전히 먹어야 한다고 명령했다. 이는 소규모 가족은 다른 가족과 합류해야 한다는 의미이다.

또한, 혼자 살거나 어떤 이유로 가족이 없는 모든 유대인은 반드시 다른 사람들과 함께 경축하여 유월절을 혼자 지내는 유대인이 한 사람도 없도록 해야 함을 암시한다. 비록 가족이 경축에서 중요한 위치를 차지하지만, 유월절은 개인적인 일, 혹은 완전히 가족의 일이 아니라, 민족의 가장 큰 축제일이었다.

가정에서 경축했기 때문에 성전과 회당에서 존재했던 남자와 여자들 사이의 엄격한 분리는 동일한 방식으로 적용되지 않았다. 경축을 위한 음식을 준비하는 것은 보통 여자들이었지만, 이러한 전통적인 역할 외에 그들은 유월절 만찬을 둘러싸고 행해진 종교적 의식에서 일부를 담당했다.

예수님 당시에, 유월절과 무교절은 외국에서 온 수많은 순례자를 끌어들이는 사실상 단 하나의 공적 경축 행사였다. 성전 파괴 이후에 이것은 불가능해졌고, 유월절 잔치는 대부분 가족 내에서 기념하는 의식이 되었다. 성전이 없으므로, 양의 기름을 바칠 장소가 없었지만, 초기의 관례들을 따라서 이 만찬은 계속되었다.

이 유월절 만찬은 "명령"(order)의 의미가 있는 단어인 "세더"(Seder)로 알려졌다. 유월절 만찬을 이런 식으로 언급하는 것이 주후 70년 이후의 문서에만 나타나기 때문에, 만찬 자체는 더욱 엄격하게 규제되고 있었다는 것을 암시한다. 이제 더 성전 순례와 그 안에서 행하는 의식으로는 유월절을 지킬 수 없게 되었기 때문에, 경축에서 가족의 역할이 훨씬 더 커졌다.

1세기 후반이나 그 이후에 정해졌던 규칙들은 유월절 잔치에 관한 고대 이스라엘 전통의 많은 부분을 그대로 유지하였다. 하지만, 일부 학자들은 이 만찬이 이제 종종 철학적 문제를 토론하는데 바쳐진 연회였던 헬라의 "심포지엄"(symposium)의 영향을 받았다고 주장한다. 이런 변화의 방향을 나타내는 것으로 헬라의 심포지엄에서처럼 식사 때 드러눕는 관습을 들 수 있다.

그렇다 하더라도, 만찬의 중심은 이전에도 그렇고, 여전히 그렇지만, 유대인 정체성의 기반인 하나님의 위대한 구속행위에 대한 내러티브이다. 따라서 전통적인 헬라 심포지엄에서는 철학이나 윤리 문제를 주제로 토론했지만, 유월절 만찬에서는 이스라엘이 이집트의 노예 생활로부터 해방된 이야기와 하나님의 다른 신성한 개입들을 주제로 토론하고 이야기했다.

헬라의 심포지엄과 유월절 만찬의 또 다른 차이는 전자는 어떤 심오한 문제들에 관해 토론할 수 있는 사람들에게만 제한된 엘리트주의적인 것이었지만, 히브리인들의 유월절 만찬은 온 세대의 경축이었다는 점이었다. 가장 연장자부터 가장 어린아이들까지 포함한 모든 사람이 참석하고, 그

중 가장 어린 참석자가 "오늘 밤이 다른 밤과 다른 점이 무엇입니까?"하고 질문함으로써 내러티브의 길을 열어주어야 했다.

그 이름이 암시하는 것처럼, 유월절 만찬(Seder Meal)은 상세하고 구조화된 질서를 따라야 했다. 그 모든 것을 여기서 논할 필요는 없다. 그렇지만 기독교 예배 발전에 중요한 일부 요소들을 지적하는 것은 중요하다. 그중 가장 중요한 것은 유월절 만찬에서 떡과 포도주가 차지하는 중심적 위치이다. 떡은 발효되지 않은 것이다. 이것은 이스라엘이 이집트를 급하게 도망칠 때 누룩을 가지고 갈 수 없었던 것을 기념하는 것이다. 떡을 두고 기도하는 것 중의 하나는 다음과 같은 감사의 행위이다.

"땅을 만드시고 우리에게 떡을 주시는 만유의 영이신 주님, 당신을 송축합니다. 우리에게 이 떡을 먹으라고 명령하셨던 만유의 영이신 주님, 당신을 송축합니다."

그리고 각 포도주 잔에도 특별한 축도가 있다. 잔에 대한 축복이라고 불리는 이러한 것 중 축복의 잔이라 불리는 첫 번째 잔에 대한 기도는 다음과 같아야 했다.

"포도 열매를 만드신 만유의 영이신 주님, 당신을 송축합니다. 우리를 기르시고 우리를 이 축복받은 시간까지 키우시고 데려오신 만유의 영이신 주님, 당신을 송축합니다."

마지막 포도주 잔을 축복함과 동시에 엘리야 선지자가 만찬에 참여하도록 초청하기 위해서 문을 열어야 했다. 그를 위해서 포도주 한 잔을 식탁 한가운데에 두었다. 만찬은 그런 후에 예루살렘에서 다시 만나는 끊임없는 소망을 선포함으로써 끝이 난다.

나중에 다시 살펴보겠지만, 공관복음서는 예수님이 잡히시기 전 마지막 만찬이 유월절에 일어난 것으로 되어있다. 그러나 요한복음(19:14)에서는 유월절 만찬을 준비하는 중에 예수님의 죽음이 일어났다고 암시한다.

이후에 그리스도인에게 가장 중요해진 이스라엘의 다른 경축일은 오순절이었다. "오순절"이라는 이름은, "50번째"(fiftieth)를 의미한다. 왜냐하면, 그것이 유월절 추수 이후의 50번째 날에 오기 때문이다. 원래 오순절에는 추수가 끝난 것을 경축했던 것으로 보인다. 오순절을 지키는 것은 추수로 얻은 두 덩어리 떡과 특정 동물들로 제사를 지내는 일이 포함되었다(레 23:15-21). 오순절은 서서히, 특히 첫 번째 성전 건축 후에는 시내산에서 모세에게 율법을 주신 것을 경축하는 것도 되었다. 그리고 이것이 신약 시기에서 가장 중요한 의미였다.

마지막으로 여전히 달력과 시간의 관리라는 주제를 다루며, 기도를 위해 따로 떼어 둔 시간을 언급해야 한다. 모든 순간이 기도하기에 좋다는 것은 당연하다. 그러나 성전에서는 매일 기도가 경축되는 세 개의 특정 시간이 있었고, 모든 유대인은 그들이 어디 있든지, 그곳이 성전이건, 회당이건, 혼자 있건 기도하기 위해 다른 활동들을 멈추어야만 했다.

이 시간은 제3시, 제6시, 제9시, 즉 대략 아침 9시, 정오 그리고 한낮인 오후 3시경이다. 비록 이 기도들이 개인적으로 행해졌다 하더라도 개인적인 기도는 아니었다. 기도가 개인과 하나님의 연합을 세우는 것을 의도했다기보다, 오히려 전 민족이 하나님과 연합하여 드리는 공동 기도를 의도했다는 점에서 그러하다. 다음에 살펴보겠지만, 이러한 기도의 시간은 기독교의 기도 관행에 영향을 미쳤다.

9. 개종자들과 하나님을 경외하는 자들

그리스도 이후 1세기에 유대교가 수적으로 성장한 것은 상당 부분 전도(proselytism) 때문이었다(비록 오늘날에는 "전도"[proselytism]라는 단어가 제자나 추종자를 얻으려는 과도한 방법을 가리키는 부정적인 의미가 있지만, 이 맥락에서는 그저 다른 사람들에게 자신의 신앙을 알리고 그들에게 그것을 따르도록 초청하는 것을 의미한다. 고대 문서들이 유대인 개종자들이라고 말하는 것은 그러한 의미이다).

오늘날 일반적으로 거의 모든 유대인이 태어날 때부터 유대인이었던 것으로 알고 있는 우리에게는 유대교를 전도하는 종교로서 생각하는 것이 어려울지 모른다. 그러나 기독교가 무대에 등장했을 때 유대교는 전 세계에서 추종자들을 찾는 전도하는 종교였다. 어떤 사례들에서는 전도가 남다르게 성공적이었다. 예를 들면, 로마 제국과 파르티아 제국(Parthian empire) 간의 국경선에 있는 티그리스(Tigris) 계곡에 있던 아디아베네(Adiabene) 왕국 전체가 개종했던 경우이다.

이 일은 클로디우스(Claudius) 황제가 로마를 다스렸던 시기(주후 41-54)에 일어났다. 이 사람은 예수님에 관한 가르침과 갈등으로 인해서 유대인 사이에 있었던 소란 때문에 그들을 로마로부터 쫓아냈던 그 클로디우스와 동일 인물이다. 바로 직전에 헤롯은 에돔 사람들—이두매아 민족(people of Idumaea)—을 강제로 유대인이 되게 만들었고, 그들은 헤롯의 죽음 이후에도 유대인으로 남았다.

훨씬 이전인 주전 129년에는, 로마에 살고 있는 유대인들의 전도에 대한 열성은 자신들이 수도와 이탈리아의 다른 도시들에서 추방될 정도로 컸다. 이런 경우에 유대인의 가르침을 거부한 사람들은 유대인들은 인류의 적이고, 야만적인 미신을 따르며, 눈에 보이지 않는 하나님을 섬기고, 자신들이 섬기는 신들(gods) 대신 하늘과 구름을 섬긴다고 주장하는 것이 일반적이었다.

이 모든 것은 반복된 유대인들에 대한 대량학살과 또한 무수한 유대인들과 이방인들을 죽음으로 이끈 유대인들의 반란으로 이어졌다. 그러나 이런 사건들에도 불구하고 유대교는 이교도 주민들 사이에서 계속 성장했다.

유대교가 전도에 성공할 수 있었던 이유 중 하나는 그 타당성이 의심되는 고대 종교들이 대부분 쇠퇴했기 때문이다. 고대 종교에 대한 환멸로, 사람들은 삶 자체에 유용한 새로운 "철학"을 추구했다(우리가 기억해야 할 것은 이 시기에는 플라톤의 아카데미[Plato's Academy], 아리스토텔레스의 페리파토스[Aristotle's Peripatos]는 형이상학과 인식론보다는 좀 더 현실적인 삶을 다루는 것에 관심이 있는 철학적 흐름-스토아 철학, 향락주의, 중도 플라토니즘-이 성장하면서 쇠퇴했다는 점이다. 그러한 맥락에서 유대교는 이러한 다른 대안적 철학과 경쟁하는 철학으로 제시되었다. 많은 추종자가 "진정한 철학"이라고 정의하는 기독교 또한 곧 이렇게 될 것이었다).

유대교에 접근하는 이교도들은 "하나님을 경외하는 자들"(God-fearers), 혹은 "개종자들"(proselytes)로 알려지게 되었다. 비록 이러한 명칭들을 사용하는데 일부 혼란이 있었지만, 마침내 분명히 구분되었다. "개종자"란 이스라엘의 신앙과 율법을 받아들일 뿐만 아니라, 교리, 도덕 그리고 식사 문제에서 율법을 따르기로 약속한 사람이었다. 또한, 개종과 헌신, 정결의 표지로써 그들은 세례를 받았다. 이런 세례는 개종자의 성(gender)에 상관없이 행해졌다.

할례가 필요한지에 관해서 랍비들의 의견은 일치하지 않았다. 더욱 전통적인 사람들은 음식, 정결 의식과 모든 남성의 할례를 포함하는 율법 전체에 순종할 것을 요구했다. 그러나 어떤 사람들은 율법의 도덕적 규칙에 순종하고 만물의 창조주이신 한 분 하나님을 믿는 것 이상은 요구하지 않았는데, 이들은 분명 소수파였다. 왜냐하면, 율법의 도덕적 명령을 따르고, 이스라엘의 하나님을 믿지만, 음식에 대한 명령을 따르지 않고, 할례를 받지 않는 이방인들은 대부분 유대인에게 개종자가 아니라, 다만 "하나님을 경외하는 자들"이기 때문이었다.

따라서 바울과 다른 사람들이 하나님을 경외하는 자들을 교회로 받아들이기 시작하여 유대 그리스도인들 사이에서 그들이 할례를 받아야만 하는지에 관해서 논쟁이 일어났을 때 바울과 그에 동의하는 사람들은 특정 랍비의 전통에 호소할 수 있었다.

유대교로 개종하는 것은 가벼운 문제가 아니었다. 랍비들에 따르면, 만약 이방인의 결혼에서 두 사람 중 한 사람만 개종했다면, 결혼 자체가 취소되고, 자녀들은 사생아가 되었다. 적어도 이론적으로는 개종자가 된다고 해서 유대인으로 태어난 자들보다 덜 유대인이 되는 것은 아니었다. 사실상 가장 유명한 랍비 중 일부는 개종자이거나 개종자의 후손들이었다.

예수님이 그 당시 유대인들의 전도에 대한 열정을 비판하신 이유는 자신들의 신앙을 공유하려는 유대인들의 열망 때문이 아니라, 오히려 그들이 신앙을 공유할 때 개종자들에게 새로운 형식의 압박이 될 멍에를 짊어지게 했기 때문임이 분명하다.

> 화 있을진저 외식하는 서기관들과 바리새인들이여! 너희는 천국 문을 사람들 앞에서 닫고, 너희도 들어가지 않고, 들어가려는 자도 들어가지 못하게 하는도다. 화 있을진저 서기관들과 바리새인들이여! 너희는 교인 한 사람을 얻기 위하여 바다와 육지를 두루 다니다가 생기면 너희보다 배나 더 지옥 자식이 되게 하는도다(마 23:13-15).

이 점에서 일부 고대 원고들은 예수님이 유대인의 전도를 비판하신 이유가 그들이 정의의 문제에 충분히 관심을 기울이지 않았기 때문임을 암시하는 듯하다. 이러한 원고들에 의하면, 예수님이 말씀하신 것은, "화 있을 진저 서기관들과 바리새인들, 이 위선자들이여! 너희는 과부의 집을 삼키고, 겉으로 보이려고 길게 기도하는도다. 너희는 더 큰 저주를 받을 것이라."

개종자가 아무리 많더라도, 하나님을 경외하는 자들의 수가 훨씬 더 많았다. 그들은 유대교의 한 분 하나님과 율법의 도덕적 원칙을 받아들일 준비가 되어있었고, 회당 예배에도 참석했다. 그러나 이런저런 이유로 개종자가 되지 않았고, 따라서 전체 율법을 순종하는 서약을 하지 않았다. 바울의 많은 사역이 커다란 성공을 거둔 곳은 바로 이런 하나님을 경외하는 자들 사이에서였다. 이에 대해서는 다음 장에서 살펴볼 것이다.

10. 성전 파괴와 회당으로부터의 축출

유대인 반란의 결과 주후 70년에 예루살렘 성전이 파괴되었다. 이는 이스라엘의 신앙에 엄청난 결과를 가져왔음이 분명하다. 그 이후로 더는 하나님께 드려야하는 제사와 관련된 율법에 순종하는 것이 불가능해졌다. 앞에서 언급한 경쟁 관계에 있던 이집트의 성전과 같은 곳에서는 가능했지만, 이집트 성전도 예루살렘성전 파괴 직후 폐쇄되었다.

이제 예배와 권력의 중심을 뺏긴 사두개인들은 사실상 사라졌다. 성전 파괴라는 재앙의 결과 항상 회당을 기반으로 삼았던 바리새인들은 지금 랍비의 유대교라고 불리는 유대교를 형성할 수 있었다.

이 랍비의 유대교는 성전에서 드렸던 제사들보다 하나님의 사랑에 더 많은 관심이 있었고, 이를 입증하기 위해 선지자들의 말을 반복적으로 인용하였다. 예를 들면, 호세아 6장 6절의 "나는 인애를 원하고 제사를 원하지 아니하며 번제보다 하나님을 아는 것을 원하노라"와 같은 것이다. 오늘날 우리가 아는 유대교는 바리새인들과 랍비의 전통, 그리고 율법의 적용에 대한 그들의 면밀한 연구의 유산이다.

이제 예루살렘에서 모일 수 없었기 때문에 유대 북단에 있는 얌니아(Jamnia)시에서 산헤드린(Sanhedrin[공회])이 - 베스파시우스(Vespasian) 황제의 비준으로 - 재편되었다. 주후 90년경 어느 시점에 향후 어떤 것이 성경의 히브리 정경 - 율법서(Law), 선지서들 그리고 성서들(Writings)을 포함하는 - 이 될 것인지 결정한 주체가 바로 이 산헤드린이었다. 히브리 텍스트는 일반적으로 "예루살렘 정경"(Jerusalem canon)으로 불리고, 오늘날 대부분의 개신교 성경들(Protestant Bibles)은 그것을 따른다.

반면에, 가톨릭 성경들(Catholic Bibles)은 "알렉산드리안 정경"(Alexandrian canon)을 따르는데, 그것은 제2정경을 포함하기 때문에 초기 그리스도인들이 사용했던 헬라역본인 70인역을 반영한다.

얌니아의 산헤드린은 가말리엘 2세(Gamaliel II)가 주도했다. 그는 80년 경의 어느 시점, 즉 예루살렘 멸망 후 약 10년에 "나시"(nasi), 혹은 "프린스"(prince)라는 직함을 차지했다. 가말리엘은 유대교를 재편성하고 통일하는 일에서 큰 성공을 거두었다. 이 프로젝트의 목적으로 신성한 책들의 목록이 규정되었고, 이는 예루살렘 정경이 되었다. 또한, 통일성과 일치성(unity and uniformity)을 위한 프로젝트의 목적으로 그는 회당에서 따라야만 하는 기도와 의식들을 성문화하였다.

마지막으로 그는 자신이 이단적이거나 분파적이라고 생각하는 다양한 그룹들을 회당으로부터 축출하도록 포고하였다. 그 그룹들에는 그리스도인들도 있었다. 이 일은 그의 통치가 끝날 때쯤인 주후 100년경에 일어났다. 따라서 그날은 유대 기독교의 감소와 대부분 이방인으로 구성된 교회의 시작을 나타내는 분수령이 되었을 것이다.

제2장

유대교 예배와 유대-기독교 예배

1. 자료들과 한계

유대-기독교 예배(Judeo-Christian worship)를 논의하기 전에, "유대-기독교"(Judeo-Christianity)가 무엇을 의미하는지 이해할 필요가 있다. 이스라엘의 하나님과 예수 그리스도의 하나님이 같지 않다고 주장했던 마르키온(Marcion)과 그 추종자들을 제외하고, 어떤 면에서는 실제로 모든 기독교는 유대-기독교이다. 수 세기에 걸쳐서, 그리스도인들은 자신들의 하나님이 아브라함과 이스라엘의 하나님과 동일하고 히브리 경전(Hebrew Scripture)은 하나님의 말씀(Word of God)이라는 사실을 확신했다.

따라서 가장 넓은 의미에서 "유대-그리스도인"(Judeo-Christian)은 "그리스도인"(Christian)과 동일할 것이다. 왜냐하면, 모든 기독교는—심지어 반유대주의적 성향 속에서도—유대인의 뿌리를 가지고 있기 때문이다. 하지만 반대로 가장 좁은 의미에서는 "유대-그리스도인"의 이름을 고대에 예수님을 따르면서도 식사, 할례, 정결 의식을 포함한 이스라엘 율법에 순종해야 한다고 주장한 많은 선생과 운동에 한정할 수 있다.

이러한 두 극단 사이에서, 본서에서 "유대-기독교"를 거론할 때는 대부분 구성원이 여전히 유대인이고, 교회가 공식적으로 완전히 회당으로부터 추방당하지 않고, 유대교와 단절되지 않았던 초대교회 시기를 언급하는 것이다. 앞의 장에서 살펴본 것처럼, 교회와 회당 사이의 분명한 균열은 1세기 말에 가말리엘 2세가 산헤드린을 이끌고 있을 때 발생했기 때문에, 우리 연구의 이 부분과 다음 부분을 나누기 위해서 1세기 말이라는 날짜를 빌릴 것이다. 그렇지만, 이미 1세기에 교회와 회당의 거리가 상당했다는 것은 신약성경으로도 충분히 알 수 있다.

그래서 1세기경의 "균열"(breach)에 관해 말할 때, 반드시 다음 두 가지를 주의해야 한다.

첫째, 가말리엘 2세가 회당으로부터 그리스도인들을 추방한 포고는 단순히 반기독교 활동이 아니었다는 점이다. 이는 성전이 파괴되어 버렸기 때문에 성전을 중심으로 할 수 없게 된 유대교의 새로운 형식을 종합하려는 그의 폭넓은 프로젝트의 일환이었기 때문이다.

둘째, 신약성경의 증언에 의하면, 유대 그리스도인들과 다른 유대인들을 분리하는 과정은 훨씬 더 일찍 시작되었다는 점이다. 이것은 스데반의 순교와 "도"(the Way)를 따르는 자들에 대해 바울이 초기에 보였던 증오 이야기와 이후에 바울이 가르쳤던 회당들에서 많은 이가 보인 반응에서 반복해서 볼 수 있다. 그리고 에베소서와 다른 신약성경 책들에서 유대-그리스도인들과 좀 더 전통적인 유대인들 사이의 관계가 자주 주제가 되는 것을 볼 수 있다.

이러한 이유로, 주후 100년, 또는 가말리엘의 포고가 구분을 짓는 선으로서 갖는 의미가 과장되어서는 안 된다. 일부 지역에서는 유대-그리스도인들이 몇 대에 걸쳐서 존속하였다. 그러한 세대들의 문서들은 기독교로 개종하고도 여전히 유대인으로 남았던 사람들이 어떻게 자신들의 신앙을 이해하는지 엿볼 수 있게 해 준다.

이러한 노선을 따라가 보면, 일반적인 견해는 보통 반대로 주장하지만, 우리가 반드시 지적해야 할 것은 기독교와 그 예배가 원래 획일적인 형태였다가 이후에 차이들이 생기는 방향으로 발전한 것이 아니라, 오히려 폭넓고 다양한 관례와 전통을 보이다가 어느 정도 통합적이고 획일적인 형태로 바뀌었을 가능성이 가장 크다는 점이다.

이는 신약의 역사와 정경의 기원에서도 살펴볼 수 있다. 각 복음서는 대부분 특정 지역에서 고유한 시각을 가지고 독립적으로 유통되었고, 이후에 각자 다른 기원을 가진 여러 책과 함께 정경에 포함되었다. 기독교 예배도 유사한 과정을 따랐던 것으로 보인다.

원래 교회나 공동체에는 자신만의 관례와 관습들이 있었는데, 신자들 사이의 상호교환으로 서서히 공통된 관례와 획일성의 척도가 만들어졌다. 그러므로 복음서 간에 차이를 찾을 수 있듯이, 유대 기독교 예배를 연구할 때 다양한 문서에서 서로 다른 관례들을 찾을 수 있다는 사실에 놀라서는 안 된다.

초대교회와 그 예배에 대한 우리 지식의 원천이 되는 문서들에 관해서 지금 신약의 일부가 된 문서들만큼 중요한 것은 아무것도 없다. 거기에서 유대-기독교가 이방인 기독교로 전진하는 과정에 대한 징후를 볼 수 있다. 복음서 자체에서 이를 관찰할 수 있는 이유는 마태와 마가-그리고 요한도 어느 정도-는 유대 절기와 관습들을 설명 없이 언급하는 반면 누가는 자신이 의도하는 청중이 더는 유대교와 그러한 관습에 익숙하지 않다는 사실을 암시하며 설명할 필요성을 느끼는 것처럼 보이기 때문이다.

신약성경 자체 외에, 일찍이 1세기로 날짜를 정할 수 있는 기독교 문서는 극소수이다. 초기 날짜와 관련된 문서 중 많은 학파로부터 지지를 받는 것은 『디다케』(*Didache*), 혹은 『열두 사도의 가르침』(*Teaching of the Twelve Apostle*)이다. 원래 헬라어로 저술된 『디다케』는 1세기 후반 시리아의 건조한 사막 지역에 살던 그리스도인들의 산물로 보인다. 이 문서는 세례 집례와 주의 만찬 기념에 대해서 우리가 가지고 있는 최초의 교훈 중 일부를 포함하고 있으므로, 우리 연구에 중요하다.

나아가서, 『디다케』가 이 두 의식을 강조하는 것은 세례와 주의 만찬이 유대-기독교 예배와 신앙의 진정한 중심이었다는 사실을 보여준다. 대략 동일한 시기에, 로마에 있는 교회가 고린도 교회에 편지를 썼는데, 고린도 교회에는 바울과 그 교회와의 서신 왕래에서 볼 수 있는 것들과 유사한 분쟁이 여전히 있었던 것이 분명하다. 그때 클레멘트(Clement)가 로마의 감독이었기 때문에, 이 문서는 『클레멘트 1서』(Clement's Epistle to the Corinthians)라고 불린다.

클레멘트 자신이 원래 유대인인지 아닌지는 분명하지 않다. 일부는 클레멘트가 이방인이었다는 징후로 서신에 나타난 스토아주의의 영향을 지적한다. 그렇지만 1세기 유대교 안의 일부 사조들이 스토아주의에 깊은 영향을 받았기 때문에, 이것은 논쟁을 해결할 정도로 강력한 주장은 아니다. 어쨌든, 서신서 자체에는 이스라엘 역사에 관해서 참조할 것이 풍부하다.

그다음에 다른 문서들이 있다. 그중 일부는 단편적 형태로만 남아있는데, 1세기는 아닐지라도 적어도 2세기 유대-그리스도인들의 산물로 보인다. 역사가 가이샤랴의 유세비우스(Eusebius of Caesarea)가 4세기에 저술한 바에 따르면, 예루살렘 멸망 직전에 그곳에 살던 그리스도인들은 도망쳐서 갈릴리 해 남쪽 페레아(Perea)지역에 있는 펠라시(city of Pella)에서 피난처를 찾으라고 명령하는 계시를 받았다. 그다음에 그는 다음과 같이 덧붙인다.

> 야고보의 순교와 그 직후 이어진 예루살렘 정복 이후에, 아직 생존했던 주님의 사도들과 제자들은 주님의 육신의 친척들과(그들 대다수가 여전히 살아있었기 때문에) 함께 모였다고 한다. 그들은 야고보를 계승할 자격이 누구에게 있는지를 의논했다. 그들은 한목소리로 복음서에서 언급된 글로바Clo-pas)의 아들 시므온(Symeon)이 그 교구의 감독직에 합당하다고 선포했다. 시므온은 구주이신 예수님의 사촌이었다. 왜냐하면, 헤게시푸스(Hegesippus)가 글로바는 야고보의 형제라고 기록했기 때문이다(『교회사』[Church History] 3.11; NPNE2 1:146).

몇몇 고대 저자들은 앞에서 언급한 그 그룹에 대한 견해를 표현한 『히브리인에 의한 복음서』(Gospel according to Hebrews)에 관해서 말한다. 이 복음서는 아마 주후 100년 이전에 기록되었을 수도 있지만, 이것도 의심스럽다. 안타깝게도, 이 복음서의 남아있는 부분은 오리겐(Origen), 유세비우스(Eusebius), 제롬(Jerome) 그리고 다른 사람들이 인용한 몇 개의 단편들이다.

이런 저자 중 몇 명은 이 특정 복음서가 페레아 지역으로부터 나왔기 때문에, 유대로부터 그 지방으로 도망갔던 유대-그리스도인들의 의견과 관례들을 반영했을지 모른다고 주장한다. 얼마 후에 시리아에서 나온 일부 다른 문서들에서도 유대-기독교의 고대 형식의 영향을 찾을 수 있다. 이들 중의 하나는 소위 『베드로 복음』(Gospel of Peter)으로서 이후의 저자가 언급한 바로는 2세기 말경에 쓰인 것으로 보인다.

구레네의 데오도르(Theodor of Cyrus)가 5세기에 자신이 "나사렛 사람들"(Nazarenes)이라고 부르는 이들이 그 문서를 사용했다고 언급했던 점으로 미루어 볼 때, 그런 늦은 시기에도 시리아 지역에서는 여전히 일부 유대-그리스도인들이 있었던 것으로 보인다. 테오도르에 의하면, "나사렛 사람들은 그리스도를 의인으로 존경하고 베드로가 전한 복음을 사용하는 유대인들이다"(『이단들의 우화』 2.2[Fables of Heretics 2.2]).

이러한 유대-기독교 전통의 영향이 얼마 동안 계속된 것이 분명하다. 왜냐하면, 8세기 후반, 혹은 9세기 초반에 남부 이집트의 어떤 이들이 『베드로 복음』(Gospel of Peter)을 복사하는 수고를 했고, 1000년 이상 이후인 1887년에 고고학자들이 그것을 재발견했기 때문이다. 어떻든, 이 특별한 문서는 우리 연구에는 사용되지 않는다. 왜냐하면, 남아있는 부분은 대부분 공관 복음서로부터 발췌한 예수님의 수난과 부활의 내러티브뿐이고 빌라도와 로마가 예수님의 죽음과 아무런 관계가 없도록 편집되어있기 때문이다.

이제 유대인들만 비난받고 있다. 한마디로, 여기에서 우리는 고대 유대-그리스도인이 자신들은 유대교와 무관하다는 것과 1세기와 2세기의 대 반란 후에—아마도 로마 정부의 박해를 막아 보고자—로마 당국에 대한 자신들의 충성을 보여주고자 하는 여러 가지 노력 중 하나를 볼 수 있다. 만약 예수님이 제국의 당국자들이 아니라, 유대인들에 의해서 죽임을 당했다면, 이것은 예수님이 선동 때문이 아니라, 단지 유대교의 불의 때문에 처형당했음을 암시하고 이는 그분의 추종자들이 로마가 박해하는 선동자들이 아니라는 사실을 함축하기 때문이다.

여전히 강한 유대-기독교의 특징을 가진 2세기의 다른 문서들은 『이사야의 승천』(Ascension of Isaiah), 『열두 족장들의 증언』(Testaments of Twelve Patriarchs), 『에녹의 두 번째 책』(Second Book of Enoch)들이다. 그렇지만 적어도 이들 중 일부는 원래 유대인들의 저술이었지만, 이후에 그리스도인들이 일부 덧붙였을 가능성이 아주 크다. 이것들 역시 초기 기독교 예배에 관해서 거의 언급하지 않는다.

요약하자면, 1세기 유대-기독교 예배에 관해서 우리가 손에 넣을 수 있는 가장 좋은 자료들은 신약성경과 그 외에 『디다케』가 추가된다.

2. 성전과 그 예배

초기 그리스도인들은 성전이나 그 예배를 거부하지 않았다. 그와 반대로, 오순절 직후에 예수님의 추종자들은 "같이 성전에 모이기를 힘썼다"(행 2:46). 사도행전의 바로 다음 장은 "제9시 기도 시간에 베드로와 요한이 성전에 올라갈새"라고 알려주면서 시작한다.

오순절 후에 베드로의 첫 번째 설교 장소는 바로 그곳 솔로몬 행각이었다. 이후에 천사가 그들을 탈옥시켰을 때, 사도들은 성전에 들어가서 가르쳤다"(행 5:21). 많은 다른 구절에서 그리스도인들이 세 개의 전통적인 기도 시각인 제3시, 제6시, 제9시에 각각 성전에 참석한 것을 언급한다. 일부 주석자들은 제자들이 오순절 날 아침에 모였던 곳(행 2:1, 15)이 회당-2:9-11절에 언급된 다양한 사람들이 모였던 장소일 것이 분명한 곳-이었다고 말한다.

이후에 욥바에서 베드로가 정오, 혹은 제6시에 기도하러 지붕 위로 올라간 일이 기록되어 있다(행 10:9). 그는 그렇게 해서 성전에서 열리는 기도와 동일한 시간에 기도하는 유대인의 관습을 따른 것뿐이었다. 제9시에 관해서는 앞에서 이미 베드로와 요한이 오후 3시에 성전에 방문한 것에 대해 언급했다.

『디다케』에 이러한 관례의 흔적이 있는데, 그것은 마태복음이나 누가복음에서 알 수 있는 주기도문과는 약간 다른 버전의 주기도문을 제시한 후에, "하루에 세 번 이런 식으로 기도하라"(디다케 8.3)라고 말하면서 끝낸다. 비록 『디다케』가 성전에서 기도하는 것과 동일한 시간이라고 분명히 말하지는 않지만, 그렇지 않다고 생각할 어떤 이유도 없다.

이것은 유대인들의 기도 시각들에 관해서 이미 말했던 바와 일치하는 것으로 보인다. 그 기도 시간들은 개인기도 시간이 주가 아니라, 오히려 전체로서 사람들이 공동으로, 또한 동시에 하나님께 나아가는 시간이다.

초기 그리스도인들이 회당에서 모이고 전통적인 유대교의 기도 시각을 따랐듯이, 그들은 전통적인 유대 달력 역시 따랐다. 바울이 방문했던 도시들의 회당을 안식일 날 찾아갔다는 것을 말해 주는 자료들이 많다. 그곳에서 그는 예배에 참석했고, 설교해주도록 초청받았을 때는 고대 예언들의 성취로서 예수님의 죽음과 부활 그리고 이스라엘에게 주신 약속에 관한 메시지를 선포했다.

그리고 이 때문에, 더욱 전통적인 유대인들로부터 적대적인 반응을 불러일으키는 일이 자주 있었다. 그러나 바울의 목적은 유대인이나 그들의 회당을 비판하는 것이 아니라, 오히려 그들에게 수 세기 동안 기다려 왔던 위대한 약속이 이제 예수님의 위격으로 성취되었다는 사실을 알려주는 것이었다.

다른 특별한 축일들에 관해 말하자면, 그리스도인들은 전통적인 유대 달력을 따라 이를 계속 지켰다. 사도행전은 바울이 "될 수 있는 대로 오순절 안에 예루살렘에 이르려고 급히 감이라"(행 20:16)라고 이야기한다. 사도행전 2장에서 오순절 날의 사건에 대해서 말해 준 덕분에 잘 알게 된 것처럼, 그날은 그리스도인들에게 오랫동안 아주 중요한 의미가 있었다. 또한, 뒷장에서 우리는 그리스도인들에게 유대교 유월절이 얼마나 중요했는지 토론할 기회가 충분히 있다.

요약하자면, 초기 유대-그리스도인들은 자신들이 새로운 종교에 속했다고 믿지 않았고, 오히려 그들은 자신을 이스라엘 민족 내부의 특별한 그룹－자신들이 기름부음 받으신 하나님, 메시아가 예수님의 위격으로 이미 오셨다는 사실을 알고 있기 때문에－으로 이해했다. 그들에게 있어서, 다른 유대인들, 곧 예수님에 관한 메시지를 받아들이지 않은 사람들도, 비록 하나님이 예수 안에서 하신 일을 듣지도 않고 받아들이지도 않았지만, 여전히 같은 종교를 믿는 사람들이었다.

그렇지만, 모든 유대인이 성전과 그 종교적인 축일들에 대해서 동일하게 긍정적인 태도를 보였던 것은 아니었다. 종종 로마 정부의 대리인이 되었던 귀족적인 사두개인들과 대제사장들이 성전을 통치했기 때문에, 성전 자체가 항상 긍정적인 시각으로 보인 것은 아니었다. 바리새인들의 일반적인 태도가 그러했다. 그들은 여전히 성전을 존중한다고 선포하고, 그 안에서 계속 예배를 드렸지만, 귀족적인 사두개인들을 비판하거나 무시했다.

유대-기독교에 관해서 말하자면, 그들 또한 종종 성전에서 일어난 일들에 관해 비판적인 태도를 보였다. 스데반이 산헤드린 앞에서 한 설교에서 그 예를 볼 수 있다. 그는 사람들과 함께 여기저기로 옮겨 다닌 장막에서 하나님이 경배를 받으셨던 더 좋았던 시절을 회고하지만, 성전에 대해서는 그렇게 열광하지 않는 것처럼 보인다.

> 솔로몬이 하나님을 위하여 집을 지었느니라. 그러나 지극히 높으신 이는 손으로 지은 곳에 계시지 아니하시나니(행 7:47-48).

이렇게 말하고 있기 때문이다. 게다가, 내러티브에 의하면 성전에 관한 그의 태도는 이미 어느 정도 알려져 있었고 의심을 받았다. 왜냐하면, 스데반과 논쟁하는 자들이 거짓 증인을 매수하여 "이 사람이 이 거룩한 곳과 율법을 거슬러 말하기를 마지 아니하는도다"라고 말하게 했기 때문이다(행 6:13).

유대-그리스도인들은 적어도 일부 종교적 축제 또한 비판하였다. 이것은 바울 서신서에서 볼 수 있다. 왜냐하면, 그가 갈라디아 교인들에게 말하기 때문이다.

> 이제는 너희가 하나님을 알 뿐 아니라, 더욱이 하나님이 아닌 바 되었거늘 어찌하여 다시 약하고 천박한 초등학문으로 돌아가서 다시 그들에게 종노릇 하려 하느냐? 너희가 날과 달과 절기와 해를 삼가 지키니(갈 4:9-11).

이렇게 의롭게 하는 율법의 능력에 관한 바울의 의견은 잘 알려져 있다. 그는 율법은 하나님께서 주신 것이고, 그것이 가르치는 삶의 방식이 옳다는 것을 확신했지만, 그는 의롭게 되는 것은 율법에 순종함으로써 얻게 되는 것은 아니라는 사실 또한, 확신했다.

> 이는 율법의 행위로 '그 앞에 의롭다 하심을 얻을 육체가 없나니' 율법으로는 죄를 깨달음이니라(롬 3:20).

본서는 율법에 관한 바울 신학을 논하는 곳이 아니다. 바울과 후대 기독교 신학자들 모두 전체 율법은 하나님께서 주신 것이라고 확증했지만, 그들은 또한 여전히 유효한 것은 대부분 율법의 유일신 사상 그리고 도덕과 정의에 관한 가르침들이라고 단언한다. 이것은 의식에 관한 계명과 하나님의 유일하시고 의로우신 본성을 표현하는 계명들을 구분하는 것에 기반한다.

골로새서 2장에서는 먹고 마시는 것과 절기에 관계된 것에 관해서 계속해서 말한다.

> 이것들은 장래 일의 그림자이나 몸은 그리스도의 것이니라(골 2:17).

에베소서에서도 유사한 구별이 나타난다. 유대인의 혈통을 가진 자들과 원래 이방인인 자들과의 명백했던 차이는 더 이상 존재하지 않는다고 주장한 이후에, 저자는 그리스도께서 "법조문으로 된 계명의 율법을 폐하셨으니 이는 이 둘로 자기 안에서 한 새 사람을 지어 화평하게 하시고"(엡 2:15)라고 선포하면서 그 주제를 종결한다.

유대-그리스도인들과 그 후 대부분의 고대 기독교 신학자들이 제사, 의식, 할례, 음식, 유월절과 같은 경축 행사 그리고 다른 유사한 방법들과 관련된 고대 율법들 속에 나타난 하나님의 계시를 어떻게 이해했는지 알고자 한다면 골로새서에 기록된 고대 의식이 단지 장래 일의 "그림자"일 뿐이라는 것이 기본이 될 것이다. 이 모든 것은 "그림자"와 "모형"일 뿐이었고, 그리스도 안에서 완성되었다. 이 해석의 방식은 보통 "유형론"이라고 알려져 있고, 본서 3장에서 더 논하겠다.

3. 균열

앞 장에서 본 것처럼, 1세기 말경의 유대교는 성전 파괴의 참화가 주원인이 되어 새로운 형태를 취하는 중이었다. 그리고 가말리엘 2세가 그리스도인을 회당에서 추방하라고 포고했던 바로 그 시기였다. 그렇지만 유대-그리스도인들과 다른 유대인들 사이의 적대감이 단지 한 방향으로만 이동했다고 생각해서는 안 된다. 좀 더 전통적인 유대인들이 유대-그리스도인들을 의심했을 뿐만 아니라 유대-그리스도인들 또한, 더욱 전통적인 유대인들과 끊임없이 거리를 두고 있었다. 이것은 부분적으로는 정치적 사회적 이슈들과 부분적으로는 엄격한 종교적, 혹은 신학적 문제들과 관련이 있었다.

전통적인 유대인들과 유대-그리스도인들 사이에서 점차 늘어나는 적개심의 배후에 있는 정치, 사회적 동기들에 관해서 이야기할 때 다음의 사실을 반드시 언급해야 한다. 대부분의 유대-그리스도인들은 다른 유대인들이 생각했던 것처럼 60년대의 반란을 지지하지는 않았음이 분명하다. 그들은 이웃 사랑과 평화를 사랑하는 태도를 강조하신 예수님의 가르침을 따르며 반란을 지지하지 않았을 것이다.

유대-그리스도인들이 약속의 성취와 메시아로서의 예수님에 대해 말하는 것을 들었을 때, 다른 유대인들은 그들이 반란을 지지할 것이라고 기대했다. 그러나 그렇지 않았다. 우리는 앞에서 유대-그리스도인들이 예루살렘에서 펠라로 도망간 것에 대해 유세비우스가 언급한 것을 인용했다.

이것이 유세비우스가 주장하는 것처럼 특별한 계시 때문이었든, 혹은 어떤 다른 이유 때문이었든지 간에, 예루살렘시가 로마의 정복과 보복으로 위협을 받고 있을 때 그리스도인들이 그 도시를 버렸다는 것이 사실이다. 예루살렘에 남아있던 유대인들의 관점으로는—반란에 대한 유대-그리스도인들의 태도가 어떻든 간에—이것은 반역죄이거나 적어도 애국심의 부족에 가까웠다.

두 그룹 사이의 적개심은 계속해서 커졌다. 왜냐하면, 양측 모두 동일한 유업과, 비록 해석은 달리 하지만 동일한 성경을 주장하기 때문이었다. 로마의 역사가 수에토니우스(Suetonius)에 의하면, 주후 52년 글라우디오(Claudius) 황제는 "그들이 어떤 **크레스투스**(*Chrestus*) 때문에 끊임없이 소동을 일으키기 때문에" 로마로부터 유대인들을 내쫓았다(『글라우디오의 생애』 [Life of Claudius] 25. 4).

대부분 학자는 이 **크레스투스**를 다름 아닌 **크리스투스**(*Christus*), 그리스도(Christ)라고 생각하는 경향이 있다. 고린도에서 바울을 만나 곧 그의 일에 합류했던 브리스길라와 아굴라의 이야기에서 이 사건의 반향을 볼 수 있다.

> 그 후에 바울이 아덴을 떠나 고린도에 이르러, 아굴라라 하는 본도에서 난 유대인 한 사람을 만나니 글라우디오가 모든 유대인을 명하여 로마에서 떠나라 한 고로, 그가 아내 브리스길라와 함께 이달리야로부터 새로 온지라(행 18:1-2).

후에 네로(Nero) 황제가 로마시의 화재를 그들의 탓으로 돌리며 그리스도인들을 박해하고, 그들과 유대인 사이를 분명히 구별했을 때, 유대-그리스도인들은 이것을 네로의 불의로 봤을 뿐 아니라, 그들과 동일한 벌을 받지 않은 다른 유대인들의 불의로도 보았다.

마침내 유대인들은 베스파시안(Vespasian) 황제를 설득하여 산헤드린의 통제 아래 스스로를 조직화할 수 있었고, 유대교의 통일성과 획일성을 구축하려는 계획을 이끌었던 가말리엘 2세는 회당으로부터 유대-그리스도인들을 추방하였다. 실제로 모든 그리스도인—대부분 여전히 나면서부터 유대인이거나 적어도 기독교의 메시지를 듣기 전에는 회당에 출석했던 하나님을 경외하는 자 중의 개종자—이 회당과의 관계를 끊고 유대교로부터 독립된 길을 가기 시작했다.

그 과정 전반에 걸쳐서, 유대인에 대한 그리스도인들의 비난은 더 극단적이 되었다. 1세기 후반에, 『디다케』는 오늘날 우리가 수요일과 금요일이라고 부르는 날에 금식하는 것에 대해 다음과 같이 훈계했다.

> 여러분들의 금식을 위선자들과 동일한 시간에 하지 마십시오. 그들은 주간의 두 번째 날과 다섯 번째 날에 금식합니다. 여러분들은 주간의 네 번째 날 [수요일]과 준비일(The Day of Preparation [Friday])에 금식해야 합니다(『디다케』 8.1; ANF 7:379).

이것은 그리스도인들이 전통적인 유대교의 관례를 그러한 식으로 바꿔서 자신들의 것으로 만든 많은 사례 중의 하나이다.

유대인들이 "준비일"(The Day of Preparation)이라고 부르는 것은 안식일 전날이었다. 왜냐하면, 안식일을 적절하게 지키는 데 필요한 모든 것을 이 날에 준비해야 했기 때문이다. 따라서 그날은 금식일이 될 수 없었다. 그러나 주간의 여섯 번째 날을 주님의 십자가에 못 박히신 날로도 기념하는 그리스도인들은 그날을 금식의 날로 바꾸었고, 그 결과 그들은 유대인 주간의 기본 구조는 유지했지만, 구체적인 준수 사항들은 바꾸었다.

비록 『디다케』나, 1세기의 다른 어떤 텍스트도 수요일이 금식일이 된 이유를 말해 주지 않지만, 후대의 설명에 의하면 이날이 유다가 배반한 날이었기 때문에 모든 그리스도인에게 슬픔의 날이 되었다고 한다. 여하튼, 두 그룹 사이에 거리감이 커지고 있음을 나타내는 표시는 그들이 각기 다른 날에 금식한다는 것보다는, 오히려 이 문서에서 전통적인 금식 양식을 따르는 유대인들을 "위선자들"이라고 부른다는 것이다.

대략 동일한 시기에, 요한계시록은 "자칭 유대인이라는 자들이 실상은 유대인이 아니요 사탄의 회당이라"(계 2:9)라고 언급한다. 다른 말로 하자면, 이제 진정한 유대인은 계시록이 언급하는 유대-그리스도인이라고 불리는 이들이지, 서머나의 유대 회당에 소속된 자들이 아니다. 계시록의 배경이 된 것으로 보이는 박해는 그리스도인에게뿐만 아니라 유대인들에게도 가해졌지만, 계시록이 그것을 완전히 무시하고 있음을 발견하는 것은 다소 비극적이다.

점차로 커지는 적개심은 신약을 시대착오적으로 읽으며 결국 강화되었다. 복음서가 "유대인들"이라고 하거나, 오순절 날에 베드로가 예수님을 못 박은 것은 유대인이라고 말할 때, 그것을 말하는 사람들 역시 유대인들이다. 따라서 그것은 인종적 반유대주의의 사례가 아니라, 차라리 한 유대인이 다른 유대인들의 행위를 비난하는 것으로 묘사된 것이다.

신약은 대부분이 유대인, 즉 유대-그리스도인들의 문서이지만, 정확히 바로 그 이유 때문에 유대인의 문서이다. 유대 민족에 대한 대중의 비난에 신약을 이용하는 것은 유대-그리스도인들이 말하고 기록한 것을 배신하는 것이다.

이런 모든 사회, 정치적 요인들이 유대 그리스도인들과 나사렛 예수를 그리스도나 기름 부음 받으신 분으로 받아들이지 않았던 사람들 사이의 적개심을 자라게 하는 데 중요한 역할을 하였다. 이것은 또한 예배의 다양한 요소들에 나타난 표현에서 발견되고, 또한 본서의 주 관심사이기도 하다. 비록 이런 요소들이 너무나 얽혀있어서 그중 하나를 나머지로부터 분리하여 논하는 것은 불가능하기는 하지만, 앞으로 각 분리된 장들에서 다음과 같은 것을 다룰 것이다.

첫째, 유대-그리스도인들의 설교와 그 설교가 이스라엘의 경전(Scripture of Israel)을 어떻게 이용했는가?(3장).

둘째, 이제 더 이상 안식일, 혹은 주간의 일곱 번째 날을 중심으로 하지 않고, 우리가 지금 일요일이라고 부르는 주간의 첫째 날을 중심으로 하는 새로운 달력의 발전(4장).

셋째, 세례의 관례와 세례의 해석 방식(5장).

넷째, 성찬(6장).

다시 한번 말하자면 나머지 주제들을 무시하며 이 주제 중 한 가지를 논하는 것은 불가능하다. 왜냐하면, 그들은 모두 동일한 시간에 일어나고 각각은 서로에게 영향을 주기 때문이다. 그렇더라도, 명확성을 위해서 그것들 각각을 개별적으로, 그리고 차례로 살펴볼 필요가 있다.

제3장

유대-기독교의 메시지

 사도행전에는 다수의 설교가 포함되어 있고, 그들 중 일부는 상당히 포괄적이다. 우리는 이를 통해서 초대 기독교 세대들의 설교를 살펴볼 수 있다. 그들 중 극소수만이 교회 집회에서 설교한다.

 사도행전 1장 15-22절에서 유다의 빈자리를 대신할 사람을 지명하자고 제안하는 베드로의 설교는 예외적인 것 중 하나인 것으로 보인다. 사도행전의 설교 중 다수는 유대인 청중들에게 행하는 것이다. 베드로가 오순절 날 설교한 것(2:14-20), 성전에서 걷지 못하는 사람을 치유한 후에 행한 그의 설교(3:12-26), 공회 앞에서 한 그의 항변(4:8-12), 유사한 상황에서 행한 스데반의 방어(7:2-53)가 이런 사례이다.

 바울의 경우 그의 설교를 처음으로 언급한 부분을 통해 바울이 회당에서 "그분은 하나님의 아들"(Son of God)이다(9:20)라고 말하면서 예수님을 선포했다는 것을 알 수 있다.

 "살라미에 이르러 하나님의 말씀을 유대인의 여러 회당에서 전할새"(13:5)라고 기록된 것으로 보아, 이런 일이 선교여행을 시작할 때부터 바울의 관행이었던 것으로 보인다. 그리고 선교 여정의 막바지에 이르러 로마의 죄수 신분이었던 바울이 "지역의 유대인 지도자들을 불러 모았다" —사도행전에서 이다음에 그의 고별설교로 이어진다(28:17-28)—는 것을 볼 수 있다.

 사도행전은 이 모든 경우에서 바울이 설교하거나 그 내용에 대해서는 말해 주지 않지만, 사도행전 13장 15-41절에 나오는 상당히 광범위한 설교와 유사하다는 것을 가리키는 것처럼 보인다. 이에 대해서는 곧 다시 설명할 것이다.

사도행전에는 비록 예배하는 청중에게 설교하는 것은 아니지만 바울의 다른 설교도 포함되어 있다. 이 중 하나가 그가 총독 벨릭스(Felix) 앞에서 한 변론(24:10-21)이고, 또 다른 하나는 아레오바고(Areopagus)에서 한 그의 유명한 설교이다(17:22-31). 간단히 말해서, 사도행전은 이교도에게 했던 많은 설교를 요약해서 보여주지만, 그 설교의 대다수는 유대인이나 혹은 하나님을 경외하는 자들—고넬료(Cornelius)의 집에서 했던 베드로의 설교처럼(10:34-43)—혹은 양자 모두에게 하는 것이다. 바울이 회당에서 한 설교 중 가장 포괄적인 예는 비시디아 안디옥에서 한 것이다(13:14-52).

이러한 사도행전의 설교들 대부분을 관통하는 공통된 맥락은 예수 그리스도는 약속된 메시아(Messiah), 하나님의 기름 부음 받으신 분(God's Anointed)—혹은 "기름 부음 받으신 분"(the anointed)의 헬라어 번역인 그리스도이시고, 아브라함과 그의 후손들에게 주어졌고, 선지자들과 시편에 의해 선포된 약속들이 그분 안에서 성취되었다는 사실이다.

이에 관한 명확한 사례가 베드로의 오순절 날 설교이다. 베드로는 제자들이 술에 취했다는 의견을 부인하면서 시작하지만, 곧 선지자 요엘서의 한 구절로 이동한다(행 2:17-21; 욜 2:28-32, 70인역으로부터 인용됨). 그 구절을 인용한 후에, 베드로는 예수님의 죽음과 부활의 이야기를 하고, 그다음에 그것을 시편 16편의 몇 절과 연결해서(다시 70인역으로부터 인용된) "너희가 십자가에 못 박은 이 예수를 하나님이 주와 그리스도가 되게 하셨느니라"(행 2:36)고 결론을 짓는다.

베드로는 단순히 그들이 죄인이며, 예수 그리스도 안에 구원이 있다고 말하고 있지 않다. 그는 그들이 약속된 메시아를 거부했기 때문에, 그들의 죄가 엄청나다는 사실을 말하고 있다. 베드로가 말한 것이 얼마나 중요한지 파악하기 위해, 이스라엘은 수 세기 동안 약속된 메시아를 기다리고 있었다는 사실을 기억하라. 지금 베드로는 메시아는 정말로 오셨지만, 그들은 그분을 받아들이고 따르는 대신, 그분을 거부하고 십자가에 못 박았다는 사실을 말하고 있다. 그의 말을 들은 청중이 베드로와 그의 동료들에게 자신들이 어찌해야 할지를 물었을 때, 베드로는 대답한다.

> 예수 그리스도의 이름으로 세례를 받고 죄 사함을 받으라. 그리하면 성령의 선물을 받으리라(행 2:38).

세례에 대해서는 이후에(5장에서) 다시 다룰 것이다. 지금 주목할 것은 유대인 청중을 향한 베드로의 메시지가 예수님은 그리스도 혹은, 이스라엘 민족을 위해 하나님이 약속하신 메시아이시고, 이 선물은 다른 사람들을 위한 것이기도 하다는 점이다. "왜냐하면, 이 약속은 너희와 너희 자녀와 모든 먼 데 사람 곧 주 우리 하나님이 얼마든지 부르시는 자들에게 하신 것"이기 때문이다(행 2:39).

사도행전 10장에서 베드로는 백부장 고넬료의 집으로 초청받는다. 거기서도 그의 메시지는 유사하다. 베드로가 말한 내용이 고넬료와 그곳에 모인 사람들에게는 새로운 사실이 아니라는 것이 분명하다. 왜냐하면, 베드로가 "너희가 만유의 주되신 예수 그리스도로 말미암아 화평의 복음을 전하사 이스라엘 자손들에게 보내신 말씀을 아나니"라고 말하기 때문이다.

그런 다음 예수 그리스도의 죽음과 부활의 이야기가 따른 후 결론짓는다.

> 하나님이 살아 있는 자와 죽은 자의 재판장으로 정하신 자가 곧 이 사람이고, 그에 대하여 모든 선지자가 증언하고, 그를 믿는 사람이 다 그의 이름을 힘입어 죄 사함을 받는다 (행 10:36, 42-43).

우리는 보통 베드로가 단순히 이교도 청중에게 설교했다고 생각한다. 그래서 그들이 어떻게 베드로가 말한 바를 이해할 수 있었을까 궁금해한다. 고넬료와 그와 함께 있었던 사람들이 유대인이 아니라, 이방인이었던 것은 분명하다. 사도행전 10장은 그가 "경건하여 온 집안과 더불어 하나님을 경외하며 백성을 많이 구제하고 하나님께 항상 기도하니"(행 10:2)라고 설명한다.

이후에는 고넬료가 "의인이요 하나님을 경외하는 사람이라 유대 온 족속이 칭찬했다"(10:22)고 덧붙인다. 다시 말해서, 고넬료와 그의 온 집안은 앞에서 언급했던 하나님을 경외하는 자들에 속하는 사람들이었다. 그들은 나면서부터 유대인도 아니었을 뿐 아니라, 유대교 개종자도 되지 않았다. 그러나 그들은 자비를 베풀었고, 이스라엘의 하나님이신 유일하신 참 하나님께 기도했다. 그들에게 행한 베드로의 메시지는 예수 그리스도는 약속의 성취이시고, 기름 부음 받으신 분, 하나님의 메시아라는 사실이다. 그때 성령이 직접 개입하여 고넬료와 그의 집안 사람들에게 세례를 베풀도록 베드로를 인도한다.

사도행전 8장의 에티오피아 내시 이야기에서 이미 유사한 일이 일어났다. 그러나 여기서 빌립은 설교를 하지 않고, 오히려 에티오피아인이 읽고 있던 성경을 이해하도록 도와준다. 이 부분에서는 그 에티오피아인이 하나님을 경외하는 자라는 것을 많은 말로 설명하지 않지만, 그가 예배하러 에티오피아에서 예루살렘까지 갔다는 사실이 이를 암시한다. 그가 여행했던 먼 거리는 이 사람이 에티오피아의 전통적인 신들을 경배하는 이교도가 아니라는 사실을 명확하게 보여준다.

게다가 누가는 이 에티오피아 사람이 내시라고 말하는데, 이것이 그가 유대교 개종자가 되지 않았던 이유라고 언급하는 것일지도 모른다. 왜냐하면, 율법은 내시를 여호와의 총회에 들어오지 못하도록 막기 때문이다(신 23:1). 사도행전에 따르면 내시는 이사야 53장을 읽고 있었다. 그러나 그때 성경이 오늘날처럼 장과 절로 나뉘지 않아서 장의 번호는 나와 있지 않기 때문에 참조할 수 있게 할 유일한 방법은 구절의 시작을 인용하는 것이었다.

내시는 이사야서의 이 구절이 선지자 자신을 언급하는 것인지 다른 사람을 언급하는 것인지 궁금해한다. 빌립은 입을 열어 그에게 이 글에서 시작하여 "예수에 관한 복음"(행 8:35)을 전한다. 비록 누가가 이 이야기를 몇 줄로 설명하지만, 이것이 아주 간단한 대화였는지는 분명하지 않다.

빌립과 에티오피아인은 에티오피아인의 수레를 타고 달렸고, 그들의 대화는 아마 수 시간, 혹은 수일 동안 계속되었을 수도 있다. 마침내 물이 있는 곳에 도착했을 때, 내시는 빌립에게 자신이 세례를 받지 못할 이유가 있느냐고 묻는다. 빌립은 신명기의 말씀을 인용하여 대답할 수 있었을 것이다.

그리고 멀리 예루살렘까지 예배하러 갈 만큼 이스라엘의 종교를 잘 알고 있었던 내시도 자신에게 직접 영향을 미치는 금지사항에 관해서 알고 있었음이 분명하다. 그러나 선지자 이사야는 마침내 약속이 성취되었을 때, 그 축복의 때에는 내시에게 가해진 저주가 폐지될 것이라고 말한다(사 56:3).

다른 말로 하자면, 내시가 빌립에게 물은 것은, 하나님의 약속이 그리스도 안에서 성취되었기 때문에, 자신이 하나님의 백성에 더해질 수 있는지다. 빌립의 대답은 다음과 같이 용감하고 급진적이었다. 그는 내시와 함께 물로 내려가서 그에게 세례를 주었다. 모두가 유대인이었던 저 초기 그리스도인들이 유대인과 하나님을 경외하는 자인 이방인들 양쪽 모두에게 전한 메시지는 하나님의 약속이 그리스도 안에서 성취되었기 때문에, 이제 하나님을 경외하는 이방인들이 하나님 백성의 일부가 되는 길이 열렸다는 것이었다(더 자세한 것은 5장에서 살펴볼 것이다).

오순절 날 베드로의 설교나 에티오피아인에 관한 이야기 둘 다에서 중요한 것은 하나님의 백성에 대해 하나님께서 약속하셨던 바가 성취된 것으로서 개인의 구원 문제가 아니었다. 베드로는 하나님이 이스라엘 백성에게 하셨던 약속에 관해서 말한다. 에티오피아인의 경우에는 바로 그와 같은 사람들이 하나님의 백성이 될 것이라는 약속을 말하고 있다.

다시 한번 말하지만, 여전히 초대 기독교신앙의 중심에서 예배는 신자와 하나님 사이의 개별적인 관계에 관한 것이 아니라, 신자가 하나님의 백성과 함께 하나님께 드리는 예배에 참여하는 것에 관한 것이었다.

1. 비시디아 안디옥의 사례

이 모든 것과 또한 그것이 기독교 공동체에 어떤 결과를 가져올지는 비시디아 안디옥에서 있었던 이야기에서 알 수 있다. 우리가 사도행전 13장 1-52절에서 읽었던바, 바울의 안디옥 방문과 그 도시에서 한 바울의 설교는 바울이 방문한 다른 많은 도시에서 일어날 일들의 전형적인 사례이다. 누가는 바울이 모든 도시에서 말한 내용을 반복하지 않고, 다만 바울의 설교와 뒤이어 일어난 사건들이 그가 방문한 다른 시들과 회당에서도 통상적으로 되풀이되었다는 사실을 이해하도록 해 줄 뿐이다.

일반적으로 제1차 선교여행이라고 알려진 여정 중 비시디아 안디옥에 도착해서 바울은 바나바와 함께 다음과 같이 관행을 따랐고, 사도행전에 의하면 이것은 그들의 관습이었다.

> 그들은 안식일에 회당에 들어가서 앉았다(행 13:14).

성경을 읽은 후에, 그들은 "권할 말을" 전하도록 초청받는다. 이에 응하여 바울이 일어나 그의 청중을 우선 "이스라엘 백성과 하나님을 경외하는 사람들", 다음으로 "너희 아브라함의 후손들과 너희 중 하나님을 경외하는 사람들"(13:16, 26)이라고 불렀다. 하나님을 경외하는 사람들에 대한 이러한 언급은 단순히 "너희 이스라엘 사람들"이나, "너희 아브라함의 후손들"의 장황한 반복이 아니다.

"하나님을 경외하는" 사람들은 이미 언급했던 "하나님을 경외하는 자들"로서 이스라엘의 신앙을 믿지만, 아직 개종자로서 실제로 회당에 속하지는 않은 이방인들이다. 이스라엘의 역사를 열거하고 예수님의 죽음과 부활을 말한 후에 바울은 "우리도 조상에게 주신 약속을 너희에게 전파하노니, 곧 기록된 바와 같이 하나님이 예수를 일으키사 우리 자녀들에게 이 약속을 이루게 하셨다"(행 13:32-33)라고 선포한다.

> 그러므로 형제들아 너희가 알 것은 이 사람을 힘입어 죄 사함을 너희에게 전하는 이것이며, 또 모세의 율법으로 너희가 의롭다 하심을 얻지 못하던 모든 일에도 이 사람을 힘입어 믿는 자마다 의롭다 하심을 얻는 이것이라(행 13:38-39).

바울이 선언하는 것은 바로 하나님의 기름 부음 받은 분이신 예수님의 부활 덕분이다. 바꾸어 말하면, 나면서부터 유대인인 자들뿐만 아니라, 그곳에 있던 하나님을 경외하는 자들 모두가 예수 그리스도로 말미암아 의롭게 된다는 것이다.

그다음에 이어지는 것은 그런 설교가 회당에서 행해졌을 때 보통 일어나는 일이다. 바울의 말을 들은 많은 사람은 그와 바나바에게 이에 대해 더 말해달라고 초청했다. 그 설교의 영향이다.

> 그 다음 안식일에는 온 시민이 거의 다 하나님의 말씀을 듣고자 하며 모였다(행 13:44).

아마 누가가 과장했을지 모르지만, 이것은 유대교가 이방인들 사이에서 매력이 있었다는 것을 나타낸다. 그들 중 많은 사람은 유대교의 교리적 가르침과 윤리적 원칙을 따를 준비가 되어있었지만, 유대교의 다른 율법들 −수 시간, 혹은 수 일 동안 특히 부정한 식품과 할례에 대한− 모두를 따를 준비가 된 것은 아니었다. 바울과 바나바가 가르친 것은 이 모든 이방인에게 그들이 이제 아브라함의 후손이 될 수 있다고 말하는 것과 같았고

이 가르침에 대해 이방인들은 많은 관심을 보였다.

그 결과 "유대인들은 그 무리를 보고 시기가 가득하여 바울이 말한 것을 반박하고 비방하였다"(행 13:45). 이것은 전혀 놀라운 일이 아니다. 그 때까지 나면서부터 유대인인 사람들과 이방인 중에서 율법 전체에 복종할 준비가 되어있는 개종자들은 ― 비록 그들이 아브라함의 후손과 동등하다고 간주되지 않았다는 암시 또한 있었지만 ― 회당에서 단순히 하나님을 경외하는 자들보다 특권을 누리는 위치에 있었다.

그러나 이제 이 기독교 메시지는 아브라함의 후손들이 가지고 있던 특권을 없앨 위협이 되었기 때문에, 즉각적인 반응이 있었다. 누가는 말해준다.

> 이방인들이 이것을 듣고 기뻐하며 하나님의 말씀을 찬송하고…이에 유대인들이 경건한 귀부인들과 그 시대 유력자들을 선동하여 바울과 바나바를 박해하게 하여 그 지역에서 쫓아내니(13:48, 50-51).

이러한 사건들 한가운데서 사도행전에 의하면 바울과 바나바는 "우리가 이제 이방인에게로 향하노라"고 선포한다. 그렇지만 이 마지막 구절은 그들이 회당에서 전파하는 것을 멈추고 이교도에게만 설교한다는 것을 의미하지 않는다. 반대로, 바로 옆 도시인 이고니온(Igonium)에서도 안디옥에서와 같은 사건이 반복된다. 사도행전 전반에 걸쳐서 새로운 도시에 도착하자마자, 바울은 그 곳에 있는 회당에 가서 메시지를 전파한다.

요약하자면, 바울의 사명은 이교도 다신교도에 있었다기보다는, 회당의 하나님을 경외하는 자들에게 있었다고 할 수 있다.

만약 바울의 설교와 저러한 초기 기독교 공동체의 성격을 이해하고자 한다면, 이 사실은 너무나 중요하다. 초기 기독교 설교는 대개 하나님을 경외하는 자들에게 행해졌고, 그들에게 한 설교가 가장 성공적이었다. 설교의 주된 매력은 그들이 이제 모세 율법의 의식적, 의례적 제약을 받지 않고 아브라함의 자녀들에게 한 약속을 공유할 수 있다는 점이었다.

기독교 설교를 받아들인 하나님을 경외하는 자들은 허락만 받는다면 안식일에 계속 회당에 참석할 수 있었다. 그러나 동시에, 그들은 자신들만의 기독교 집회도 열고 있었다. 이에 관해서는 다시 살펴볼 것이다. 왜냐하면, 성전이 파괴되고 얌니아에서 새로운 공회가 형성되기 직전인 그 시기에 유대교 내부에는 전체적인 지도부가 없었고, 나면서부터 유대인인 자들도 포함되어 있었지만 대부분 하나님을 경외하는 자들로 이뤄진 이러한 기독교 그룹은 어떤 곳에서는 회당에 계속 참석할 수 있었지만, 어떤 곳에서는 그럴 수 없었기 때문이었다.

2. 기독교 교회의 설교

초기 기독교의 설교에 관해 논할 때, 일반적으로 신약, 주로 사도행전에 나타난 설교들에 우선적으로 주의를 기울이지만, 이는 별 성과가 없다. 왜냐하면, 사도행전의 설교들은 설교라기보다 요약의 성격이 크고, 그뿐만 아니라 오순절 날 베드로의 설교와 바울의 회당설교에서 보았던 것처럼 예배를 위해 모인 교회에서 한 것이 아니기 때문이다.

이 설교는 하나님의 약속들이 예수님 안에서 성취되었다는 사실을 알려주기 위해서 유대인 청중들에게 한 것이었다. 다른 설교는 공회 앞에서 한 것처럼 그리스도인들이 유대교 지도부 앞에서 자신들의 신앙을 방어하기 위해 한 설교들이다. 다른 설교들 또한 바울의 아레오바고 설교와 로마 당국 앞에서 한 그의 다른 설교들처럼, 관심이 있거나, 혹은 없는 이교도들에게 한 것이다.

따라서 만약 사도행전에 나타난 설교들만 고려한다면, 기독교 신앙공동체 내부의 설교에 관해서 할 수 있는 말이 거의 없다. 왜냐하면, 1세기의 기독교 공동체에서 행한 설교나 설교문이 전혀 없기 때문이다. 이런 기준에 근접하는 것은 에베소서에 나타난 바울의 고별설교일 것이다(행 20:17-35). 그러나 그 경우에도 바울은 교회가 아니라, 장로들에게 설교하고 있다.

그러나 이것이 기독교 집회에서 설교가 전혀 없었다는 것을 의미하지는 않는다. 고린도서에서 바울은 교회 설교를 위한 몇 가지 원칙을 세웠는데, 이것은 통상 "예언하기"(prophesying)로 알려졌다. 예언자는 성경을 낭독한 후에 낭독한 것을 설명했는데, 주로 성경의 역사적 의미를 설명한 것이 아니라, 성경이 구체적인 상황에서 이 특정 교회에 말하는 바를 보여주었다.

바울이 고린도서에서 말한 것 중 어떤 것은 혼란스럽고 이해하기 어려울 수 있다. 왜냐하면, 그는 한편으로는 남자들과 여자들이 예언, 즉 설교할 때의 규칙을 제시하면서, 다른 한편으로는 여자들이 말하는 것을 금지하기 때문이다. 따라서 고린도전서 11장 4-5절에서 그는 말한다.

> 무릇 남자로서 머리에 무엇을 쓰고 기도나 예언을 하는 자는 그 머리를 욕되게 하는 것이요, 무릇 여자로서 머리에 쓴 것을 벗고 기도나 예언을 하는 자는 그 머리를 욕되게 하는 것이니(고전 11:4-5).

그 직후에 그는 "여자는 교회에서 잠잠하라. 그들에게는 말하는 것을 허락함이 없나니"(고전 14:34)라고 말함으로써 자기모순에 빠진 것처럼 보인다. 여기서는 그 문제를 상세히 논의하지 않겠다. 그러나 NRSV는 "다른 고대 당국자들은 34-35절을 40절 다음에 두었다"고 정확하게 지적한다. 여기에 있는 것은 일반적으로 "플로팅 텍스트"(floating text)로 불리는 것으로 큰 텍스트 내에서 다른 장소들에 나타나는 텍스트이다.

보통 이런 플로팅 텍스트는 어떤 사람이 여백에 기입한 메모를 이후에 다양한 복사 담당자들이 텍스트 내에서 가장 적합해 보이는 곳에 삽입한 결과물이다. 이 구절들은 디모데전서 2장 13절의 유사한 말들에서 가져온 것이 분명하다. 여전히 디모데전서를 다루어야 할 필요가 있으므로 이것으로 문제를 해결할 수는 없다. 그러나 바울이 고린도 교인들에게 여자들이 머리를 가리기만 한다면 예언할 수 있다고 말한다는 점은 분명하다.

집회 중에 여자들을 잠잠하게 하는 것은 이미 회당에서 일반적인 관례였기 때문에, 원래 기독교의 사상은 아니었다. 교회 내에서 여성의 역할을 고려하는 문제에 관해 얘기한다면 기독교는 또한 매우 중요한 또 다른 관례를 회당으로부터 채택했다. 이것은 "과부에 대한 명령"(order of widows)이라고 할 수 있다. 이스라엘의 율법은 과부, 고아, 그리고 가난한 자와 객들을 돌보고 보호할 것을 분명히 명령한다.

남편이 죽었을 때, 여자는 어떤 지원 방도도 없이 남겨지는 일이 자주 있으므로, 과부들은 보호받지 못하는 사람들의 목록에 포함된다. 사도행전 6장에서 보는 것처럼, 또한 회당이 그렇게 했던 것처럼, 교회는 궁핍한 과부들에게 지원을 제공하는 이러한 관례를 계속했던 것이 분명하다.

우리는 대부분 유대인이 이단 집단이라고 간주했던 교회 안에서 일어났을 법한 특별한 경우를 상상해볼 수 있다. 남편을 잃었을 뿐만 아니라 기독교를 받아들인 것 때문에 가족들에게도 거부당하는 여자들의 경우가 그것이다. 그런 여자들에게는 교회가 줄 수 있는 것 외에는 다른 어떤 지원도 없었기 때문에 교회는 신자들의 헌금으로 그들을 도왔다. 시간이 흐르면서 이런 과부들이 많아짐에 따라, 그들은 예배 안에서 자신들을 위해 준비된 역할을 맡았을 뿐 아니라 특별한 임무도 부여받았다.

그 사회의 관습으로는 남자가 여자들에게 선생이나 영적 안내자의 역할을 하는 것이 매우 어려웠다. 따라서 이런 과부들-그리고 다른 여자-이 그런 역할과 다른 유사한 임무를 맡았다. 위에 인용된 사도행전의 구절들 뿐만 아니라 디모데전서 5장 3-8절에서 이런 흔적을 볼 수 있다. 나중에 일부 미혼여성들은 교회 내에서 가르치고 영적 지침을 제공하는 여자들의 그룹에 합류하게 된다.

우리가 여성의 리더십 역할이라는 주제를 다루고 있으므로, 신약성경 시대에 모든 사회적 편견에도 불구하고 적어도 집사(a deacon)였던 한 여자가 있었다는 사실(로마서 16장 1절의 뵈뵈)을 적시하는 것이 중요하다. 여기에서 "여자 집사"(deaconess)가 아니라, "집사"(deacon)라는 단어를 사용한 이유는 고대에서 여자 집사(deaconess)는 단순히 동일한 단어인 집사(deacon)의 여성형이었던 반면에 오늘날 여자 집사(deaconess)는 그 임무와 권위가 집사(deacon)와는 다르기 때문이다.

또 다른 여자인 브리스길라(Priscilla)는 유명한 설교자에게 신학을 가르친 것이 분명하다. 로마서 16장 7절에 "사도"(apostle)라고 불리던 유니아(Junias)라는 여자도 있었다. 그리고 루디아(Lydia)는 빌립보교회의 경제적 지주였던 것으로 보인다.

바울의 서신서는 기독교 예배에서 일어났던 일들에 관해 다른 것들을 보여준다. 일부 사람들이 다양한 방언을 했다. 바울은 이것이 성령님의 선물이기 때문에 비난받아서는 안 된다고 단언한다. 그렇지만, 그는 또한 "예언하기"가 훨씬 가치 있다고 말한다. 예언하기는 단지 회중이 알아듣는 방식으로 말하고, 그래서 하나님으로부터 말씀을 받는 것을 의미한다. 이것은 그의 고린도전서에서 명확하게 나타난다. 13장의 사랑에 대한 유명한 찬사 직후에, 그는 다음과 같이 기록한다.

> 사랑을 추구하며 신령한 것들을 사모하되 특별히 예언을 하려고 하라. 방언을 말하는 자는 사람에게 하지 아니하고 하나님께 하나니 이는 알아듣는 자가 없고 영으로 비밀을 말함이라. 그러나 예언하는 자는 사람에게 말하며 덕을 세우며 권면하며 위로하는 것이요, 방언을 말하는 자는 자기의 덕을 세우고 예언하는 자는 교회의 덕을 세우나니, 나는 너희가 다 방언 말하기를 원하나 특별히 예언하기를 원하느라 만일 방언을 말하는 자가 통역하여 교회의 덕을 세우지 아니하면 예언하는 자만 못하니라(고전 14:1-5).

여기까지 말한 뒤에, 우리는 토론의 중심으로 돌아갈 수 있다. 토론의 목적은 비록 1세기 그리스도인들이 교회에서 행한 설교나 설교문들은 없지만, 우리는 그러한 설교가 있었다는 사실을 안다는 점을 상기시키는 것이다.

이것은 전혀 놀랍지 않다. 왜냐하면, 유대인 그리스도인들은 회당에서 제공해주는 성경 해석에서 자신들의 신앙에 관한 확인과 적용, 혹은 신앙을 따르는 방법에 대한 권고를 찾을 수 없었기 때문이다. 따라서 그들이 별도의 모임을 했을 때 — 6장에서 살펴보겠지만 보통 성찬식을 거행하기 위해서 — 그들은 분명한 기독교적 맥락에서 설교하거나 예언할 기회를 제공했을 것이다.

"예언자", 혹은 설교자가 설교하게 하는 이러한 관행은 공동체를 교화하는 한편 나름의 어려움과 위험 또한 있었다. 왜냐하면, 분명히 어떤 이는 교회의 나머지 사람들이 받아들일 수 없었던 교리를 설교했고, 어떤 이는 자신들의 경제적 유익을 위해서 설교했기 때문이다. 이 주제에 관해서는, 『디다케』의 한 구절이 아주 교훈적이다.

> 그러므로 와서 지금까지 말한 것 모두를 너희에게 가르치는 사람은 누구든지 영접하라. 그러나 그가 마음을 바꾸어 이것을 파괴하려고 어떤 것을 가르치기 시작하면, 그의 말을 듣지 말라. 그러나 그가 주님의 의와 지식을 증대시키는 것을 가르친다면 너희는 주님을 영접하는 것처럼 그를 영접하라. 다음은 복음서가 사도들과 예언자들에 관해서 명하는 것이다. 너희에게 오는 모든 사도는 주님을 영접하는 것처럼 영접하라. 그는 하루만 머물러야 하지만, 필요하다면 다음 날까지 머물러도 좋다. 그렇지만 거짓 예언자만이 사흘을 머물 것이다. 그리고 사도는 그가 다음 숙소에 도착할 때까지 먹을 떡 외에는 아무것도 가져가서는 안 된다. 거짓 예언자만 돈을 요구한다. 너희는 영으로 말하는 모든 예언자를 시험하거나 판단하지 말라. 이는 모든 죄가 사함을 받지만, 이 죄는 사함을 받지 못하기 때문이다. 그러나 영으로 말하는 자가 다 예언자가 아니라, 다만 주님의 방식을 따르는 자가 예언자이다. 따라서 너희는 그들의 태도로 참 예언자와 거짓 예언자를 구별할 수 있다. 만일 거짓 예언자가 아니라면, 영으로 먹을 것을 요구하는 모든 예언자가 그것을 먹는 것은 아니다. 진리를 가르치지만, 자신이

말한 것을 행하지 않는 모든 예언자는 거짓 예언자이다. 참 예언자로서 인정받은 모든 예언자는, 세상에서 교회의 신비를 위하여 일하면서 자신이 행하는 것들을 다른 자들에게 가르치지 않는다고 하더라도, 너희에게 심판을 받지 아니하리라. 이는 그의 심판이 하나님께 있고, 고대의 예언자들 또한 이렇게 했기 때문이다. 그러나 누구든지 영으로 "돈이나, 다른 것을 달라"고 말한다면, 그의 말을 듣지 말라. 그러나 그가 궁핍한 자들을 위해 어떤 것을 달라고 한다면, 아무도 그를 판단하지 말라(『디다케』 11; ANF 7:380-82).

3. 원거리 설교로서의 서신서

초대교회 설교를 주제로 토론할 때, 우리는 자주 서신서와 신약의 다른 책들 또한 어느 의미로는 기독교 설교의 예라는 사실을 잊어버린다. 우리는 바울이 설교했던 도시 중의 한 곳ㅡ예를 들어, 고린도 교회를 상상할 수 있다. 고린도에서 유대-그리스도인들이 회당에 얼마나 오랫동안 참석하도록 허락되었는지 모르지만, 당연히 그렇게 길지는 않았다고 추정할 수 있다. 어쨌든 회당에서 성경을 가르치고 토론할 때, 메시아나 혹은 하나님의 기름부음 받은 분으로서 나사렛 예수에 관해서는 어떤 것도 말하지 않았을 것이다.

우리는 또한 일찍부터 유대-그리스도인들이 다른 무엇보다도 떡을 떼기 위해 모였다는 사실을 알고 있다(6장을 보라). 그러한 모임을 통해서, 곧 성경을 해설하는 관습이 발전했을 것이다. 그들은 회당에서 하는 것처럼 성경을 해설하지 않았고, 오히려 그리스도 안에서 성취된 약속으로서 성경을 읽었다. 이것이 더 이상 회당에서가 아니라, 이제 "교회"라고 불리게 된 기독교 집회에서 하는 유대-기독교 설교의 시작일 것이다.

유감스럽게도 우리에게는 떡을 떼기 위한 교회 모임에서 일어났을 성경에 관한 그러한 해석을 보여주는 단 하나의 텍스트도 없다. 그러나 우리에게는 전체 회중에게 큰 소리로 낭독하기 위해 교회들 사이에서 회람되었던 편지들과 다른 문서들의 모음집이 있다. 낭독은 보통 떡을 떼기 직전에 했을 것이다.

우리는 바울의 편지가 도착했을 때 고린도 교회에 무슨 일이 일어났을지 충분히 상상할 수 있다. 바울의 편지는, 오늘날 우리가 흔히 하는 것처럼 수신자 한 사람 한 사람이 집에서 혼자 편지를 읽도록 쓴 것이 아니었다. 그 편지는 바울이 온 교회에 보낸 메시지로서 편지 전체를 큰 소리로 낭독하도록 쓴 것이었다.

보통 바울은 개인들이 아니라, 오히려 교회들에 서신을 보냈다. 이것은 로마서, 고린도서, 데살로니가서 같은 것뿐 아니라, 우리가 지금 빌레몬서라고 부르는 편지처럼 좀 더 개인적인 것으로 보이는 서신도 해당한다. 그 편지는 빌레몬에게만 보낸 것이 아니라, "우리의 사랑을 받는 자요 동역자인 빌레몬과, 자매 압비아와 우리와 함께 용사 된 아킵보와 네 집에 있는 교회에" 보낸 것이다(몬 1b-3). 이처럼 이전에 종이었던 자와 어떻게 관련되어 있는지를 언급하며 특정 신자에게 보내는 이 서신조차 사사롭게 쓴 것이 아니었다.

오히려 전체 교회가 이것을 바울이 보내는 메시지로 받아들였을 것이다. 그것은 우선 빌레몬에게, 또한 그 외의 사람들 모두에게 보내는 메시지였다. 고린도 교회와의 서신 왕래 또한 이런 사례에 해당한다. 고린도서는 주로 고린도 교회의 질문에 답하고, 고린도 교회 성도들이 자신들의 문제에 주의를 기울이도록 작성되었다.

바울은 이런 "서신형식 설교"의 유일한 저자는 아니었다. 아주 짧은 유다서도 이방인 그리스도인들로부터 큰 영향을 받지 않았을 것이 분명한 유대-그리스도인 모임을 위한 것이었다. 여기에는 현재 성경의 일부는 아니지만, 유대의 환경에서 성장했던 사람들에게만 알려진 유대인의 저작에 대한 암시가 있다. 그 서신은 일부 떠돌이 설교자가 모임을 방문하여 그들의 행동을 타락시킨다는 소문 때문에 쓰인 것으로 보인다. 이런 사람들은 다른 신앙을 보여주었고, 이는 사람들을 다른 도덕성으로 이끌었다(유 1:3-4, 19-23). 그들이 가르친 것은 거부되어야 했고, 그들이 끼친 해악을 고치려는 조치가 취해져야 했다(유 3-4, 19-23).

신약성경 중 가장 확실한 유대의 서적 중 하나인 요한계시록도 마찬가지이다. 우리가 그것을 "확실한 유대의"라고 말하는 것은 그것이 성경(Scripture)과 다른 히브리 문헌에 대한 아주 많은 암시를 포함하고 있기 때문이다. 학자들은 요한계시록 전체에서 거의 모든 절이 적어도 그런 참조 하나씩은 포함하고 있다고 말한다. 아시아에 있는 교회들에 이 책을 쓴 요한은 분명 유대-그리스도인으로서 대부분 다른 유대-그리스도인들에게 글을 썼을 것이다. 왜냐하면, 이스라엘의 경전(Scripture of Israel)은 물론, 유대 전통을 모르는 사람들은 이 책을 거의 이해할 수 없기 때문이다.

요한계시록은 교회 내에서 큰 소리로 낭독되도록 기록된 것이 틀림없다. 왜냐하면, 맨 처음에 "이 예언의 말씀을 읽는 자는 복이 있나니"(1:3)라고 말하기 때문이다. 책 전체는 마지막 축도 직전에 "주 예수여, 어서 오시옵소서"라는 말로 끝난다. 이것은 일반적으로 성찬식의 시작 시에 사용되는 간구(invocation)였다. 그러므로 이 책을 쓰면서 요한은 적어도 구체적인 내용이 기록된 일곱 교회에서 이것을 회람하고, 그들 각 교회는 다른 교회에 보낸 메시지 또한 읽은 다음 일곱 교회 모두가 성찬식 직전에 계시록 전체를 낭독하기를 분명히 제안했을 것이다.

그리고 히브리서(Epistles to the Hebrews)의 목적이 무엇이었든지 간에, 그것이 널리 회람되었다는 것은 분명하다. 왜냐하면, 그 서신이 이집트나 이집트 근처에서 유래된 것으로 보이긴 하지만, 얼마 지나지 않아 로마에서 기록된 『클레멘트 1서』(Clement's Epistle to the Corinthians)이 히브리서에서 영감을 받았기 때문이다.

복음서에 대해 말하자면, 복음서는 예배라는 맥락에서 낭독하기 위한 것이었다. 그중 최초의 것인 마가복음은 예루살렘의 멸망 직전에 기록된 것으로 보인다. 마가복음은 굉장히 널리 회람되어서 불과 20년이 지났을 때 마태와 누가가 자신들의 자료 중 하나로 그것을 사용할 정도였다. 요한복음의 역사는 학자들 사이에서 아직도 많은 논의가 있지만, 1세기 말에는 소아시아에서 이미 회람되고 있었다는 공감대가 형성된 것으로 보인다.

여하튼, 복음서들이 서로 다른 지역에서 좀 더 알려지고 읽혔고, 또한 각자 고유의 관점으로 그리스도의 메시지를 이해했지만, 지역의 교회들은 자신들이 가지고 있던 특정 복음을 다른 교회들과 공유했을 것이다. 결과적으로 1세기 말 즈음에는 모든 교회에서 일반적으로 세 개의 공관복음이 인정되었다. 오랫동안 소아시아에서 선호했던 요한복음 또한 서쪽으로 전파되기 시작해서, 그 결과 2세기가 끝날 무렵에는 전체 교회가 지금 우리의 신약에 있는 사복음서를 공유했다.

이 상황에서 흥미로운 것은 예배가 원래 획일성을 보이다가 다양성이 확장되는 형태로 발전되지 않았던 것처럼—오히려 원래 다양성을 보이다가 획일성이 증대하는 형태로 발전했다—원래 특정 교회나 지역에서 읽혔던 이 복음서들에도 유사한 일이 일어나서 결국 신약에 합류되었다는 사실이다.

4. 성경 해석

여기에서 신약성경에 나타나는 모든 설교와 가르침에 대해 상세하게 고찰하지는 않으려 한다. 그러나 유대-그리스도인들과 이방인 그리스도인들의 해석 방법의 중요성을 지적할 필요가 있는데, 그것은 적어도 부분적으로는 유대교에서 습득한 것이다. 헬라에서는 철학자들이 시간과 그 변화를 훨씬 초월하는 영원불변의 진리들을 추구했던 반면에, 히브리 전통은 역사 속에서, 그리고 하나님 백성 안에서 나타난 하나님의 행사들에 대한 자신들의 관계 속에서 진리를 찾았다.

이러한 전통에서 가장 중요한 것은 하나님이 불변하시고, 전능하시며, 편재하신다는 사실을 아는 것보다, 오히려 하나님이 어제의 사건에서 임재하셨던 방식으로 하나님이 현재의 삶에 임재하시고, 또한 내일도 임재하실 것이라는 사실을 알고 경험하는 것이다.

"나는 스스로 있는 자니라"라고 말씀하시는 이스라엘의 하나님은 모세를 부르고, 이스라엘을 이집트의 멍에로부터 해방하시며, 이스라엘의 적을 진압하시고, 항상 사람들 사이에 임재하심으로써 이 신성한 존재를 보여주신다.

신약의 유대-그리스도인들도 동일한 패턴을 따른다. 그들은 하나님이 어떻게 하나님 자신 안에 존재하시는지를 선포하는 것이나-자비하실 뿐만 아니라-신성하고 영원하신 속성을 정의하는 일에 관심이 있지 않다.

오히려 과거에 하나님이 행하셨던 것과 행하시겠다고 약속했던 것을 근거로, 하나님이 지금 무엇을 행하시는 지와 미래에 하나님이 무엇을 행하실 것인지를 보여주는 것에 관심이 있다. 이것이 성경낭독 후에 하나님 백성의 과거 역사와 그들의 현재 상황을 연결했던 설교나 해설이 뒤따른 이유이다.

이것은 일반적으로 "유형론"이라고 불리는 것이다. 왜냐하면, 그것은 하나님이 결코 동일한 방식으로 반복하시진 않지만, 여전히 인식할 수 있는 특정 "유형"이나 행동 패턴을 따라 행하신다는 것을 전제로 하기 때문이다. 유형론은 2세기에 시작하여 이후에 발전했을 것이다. 그러나 우리는 신약에서 그것이 이미 작동하는 것을 볼 수 있다. 이것이 골로새서에서 "먹고 마시는 것과 절기나 초하루나 안식일을 이유로 누구든지 너희를 비판하지 못하게 하라, 이것들은 장래 일의 그림자이나 몸은 그리스도의 것이니라"(골 2:16-17)라고 선포할 때, 바울이 의미한 것이다.

이러한 먹고 마시는 문제는 에베소서에서 "하나님께서 그리스도 안에서 폐하신 계명들과 법조문들"(엡 2:15)이라고 부른다. 이것은 그런 "계명들과 법조문들"이 나쁘거나, 하나님께서 주신 것이 아니라는 것을 의미하지 않는다. 이는 그것들이 "그림자" 혹은 예수님 안에서 실현될 것에 대한 선포였다는 것이며 그리고 일단 현실이 되면, 그림자는 더 이상 필요하지 않다는 것을 의미한다.

유형론적인 해석은 신약의 모든 곳에 나타나는데, 고린도전서 10장에서 바울이 다음과 같이 말한 것을 예로 들 수 있다.

> 형제들아 나는 너희가 알지 못하기를 원하지 아니하노니 우리 조상들이 다 구름 아래에 있고 바다 가운데로 지나며, 모세에게 속하여 다 구름과 바다에서 세례를 받고 다 같은 신령한 음식을 먹으며 다 같은 신령한 음료를 마셨으니 이는 그들을 따르는 신령한 반석으로부터 마셨으매 그 반석은 곧 그리스도시라(고전 10:1-4).

마찬가지로 로마서 4장 18-25절에서 바울은 아브라함에게 하신 약속을 예수 그리스도 안에서 성취된 것과 연결해서 약속은 그리스도의 그림자, 또는 형상이었다고 말한다.

> 아브라함이 바랄 수 없는 중에 바라고 믿었으니, 이는 네 후손이 이같으리라 하신 말씀대로 많은 민족의 조상이 되게 하려 하심이라. 그가 백세나 되어 자기 몸이 죽은 것 같고 사라의 태가 죽은 것 같음을 알고도 믿음이 약하여지지 아니하고, 믿음이 없어 하나님의 약속을 의심하지 않고 믿음으로 견고하여져서 하나님께 영광을 돌리며, 약속하신 그것을 또한 능히 이루실 줄을 확신하였으니, 그러므로 그것이 그에게 의로 여겨졌느니라. 그에게 의로 여겨졌다 기록된 것은 아브라함만 위한 것이 아니요, 의로 여기심을 받은 우리도 위함이니 곧 예수 우리 주를 죽은 자 가운데서 살리신 이를 믿는 자니라. 예수는 우리가 범죄한 것 때문에 내어줌이 되고, 또한 우리를 의롭다 하시기 위하여 살아나셨느니라(롬 4:18-25).

결론적으로 사도행전에 나타나는 요약들 외에, 1세기까지 거슬러 올라갈 수 있는 기독교 설교들은 없다. 만약 "설교"가 신자들의 모임에서 말로 전달되는 메시지를 의미한다면, 1세기의 기독교 설교에 관해서 거의 아무것도 말할 수 있는 것이 없다.

그러나 "설교"가 교회에서 한 성경 메시지의 강해를 의미한다면, 우리가 가진 자료는 기록된 설교보다 훨씬 낫다. 우리에게는 교회 내에서 대단히 존경받는 지도자들이 어떤 이유로 교회와 함께 있진 못하지만, 교회가 자신들의 사상과 가르침을 알도록 하는 방식에 관한 풍부한 예들이 있다.

이러한 접근 방식은 또한 1세기 기독교 설교에 대해 신중히 연구하기 위해서는 사도행전에 나타난 설교의 개요와 요약에 집중하기보다 반드시 신약성경 전체를 하나의 예로 삼아야 한다는 것을 암시한다.

제4장

교회력

1. 유대 달력의 연속

초기 유대-그리스도인들은 자신들의 삶을 오랫동안 지배해 왔던 동일한 유대 달력을 계속 따랐다. 유대 달력의 중심인 주 7일제는 여전히 교회력의 중심이었다. 그런 날들 안에서 유대-그리스도인들은 어려서부터 배웠던 3개의 주요한 기도 시간을 동일하게 지켜 나갔다. 비록 지난 수세기 동안 안식일을 지키는 방식과 때의 문제가 그리스도인들 사이에서 토론과 논쟁의 주제가 되었지만, 최초의 유대-그리스도인들 사이에서는 그렇지 않았던 것으로 보인다.

복음서는 안식일에 할 수 있는 것과 할 수 없는 것에 관해서 예수님과 회당의 지도자들이 의견일치를 보지 못한 경우가 자주 있었던 것을 보여 준다. 오늘날 우리는 이것이 예수님의 급진적인 견해나 혁신이었다고 생각할지 모르지만, 일부 저명한 랍비는 결코 사랑의 법 위에 안식일의 율법을 두어서는 안 된다고 가르쳤다.

게다가 어떤 이에게는 놀라운 일일지 모르지만, 복음서의 그런 사건들 외에는 신약에서 안식일을 준수하는 것에 대해 거부하거나 비판하는 것처럼 보이는 일은 거의 없다. 안식일 준수에 대해 가장 엄하게 비판하는 구절은 일찍이 골로새서에 인용된 것이다.

> 그러므로 먹고 마시는 것과 절기나 초하루나 안식일을 이유로 누구든지 너희를 비판하지 못하게 하라(골 2:16).

그러나 안식일에 관한 그 언급조차도 고대 이스라엘 예언자들의 많은 격언만큼 엄하지는 않다. 골로새서에서 새로운 것은 그런 일들이 "장래 일의 그림자나, 몸은 그리스도의 것이니라"라는 것이다(골 2:17).

이미 언급된 대로, 이것은 의식적 정결에 관한 계명이 그리스도를 가리키고, 그래서 더 이상 구속력이 없다고 보는 성경 해석의 방식이었다. 안식일 자체가 미래를 가리키고, 그 약속이 예수 안에서 성취된 관례 중 하나였던 것이 분명하다. 그렇기는 하지만, 사도행전 전반에서 분명하게 보여주는 것처럼, 바울과 다른 그리스도인들은 안식일의 회당 예배에 충실하게 참석하였다.

안식일에 치유와 다른 사랑의 일들을 행해야 하는지 말아야 하는지 여부를 두고 예수님과 회당 지도자들 사이에 일어난 갈등을 제쳐둔다면, 신약의 나머지는 안식일에 그다지 관심을 두지 않는 것 같다. 이것은 소위 예루살렘 공의회(Council of Jerusalem)의 이야기를 전해주는 사도행전 15장에서 특히 현저하게 나타난다. 첫 번째로 안디옥에서, 그 후 다른 곳들에서 바울의 선교를 통해 꽤 많은 이방인—대부분이 하나님을 경외하는 자들—이 교회에 합류하였다.

예루살렘을 중심으로 하는 좀 더 보수적인 유대-그리스도인들—사도행전에 의하면 그리스도의 메시지를 받아들였던 바리새인들—은 그 사람들이 모세의 율법 전체를 지키고 할례를 받아야 한다고 주장했다.

논쟁은 사도행전에서 요약되어 있으므로 여기서 검토할 필요는 없다. 놀랄만한 일은 할례도 안식일도 최종 결정에 전혀 언급되지 않는다는 사실이다. 대신에 이제 이방인 신자들에게는 다음과 같이 말한다.

> 성령과 우리는 이 요긴한 것들 외에는 아무 짐도 너희에게 지우지 아니하는 것이 옳은 줄 알았노니, 우상의 제물과 피와 목매어 죽인 것과 음행을 멀리할 지니라(행 15:28-29).

이러한 금지 목록에는 길고 복잡한 역사가 있다. 예루살렘 모임 직후에, 고린도 교인들은 신자들이 우상에게 제물로 바쳐진 고기—놀랄만한 일은 때로 가난한 사람들에게 제공되거나 저렴한 가격으로 판매되었던 고기—를 먹어도 좋은지 바울에게 물었다. 바울의 대답은 다음과 같았다. 사실 우상은 아무것도 아니다. 그러므로 그들에게 제물로 바쳐진 고기를 먹는 것 그 자체는 악이 아니다.

> 우리가 먹지 않는다고 해서 더 못사는 것도 아니고 먹는다고 해서 더 잘사는 것도 아니니라 (고전 8:8).

그렇지만 이것을 이해하는 신자들은 "그들의 자유가 믿음이 약한 자들에게 걸려 넘어지게 하는 것이 되지 않도록"(고전 8:9) 조심해야만 한다. 예루살렘에서 결정된 것은 최종적인 것이 아니라, 오히려 신자들을 위한 안내서였던 것으로 보인다. 이후에 다시 『디다케』는 "음식에 관해서는 너희가 할 수 있는 대로 조심하라. 우상에게 바쳤던 음식은 엄중히 경계하라. 왜냐하면, 그것은 죽은 신을 위한 것이기 때문이다"(『디다케』 6.3; ANF 7:379)라고 명령한다.

소위 예루살렘 "칙령"에 관한 또 다른 문제는 고대 사본들이 서로 완전히 일치하지 않는다는 사실이다. 아마도 이 특별한 구절에 관한 현존하는 가장 오래된 텍스트일 수 있는 파피루스는 교회에 합류한 이방인들이 반드시 삼가야 하는 세 가지를 열거한다. 우상숭배, 익사한 것 그리고 피이다.

대부분 학자는 원본 텍스트가 다른 고대 사본에서 좀 더 정확하게 기록되었다는 사실에 동의한다. 이런 다른 사본들은 "공통 텍스트"라고 불리는 것을 반영한다. 그 목록은 그 파피루스에 언급된 세 가지 외에, 음행을 포함하고, 공통 텍스트에는 "익사한 것" 대신에 "교살된 것"이 있다. "서방 텍스트"로 알려진 일반적으로 신뢰성이 덜한 사본들은 우상숭배와 음행 그리고 피를 열거한다.

이러한 차이들은 중요한데, 그 이유는 이 공통 텍스트의 목록이 결정의 의미를 모호하게 만들기 때문이다. 라틴 교회에서는 오랫동안 서방 텍스트와 그 목록들을 그리스도인들이 반드시 삼가야 하는 세 가지 큰 죄를 가리키는 것으로 간주해왔다. 이스라엘 율법의 배경을 고려하지 않고 이 구절을 해석함으로써 "피"는 살인을 의미한다고 이해되었고, 그래서 우상숭배(박해 시기의 배교를 포함), 음행 그리고 살인이라는 세 가지 큰 죄가 있었다.

공통 텍스트를 근거로 예루살렘 칙령의 배경이 레위기 17장과 18장에 있다고 생각할 수 있다. 레위기 17장과 18장은 이스라엘 땅 안에 사는 외국 사람들이 아브라함의 자손들과 함께 먹기 위해 지켜야 할 것을 열거한다. 따라서 사도행전 15장에서 논의되고 있는 것은 따라야 할 도덕법이 아니라, 단순히 이방인 개종자들이 이스라엘의 자녀들과 함께 먹기 위해서 무엇을 하지 않으면 안 되는가에 관한 것이었다.

제6장에서 살펴보겠지만, 이것이 특별히 중요했던 이유는 식사야말로 바로 기독교 예배의 핵심이기 때문이다.

그렇다면 예수님을 메시아로 받아들였던 선량한 유대인들은 이전에 하나님을 경외했고, 이제 교회에 합류한 이방인들과 어떻게 함께 식사할 수 있었는가?

유대 그리스도인들은 이 이방인 그리스도인들과 함께 먹을 수 있도록, 그들에게 무엇을 요구해야 하는가?

예루살렘 모임에서의 지침이 항상 지켜지지는 않았던 것이 분명하다. 이미 언급했던 것처럼, 바울 자신은 우상에게 바쳐졌던 고기를 먹는 것은 전혀 악한 것이 아니라고 선포한다. 반면에 『디다케』는 반대되는 의견을 견지한다. 게다가 바울은 이방인 신자들과 먹는 것을 주저했던 베드로와 바나바 둘 다에 또한 다음과 같이 말한다.

> 그러나 게바(베드로)가 안디옥에 이르렀을 때에 책망 받을 일이 있기로 내가 그를 대면하여 책망하였노라. 야고보에게서 온 어떤 이들이 이르기 전에 게바가 이방인과 함께 먹다가 그들이 오매 그가 할례자들을 두려워하며 떠나 물러가매, 남은 유대인들도 그와 같이 외식하므로 바나바도 그들의 외식에 유혹되었느니라. 그러므로 나는 그들이 복음의 진리를 따라 바르게 행하지 아니함을 보고 모든 자 앞에서 게바에게 이르되 "네가 유대인으로서 이방인을 따르고 유대인답게 살지 아니하면서, 어찌하여 억지로 이방인을 유대인답게 살게 하려느냐?" 하였노라(갈 2:11-14).

이것은 거의 아브라함의 자손들로만 구성된 기독교 공동체에서 대부분이 원래 이방인이었던 사람들로 이루어진 또 다른 공동체로 전환되는 과정에 어려움이 있었음을 보여준다. 위 본문은 이러한 전환이 항상 쉽거나 획일적이진 않았다는 것을 보여준다. 전환이 수월했다면 고넬료의 개종과 (사도행전 10장과 11장에 나타난) 이를 받아들이는 예루살렘 교회의 반응이 만족스러워야 했다.

만약 그렇지 않다면, 예루살렘 칙령이 그 문제를 해결했을 것이다. 그러나 오랫동안 논쟁과 다양한 관례들이 계속되었고, 이에 대해서는 신약 자체가 증인이다. 다시 한번 말하자면, 그 과정은 길고 복잡했는데, 좀 더 획일적으로 되기 위한 길을 서서히 닦아갔던 다양한 관행들과 많은 아이디어가 있었다.

주간 달력으로 돌아가서, 주목해야 할 것은 유대-기독교 공동체에는 원래 7일 주간을 지켰을 뿐만 아니라, 휴식의 날, 혹은 안식일 또한 지속해서 강조했다는 점이다. 게다가, 이 특별한 날을 어떻게 지킬 것인가 하는 문제는 기독교의 논쟁이나 의견충돌의 중심은 아니었던 것으로 보인다. 비록 일부는 모든 사람이 안식일을 지킬 것을 요구했지만, 그런 사람들의 수가 급격하게 감소하였고, 2세기 무렵에는 일반적으로 안식일을 지키는 것(이를 바람직하게 여겼다)과 지키지 않는 것 둘 다를 합법으로 보았다.

그러나 아무도 다른 사람들에게 그것을 지키라고 요구해서는 안 된다. 요약하자면, 대부분의 경우에 그렇게 할 수 있는 그리스도인들은 안식일을 지켰고, 그 외는 지키지 않았던 것으로 보인다.

바울과 바나바처럼 일생 안식일을 지켰던 사람들은 나사렛 예수를 메시아로 받아들인 후에도 계속 안식일을 지키는 데 어려움이 없었을 것이다. 그러나 그리스도인이 된 이방인들에게 이것은 그만큼 쉽지 않았고, 심지어 가능하지도 않았다. 고넬료 같은 백부장이 자신의 상관에게 "죄송하지만, 오늘은 안식의 날이기 때문에 군대를 훈련할 수 없습니다"라고 말하는 것을 상상하기가 쉽지는 않다.

2. 주간 달력에 대한 새로운 관심

처음부터 눈에 띄는 달력의 변화는 주간의 다른 날들을 새롭게 강조하는 것이다. 이런 변화 가운데 가장 주목할 만한 것은 우리가 오늘날 "일요일"이라고 부르는 주간의 첫째 날이다.

대부분의 로만스 언어(Romance language)로 이날에 붙여진 이름은 도밍고(domingo), 도미니카(dominica) 등등으로서 라틴어 **도미누스**(*dominus*), 주님(Lord)에서 파생되었고, 따라서 "주의 날"(Lord's day)을 의미한다. 1세기부터 오늘날까지 남아있는 모든 기독교 텍스트들은 라틴어가 아니라 헬라어로 기록된 것이기 때문에, 그곳에서도 역시 "주의 날"(Lord's day), 혹은 "**키리오스의 날**"(day of the *Kyrios*)을 의미하는 단어인 **키리아카**(*kyriaka*)를 볼 수 있다.

하루의 시작과 끝을 일몰부터 일몰까지로 생각하는 유대 방식을 따라서, 한 주의 첫째 날, 혹은 **키리아카**인 이 특별한 날은 안식일 날 일몰에 시작해서 다음 날 일몰에 끝난다. 이것은 그리스도인이 되기 전에 안식일을 지켰던 유대인이나 혹은 이전에 하나님을 경외하는 자들이었던 신자들에게 안식일 직후-우리가 오늘날 토요일 밤이라고 부르는 날이지만 그들에게는 이미 한 주의 첫째 날-에 다른 신자들과 합류하는 것을 쉽게 해 주었을 것이다.

비록 여전히 회당에 가서 예배드리는 것을 허락받았을지 모르지만, 그들은 다른 그리스도인들과 함께 떡을 떼기 위해 모이고, 성경이 예수님을 가리키고 있는 것을 해석할 필요가 있다고 생각했을 것이다. 그렇지만 교회에 이방인의 수가 늘어나고, 그리스도인들이 회당에서 추방당한 뒤에는 안식일 일몰 후인 저녁에 모임을 하는 것이 점점 어려워졌다.

결국, 기독교가 이방인들 사이에서 더 많은 추종자를 얻고 유대-그리스도인이 줄어들면서, 주간의 첫째 날에 모임을 계속하기가 더 쉬워졌다. 그러나 이제는 전날 저녁보다는 일출 전에 모였다.

신약이 주간의 첫날을 중요하게 여기고 있음은 명확하다. 신약은 주간의 그 첫날에 예수님이 부활하셨다는 것을 많이 언급하고 있다. 그날 여자들은 주님의 무덤으로 갔다; 주님께서 엠마오로 가는 길에 제자들을 만났던 것도 그날이었다. 주간의 첫날에 기독교 예배를 드려야 한다는 것을 가장 명확하게 언급하고 있는 곳은 사도행전 20장이다.

> 그 주간의 첫날에 우리가 떡을 떼려 하여 모였더니 바울이 이튿날 떠나고자 하여 그들에게 강론할 새 말을 밤중까지 계속하매(행 20:7).

이 이야기는 창문에서 떨어진 청년의 사건과 "날이 새기까지" 모임을 재개한 이야기로 계속된다(행 20:7, 11). 다른 말로 하자면, 바울은 주간의 첫날, 즉 안식일 날 일몰 후에 설교하고 있다. 이것이 등불이 필요하고 청년이 잠이 들었던 이유이다. 모임은 몇 시간 동안, 새벽이 될 때까지 계속된다.

기독교에서 주간의 첫날이 특별히 중요했던 주된 이유는 주님이 이날에 부활하셨기 때문이다. 기독교 모임을 갖기 전에 회당에서 모였든 모이지 않았든, 유대 그리스도인들은 이 특별한 날에 주님의 부활을 기념하기 위해 모이고자 하는 충동을 느꼈다. 그리스도인들에게 주간의 첫날은 두 가지 이유로 특히 중요했다. 그러나 이러한 것들은 이후의 문헌들에만 나타나기 때문에, 이에 대해서는 이 연구의 두 번째 부분(11장)에서 다시 논할 것이다.

주간의 첫날 외에도 그리스도인들은 여섯째 날에 특별한 의미를 부여했다. 오늘날 "금요일"이라고 불리지만, 전통적으로 "주간의 여섯째 날", 혹은 "'안식일을 위한' 준비일"로 알려진 이 날은 예수님이 십자가에 못 박힌 날이었다. 모든 주간의 첫날에 주님의 부활을 경축하지만, 매주 여섯째 날은 그분의 죽음을 기념한다. 그래서 그날은 슬픔, 자아 성찰 그리고 금식의 날이다.

3. 연간 달력

앞에서 살펴본 것처럼, 유대인들에게는 주간 달력뿐만 아니라, 특정 날들을 따로 설정해 둔 연간 달력도 있다. 이 중 가장 중요한 것은 유월절(Passover)로서, 이날 이스라엘이 이집트의 멍에로부터 해방된 것을 기념하고 되새긴다. 비록 정확한 연대순에서는 공관복음과 제4 복음서 사이에 차이가 있긴 하지만, 복음서들은 예수님의 죽음, 부활과 유월절과의 연대기적 관계를 보여준다.

그런 차이에도 불구하고, 교회가 매주 여섯째 날과 첫날(금요일과 일요일)에 기념하고 경축하는 사건들과 유월절을 분명히 연결하고자 하여 매년 특정 한 주를 따로 정해 놓는 관습을 갖게 되었다. 예수님의 십자가에 못 박히심과 부활에 특별한 관심을 기울이기 위해서, 이 특정 주간은 일반적으로 유대인들이 유월절을 기념하는 시기와 동일하게 두었다. 그리스도인들에게 매주 일요일은 부활의 날이었고, 예수님이 죽음을 이기신 것을 경축하는 날이었다.

그러나 또한 부활절 대주일(a great Sunday of resurrection)이 있었으니, 곧 우리가 오늘날 부활절 일요일(Easter Sunday)이라고 부르는 날이다. 비록 이러한 관습을 언급하는 1세기 텍스트는 전혀 없지만, 그 관습이 2세기 무렵에는 너무나 일반적이고 깊이 뿌리박혀 있었기 때문에, 그리스도인들은 1세기가 끝나기 전에 이 특별한 일요일을 기념하기 시작했다고 추측할 수 있다. 이후에 살펴보겠지만, 2세기에 예수님의 마지막 날들과 유대 유월절의 연결과 관련하여 요한복음과 공관복음 사이에 나타나는 차이로 인해 그리스도인들 간에 심각한 논쟁-"콰르토데시망"(Quartodeciman)논쟁-이 벌어졌다.

그렇지만, 그러한 논쟁으로 인해 그리스도인들이 예수님의 희생과 유월절 양의 희생을 연결한 것이 모호해져서는 안 되고, 그 점에 대해서는 모두가 동의한다. "우리의 유월절 양 곧 그리스도께서 희생되셨느니라"(고전 5:7)라는 바울의 말은 잘 알려져 있다. 그리고 하나님의 양(Lamb of God)으로서 예수님은 요한계시록을 관통하는 주제이다.

신약에서, 그리고 그리스도인들 사이에서 중요한 역할을 하는 다른 유대교 축제는 오순절(Pentecost)이다. 그리스도인들이 유대교 달력에서 이 날을 취하여 재해석한 과정은 명확하지 않다. 사도행전 2장에서 잘 알려진 특별한 의미가 오순절에 부여되었다는 사실은 의심의 여지가 없다. 왜냐하면, 성령이 제자들에게 내려오신 것이 이날이었기 때문이다.

하지만 성령의 다양한 부으심에 대한 다른 많은 언급이 있음에도 불구하고 그리스도인들에게 특별한 의미를 지닌 날로서 오순절을 다시 언급하고 있는 부분은 신약 전체를 통틀어 찾아볼 수 없다. 여전히 설명할 수 없는 이유와 방식으로, 오순절은 그리스도인들에게 특별히 중요한 날이 되었다. 이에 대한 증거는 이후에 살펴볼 것이다. 부활절 일요일에 세례받을 준비가 되었던 사람들이 어떤 이유로 세례를 받을 수 없었을 때, 그들은 오순절에 세례를 받았다. 하지만 그런데도 신약 전체를 통틀어 이 특별한 날을 기념한 방식과 관련된 어떤 암시도 없다는 것은 여전히 놀라운 일이다.

    요약하자면, 유대교가 회당에서 행했던 것을 기반으로 예배를 발전시킨 것과 마찬가지로, 유대-기독교 공동체는 유대 달력을 채택하여 그 기본 구조를 유지하되, 일부 연례행사뿐 아니라 주간의 특정 요일에 새로운 의미를 부여했다.

제5장

개종에서 세례까지

1. 개종과 예배

사도행전은 그리스도인의 증언을 통해 예수님을 메시아로 받아들인 많은 사람에 대해 기록한다. 사도행전은 오순절 날 베드로가 설교하고 청중들에게 회개하고 세례를 받으라고 초청한 후에, "이 날에 신도의 수가 삼천이나 더하더라"(행 2:41)라고 말한다.

이와 유사한 일이 비시디아 안디옥에서 바울의 설교 후에도 일어났는데, 수많은 하나님을 경외하는 자가 그의 메시지를 받아들였고, 이로 인해 좀 더 전통적인 유대인들의 저항이 일어났고, 바울과 바나바가 그 도시에서 추방된 것이다.

위의 두 이야기 후에 일어난 사건들은 저러한 초기의 특별한 경우 이후에 성전과 회당에서 개종자가 더 적어진 이유를 이해하는 데 도움이 된다. 베드로와 요한이 성전에서 설교하는 것을 보았을 때 산헤드린은 우선 설명을 요구했고, 결국 그들의 설교를 금지했다. 바울이 안디옥 회당에서 설교했을 때는 그의 설교가 성공적이었기 때문에 다른 유대인들의 반대가 일어났다.

비록 사도행전이 전체 이야기를 분명하게 말해 주지 않지만, 바울과 그의 동료들이 방문하여 회당에서 설교하기 시작한 도시들 대부분에서 처음에는 성공을 거뒀지만, 곧 더욱 전통적인 유대인들로부터 강력한, 종종 폭력적이기도 했던 저항이 일어났음이 분명하다.

요약하자면, 유대교가 자신의 신앙과 유대-그리스도인들의 신앙의 차이를 점차 인식하게 되면서, 성전과 대부분의 회당에서 예수님을 메시아로 설교하기가 더 어려워졌다. 그 시기 이후에는 회당 예배의 맥락에서는 개종자가 극소수였을 것이다. 유대 그리스도 예배에서는, 개종자가 있었다 하더라도, 그보다 더 적은 수였을 것이다.

기독교와 유대교가 최종적으로 분열되기 이전에는 회당에 출석하는 유대-그리스도인들이 자신들의 신앙을 간증할 기회가 있었을 것이다. 하지만, 그들이 기독교 예배를 위해 모였을 때, 예배는 성찬식에 주력하였다.

그리고 성찬식에는 세례교인만 참석할 수 있었기 때문에, 그들에게 복음을 전파하려는 시도는 전혀 없었을 것이다. 그러한 상황에서 설교는 사람들에게 예수님을 메시아와 구주로 받아들이도록 초청하는 것이라기보다 오히려 신자들이 성경을 알게 되고 그것을 자신들의 일상과 연결하는 과정, 그리고 세례를 받지 않은 사람들이 세례를 준비하는 과정으로 이해되었다.

특정할 수 없는 이른 시기부터 기독교 예배는 두 개의 중요한 부분으로 이루어졌다. 첫 번째는 "말씀 예전"(service of the Word)이며, 두 번째는 "성찬 예전"(service of the Table) — 다시 말하자면, 성찬식으로 알려졌다. 세례를 받지 않은 사람들은 말씀 예전에 참석할 수 있었지만, 성찬 예전이 시작되기 전에 떠나야 했다.

비록 세례받지 않은 사람들이 예배의 첫 번째 부분에 참석할 수 있었다 하더라도, 교회에 다른 연줄이 없고, 복음을 듣지 못한 사람들이 거기에 참석할 가능성은 거의 없었다.

유대인들은 기독교를 이단으로 간주했다. 이교도들 사이에서는 기독교 예배가 부도덕하고 천박하다는 소문이 퍼져있었다. 당국은 기독교에 대해 난색을 보였고, 종종 그 추종자들을 박해했다. 이런 상황을 고려한다면 말씀 예전에 참석했던 일부는 이미 복음을 들었고, 적어도 복음에 매력을 느꼈던 사람들일 것이다.

이러한 이유로 개종은 대개 설교가 아니라, 오히려 이웃, 친척, 고객, 혹은 방문객의 증언 때문에 일어났다. 우리는 2세기 무렵에 어떤 이가 "참된 철학"에 대한 지적 탐구 후에 기독교로 개종한 사례를 알게 된다. 그런 사례들은 일반 백성들의 개종 과정보다 잘 알려져 있다. 왜냐하면, 그런 지적 탐구를 따랐던 사람들은 그 결과에 관해서 기록했지만 다른 대부분 사람은 그렇게 할 수 없었기 때문이다.

요약하자면, 대부분의 개종은 이름이 알려지지 않은 신자들의 증언 결과로 이루어진 것이다. 비록 2세기부터 개종이 이루어졌지만, 기독교 포교에 관한 다음과 같은 이교도의 글에 의하면 이미 1세기 말경에 실제로 개종이 있었던 것으로 보인다. 켈수스(Celsus)라고 불리는 이교도는 다음과 같이 말한다.

> 우리는 양털과 가죽 일을 하는 사람들, 교육받지 못하고, 교양 없는 사람들, 자신들보다 연장자나 현명한 주인들이 있는 곳에서는 감히 말 한 마디 못하는 사람들을 안다. 그들은 민가로 들어가서, 그곳에서 아이들과 자신처럼 무지한 몇 몇 여성들을 개인적으로 붙들고, 놀라운 말들을 쏟아낸다. 그들은 이 아이들과 여성들에게 다음과 같이 말한다. 아버지와 선생들의 말에 주의를 기울이지 말고, 그리스도인인 자신들에게 순종해야한다. 그들의 부모와 선생들은 헛되고 하찮은 것들에 마음이 빼앗겨 있기 때문에, 어리석고 우둔하며 아무것도 알지 못하고 참으로 좋은 것은 어떤 것도 할 수 없다. 그러나 이 그리스도인들만은 사람이 어떻게 살아야 하는지 알고 있다. 그리고 만약 아이들이 그들에게 순종한다면 행복해질 것이고, 그들의 가정 또한 행복하게 만들 것이다(*AG. Celsus* 3.55에서 오리겐이 인용함; ANF 4:486).

오늘날 고대 기독교 예배에 관해서 말할 때, 우리는 이런 상황을 반드시 유념해야 한다. 왜냐하면, 만약 우리가 예배를 주로 복음 전도의 기회로 생각한다면, 예배에서 어떤 일이 일어났는지 이해하기 매우 어려울 것이기 때문이다. 더욱이, 우리는 복음 전도라는 바로 그 아이디어 자체가 개인을 설득하여 예수님을 개인적인 구주나 혹은 약속된 메시아로 받아들이는 것 – 정말 중요한 것이지만 – 이 아님을 알아야 한다.

복음 전도는 오히려 한 개인을 신약이 단언하듯이 그리스도의 몸이기도 한, 이 기독교 공동체, 이 교회, 신자들로 이루어진 몸 일부가 되도록 이끄는 데 주로 초점이 맞춰져 있다. 한 사람이 이 그리스도의 몸에 합류하는 방식이 세례였고, 그만큼 중요했기 때문에 세심한 주의를 기울일 가치가 있었다.

2. 유대교의 선례들

히브리 경전(Hebrew Scripture)을 훑어보면 물건은 물론 사람을 정화하는 다양한 의식에서 물이 사용되었음을 분명히 보여준다. 손 씻기나 의례적인 목욕과 같은 대부분 사례에서, 역시 정결하게 된 사람이 의식을 수행했다. 그러한 의식들이 기독교 세례의 일부 배경이 되었다는 것은 의심의 여지가 없다.

그러나 이런 것 중 어느 것이, 어떻게 기독교 세례에 영향을 주었는지 판단하기는 어렵고 심지어 불가능하기까지 하다. 특정한 활동과 의식 전에 율법에 따라 요구되는 목욕재계, 혹은 부정해진 사람이나 물건을 정결하게 하는 것 외에도 유대교에서 행했던 개종자의 세례가 기독교 세례에 흔적을 남긴 것이 틀림없다.

앞에서 살펴봤듯이, 개종자는 하나님을 경외하는 자로서 일정 기간 회당 생활에 참여한 후에 이스라엘 백성에 합류하기로 한 이방인이었다. 이것은 무엇보다도 도덕적 정화를 요구했고, 의와 하나님의 사랑에 반대되는 어떠한 행위도 버려야 했다. 그런 후에 정화 의식이 이어졌다.

이스라엘 백성에 합류하기 위해 모든 남성 개종자들이 할례를 받아야 하는지, 그 여부에 대해서는 랍비들 간에 합의가 도출되지 못했다. 그러나 대다수는 할례가 필요하다는 의견이었다. 할례 후에는 개종자의 세례가 있었고, 세례는 할례받은 사람이 치유될 때까지 연기되었다.

그러한 세례는 공적이지도 사적이지도 않았다. 수세자는 옷을 모두 벗어야 했기 때문에 세례는 공적이지 않았다. 그러나 동성(same gender)의 두 증인이 출석해야 했기 때문에, 그것은 사적인 것도 아니었다. 또한, 이런 세례는 다른 사람에 의해서 수여되지 않았고 개종자 홀로 물에 들어가서 스스로 물에 잠겼다. 증인의 임무는 세례를 주는 것이 아니라, 오히려 세례가 일어났다는 것을 인증하는 것이었다.

세례를 받았던 장소에 관해서는, 겉보기에는 과히 경직되지 않은 몇 개의 규칙이 있었다. 아주 명확하지만은 않은 이유로, 많은 사람은 요단강이 이러한 결례조(purifying baths)로 사용되어서는 안 된다고 믿었다. 왜냐하면, 그 물은 "혼합된 것"(mixed)이었고, 그것은 다른 방식으로 해석될 수 있기 때문이었다.

동일한 전통은 세례조(baptismal pool)에 대해서도 말하는데, 세례조는 개종자의 세례뿐만 아니라, 다른 의례용 목욕물로도 필요했다. 비록 예루살렘의 고고학적 발굴이 제한되어왔지만, 발견된 다수의 이러한 조(pool)는 1세기 예루살렘에 수백 개의 세례조가 있었던 것을 암시한다.

그 이유로는 여러 다른 상황에서 의례적 목욕이 필요했고, 단지 몇 개의 조(pool)로는 그 도시의 필요를 충당할 수 없었기 때문일 것이다. 그런 종류의 다른 조들이 있었다는 흔적은 이웃 마을에서도 역시 발견되었다. 이런 조들에서 이루어지는 세례 의식(ritual baptism)은 몸 전체를 씻을 것을 요구했고 따라서 완전 침수를 해야 했다. 하지만, 탈무드는 완전 침수 대신 세례 받을 사람의 머리 위에 물을 반복적으로 쏟는 것도 허용한다. 『디다케』에서 이와 유사한 기독교식 방식을 찾을 수 있다.

마지막으로, 에세네파도 일련의 목욕재계를 행했다. 기독교 관행과 연결할 수 있는 이러한 목욕재계에 있어서 흥미로운 점이 한 가지 있는데, 에세네파에서는 공동체에 합류하기 위해 일정 기간의 준비기를 거친 후 세례가 이루어졌다는 것이다. 이는 그리스도인 사이에서도 그랬듯이, 세례받은 사람이 이제 공동체의 일원임을 보여주었다.

기독교 세례에 있어 가장 중요한-그리고 가장 논란이 많은-유대의 선례는 세례 요한, 혹은 "세례자"(baptizer)이다. 세례자라는 명칭과 복음서의 이야기들을 통해 요한은 보통 개종자와 다른 사람들이 경험했던 능동적 세례(self-baptism)와 달리, 그에게 오는 사람들에게 세례를 주었다(수동적 세례)는 것을 알 수 있다.

개종자들이 세례를 받기 위해 의식적, 도덕적 정화의 기간이 필요했듯이 요한은 회개할 것을 요구했다. 따라서 요한은 이스라엘의 앞선 많은 선지자의 선례를 따르며, 이스라엘의 자녀들이 마땅히 그래야 하는 것만큼 깨끗하지 않기 때문에, 그들 또한 개종자들처럼 정화될 필요가 있음을 상기시켰다.

요한의 세례가 가진 또 다른 특징은 적어도 복음서에 나타난 바에 의하면 종말론적 강조이다. 요한이 회개를 요구한 이유는 그의 말을 들으러 오는 사람들이 죄를 지었기 때문만은 아니다. 종말이 다가오고 있고, 메시아에 대한 약속이 곧 성취될 것이며, 모든 사람은 이를 준비해야 했기 때문이다.

광야로 나가서 요단강에서 사람들에게 세례를 주는 세례 요한의 역사는 네 개의 복음서에 모두 나타난다. 그들 모두는 선지자 이사야의 말 "광야에 외치는 자의 소리가 있어"(마 3:3; 막 1:3; 눅 3:4; 요 1:23)를 인용한다.

지금 우리는 이 말을 요한이 외쳤고, 아무도 듣지 않은 말로 이해하지만 원래 이사야서에 사용되었을 때 이 소리는 새로운 탈출, 포로로부터의 새로운 해방-이 경우에는 바빌론의 포로 상태로부터의 해방을 의미-그리고 모세의 때와 같은 광야는 아니지만, 광야를 통한 또 한 번의 귀환을 선포하는 광야에서의 외침이었다. 이사야는 하나님께서 광야에서 곧 만드실 길과 동일한 하나님의 이전 행동, 즉 이스라엘 백성이 물을 통과하여 이집트를 떠나게 하신 행동을 명확하게 연결한다.

복음서에서는 이전에 모세가 그랬던 것처럼 예수님께서 새로운 출애굽의 안내자가 될 것이다. 이 새로운 출애굽은 죄로부터의 해방 중 하나이고, 광야에서 사람들에게 회개하라고 외치는 요한의 목소리로 선포된다. 출애굽이라는 이 유형론은 히브리 성경에 있는 하나님의 행동들과 신약에 있는 하나님의 행동들을 연결하는 중요한 연결 고리들 중 하나이다.

마지막으로, 요한이 요단강에서 세례를 주기 위해 광야로 간 것에 대해 어느 정도 검토할 가치가 있다. 요단강의 물이 개종자들의 세례에 사용하기에 아주 깨끗하지 않다는 생각이 요한의 시대에 이미 퍼졌는지는 확실하지 않다. 만약 그렇다고 한다면, 요한의 행동은 종교지도자들이 정결을 이해하고 요구했던 방식에 대한 저항 운동―예수님께서 이후에 실현하실 저항운동―이었음을 나타내는 것으로 보인다.

이후에 우리는 초기 그리스도인들이 예수님 안에서 일어나고 있던 일을 새로운 유월절과 새로운 출애굽으로 이해했다는 것을 보게 될 것이다. 그러므로 요한이 광야로 간 것은 새로운 출애굽에서 물을 건너라는 외침으로 이해될 수 있다.

3. 예수님과 세례

복음서의 내러티브에서 예수님은 요단강에서 요한에게 세례를 받으시러 광야로 나가신다. 심지어 예수님이 세례를 받기 전에, 요한은 자신은 그분의 신발끈을 푸는 것도 감당하지 못한다고 하며 자신의 뒤에 오실 분을 이미 선포하고 있었다. 요한이 예수님을 볼 때, 그는 즉시 "보라 세상 죄를 지고 가는 하나님의 양이로다" 라고 말하면서 그분을 출애굽의 양과 연결한다(요 1:29).

비록 일부 학자들은 요한의 운동이 예수님의 운동으로부터 독립된 것이었고, 한동안 둘 사이에 약간의 경쟁이 있었다고 믿지만, 복음서가 제시하는 그림은 다르다. 요한복음에서 세례자는 다음과 같이 선포한다.

> 내가 보매 성령이 비둘기 같이 하늘로부터 내려와서 그의 위에 머물렀더라. 나도 그를 알지 못하였으나 나를 보내어 물로 세례를 베풀라 하신 그이가 나에게 '성령이 내려서 누구 위에든지 머무는 것을 보거든 그가 곧 성령으로 세례를 베푸는 이신 줄 알라' 말씀하셨기에, 내가 보고 그가 하나님의 아들이심을 증언하였노라(요 1:32-34).

공관복음서에서도 유사하게 말한다. 예를 들면, 마태복음에서 한 이야기는 다음과 같다.

> 이때에 예수께서 갈릴리로부터 요단강에 이르러 요한에게 세례를 받으려 하시니, 요한이 말려 이르되 내가 당신에게 세례를 받아야 할 터인데 당신이 내게로 오시나이까. 예수께서 대답하여 이르시되 이제 허락하라 우리가 이와 같이 하여 모든 의를 이루는 것이 합당하니라 하시니 이에 요한이 허락하는지라 예수께서 세례를 받으시고 곧 물에서 올라오실새 하늘이 열리고 하나님의 성령이 비둘기 같이 내려 자기 위에 임하심을 보시더니 하늘로부터 소리가 있어 말씀하시되 "이는 내 사랑하는 아들이요, 내 기뻐하는 자라" 하시니라(마 3:13-17).

그리스도인들은 예수님이 세례를 받으셔야만 했던 이유에 대해서 많은 논의를 해 왔다.

만약 요한의 세례가 회개를 기반으로 한다면, 예수님은 아무런 죄도 없으신데 왜 세례를 받아야만 하셨을까?

복음서가 제공하는 가능한 단 하나의 대답은 예수님은 "모든 의를 이루셔야"(마 3:15)만 한다는, 그분 자신이 하신 설명이다. 예수님께서 왜 세례를 받으셨는지에 관한 질문은 1세기는 아닐지라도, 분명히 2세기가 시작되는 시점에 이미 신자들에 의해 제기되었다.

지금은 없어졌지만 소위 『히브리인의 복음서』(Gospel of the Hebrews)라고 불리는 문서에서 이를 찾아볼 수 있다. 이 문서의 현존하는 몇 개의 부분 중 하나를 제롬(Jerome)은 다음과 같이 인용했다.

> 보라, 주님의 어머니와 주님의 동생이 말씀하셨다. 세례 요한(John the Baptist)이 죄 사함을 위해서 세례를 베풀었다. 우리도 가서 그에게 세례를 받자. 그러나 그가 그들에게 말하기를 "내가 무슨 죄를 지어서 세례를 받아야 하는가? 혹은 아마도 내가 이런 질문을 하는 것은 무지의 경우일 것이다"(제롬, 『펠라기우스주의자에 반대하여』[Against the Pelagians] 3.2)

비록 이 문서가 널리 유포된 것으로 보이지는 않지만 2세기 초반에 어떤 이가 이 질문에 답을 했고, 그것은 우리를 놀라게 할지 모르지만, 이후에 (9장에서) 다시 토론하겠다.

요한이 예수님의 제자 중 누구에게라도 세례를 주었는지는 명확히 대답할 수 없다. 어떤 이는 베드로가 사도행전 1장 22절에서 유다의 자리를 채우기 위해 제자들 가운데서 선택될 사람은 "요한의 세례로부터 시작하여" 자신들과 함께 있었던 사람이어야만 한다고 말한 것을 인용한다. 하지만 이것으로 제자들이 요한에게 세례를 받았다는 사실이 증명되지는 않는다. 왜냐하면, 베드로는 그저 요단강에서 예수님이 세례를 받으신 것을 언급했을지도 모르기 때문이다.

어떤 경우든지, 요한복음에 의하면 예수님 자신이 다음과 같이 세례를 베푸셨다.

> 그 후에 예수께서 [유대 땅으로 가서] 거기 함께 유하시며 세례를 베푸시더라(요 3:22).

> 그가 세례를 베풀매, 사람이 다 그에게로 가니라(요 3:26).

이것 또한 요한의 제자들이 얼마 후에 예수님께 말했다. 그러나 그 직후에 동일한 요한복음은 "예수께서 세례를 베푸신 것이 아니요, 제자들이 베푼 것이라"(요 4:2)라고 분명하게 말한다.

그러므로 예수님이 베푸신 세례에 관해서 말할 수 있는 전부는 공관복음은 이를 언급조차 하지 않는다는 것, 그리고 요한복음은 예수님이 때로는 직접 세례를 주셨고, 어떤 경우에는 그의 제자들이 세례를 줬다고 암시하는 것 같다는 것이다.

다른 사람들에게 세례를 베풀기 위한 실천과 계명을 예수님과 가장 분명하게 연결하는 구절은 "지상명령"(Great Commission)의 한 부분이다. 이것은 예수님이 부활 후에 제자들에게 주신 것으로 그분은 "모든 민족을 제자로 삼아 아버지와 아들과 성령의 이름으로 세례를 베풀라"라고 이르셨다(마 28:18).

이 지상명령을 인용할 때 자주 잊어버리는 한 요소는 그것이 예수님께서 죽으시고 부활하심으로써 받으신 모든 능력과 포괄적인 권위에 바탕을 두고 있다는 사실이다. 예수님은 제자들을 보내면서 다음과 같은 말로 말씀을 시작하신다.

> 하늘과 땅의 모든 권세를 내게 주셨으니, 그러므로 가서 … (마 28:18-19).

예수님이 받으신 최고의 권위 덕분에 그분의 제자들은 가야 한다. 이것이 의미하는 바는 다른 무엇보다도 제자들이 세례를 베푸는 사람들은 그들의 제자가 되는 것이 아니라, 예수님의 제자가 될 것이라는 사실이다. 다른 말로 하자면, 그분의 최고이자 포괄적인 권위를 확언하시면서, 예수님은 자신이 유일한 주님이실 뿐만 아니라, 모든 사람의 유일한 참 선생(Teacher)이심을 선포하고 계신다.

4. 바울과 사도행전에 나타난 세례

세례는 항상 교회 생활에서 가장 중요한 위치를 차지해 왔다. 하지만, 이것은 요한이 준 것과는 다른 세례다. 복음서들 자체가 이미 다른 점을 지적한다. 마가복음 1장 7-8절에서 세례 요한은 말한다.

> 나보다 능력 많은 이가 내 뒤에 오시나니 나는 굽혀 그의 신발 끈을 풀기도 감당하지 못하겠노라. 나는 너희에게 물로 세례를 베풀었거니와 그는 너희에게 성령으로 세례를 베푸시니라(막 1:7-8).

또한, 요한복음 1장 33절에서 세례 요한은 물로 주는 자신의 세례와 "성령으로 세례를 베푸시는" 예수님의 세례를 다시 구별한다.

사도행전은 세례와 그 중요성과 능력에 관해서 유사하게 강조한다. 유다의 계승자는 요한의 세례 시부터 함께 있었던 제자 중 한 사람이어야 한다는 베드로의 제안은, 그가 세례 사건을 중요하게 여겼다는 것을 보여준다. 오순절 날에, 베드로는 성령의 부으심의 결과로 일어나는 일을 설명하고, 그의 청중들에게 세례를 통해 부어지는 부으심의 경험을 나누자고 다음과 같이 초청한다.

> 너희가 회개하여 각각 예수 그리스도의 이름으로 세례를 받고 죄 사함을 받으라. 그리하면 성령의 선물을 받으리라(행 2:38).

그 결과는 다음과 같았다.

> 그 말을 받은 사람들은 세례를 받으매 이날에 신도의 수가 삼천이나 더하더라(행 2:41).

그 이후에도 세례가 교회 생활의 진정한 핵심인 것을 보여주는 많은 다른 사례가 있다. 사도행전 8장에서는 처음에는 사마리아인들이, 다음에는 에티오피아인이 세례를 받는다. 두 장 후에 고넬료와 그의 집이 성령을 받은 것을 보고, 베드로는 그들에게 세례를 주었다. 예루살렘의 교회가 베드로에게 고넬료를 방문했을 때 행한 일에 관해 설명하라고 요구하자, 그는 주님께서 "요한은 물로 세례를 베풀었으나, 너희는 성령으로 세례를 받으리라 하신 것"(행 11:16)이 생각났다고 대답한다. 그리고 사도행전 전반에 걸쳐 유사한 줄거리로 이야기가 계속된다. 차이는 고넬료의 사례에서는 성령님의 부으심이 세례에 앞서 일어났고, 다른 경우들에서는 반대의 순서로 일어났다는 점이다.

바울에게로 시선을 돌려보면, 세례가 그의 가르침과 그 자신의 삶에 있어서 중요한 위치를 점하고 있었다는 사실이 즉시 명확해진다. 사도행전 9장 18절에 의하면, 아나니아가 그의 시력을 회복시키자마자, 바울은 "일어나서 세례를 받았다."

그 후 그의 사역 내내, 세례에 대해 반복적으로 언급했다. 이후에 다시 살펴보겠지만, 그중의 하나는 에베소에서 일어났다. 사도행전은 바울이 그곳에서 "요한은 회개의 세례를 베풀며 백성에게 말하되 내 뒤에 오시는 이를 믿으라 하였으니 이는 곧 예수라"라고 말함으로써 복음서를 그대로 되풀이했다고 소개한다.

> 그들이 듣고 주 예수의 이름으로 세례를 받았다. 바울이 그들에게 안수하매, 성령이 그들에게 임하심으로, 그들은 방언도 하고 예언도 하였다(행 19:4-6).

이는 세례를 언급하고 있는 사도행전의 많은 구절 중 몇 구절일 뿐이다. 전체적으로, 두 개의 요소가 반복적으로 나타난다.

첫째, 요한의 세례와 교회를 통한 예수님의 세례의 관계이다. 그것은 특정한 연속성을 확실히 하는 관계이다. 그러나 동시에 예수님의 세례는 유일한 것이라는 명확한 선포이다.

둘째, 언급할 가치가 있는 요소는 세례와 성령의 부으심 사이의 일정하고도 다양한 관계이다.

바울에게 있어서 세례가 근본적으로 중요하다는 것은 의심의 여지가 없다. 이는 복음서들보다 대부분 먼저 저술된 그의 서신들에서 볼 수 있다. 고린도전서 12장의 유명한 구절에서 바울은 몸의 지체들이 각자 특별한 기능을 가지며 다양하듯이 은사 또한 다양하다고 설명하는데, 이는 단지 인간의 보편적인 경험에서 취한 예가 아니라 훨씬 더 많은 것을 말하고 있다. 바울은 몸의 지체들 사이의 이러한 관계를 세례에 근거한다.

> 몸은 하나인데 많은 지체가 있고 몸의 지체가 많으나 한 몸임과 같이 그리스도도 그러하니라. 우리가 유대인이나 헬라인이나 종이나 자유인이나 다 한 성령으로 세례를 받아 한 몸이 되었고 또 다 한 성령을 마시게 하셨느니라. 몸은 한 지체뿐만 아니요 여럿이니 (고전 12:12-14).

고린도전서의 이 구절은 바울의 서신들이 사도행전에서 이미 살펴보았던 사실, 즉 세례와 성령님 사이의 밀접한 관련성을 반영하고 있다는 것을 보여주기 위해 인용될 수 있는 많은 구절 중 하나이다.

더욱이 세례에 관한 바울 이후의 논의들에서 반복적으로 나타나는 주제, 즉 세례를 통해서 신자들이 그리스도의 몸의 지체가 된다는 주제를 찾을 수 있다. 다양한 지체들이 한 몸인 이유는 "한 영 안에서 우리가 모두 한 몸으로 세례를 받기" 때문이다. 바울은 이방인들이 감람나무, 즉 이스라엘 백성에 접붙여진 방식을 언급할 때 유사한 이야기를 한다.

> 또한, 가지 얼마가 꺾이었는데 돌감람나무인 네가 그들 중에 접붙임이 되어 참 감람나무 뿌리의 진액을 함께 받는 자가 되었은즉 그 가지들을 향하여 자랑하지 말라. 자랑할지라도 네가 뿌리를 보존하는 것이 아니요 뿌리가 너를 보존하는 것이니라(롬 11:17-18).

바울은 세례와 죽음을 빈번하게 연관시켰는데 우리가 이를 항상 알아차리지는 못한다. 사도에게, 세례는 또한 그분과 함께 살기 위해서 그리스도와 함께 죽는 것이다. 세례와 그리스도인의 삶 및 성령과의 관계에 관한 로마서 8-9장의 긴 구절은 로마서 6장에서 세례에 관한 과격한 말로 선포된다.

> 은혜를 더하게 하려고 죄에 거하겠느냐? 그럴 수 없느니라. 죄에 대하여 죽은 우리가 어찌 그 가운데 살리오. 무릇 그리스도 예수와 합하여 세례를 받은 우리는 그의 죽으심과 합하여 세례를 받을 줄을 알지 못하느냐. 그러므로 우리가 그의 죽으심과 합하여 세례를 받음으로 그와 함께 장사되었나니 이는 아버지의 영광으로 말미암아 그리스도를 죽은 자 가운데서 살리심과 같이 우리로 또한 새 생명 가운데서 행하게 하려 함이라. 만일 우리가 그의 죽으심과 같은 모양으로 연합한 자가 되었으면 또한 그의 부활과 같은 모양으로 연합한 자도 되리라(롬 6:2-5).

골로새서에도 동일한 생각이 나타난다.

> 너희가 세상의 초등학문에서 그리스도와 함께 죽었거든 어찌하여 세상에 사는 것과 같이 규례에 순종하느냐? 곧 붙잡지도 말고 맛보지도 말고 만지지도 말라 하는 것이니…. 그러므로 너희가 그리스도와 함께 다시 살리심을 받았으면 위의 것을 찾으라 거기는 그리스도께서 하나님 우편에 앉아 계시느니라. 위의 것을 생각하고 땅의 것을 생각하지 말라. 이는 너희가 죽었고 너희 생명이 그리스도와 함께 하나님 안에 감추어졌음이라. 우리 생명이신 그리스도께서 나타나실 그 때에 너희도 그와 함께 영광 중에 나타나리라(골 2:20-21; 3:1-4).

따라서, 바울이 그리스도와 함께 십자가에 못 박혔다고 말하는 갈라디아서의 구절이 종종 잘못 이해되고 있는데 이를 제대로 이해해야 한다. 그 구절에서 바울은 지금 자신이 그리스도와 함께 십자가에 못 박힐 정도가 되는 특별한 미덕이나, 그리스도와의 특별한 친밀감을 주장하고 있지 않다. 그가 말하는 바는 오히려 그리스도 안에서 죽는 세례 덕분에 모든 그리스도인이 그리스도와 함께 못 박혔다는 것이다.

바울은 갈라디아 교인들에게 그들 모두는 세례를 받았다는 바로 그 이유 때문에 그리스도와 함께 못 박혔다고 말하고 있다. 그가 다음과 같이 말하는 것은 이 점을 강조하기 위한 것이다.

> 내가 그리스도와 함께 십자가에 못 박혔나니 그런즉 이제는 내가 사는 것이 아니요 오직 내 안에 그리스도께서 사시는 것이라 이제 내가 육체 가운데 사는 것은 나를 사랑하사 나를 위하여 자기 자신을 버리신 하나님의 아들을 믿는 믿음 안에서 사는 것이라. 내가 하나님의 은혜를 폐하지 아니하노니 만일 의롭게 되는 것이 율법으로 말미암으면 그리스도께서 헛되이 죽으셨느니라. 어리석도다 갈라디아 사람들아 … 누가 너희를 꾀더냐? (갈 2:20-3:1).

간단히 말하자면, 바울은 세례를 매우 진지하게 생각한다. 그것은 삶과 죽음의 문제, 즉 그리스도와 함께 죽고, 그리스도와 함께 새로운 삶을 사는 것의 문제이다. 그는 이것을 다양한 방식으로 표현하는데, 그 모두는 서로 연결되어 있다. 이미 우리가 언급했던 로마서의 세례에 관한 매우 긴 구절에서, 바울은 몇 개의 이미지를 사용한다.

우선 세례는 노예의 해방과 비슷하다. 바울에게, 죄는 오류, 과실, 사악한 행동보다 훨씬 더한 것이다. 그것은 무엇보다 복종, 종의 행위의 한 형태이다. 이것이 바로 그가 로마서에서 "너희가 본래 죄의 종이더니 너희에게 전하여 준 바 교훈의 본을 마음으로 순종하여 죄로부터 해방되어 의에게 종이 되었느니라"(롬 6:17-18)라고 말한 이유이다. 다른 말로 하면,

인간은 항상 종이지만, 그들은 죄의 종일 수도 있고, 하나님의 의의 종일 수도 있다. 세례를 통하며, 그들은 죄의 노예로 묶임에서 해방되었다.

이후에 동일한 구절에서 바울은 세례와 그에 수반되는 죽음을 과부가 된 여자의 상황과 비교한다. 남편이 살아 있는 동안에 다른 남자에게 가면 그녀는 간음을 범한 것이다. 그러나 일단 남편이 죽으면, 그 여자는 음녀가 되지 않고 다른 남자에게 갈 수 있다. 이것이 세례 덕분에 죄에 대한 종의 신분이 해방될 때 일어나는 것이다.

> 우리가 그의 죽으심과 합하여 세례를 받음으로 그와 함께 장사되었나니 이는 아버지의 영광으로 말미암아 그리스도를 죽은 자 가운데서 살리심과 같이 우리로 또한 새 생명 가운데서 행하게 하려 함이라. 만일 우리가 그의 죽으심과 같은 모양으로 연합한 자가 되었으면, 또한 그의 부활과 같은 모양으로 연합한 자도 되리라. 우리가 알거니와 우리의 옛 사람이 예수와 함께 십자가에 못 박힌 것은 죄의 몸이 죽어 다시는 우리가 죄에게 종노릇 하지 아니하려 함이니 이는 죽은 자가 죄에서 벗어나 의롭다 하심을 얻었음이라 (롬 6:4-7).

세례에 관련되는 또 다른 이미지는 거듭남이다. 그것에 대해서는 요한복음 3장에서 자주 인용된다. 니고데모가 예수님께 다가와서, 육으로 태어나는 것과는 다른, 성령으로 거듭나는 것에 관해 대화하게 된다. 바울은 신자의 유익을 위해 성령의 역사로 이루어지는 하나님 자녀로의 입양에 관해 말할 때 동일한 생각을 언급하고 있는 것으로 보인다. 사도는 세례에 관해서 로마 교인들에게 다음과 같이 말한다.

> 너희가 육신대로 살면 반드시 죽을 것이로되 영으로써 몸의 행실을 죽이면 살리니 … 너희는 다시 무서워하는 종의 영을 받지 아니하고 양자의 영을 받았으므로 우리가 아빠 아버지라고 부르짖느니라. 성령이 친히 우리의 영과 더불어 우리가 하나님의 자녀인 것을 증언하시나니 (롬 8:13-16).

이후에 많은 교회에서 공통된 견해로 세례는 신앙을 증명하는 방식이라고 보았다. 그러나 바울은 위의 모든 구절에서 세례는 세례 자체 그리고 신자가 그리스도와 함께 죽는 방식을 증언하는 세례 이후의 삶이라고 말하고 있다는 점이 흥미롭다. 또 다른 흥미로운 세부 사항으로서, 씻음으로서의 세례라는 주제는 이후에 세례를 이해하는 주된 메타포 중의 하나가 되었지만 바울서신에서는 중요한 역할을 하지 않는 것으로 보인다. 그러한 방식으로 해석될 수 있는 주요한 구절은 고린도전서 6장 11절이다. 거기에서 다른 사람들의 악한 행위를 언급한 후에, 바울은 말한다.

> 너희 중에 이와 같은 자가 있더니, 주 예수 그리스도의 이름과 우리 하나님의 성령 안에서 씻음과 거룩함과 의롭다 하심을 받았느니라(고전 6:11).

5. 신약의 다른 책들

신약의 그 외 책들에서는 세례에 관해서 거의 언급하지 않는다. 복음서와 바울의 모든 저술 외에는 베드로전서와 히브리서에서만 명시적으로 세례가 언급된다. 이 두 책은 설교이거나, 적어도 원래의 열정을 잃어가고 있는 교회에게 말하는 메시지로 보인다. 베드로는 세례를 노아와 방주 이야기에 연관시키면서, 방주와 물이 세례의 예표, 그림자, 혹은 선언이 된다는 유형론적 해석을 제시한다.

> 그들은 전에 노아의 날 방주를 준비할 동안 하나님이 오래 참고 기다리실 때에 복종하지 아니하던 자들이라. 방주에서 물로 말미암아 구원을 얻은 자가 몇 명뿐이니 겨우 여덟 명이라. 물은 예수 그리스도께서 부활하심으로 말미암아 이제 너희를 구원하는 표니 곧 세례라 이는 육체의 더러운 것을 제하여 버림이 아니요 하나님을 향한 선한 양심의 간구니라(벧전 3:20-21).

히브리서는 세례를 단 한 번 명시적으로 언급하는데, 그것조차 지나가면서 언급한다(히 6:2). 그러나 신약의 나머지 부분과 마찬가지로 그 구절도 교회에 말하는 것이므로, 그것이 말하는 바는 교회의 청중 모두가 공유하는 세례에 근거를 두고 있다.

6. 세례의 집례

세례 집례와 관련된 문제들이 오랫동안 토론되어 왔지만, 신약은 그에 관해 거의 말하지 않는다. 죽음과 부활로서의 세례의 이미지는 완전 침수를 했다는 것을 암시하는 것이 분명하다. 이는 사람이 물로 완전히 덮이도록 하는 유대교의 개종자 세례의 패턴을 따른 것이다. 세례의 또 다른 형식에 대해서 언급하고 있는 가장 오래된 텍스트는 『디다케』이다. 그것은 흐르는 물—"살아 있는 물"(living water)—로 세례를 주어야만 한다고 지시한다.

그리고 세례는 보통 침수로 이뤄져야 하지만 다른 가능성도 허락하는데, 그 이유는 분명 그 책이 기록된 지역에 물이 부족하기 때문이었을 것이다. 동일한 본문에서 세례를 받을 사람과 줄 사람은 반드시 금식해야 한다고 덧붙인다. 그 구절 자체는 아주 간결하다.

> 세례에 관해서는 이 방식을 따르십시오. 이 모든 것을 말한 후에 성부와 성자와 성령의 이름으로 살아있는(흐르는)물에서 세례를 주십시오. 만약 찬 물이 없다면, 따뜻한 물을 사용하십시오. 그러나 둘 다 없다면 성부와 성자와 성령의 이름으로 머리에 물을 세 번 부으십시오, 그러나 세례 전에 세례를 주는 사람과 세례 받을 사람은 금식하게 하십시오. 그리고 누구든지 다른 사람도 금식할 수 있습니다. 그러나 세례 받을 사람에게 하루나 이틀 전에 금식하도록 명령해야만 합니다(『디다케』 7; ANF 7:379).

"이 모든 것을 말한 후에"라는 말은 『디다케』의 앞 여섯 개의 장을 말하는데, 세례를 준비하는 사람이 알고 행해야 할 것들 중 일부를 명확히 설명하고 있다. 이 앞의 장들은 죽음으로 이르는 넓은 길과 생명으로 이르는 좁은 길을 대조하는 틀 안에서 구성되어 있다. 따라서 『디다케』의 첫 부분의 장들은 아마도 세례 준비에 관한 가장 오래된 문서 - "교리 교육"(catechesis)이라고 알려지게 되었던 - 일 것이다.

여기에서 세례 전에 요구하는 것은 교육과 금식이 전부이지만, 이후의 다른 유대-기독교 문서들에는 세례 전의 최초 교육과 테스트 기간을 언급하고 있다. 3-4세기의 시리아 유대 기독교 집단에서 나온 것으로 보이는 문서인 소위 『클레멘트의 승인』(Clementine Recognitions)은 세례 준비를 위한 3개월의 기간(Clementine Recognitions 3.67)을 설정하고 있다. 사해 두루마리(Dead Sea Scrolls) 중에서 발견된 『훈육 매뉴얼』(Manual of Discipline)은 에세네 공동체로의 입회 세례식 이전에 1년의 준비와 교육을 요구한다.

『디다케』의 고대 콥트어 사본 역시 "도유의 기름"(oil of ointment)에 관해 언급하고 있다. 나중에 알게 되겠지만, 2세기에는 이 사람이 이제 왕 같은 제사장, 즉 교회의 일원이 되었다는 표지로서 초신자가 세례 물을 떠날 때 도유하는 것이 관례였다. 이 문서에서 볼 수 있는 "도유의 기름"에 대한 기도는 아마도 세례 후의 이 도유를 가리킬 것이다. 그러나 텍스트 자체는 그렇게 말하지 않는다. 흥미롭게도 그 텍스트는 다음과 같이 말한다.

> 도유의 기름에, 너희는 이렇게 기도하라.
> 우리 하나님 아버지인 당신께 도유의 기름을 주신 것을 감사드립니다.
> 그것은 당신이 주의 종인 예수 그리스도로 말미암아 드러내셨던 것입니다.
> 영원토록 당신께 영광이 있기를.

고대 유대-기독교 문서 어디에도 유아세례에 관한 언급은 없다. 비록 그것이 명시적으로 금지되지는 않았지만, 회개와 세례를 연결하는 수많은 언급은 수세자에게 회개할 수 있는 능력을 기대하고 있었다는 사실을 암시하는 것 같다.

우리 이야기의 다음 장에서 유아세례에 관한 첫 번째 언급이 있을 것이다. 이러한 문서들에는 누가 세례를 줄 권한을 가지는가에 관한 어떠한 지침도 없다. 요한복음에서는, 예수님의 제자들이 세례를 주었다. 이후에 빌립과 바울이 준 세례에 관한 언급들이 있다. 그러나 이 문제에 관해 어떤 규칙도 없다.

마지막으로 유대-기독교 세례는 삼위일체의 이름으로, 혹은 예수님의 이름으로만 주었는지에 관한 질문이다. 사도행전에서 이 문제에 관련이 되는 곳이 네 군데 있다.

첫 번째 것은 베드로의 오순절 날 설교 뒤에 나온다. 그들이 베드로의 말을 듣고 자신들이 어떻게 해야 할지 물었을 때, 베드로는 말한다.

> 너희가 회개하여 각각 예수 그리스도의 이름으로 세례를 받고 죄 사함을 받으라. 그리하면 성령의 선물을 받으리라(행 2:38).

두 번째 것은 베드로와 요한이 빌립이 설교했던 사마리아를 방문한 것과 관련되어 있다. 사도들이 그들과 함께 "그들이 성령 받기를 기도한다. 이는 아직 한 사람에게도 성령 내리신 일이 없고, 오직 주 예수의 이름으로 세례만 받을 뿐이더라"(행 8:15-16).

세 번째 것은 고넬료에 관한 이야기의 일부이다. 거기서 고넬료와 그와 함께 있던 모든 사람이 성령을 받은 후에, 베드로는 "그들에게 예수 그리스도의 이름으로 세례를 베풀라고 명했다"(행 10:48). 마지막으로, 에베소에 있는 제자들은 성령에 관해서 들은 적조차 없고, 단지 "요한의 세례만 받았다"는 재미있는 이야기와 만난다(행 19:1-6).

다른 한편으로 지상명령(Great Commission)이 있다. 여기서 예수님은 제자들에게 "아버지와 아들과 성령의 이름으로" 세례를 베풀라고 명령하신다(마 28:19). 또한, 삼위일체의 관점을 명백히 하는 수많은 구절이 있는데, 특히 바울의 서신들이 그러하다. 이들 대부분은 고린도후서의 마지막과 같은 축도들에서 나타난다.

> 주 예수 그리스도의 은혜와 하나님의 사랑과 성령의 교통하심이 너희 무리와 함께 있을지어다(고후 13:13).

마찬가지로, 베드로전서 1장 2절에는 삼위일체 문구가 나온다. 여기에서 그는 편지를 보낸다.

> 곧 하나님 아버지의 미리 아심을 따라 성령이 거룩하게 하심으로 순종함과 예수 그리스도의 피 뿌림을 얻기 위하여 택하심을 받은 자들에게(벧전 1:2).

여기에서 이 문제를 해결할 수는 없다. 일부 교회들은 사도행전에 의거하여 주장하며, 다만 "예수님의 이름으로" 세례를 베풀 것을 고집한다. 그리고 보통 삼위일체 교리를 거부한다.

오늘날, 또한 역사적으로 대부분 교회가 지상명령의 지침을 따라 삼위일체의 이름으로 세례를 베풀고, 베풀어왔다. 신학자들은 수년에 걸쳐서 이러한 이슈들을 여러 방식으로 다뤄 왔다.

예를 들면, 어떤 이는 이름은 명명된 것의 진정한 본질이고, 성부와 성자와 성령은 동일하게 신성한 본질을 공유하기 때문에, 단 하나의 "이름"만 있다고 제시한다. 이에 근거하여 사람들은 예수님의 이름이 삼위일체의 이름과 같다고 주장할지 모른다.

여하튼, 주목해야 할 것은 사도행전에서 예수님의 이름으로 세례에 대해서 말할 때마다, 즉각—때로는 세례 이전에, 때로는 세례 이후에—성령님에 대해 언급한다는 점이다.

우리 관심사의 맥락 안에서, 초대교회에서 어떤 세례 공식이 사용되었는지에 대해 명백히 모순되는 증언은 다음과 같은 견해를 확증한다, 초기의 예전 발전은 원래 획일적이었다가 다양화되는 방향으로 움직인 것이 아니라, 오히려 그 반대인 원래의 다양성이 획일화의 방향으로 움직인 것이었다는 점이다. 어떤 기독교 공동체에서는 한 방식을, 다른 공동체들에서는 다른 방식을 사용했을 가능성이 충분하다. 여하튼, 1세기 말 무렵에는 삼위일체의 이름으로 주는 세례에 대해 거의 만장일치로 합의하였다.

7. 세례와 하나님의 백성

이 장을 마치면서, 신약에서 세례는 신자와 하나님 사이의 관계라는 사적인 문제가 아닐뿐더러, 수세자가 하는 증언에 국한되지도 않는다는 사실을 알 수 있다. 세례는 오히려 신자를 하나님 백성, 그리스도의 몸, 즉 교회의 일원으로 만드는 표지이다.

어떤 면에서 교회의 세례는 이스라엘 백성의 할례와 유사한 의미를 지니게 된다. 이스라엘 백성은 개인의 믿음 표지가 아니라, 무엇보다도 그가 하나님 백성의 일원이라는 표지로 할례를 받았다. 할례를 받은 사람들이 이스라엘 민족의 일원이라는 표지를 받는 것과 유사한 방식으로, 성령의 능력으로 세례를 받은 사람들은 하나님의 백성의 일부가 된다. 그러나 가장 중요한 차이점은 바울이 갈라디아서에서 "너희가 다 믿음으로 말미암아 그리스도 예수 안에서 하나님의 아들이 되었으니, 누구든지 그리스도와 합하기 위하여 세례를 받은 자는 그리스도로 옷 입었느니라. 너희는 유대인이나 헬라인이나 종이나 자유인이나 남자나 여자나 다 그리스도 예수 안에서 하나이니라"(갈 3:26-28)라고 말하듯이 세례는 남자에게만 국한된 것이 아니라는 사실이다.

제6장

성찬

1. 몇 가지 기본적 사실들

아주 일찍부터 기독교 예배는 성찬식, 또는 주의 만찬을 중심으로 이루어졌다. 사도행전의 내러티브에 의하면, 오순절 직후에, "그들은 날마다 마음을 같이 하여 성전에 모이기를 힘쓰고 집에서 떡을 떼어 기쁨과 순전한 마음으로 음식을 먹었다"(행 2:46).

이 구절은 제자들이 여전히 성전에서 예배를 드릴 수 있었던 시기를 가리킨다는 사실을 주목하라. 그런데도 그들은 가정에서 떡을 떼기 위해 이미 모이고 있었다. 더욱이, 사도행전 20장에는 드로아에서 "그 주간의 첫날에" 신자들이 "떡을 떼러 만났던"(7절) 때에 일어났던 이야기가 나온다.

그리고 사도행전의 말미에는 바울과 그와 함께한 사람들이 난파되기 직전에 성찬식의 의미를 가진 내러티브가 나타난다. 배에 탄 모두가 생존할 것이라고 약속한 후에, 바울은 "떡을 가져다가 모든 사람 앞에서 하나님께 축사하고 떼어 먹기를 시작한다"(행 27:35). 여기서 명확한 것은 주의 만찬을 언급하는 다른 텍스트에서 나타나는 동사와 이 구절의 동사가 사실상 동일하다는 점이다.

그는 떡을 **취하여**(took), **축사하고**(gave thanks), **떼어서**(broke), **먹었다**(ate). 전통적인 문구에서 빠진 단 하나의 동사는 "그는 주었다"(he gave)이다. 그런데 그와 함께 있던 다른 사람들이 대부분 이교도였기 때문에 이것은 이해될 만하다. 여하튼, 중요한 점은 교회는 태동할 때부터 떡을 떼기 위해 모였다는 사실이다.

이것은 예수님이 잡히시고 십자가에 못 박히시기 전 제자들과 함께하신 마지막 만찬(Last Supper)에 관한 공관복음의 내러티브와 명확하게 연결된다. 가장 오래된 복음서이면서, 성전 파괴 전에 기록된 마가복음은, 이 일들을 다음과 같이 말한다.

> 그들이 먹을 때에 예수께서 떡을 가지사(took) 축복하시고 제자들에게 주시며(gave) 이르시되, "받으라(take) 이것은 내 몸이니라" 하시고, 또 잔을 가지사(took) 감사기도 하시고(giving thanks) 그들에게 주시니(gave) 이를 마시매, 이르시되 "이것은 많은 사람을 위하여 흘리는 나의 피 곧 언약의 피니라. 진실로 너희에게 이르노니 내가 포도나무에서 난 것을 하나님 나라에서 새 것으로 마시는 날까지 다시 마시지 아니하리라" 하시니라 (막 14:22-25).

공관복음서로부터 바울서신(그 일부분은 마가복음보다 더 이전에 기록됨)으로 옮겨서 살펴보면, 바울 역시 주의 만찬의 중요성과 의미를 강조하고 있는 것을 알 수 있다. 이후에 관련 있는 다른 구절들을 숙고하겠지만, 바울의 만찬(Supper) 제정 말씀은 다음과 같이 잘 알려져 있다.

> 내가 너희에게 전한 것은 주께 받은 것이니, 곧 주 예수께서 잡히시던 밤에 떡을 취하사(took), 축사하시고(had given thanks), 떼어(broke) 이르시되, "이것은 너희를 위하는 내 몸이니 이것을 행하여 나를 기념하라" 하시고, 식후에 또한 그와 같이 잔을 가지시고(took) 이르시되, "이 잔은 내 피로 세운 새 언약이니 이것을 행하여 마실 때마다 나를 기념하라" 하셨으니, 너희가 이 떡을 먹으며 이 잔을 마실 때마다 주의 죽으심을 전하는 것이니라(고전 11:23-26).

신약성경의 일치된 증언은 이 사건들이 유월절이나 유월절 부근에 일어났다는 것이다. 복음서 내러티브에서 성찬식은 여전히 히브리인들의 유월절을 반영하고 있지만, 예수님 자신과 연계된 의미가 더 컸다.

하지만 공관복음과 요한복음 사이에 차이도 있다. 왜냐하면, 요한복음은 만찬 제정사 이야기를 해 주지 않기 때문이다. 요한복음 또한 다른 복음서와 마찬가지로 십자가에 못 박히신 날을 유월절 날이 아니라, 관습적으로 유월절에 먹을 양을 희생시키는 날인 유월절 하루 전날로 기록하고 있다. 예수님의 죽음 이후, 요한은 다음과 같이 말한다.

> 이날은 준비일이라 유대인들은 그 안식일이 큰 날이므로 그 안식일에 시체들을 십자가에 두지 아니하려하여 빌라도에게 그들의 다리를 꺾어 시체를 치워 달라 하니, 군인들이 가서 예수와 힘께 못 박힌 첫째 사람과 다른 사람의 다리를 꺾고, 예수께 이르러서는 이미 죽으신 것을 보고 다리를 꺾지 아니하시고, 그중 한 군인이 창으로 옆구리를 찌르니 곧 피와 물이 나오더라 (요 19:31-31).

앞에서 설명한 것처럼, "준비일"(day of preparation)은 주간의 여섯째 날이었다. 그날 사람들은 안식일을 지킬 준비를 했다. 따라서 4개 복음서 모두 예수님이 주간의 여섯째 날(금요일)에 못 박히셨다는 사실에는 동의하나. 조금 놀라운 차이는, 3개의 공관복음은 모두 예수님이 못 박히시기 전에 제자들과 가지신 최후의 만찬(Last Supper) 스토리, 즉 주의 만찬의 제정사를 기록하고 있지만, 요한복음은 그렇지 않다는 점이다.

하지만, 이것은 요한이 성찬식을 기독교 신앙의 중심에 두지 않는다는 것을 의미하지는 않는다. 그 반대로 요한은 많은 다른 방식으로 – 예를 들면, 예수님을 생명의 떡으로 말하는 방식으로 – 성찬식을 다른 어떤 복음서보다 더 많이 암시한다. 요한은 자신의 복음서가 성찬식을 수반하는 예배와 연계되어 교회에서 낭독되기를 의도했다. 이것이 요한복음의 그 많은 구절이 성찬식을 가리키는 이유이다.

성찬식이 거행될 때, 공관복음과 바울이 말하는 제정사 이야기가 반복되었을 것이 분명하기 때문에, 요한은 독자들이 성찬식을 좀 더 넓은 관점에서 볼 수 있도록 돕는 일에 더 관심을 가졌던 것으로 보인다.

명확하고, 또한 아무리 강조해도 충분치 않은 것은 신약성경 전반적으로 유대교의 유월절과 예수님의 죽음 및 부활 사이에 연관성이 있다는 사실이다. 공관복음에서는 내러티브 자체에 이것이 나타나지만, 바울서신과 제4복음서 둘 다에서는 유대교의 유월절과 예수님의 죽음과 부활에서 나타나는 복음의 절정 간에 수렴하는 것 ― 또한, 대조되는 것 ― 을 보여주는 신학적 표현에 더욱 분명히 나타난다.

이것을 보다 완전하게 설명하기 위해서 우선 성찬식에 관한 바울의 글들을, 그런 다음 요한의 글들을 비슷한 방식으로 살펴보는 것이 도움이 될 것이다.

2. 바울 신학의 유월절과 성찬

바울과 성찬식에 관해서 생각할 때 처음에 떠오르는 것은 이미 인용된 고린도전서의 구절이다. 그곳에서 바울은 공관복음과 아주 비슷한 방식으로 주의 만찬의 제정을 말해 주지만, 사실상 주의 만찬과 그 의미는 바울 신학에서 훨씬 더 큰 중요성을 차지한다. 주의 만찬과 그것을 둘러싼 사건들의 중요성은 상당 부분 예수님의 희생과 유월절 그리고 주의 만찬 사이의 관계와 관련이 있다.

우리는 유월절이 이스라엘의 자녀들을 이집트의 멍에로부터 해방하셨던 그날을 기념한다는 사실을 잊어서는 안 된다. 그날 하나님께서는 이집트의 장자들을 죽게 하시고, 반면에 복수의 천사가 문설주에 양의 핏자국이 있는 히브리인들의 집들을 넘어가게 하셨다.

수 세기에 걸쳐서 이스라엘은 유월절을 기념할 때마다, 유월절 양의 피에 의하여 일어났던 위대한 해방을 기억하고 되새겼다. 유월절 절기에 사람들이 발효된 떡을 먹을 수 없을 정도로 서둘러서 이집트를 떠났던 것을 기념하는 무교절(Feast of Unleavened Bread)이 포함되었다는 사실을 기억하는 것도 도움이 될 것이다. 이 모든 것을 결합하여 바울은 고린도 교인들에게 다음과 같이 말한다.

> 너희는 누룩 없는 자인데 새 덩어리가 되기 위하여 묵은 누룩을 내버리라. 우리의 유월절 양, 곧 그리스도께서 희생되셨느니라(고전 5:7).

이것과 바울이 율법의 계명을 앞으로 올 것의 그림자, 혹은 선포로서 언급하는 방식과 유형론에 관해서 이미 알고 있는 바를 통합하면, 여기서 말하고 있는 것은 첫 번째 유월절과 그때 희생되었던 양, 그 이후의 모든 유월절과 거기서 희생되었던 모든 양은 앞으로 오실 양(Lamb)의 그림자, 또는 선포라는 것을 알게 된다.

첫 번째 양이 이스라엘인들을 죽음으로부터 구했던 것과 마찬가지로, 세상 죄를 지고 가시는 이 새롭고 최종적인 유월절 양의 피는 그분을 따르는 사람들을 구원한다. 바울은 이렇게 말한다.

> 그의 십자가의 피로 화평을 이루사 곧 땅에 있는 것들이나 하늘에 있는 것들이 그로 말미암아 자기와 회복되기를 기뻐하심이라(골 1:21),

> 우리는 그리스도 안에서 그의 은혜의 풍성함을 따라 그의 피로 말미암아 속량 곧 죄 사함을 받았느니라(엡 1:7).

또한 이방인들에게 말하는 이런 진술도 있다.

> 이제는 전에 멀리 있던 너희가 그리스도 예수 안에서 그리스도의 피로 가까워졌느니라(엡 2:13).

한마디로 말하자면 저 첫 성 주간(Holy Week)에 일어났던 일들은 그때까지 예수 그리스도의 희생을 통한 위대한 구속을 선포하는 그림자였던 일들을 성취한 것이다.

더욱이, 예수님의 추종자들이 이제 모든 이전의 유월절 식사와 이집트에서 있었던 바로 그 본래의 유월절을 성취한 것으로 기념하는 이 만찬은 만찬에 참석하는 사람들이 자신들과 서로의 상호관계를 어떻게 이해해야 할지에 대한 지침이 되기도 한다. 바울은 그것을 다음과 같이 분명하게 말한다. 우리의 유월절 양이신 그리스도께서 희생되셨던 바로 그 이유 때문에, 떡에 참여하는 사람들은 무교병과 같아야 한다. 그리고 이것은 이 떡을 먹고 이 잔을 마시는 사람들 사이에 특별한 통합을 일으켜야 한다.

> 우리가 축복하는바 축복의 잔은 그리스도의 피에 참여함이 아니며, 우리가 떼는 떡은 그리스도의 몸에 참여함이 아니냐?(고전 10:16-17).

이 통합은 단순한 일종의 우정이 아니다. 왜냐하면, 그것은 새로운 사회적 질서를 함축하기 때문이다. 고린도 교인에게 보내는 동일한 편지에서 바울은 그들에게 경고한다.

> 그러므로 누구든지 주의 떡이나 잔을 합당하지 않게 먹고 마시는 자는 주의 몸과 피에 대하여 죄를 짓는 것이니라(고전 11:27).

교회 역사 내내, 이 구절은 떡과 포도주를 어떻게든 예수님의 몸과 피로 언급하는 것으로 해석됐다. 결과적으로 "합당하지 않게" 먹는 것은 떡과 잔에서 예수님의 몸과 피를 보지 않는 것으로 이해되었다.

그러나 전체 구절을 읽어 본다면, 바울이 경고하는 바가 이것이 아니라는 사실을 알게 된다. 고린도 교회의 문제는 성찬식 중 그리스도의 임재에 관한 잘못된 교리가 아니다. 그것은 오히려 어떤 이들은 나눠 먹지도 않을 많은 음식을 가지고 만찬(Supper)에 참석하고, 따라서 어떤 이들은 너무 많이 먹고 심지어 취하기까지 하며, 어떤 이들은 주리고 목마르기까지 하는 실정을 말한다.

바울이 반복해서 말하는 것처럼, 고린도 교회의 문제는 이런 식으로 행동하는 사람들이 그곳에 함께 있는 사람들을 그리스도의 몸으로 고려하지 않는다는 점이다. "그리스도의 몸을 분별하지 않는 것"은 모든 신자는 하나의 몸의 지체라는 사실과, 따라서 그들은 반드시 존경, 사랑, 공평 그리고 정의로써 대우받아야만 한다는 사실을 깨닫지 못하는 것이다.

요약하자면, 바울 신학에서 주의 만찬, 또는 성찬식은 이집트에서 있었던 첫 유월절에서 선포되었던 것의 성취이자, 또한 예수님께서 십자가의 희생과 부활의 승리로 자유와 새로운 삶을 주신 이 새로운 백성의 행동을 특징짓는 표지이기도 하다.

3. 요한 신학의 유월절과 성찬

이 제목하에 우리는 요한이라는 이름으로 연계된 매우 이질적인 책들, 즉 제 4 복음서와 요한계시록에 대해 대부분 논의할 것이지만, 요한서신서도 살펴볼 것이다. 전통적으로 이 모든 저술은 동일한 저자의 것으로 생각되지만, 그것들이 한 명의 저자가 쓴 것은 아니라는 것이 학계의 일치된 의견이다.

그렇다고 해서 텍스트가 "요한"이라고 말하는 곳들에 대해 반박하는 것은 아니다. 왜냐하면, 요한은 초대교회에서 아주 흔한 이름이었기 때문이다. 학자들이 이 모든 저술의 저자가 한 사람이라고 믿지 않는 이유는 요한계시록의 스타일과 어휘가 요한의 나머지 글 모음들과는 근본적으로 다르기 때문이다.

그런데도, 이 모든 자료를 동일한 제목하에 포함하는 이유가 있다. 요한계시록의 문학적 스타일이 요한복음과는 현저하게 다르지만, 연결점들이 특별한 신학학파의 영향을 보여준다. 이런 예 중 하나는 이 책에서만 예수님이 "말씀"(Word) 또는 "로고스"(Logos)라고 불린다는 점이다(요 1:1, 14; 요1 1:1; 5:7; 계 19:13).

성찬식은 제4 복음서와 계시록 둘 다에서 중요한 역할을 한다. 요한계시록 전체를 관통하는 하나님의 어린 양으로서 예수님의 형상은 요한복음에도 나타나지만, 다른 복음서에는 나타나지 않는다. 이러한 책들을 읽을 때, 우리는 요한의 저술에서만 예수님을 "하나님의 어린 양"으로 언급하는 것으로 나타나지만, 이는 바울의 저작들이 예수님의 사역을 첫 유월절과 연결하는 방식과 유사하다는 사실에 주목한다.

서로가 전혀 다르지만, 제4 복음서와 요한계시록은 공통된 특징이 또 하나 있다. 그런데 우리는 이런 책들이 사적으로 읽히도록 기록된 것이 아니라, 오히려 회중 앞, 즉 예배에서 큰 소리로 낭독되도록 기록되었다는 사실을 고려하지 않기 때문에, 종종 이런 특징을 알지 못한다. 이러한 책들은 비록 회당에서 공식적으로 추방되지는 않았지만, 예수님을 믿는 신자들이 초기부터 해 왔던 것처럼 떡을 떼기 위함뿐 아니라, 회당에서와는 다른 관점으로 성경을 배우기 위해 모여야 했던 시기를 엿볼 수 있게 해 준다.

회중이 떡을 떼기 위해 모일 때, 그들은 예수님 안에서 일어났던 일에 비추어서 이스라엘 고대 성경을 읽고 해석하는 것을 듣는다. 나아가, 회당에서 유명한 방문객들에게 설교하도록 초청하는 것과 마찬가지로, 이제 예수님을 믿는 신자들이 성경을 공부하고 떡을 떼기 위해 모일 때 저명한 교회지도자들이 신자들을 교화하기 위해 저술한 메시지가 낭독되는 것을 들을 기회가 있다.

이것은 분명히 요한계시록에 해당한다. 그것은 밧모섬에 추방되어 소아시아에 있는 교회들을 향해서, 또한 그 교회에서 회람되고, 큰 소리로 낭독될 수 있도록 긴 메시지를 쓰고 있는 요한의 모습을 그리고 있다. 유사하게, 제4복음서는 대부분이 예수님에 관한 일련의 이야기로 구성되어 있는데, 그중 많은 것이 이야기를 읽고 해석한 후에 일어난 일, 즉 떡을 떼는 일과 다양한 방식으로 연관되어 있다. 이러한 이유로 요한복음은 최후의 만찬 이야기 자체는 포함하지 않는다. 그렇지만 어쨌든 성찬식이 시작될 때 일반적으로 이 이야기를 되풀이해서 말한다.

요한복음은 앞부분의 장들부터 하나님의 어린 양으로서의 예수님에 관해서 말한다. 요한복음 2장에서, 혼인 잔치에서 있었던 예수님의 첫 표적은 물을 좋은 포도주로 변화시키는 것이다. 요한계시록에서 선포된 미래는 어린 양의 혼인 잔치이다.

> 우리가 즐거워하고 크게 기뻐하며
> 그에게 영광을 돌리세,
> 어린 양의 혼인 기약이 이르렀고
> 그의 아내가 자신을 준비하였으므로;
> 그에게 입도록 허락하셨으니
> 빛나고 깨끗한 세마포라"
> 이 세마포 옷은 성도들의 옳은 행실이로다.
> 천사가 내게 말하기를, "기록하라: 복이 있도다.
> 어린 양의 혼인 잔치에 청함을 받은 자들은(계 19:7-9).

1세기 후반에 이 글이 낭독되는 것을 들은 소아시아의 그리스도인들은 성찬식, 즉 어린 양의 혼인 잔치를 미리 맛보는 것을 경축할 준비를 할 것이다. 또는, 만약 제4복음서를 낭독한다면, 보통의 물이 최상의 포도주가 되는 가나의 혼인 잔치 이야기를 듣자마자, 비록 세상에서 멸시를 당하고 회당에서 쫓겨났지만, 그들은 이제 위대한 어린 양의 혼인 잔치의 표지인 식사를 기념하고 있다는 것과, 자신들도 가나의 물과 같이 그 마지막 날에 변화될 것이라는 사실을 이해할 것이다.

하지만, 들려진 메시지는 항상 순전한 기쁨의 메시지였던 것만은 아니었고, 또한 경고이기도 했다.

> 무엇이든지 속된 것이나 가증한 일 또는 거짓말하는 자는 결코 그리로[하나님의 거룩한 도시로] 들어가지 못하되, 오직 어린 양의 생명책에 기록된 자들만 들어갈 수 있기 때문이다 (계 21:27).

우리가 요한계시록을 우리의 사적인 교화를 위해서 읽도록 기록된 책이 아니라, 오히려 전체로서의 교회에 보내는 신실함으로의 부르심―성찬식 직전에 행해진 부르심―으로 읽을 때, 우리는 그 글 안에서 다른 방식으로는 볼 수 없는 명확한 메시지를 발견할 것이다. 그 예가 바로 요한계시록 3장 20절의 유명한 내용이다.

> 볼지어다! 내가 문 밖에 서서 두드리노니 누구든지 내 음성을 듣고 문을 열면 내가 그에게로 들어가 그와 더불어 먹고 그는 나와 더불어 먹으리라(계 3:20).

오늘날 우리는 보통 예수님이 마음의 문을 두드리고 안으로 들어가게 해 달라고 요청하는 모습을 묘사하는 유명한 이미지에 비춰 이 말을 해석한다. 예수님께서 인간의 마음속으로 들어가기를 요구하신다는 사실은 의심의 여지가 없다.

그러나 우리가 이 말씀을 듣고서, 라오디게아(Laodicea) 교회가 모여서 식사를 하게 될 것을 이해할 때 이 구절 자체는 더 깊은 의미를 얻게 된다. 라오디게아 교인들은 요한이 그들에게 말한 이유들로 인해서 예수님 자신이 초청자이시면서 동시에 귀빈이어야만 하는 식사에 예수님이 밖에서 문을 두드리고 계신다는 것을 이해할 것이다.

요약하자면, 우리가 지금 개인적으로 읽고 있는 것이 실상은 주의 만찬을 기념하기 위해서 준비하는 회중 앞에서 큰 소리로 낭독되도록 기록된 것이라는 사실을 깨달을 때, 신약의 많은 부분이 새로운 의미를 얻게 될 것이다.

그러나 이것으로 충분하지 않다. 저 초대교회가 성찬식에 어떤 식으로 접근했는지를 이해하기 위해서는 성찬식과 히브리 전통의 유월절 잔치 간의 관계를 강조해야 한다. 우리가 종종 듣는 것처럼, 공관복음에 의하면 예수님께서 유월절 만찬에서 주의 만찬을 제정하셨다는 사실은 그리 간단치 않다. 바로 이 맥락이 오늘날 우리가 교회에서 기념하는 성찬식에 더 깊은 의미를 준다는 것 또한 그러하다.

여기는 성찬식에 관한 신약 신학 전체를 검토할 자리는 아니다. 하지만 유월절과 그 맥락에 대한 이해가 초기 그리스도인들에게 성찬이 의미했던 바를 이해하는데 어떻게 도움이 되는지 보여주기 위해서, 우리는 적어도 가장 논란이 많고 어려운 구절 중 하나를 살펴보지 않으면 안 된다. 그 구절은 요한복음에 있다. 그 주제는 음식에 대한 지나가는 언급처럼 보이는 것으로 소개된다.

> 썩을 양식을 위하여 일하지 말고 영생하도록 있는 양식을 위하여 하라. 이 양식은 인자가 너희에게 주리니 인자는 아버지 하나님께서 인치신 자니라(요 6:27).

예수님의 말을 들은 사람들을 이스라엘이 이집트를 떠날 때 일어났던 것과 유사한 표적을 그분께 구한다.

> 그들이 묻되, "그러면 우리가 보고 당신을 믿도록 행하시는 표적이 무엇이니이까? 하시는 일이 무엇이니이까? 기록된바 하늘에서 그들에게 떡을 주어 먹게 하였다 함과 같이 우리 조상들은 광야에서 만나를 먹었나이다." 예수께서 대답하여 이르시되, "내가 진실로 진실로 너희에게 이르노니 모세가 너희에게 하늘로부터 떡을 준 것이 아니라, 내 아버지께서 너희에게 하늘로부터 참 떡을 주시나니, 하나님의 떡은 하늘에서 내려 세상에 생명을 주는 것이니라." 그들이 묻되, "주여 이 떡을 항상 우리에게 주소서." 예수께서 이르시되, "나는 생

명의 떡이니 내게 오는 자는 결코 주리지 아니할 터이요, 나를 믿는 자는 영원히 목마르지 아니하리라. 그러나 내가 너희에게 이르기를 너희는 나를 보고도 믿지 아니하는도다. 아버지께서 내게 주시는 자는 다 내게로 올 것이요, 내게 오는 자는 내가 결코 내쫓지 아니하리라. 내가 하늘에서 내려 온 것은 내 뜻을 행하려 함이 아니요 나를 보내신 이의 뜻을 행하려 함이니라. 나를 보내신 이의 뜻을 내게 주신 자 중에 내가 하나도 잃어버리지 아니하고 마지막 날에 다시 살리는 이것이니라. 내 아버지의 뜻은 아들을 보고 믿는 자마다 영생을 얻는 이것이니 마지막 날에 내가 이를 다시 살리리라" 하시니라.

"자기가 하늘에서 내려온 떡이라" 하시므로 유대인들이 예수에 대하여 수군거려 이르되, "이는 요셉의 아들 예수가 아니냐? 그 부모를 우리가 아는데 자기가 지금 어찌하여 하늘에서 내려왔다 하느냐?"

예수께서 대답하여 이르시되 … "나는 하늘에서 내려온 살아있는 떡이니, 사람이 이를 먹으면 영생하기라. 내가 줄 떡은 곧 세상의 생명을 위한 내 살이니라" 하시니라.

그러므로 유대인들이 서로 다투어 이르되, "이 사람이 어찌 능히 자기 살을 우리에게 주어 먹게 하겠느냐?" 예수께서 이르시되, "내가 진실로 진실로 너희에게 이르노니 인자의 살을 먹지 아니하고 인자의 피를 마시지 아니하면 너희 소에 생명이 없느니라. 내 살을 먹고 내 피를 마시는 자는 내 안에 거하고 나도 그의 안에 거하나니, 살아계신 아버지께서 나를 보내시매 내가 아버지로 말미암아 사는 것 같이 나를 먹는 그 사람도 나로 말미암아 살리라. 이것은 하늘에서 내려온 떡이니 조상들이 먹고도 죽은 그것과 같지 아니하여 이 떡을 먹는 자는 영원히 살리라"(요 6:30-43, 51-58).

이 말을 들었던 유대인들에게는 그것이 가증한 일이었을 것이었다. 이스라엘 율법에서 피와 함께 동물을 먹는 것은 금지되어 있다. 이제 예수님은 그들에게 피를 마시는 것뿐만 아니라, 분명 인간의 피를 마시는 것을 이야기 한다!

그분의 몸을 먹는 것에 관한 예수님의 진술은 야만적 식인주의에 불과하다!

이러한 추문에 예수님의 제자는, "이 말은 어렵도다. 누가 들을 수 있느냐?"(요 6:60)라고 한다. 그때부터 "그의 제자 중에서 많은 사람이 떠나가고 다시 그와 함께 다니지 아니하더라"(요 6:66).

그리스도인들 사이에서 수 세기에 걸쳐 계속 진행 중인 성찬식 중 예수님의 임재에 관한 토론과 때로는 격렬한 논쟁에서, 요한복음 6장의 이 구절이 중요한 역할을 하였다. 한편, 절대적인 문자적 해석은 그 말씀을 들은 저 첫 제자들과 동일한 거부반응으로 이끌 것이다.

인간의 피를 마시고 살을 먹는 것이 금지되어 있지 않은가?

순전히 "영적인" 해석을 하는 다른 극단은, 마치 예수님이 그분에 대한 믿음만을 말씀하신 것처럼 해석하여, 텍스트가 말하는 많은 부분을 제쳐둔다. 그것을 제대로 다루기 위해서 우리는 유월절이 기념했던 것, 즉 이스라엘 민족이 매년 다시 한번, 이 유월절 만찬에 참여했던 것으로 돌아가야 한다.

이 식사에 관해서, 몇 개의 요소가 고려되어야 한다. 그중 하나는 양과 그 피가 기념에서 필수적인 요소라는 사실이다. 양의 피가 이스라엘 자녀의 집 문을 표시하는데 사용되었던 첫 유월절에서와 마찬가지로, 이제 매년 유월절 기념에서 양의 피가 성전의 제단에 부어졌다. 그들이 이집트를 떠난 후, 하나님은 광야에서 하늘로부터 떡과 살, 즉 아침에는 만나, 저녁에는 메추라기로 사람들을 먹이셨다.

매년 유월절 식사를 기념하는 사람들에게 있어서, 자신들이 이스라엘 백성이라고 말하는 것은, 저 첫 유월절 양의 피와 광야에서 하나님이 그들에게 주셨던 만나 덕분에 자신들이 살아남았다는 사실을 확증하는 것이다. 이것은 과거의 일에 대한 언급일 뿐만 아니라, 하나님께서 다시 한번 하늘로부터 내린 떡으로 사람들을 먹이실 미래에 관한 언급이기도 하다.

유월절 날들에 먹는 무교병은 이스라엘 백성이 이집트를 떠날 때, 이전에 먹었던 떡을 더 만들 수 없었고, 떡이 필요했을 때 하나님께서 그들에게 하늘로부터 내려온 떡인 만나를 보내셨다는 것을 상기시켰다. 일부 고대 텍스트에서는 만나를 천사의 음식으로 이해했다. 예를 들면, 예수님의 탄생 수년 전에 이집트에 있는 히브리 공동체에서 발간한 텍스트인 『솔로몬의 지혜』(*Wisdom of Solomon*)에서 이를 볼 수 있다.

> 이것들 대신에 당신은 당신의 백성에게 천사의 음식을 주셨고, 그들이 수고하지 않아도 당신은 바로 먹을 수 있는 떡을 하늘로부터 공급하셨습니다 (Wis. 16:20).

유감스럽게도, 유월절 기념과 메시아에 대한 기대를 명시적으로 연결하는 현존하는 유대 기록들은 예수님 이후의 시대부터 시작된다. 유월절이 과거의 기념과 확증일 뿐만 아니라, 하나님께서 다시 한번 하늘로부터 내려온 떡으로 사람들을 먹이실 미래의 선포와 예행연습이라고 진술하는 탈무드(Talmud)도 그렇다.

메시아와 하늘로부터 내려온 떡 사이의 이러한 종말론적인 연결을 볼 수 있는 가장 오래된 유대 기록일 가능성이 있는 것은 『제2 바룩서』(*Second Book Baruch*)이다. 이 책은 서기 70년 예루살렘 멸망 직후에 히브리어로 기록된 것으로 보이지만, 시리아어 역본과 일부 헬라어 단편들로만 남아있다. 그 저작 시기가 서기 70년 이후인 것은 그 책이 예루살렘의 멸망을 언급하고 있고, 늦어도 2세기 중반인 이유는 그때 소위 『바나바서』(*Epistle of Barnaba*)의 그리스도인 저자가 이 책을 인용했기 때문이다.

『제2 바룩서』가 서기 100년경에 저술된 책이라고 가정한다면, 이 책은 메시아에 대한 약속과 다시 한번 하늘로부터 내려올 떡 사이의 연관성에 대해 우리가 가지고 있는 가장 오래된 증거이다. 이 책에는 다음과 같은 내용이 있다.

> 이런 부분들에서 반드시 일어나야 할 모든 것이 성취되었을 때 그 일이 일어날 것이다. 기름부음 받은 분(Anointed One)이 드러날 것이다. … 그리

고 주린 자는 즐길 것이오, 더욱이, 그들은 매일 경이로움을 볼 것이다. 이는 매일 아침에 바람이 내 앞에서 나가서 향기로운 향기를 가져오고, 하루가 끝날 때 구름이 건강의 이슬을 뿜을 것이기 때문이다. 그리고 그때 높은 곳으로부터 만나라는 보석이 또다시 내려올 것이고, 그들은 그 기간 그것을 먹을 것이다. 왜냐하면, 그들이 종말에 도착할 사람들이기 때문이다 (*2 Baruch* 29:3; J. H. Charlesworth, ed., *The Old Testament Pseudepigrapha* [Garden City, NY: Doubleday &Co., 1983], 630-31).

4. 새로운 유월절

전술한 내용 대부분은 예수님의 주의 만찬 제정에 관해서 공관복음이 전해주는 바와 또한 신약이 성찬식 자체에 관해서 말하는 바의 배경이다.

이후에 고대 그리스도인들이 주의 만찬을 어떻게 기념했는지를 다룰 때, 오늘날까지 기독교 의식에 이어지는 히브리 전통의 일부 요소들을 살펴볼 것이다. 그러나 주의 만찬 제정의 유대적 배경을 잊지 않으면서도, 예수님이 제자들과 기념하신 유월절은 여느 유월절과는 아주 다르다는 사실을 유념해야 한다.

원래 히브리 백성의 연례 기념이었던 것이 어떻게 그리스도인들 사이에서 자주─보통 적어도 매주─의 기념이 되었는지를 이해하기 위해서는 두 가지 주요 차이점이 강조되어야 한다.

첫 번째 차이점은 누가 예수님과 함께 이 식사를 했는가와 관련이 있다. 전통적으로 유월절 식사는 가족의 기념행사였다. 왜냐하면, 유월절 식사에는 구조가 있었는데, 그에 따라 나이가 어린 참석자들은 자신들이 물어야 할 것을 알고 있었고, 다른 사람들은 자신들이 이집트로부터 해방된 일에 관해서 그들에게 어떻게 대답해야 하는지 알고 있었으며, 노래해야 할 시편을 알고 있는 등 가족들의 참여로 구조화되었기 때문이다.

그 기념은 종종 가족의 일원이 아닌 사람들을 포함했다. 왜냐하면, 어떤 유대인도 혼자 유월절을 기념하도록 내버려 두어서는 안 되고, 양은 전체를 다 먹지 않으면 안 되기 때문이다.

하지만 예수님은 육의 친족이 아니라, 오히려 예수님의 사명, 혹은 예수님의 메시지를 거의 이해하지 못 하고, 후에 예수님을 버리고, 부인하며 심지어 배신할 제자들의 집단과 함께 이 유월절을 기념하신다. 전통적인 유월절 만찬이 이스라엘의 후손들 간에 공통 조상으로 결속된 것을 기념하는 반면에, 예수님이 제정하신 이 새로운 유월절 만찬은 이 새로운 하나님의 어린 양(Lamb of God)으로부터 은혜를 받은 사람들을 연합시키는 결속―어떠한 혈연관계보다 훨씬 영원한 결속―을 기념하였다.

어떤 사람은 예수님께서 요한복음 3장에서 말씀하신 거듭남에 대해 언급하면서, 성찬식은 새로운 사람의 탄생일 뿐 아니라 또한, 그리고 무엇보다도 새로운 가족의 탄생을 알리는 신호라고 말할지도 모른다. 그 최후의 만찬 이후로 계속, 예수님의 추종자들은 비록 모두가 아브라함의 후손은 아닐지라도, 그런데도 그에게 약속된 상속자들을 연합시키는 새로운 가족의 결속을 기념하기 위해 모인다.

이 모든 것은 신약의 기자들이 이스라엘의 역사와 음식 및 의식에 대한 율법 모두를 이해했던 방식에 꼭 들어맞는다. 신약에 따르면, 이러한 것들은 이스라엘을 위한 하나님의 진정한 행위였다. 그러나 또한 예수님 안에서 행하신 하나님의 이 가장 위대한 행위의 그림자 또는 표지이기도 했다. 그 식사에서 예수님은 세상 죄를 지고 가시는 희생양으로서 자신을 내어 주셨고, 그분 백성의 신앙과 생명을 키우는 음식과 음료로서 자신을 내어 주시며 새로운 출애굽을 시작하셨다.

5. 성찬의 관례

세례에 대해 논할 때, 우리는 신약성경에서 세례가 어떻게 시행되었는지에 관한 기록을 거의 찾을 수 없음을 발견한다. 그러나 세례를 언급하는 다양한 구절들 속에서 여러 실마리를 좇아갈 수 있었다.

성찬식에서도 마찬가지이다. 주의 만찬의 제정은 고린도전서뿐 아니라 세 공관복음 모두에서 언급된다. 이러한 다양한 출처들에서 이 이야기가 반복되는 것은 그리스도인들이 떡을 떼러 모일 때마다 그것을 되풀이해서 이야기한다는 사실 – 전통적인 유월절 식사에서 이스라엘의 해방 이야기를 되풀이해서 이야기하는 것만큼이나 – 을 암시한다. 그러나 특별히 고린도전서 – 어떤 복음서보다 그 저술 시기가 빠른 – 에서 성찬식을 어떻게 기념하는지에 관한 힌트들이 많이 나타난다.

그 서신에서, 바울의 관심은 성찬식 중에 신자들이 생각하고 있는 바가 아니라, 오히려 성찬이 기념하고 보여주어야 할 새로운 실재를 확증하거나 또는 왜곡시킬 수 있는 성찬의 방식에 관한 것이었다.

그 서신은 고린도 교회의 분열이 부분적으로는 신학적인 것이지만(고전 3:4-23), 부분적으로는 일부의 거의 믿을 수 없는 죄들에 기인하고(고전 5:1-3), 일부는 그들 사이에서 곪은 적대감의 결과(고전 6:1-8)라는 사실을 명확하게 보여준다. 그러나 이 모든 다양한 문제들이 수면 위로 떠오른 지점이 성찬식이었다.

> 내가 명하는 이 일에 너희를 칭찬하지 아니하나니 이는 너희의 모임이 유익이 못되고 도리어 해로움이라. 먼저 너희가 교회에 모일 때에 너희 중에 분쟁이 있다 함을 듣고 어느 정도 믿거니와 너희 중에 파당이 있어야 너희 중에 옳다 인정함을 받은 자들이 나타나게 되리라. 그런즉 너희가 함께 모여서 주의 만찬을 먹을 수 없으니, 이는 먹을 때에 각각 자기의 만찬을 먼저 갖다 먹으므로 어떤 사람은 시장하고 어떤 사람은 취함이라. 너희가 먹고 마실 집이 없느냐? 너희가 하나님의 교회를 업신여기고 빈궁한 자들을 부끄럽게

하느냐? 내가 너희에게 무슨 말을 하랴? 너희를 칭찬하랴? 이것으로 칭찬하지 않노라 (고전 11:17-22).

이 구절은 저 초기 그리스도인들이 만찬을 기념하려 모였을 때, 적어도 어떤 경우에는, 단순히 한 조각의 떡과 포도주 약간을 먹으려고 모인 것은 아니었다는 점을 보여준다.

만찬은 그 이름이 문자적으로 의미하는 것, 즉 한 끼 식사였다. 식사를 위해서 각자는 능력이 되는대로 가져와서, 모두 그것을 나눠 먹는 것으로 기대하고 있었다. 바울이 염려한 것은 고린도 교인들은 모이기는 하지만 나누지는 않기 때문에, 어떤 이들은 너무 많이 먹지만, 어떤 이들은 주리게 된다는 사실이었다.

이후에 "사랑의 식사"(meals of love), 보통 애찬(*agapes*[아가페])이라고 불리는 공동 식사를 보게 될 것이다. 비록 바울이 그 식사를 언급할 때 애찬이라는 이름을 사용하지는 않지만, 위에서 인용한 구절 직후에 나오는 고린도전서 13장 전체가 유명한 사랑장(*agapes*)으로서, 그것은 고린도 교회를 파괴하고 있는 악에 대한 그의 대답이다.

11장에서 그 악의 본질을 선포한 후에, 바울은 12장에서 은사의 다양성이 각각 자신만의 기능을 가진 모든 지체를 동일한 몸 일부가 될 수 있도록 한다는 사실을 설명한다. 그런 다음 13장에서 그는 자신이 "가장 좋은 길"이라고 부르는 것을 제시한다.

우리는 다른 자료들을 통해 아가페에 대해 알고 있다. 유다서 12절은 "너희의 애찬에 암초"인 사람들에 대해서 언급한다. 『바티칸 성서 사본』(*Codex Vaticanus*)에서만 그러하지만 베드로전서에서도 동일한 이름이 그런 만찬에 붙여진다. 성찬식에 관해서 말할 때 『디다케』는 이것이 여전히 배부른 식사였다는 사실을 암시하는 언어를 사용한다.

너희가 배불리 먹은 후에, 감사하라(『디다케』 10.1; ANF 7:380).

명확하지 않은 것은 성찬식과 애찬 사이의 정확한 관계이다. 바울이 고린도전서에서 논하고 있는 식사는 명백히 완전한 식사였지만, 그는 또한 누구나 배고픈 사람은 집에서 먹어야만 한다고 제안하기도 한다(고전 11:22).

이러한 자료들로부터 도출할 수 있는 주요 결론은 주의 만찬과 애찬 사이의 관계를 결정하는 것이 불가능하다는 점이다. 이 점에 관한 학문적 합의는 없다. 어떤 이는 원래 주의 만찬은 연회나 애찬의 맥락 안에서 일어났다고 주장한다. 다른 이들은 그것들이 두 개의 다른 기념식이었다고 주장한다. 어떤 대답도 완전히 설득력이 있지는 않다는 것이 말할 수 있는 전부이다.

더욱이 많은 경우 예전이 원래 통일성을 보이다가 다양화되는 방향으로 발전하지 않고, 그 반대였다는 사실을 기억한다면, 명백하게 모순되는 증언들은 다양한 교회나 지역의 서로 다른 관례들을 반영하고 있을 가능성이 크다.

교인 수가 늘어나면서, 한 끼 식사를 함께 먹는 것이 어려워졌을 가능성 또한 충분하다. 그러한 경우에 교회는 모여서 떡과 포도주만으로 성찬식을 거행하고, 신자들은 제대로 된 식사를 할 수 있도록 소그룹별로 다양한 장소에서 모였을 것이다. 분명히 알 수 있는 것은, 그들이 제대로 된 식사를 함께할 수 없었을 때도, 함께 먹는 것은 교회에 아주 중요했다는 점이다. 이러한 두 가지 다른 필요성 - 다른 신자들과 함께 제대로 된 한 끼를 먹는 것과 어떻게든 모든 신자와 성찬을 공유하는 것 - 은 완전한 식사인 애찬으로부터 주의 만찬을 분리함으로써 충족될 수 있었다.

본서의 다음 장에서 2세기를 논할 때, 애찬이 적어도 특정 지역에서 꽤 오랫동안 계속되었다는 사실을 알게 될 것이다. 여하튼, 신약성경 전반에 걸쳐서 제대로 된 식사에 대해 말할 때조차 떡과 잔은 특별한 의미가 있다는 사실을 강조하는 것이 중요하다. 이것은 공동 식사에 관한 『디다케』의 가르침에서 볼 수 있다.

이제 감사례(Eucharist)에 대해서 이런 식으로 감사하십시오. 우선 잔 위에: 우리 아버지, 당신의 종 다윗의 거룩한 포도나무로 인해 당신께 감사를 드립니다. 당신은 우리로 하여금 당신의 종 예수님(Servant Jesus)으로 말미암아 그것을 알게 하셨습니다. 당신께 영광이 영원하기를. 떡 위에: 우리 아버지, 우리로 하여금 당신의 종 예수님으로 말미암아 알게 하신 생명과 지식으로 인해 당신께 감사드립니다. 이 떼어진 떡들이 언덕 위에 흩어지고, 그리고 함께 모여 하나가 되는 것처럼, 당신의 교회가 땅 끝으로부터 당신의 왕국으로 함께 모이도록 해 주시옵소서. 이는 예수 그리스도로 말미암아 영광과 권능이 영원히 당신의 것이기 때문입니다(『디다케』 9.1-4; ANF 7:379-80).

떡에 대해 이 기도가 강조하는 것은 예수님의 물리적인 몸으로서의 떡이 아니라, 오히려 그리스도의 몸으로서 교회의 일치라는 점에 주목하라. 이것은 교회가 "땅 끝으로부터 당신의 왕국으로 함께 모일" 때인 종말의 때에 성취될 것이다. 여기서 또한 잔이 떡에 앞서는 것에 주목하라. 이것은 오늘날 가장 일반적인 관례와 다르고, 주의 만찬의 제정에 관해 바울과 공관복음이 말하는 바와도 다르다. 다시 한번, 이것은 고대 기독교 예배의 관례가 다양했음을 가리킨다.

『디다케』의 위에서 인용된 구절은 감사기도로 이어진다.

그러나 배부르게 먹은 후, 이러한 방식으로 감사하십시오: 거룩한 아버지 당신이 우리 마음에 거하도록 하신 당신의 거룩한 이름과 당신의 종 예수로 말미암아 우리에게 알게 해 주신 지식, 신앙, 그리고 영생으로 인하여 당신께 감사드립니다. 당신께 영광이 영원하기를. 전능하신 주님, 당신은 당신의 이름을 위하여 모든 것을 창조하셨습니다. 당신은 인간이 즐기도록 음식과 음료를 주셨고, 그리고 그들은 당신께 감사를 드릴 수 있습니다. 그러나 당신은 우리에게 당신의 종으로 말미암아 영적인 음식과 음료와 영원한 생명을 값없이 주셨습니다. 무엇보다도 먼저 우리는 당신이 전능하심을 감사드립니다. 당신께 영광이 영원하도록. 주님, 당신의 교회가 모든 악으로부터 해방되도록 해 주시고, 당신의 사랑으로 그것을 완벽하게 해 주실 것을 기억하십시오, 그것을 네 개의 바람으로부터 모아서, 당신이 준비하셨던 당신의 나라를 위해서 성별하시옵소서. 이는 권능과 영광이 영원히 당신의 것이기 때문입니다. 은혜가 오도록 하소서, 이 세상이 지나가도록 해 주시옵소서. 다윗의 하나님께 호산나. 누구든지 거룩한 사람을 오도록 하시옵소서. 누구라도 거룩하지 않은 사람은 회개하도록 하시옵소서. **마라나타**. 아멘(『디다케』 10.1-6. ANF 7:380).

이 모든 것 중에 예수님의 죽음과 부활, 십자가, 빈 무덤에 대한 어떠한 언급도 없다는 것이 특히 주목할 만하다. 이는 두 가지 방식으로 설명될 수 있지만 둘 중 어떤 것이 정확한지 결정할 수는 없다. 한편으로, 이런 다양한 기도문들 전에 당연히 주의 만찬의 제정사가 낭독되었기 때문에 십자가가 여기서 언급되지 않았을 것이다.

다른 말로 하자면, 저자는 아직 널리 알려지지 않은 저런 일들에 관해서만 지침을 주고 있다. 다른 한편으로는 여기에서 우리가 가지고 있는 것들이 그 시기의 다른 문서들에서 볼 수 있는 것과는 다른 관례일 가능성도 있다. 이 경우에, 이것은 이제 예수님에 대한 반복적인 언급이 있는 히브리 만찬(Hebrew Seder)의 변형일 것이다. 다른 말로 하자면, 『디다케』는 성찬 제정사의 스토리를 말한 다음에 얘기해야 하는 것에 관한 첨가나 지침일 수도 있고, 또는 단순히 다른 교회들로부터 갈라진 관례를 반영하는 것일 수 있다.

다시 말하자면, 두 개의 가능성 중의 하나로 결정하기에는 역사적 데이터가 충분치 않다. 그러나 디다케가 주간의 여섯째 날에 하는 금식의 중요성을 믿는 것은 명확하다. 이날은 예수님의 십자가를 기념하고 반영하는 날이었고, 이는 매 주일의 첫날에 행했던 부활의 기념식에서 다시 한번 강조될 필요가 없었다.

다시 말하지만, 성찬식에 관한 부분은 세례를 준비하기 위한 지침서로 보이는 것 뒤에 나온다. 『디다케』는 성찬식에 참석하기 전에 세례가 필수적이라는 사실을 다음과 같이 분명히 한다.

> 그러나 주님의 이름으로 세례를 받은 사람들 외에 당신의 감사례(Eucharist)에서 먹고 마시게 하지 마십시오. 이에 관해서 주님 또한 "거룩한 것을 개에게 주지 말라"라고 말씀하셨습니다(『디다케』 9.5; ANF 7:380).

대단히 다양한 의견과 관례들을 인정하면서도, 초대교회가 성찬을 집단적인 차원에서 이해했음을 강조하는 것이 중요하다. 세례가 사적인 문제가 아니라, 성령님의 활동을 통해서 그리스도의 몸에 합해지는 일인 것과 마찬가지로, 또다시 동일한 성령님 덕분에 성찬식은 몸을 양육하고, 하나로 만든다. 이 행사의 중심은 개인이 양육되는 것이 아니라, 오히려 전체로서의 공동체가 양육되는 것이다. 다시 말하면 만약 세례가 개인이 그리스도의 몸에 접붙인다는 것이라면, 성찬은 참 포도나무에 접붙여진 가지들이 포도나무의 수액으로 양육되는 과정으로 이해될 수 있다.

유대-기독교 교회는 자신의 십자가에 대한-그 신앙의 진정한 중심이었던 하나님의 어린 양의 희생에 대한-기억으로 살았다. 하지만, 성찬식에서 중요한 것은 과거만 아니라 미래를 기념하는 것이었다. 그 약속된 미래는 성찬식이 수반하는 그리스도인들 사이의 커져가는 일치였고, 모든 것은 성찬식에서 미리 맛보았던 어린 양-부활하신 그리스도-의 혼인이라는 큰 잔치로 이어졌다.

요한계시록(22:20)과 고린도전서(16:22)에서 우리는 아람어의 표현인 **마라나타**(*maranatha*)를 만나게 된다. 이것은 "오십시오 주님" 혹은 "주님이 오십니다"로 다양하게 번역될 수 있다. 동일한 문구가 『디다케』에도 나타난다(10.6). 이 모든 책이 원래 헬라어로 기록되었기 때문에 그 속에 아람어가 있다는 것이 놀랍다. 이것은 헬라어를 말하는 그리스도인들이 그것들을 헬라어로 번역하는 대신 원래의 히브리어, 또는 아람어로 유지했던 몇 개의 단어 중 하나이다. 그중에는 "아멘"(amen)과 "할렐루야"(alleluia)가 있다. 마라나타가 특히 성찬식과 관련해서 사용되었다는 충분한 징후가 있다. 고린도전서와 요한계시록은 성찬식 전에 회중에 낭독되기 위해 작성되었다.

고린도전서와 요한계시록 둘 다에서 이 문구가 마지막에 나타나는데, 이는 성찬식을 여는 길처럼 보인다. 『디다케』는 약간 다른 상황을 제시한다. 왜냐하면, **마라나타**가 성찬에 관한 지시들 이후에 나타나기 때문이다. 그러나 그곳에서조차 그것은 식탁으로의 초대와 관련되어 사용된다.

> 만약 누구든지 거룩하다면, 그들을 오게 하십시오. 만약 거룩하지 않다면, 그들이 회개하도록 하십시오. **마라나타**(*Maranatha*). 아멘(amen)(『디다케』 10.6; ANF 7:380).

주님의 즉각적인 재림에 대한 기대가 감소함에 따라 이 단어는 점차 기독교 어휘에서 사라졌다가, 구주의 재림에 대한 종말론적인 기대를 강조하는 방식으로서 최근에야 정확하게 재발견되었다.

어린 양의 혼인 잔치를 미리 맛보는 것으로서 성찬식이라는 주제는 오늘날에 거의 잊혔지만 고대 기독교 예배에서 매우 일반적이었던 요소로 우리를 인도해 준다. 그것은 교회가 현재 이 땅에서 하나님을 찬양하고 있을 때, 하늘에서도 위대하고 영원한 찬양이 있다는 확실한 사실이다. 이 점은 요한계시록에서 명확하다.

처음 3장에서 아시아에 있는 일곱 교회에 말한 후에, 4장에서 요한은 그의 시야를 하늘을 향해서 돌리고, 그곳에서 일어나는 예배를 묘사한다. 거기에서 우리는 보좌 위에 앉으신 이(One)의 숭고한 모습을 발견한다. 그리고 보좌로부터 "번개와 음성과 우렛소리가 나고," 보좌에 둘려 "이십사 보좌들이 있고 그 보좌들 위에 이십사 장로들이 흰옷을 입고 머리에 금관을 쓰고 앉았더라"(계 4:4-5).

그곳에는 또한 이사야 6장의 스랍들을 기억나게 한다.

> "네 생물"이 있는데, 그들은 쉬지 않고, 끊임없이 "거룩하다, 거룩하다, 거룩하다 / 주 하나님, 곧 전능하신 이여 / 전에도 계셨고, 이제도 계시고, 장차 오실이시라" 하더라(계 4:8).

그 장로들은 자신들의 관을 보좌 앞에 드리고, 그들 또한 찬양을 올려드리더라. 오늘날 전통적인 찬송가(hymnody)를 알고 있는 이는 누구나 이 장면에서 찬송가 "거룩, 거룩, 거룩"에 대한 영감을 깨달을 것이다.

요한이 본 환상은 자신들의 예배와 하늘에서 일어나는 예배 사이의 관계에 대한 초대교회의 이해가 반영된 것이다. 어린 양의 혼인 잔치의 미리 맛보기라는 예배의 종말론적인 차원은 마지막 날에 모든 사람이 참여할 예배라는 위대한 행위를 위한 참여와 준비이기도 하다.

땅과 하늘의 예배 간의 이러한 연결은 고대 기독교 예배 역사 전반에 걸쳐서 볼 수 있다. 요한이 요한계시록을 저술했을 때와 거의 같은 시기에, 로마교회와 그 감독 클레멘트(Clement)는 고린도 교인들에게 편지를 썼고, 거기에는 다음과 같은 내용이 담겨있다.

> 그분의 천사들 모든 무리가 어떻게 항상 그분의 뜻을 행할 준비가 되어 있는지를 생각해 봅시다 … 그러므로 우리가 그분의 위대하고 영광스러운 약속의 참여자가 될 수 있도록, 한 마음으로 모여서 한 입으로 간절히 그분께 부르짖읍시다(Ep. to the Corinthians 34; ANF 1:14).

아마도 이것은 유대교 예배의 일부 관행—여전히 히브리인들의 아침기도문인 **케두샤**(*Kedusha*)에서 그 반향을 들을 수 있는 관행—을 계속하고 적응시킨 것일 것이다.

성찬식 전에 언제든 많은 신자가 다음과 같이 말하거나 노래할 때마다 볼 수 있는 것처럼, 하늘의 예배의 연장선과 미리 맛보기로서의 지상 예배의 이러한 비전은 오늘날도 여전히 유효하다.

"그러므로, 우리는 천사들과 천사장들과 하늘의 모든 무리와 함께 당신의 거룩한 이름을 높이고 영화롭게 합니다. 거룩, 거룩, 거룩, 전능하신 주 하나님이시여, 하늘과 땅은 당신의 영광으로 가득합니다. 이 지극히 높으신 하나님이신 당신께 영광을! 아멘."

제2부

주후 100년부터 312년까지

제7장 새로운 상황들

제8장 설교

제9장 세례

제10장 성찬

제11장 시간, 장소, 그리고 관행들

제7장

새로운 상황들

1. 점증하는 이방인 기독교

이 책의 제1부는 우리가 유대-기독교 기간—실질적으로 모든 기독교 신자들이 유대인이거나 혹은 "하나님을 경외하는 사람"이었던 시기—이라고 부르는 것을 다루었고, 그것은 주후 100년경에 끝났다.

그 무렵, 그리스도인들은 가말리엘 2세의 지도하에 있던 얌니아의 산헤드린(Sanhedrin in Jamnia)의 조치로 회당에서 공식적으로 추방되었다. 그리스도인들은 대부분 경우 추방되기 훨씬 이전부터 회당의 성경 해석이 자신들의 해석과는 상당히 다르다는 것을 알고 그곳을 떠났다.

따라서 2세기와 함께 시작되었던 기간의 중요한 특징은 기독교와 유대교 간에 차별화 과정이 지속된 것이다. 이러한 과정에서 극단적이고 신랄한 논쟁과 비난이 있었다. 그리고 논쟁 일부는 자신들이 이스라엘 신앙의 후계자라고 하는 기독교의 주장에 대한 것이었다. 논쟁은 수 세기에 걸쳐 지속되었고, 교회와 유대 민족 양쪽 모두에게 깊고, 종종 비극적인 흔적을 남겼다.

이러한 이유로, 당시의 기독교 문서들은 끊임없는 반유대 논쟁을 보여주었는데, 그 공격은 점차 편향되고 가혹해졌다. 이러한 문서들을 읽을 때, 그들이 일반적으로 민족이나 인종으로서 유대인을 공격한 것이 아니라, 오히려 유대교와 기독교를 명확히 구분—종종 오도된 구분—하려 했다는 것을 기억하는 것이 중요하다.

그러한 논쟁의 맥락을 이해하기 위해서, 그 시기의 유대교와 기독교는 둘 다 전도하는 종교였다는 사실 또한 기억해야 한다. 고대의 이교도 신들은 완전히 쇠퇴하였다. 유대인과 그리스도인들뿐만 아니라, 이교도들 사이에서 가장 저명한 사상가들 역시 그것들을 비판하였다. 고대의 다신교는 더 이상 많은 대중의 깊은 요구를 채워주지 못했다. 이러한 상황에서 근본적으로 유일신 종교인 기독교와 유대교는 각각 일반적으로 받아들여지는 관습과는 다른 생활양식을 제안하며 서로가 경쟁 관계에 놓인 것을 깨달았다.

따라서 오늘날 우리가 그 시기의 그리스도인이 유대교에 관해서 저술한 것을 읽을 때, 그 저술들은 사람들의 존경과 아마도 충성을 얻기 위해 경쟁하는 두 개의 종교적 선택지 사이에서 일어난 끊임없는 논쟁의 일환이다.

1세기 기독교 신학의 지배적인 주제는 이스라엘의 신앙과 교회의 신앙 사이의 관계였다. 실제로 아주 초기의 거의 모든 그리스도인은 유대인이거나, 하나님을 경외하는 사람들이었으므로 회당 생활의 많은 부분에 참여했다. 그들이 예수 그리스도 안에서 보았던 것과 이제 그들이 선포하는 것은 새로운 종교의 탄생이 아니라, 오히려 이스라엘 고대 신앙의 극치였고, 아브라함과 그의 후손들에게 주신 약속의 성취였다. 이것이 암시하는 긴장과 조정은 신약에서 명확하게 볼 수 있다.

복음서에서는 유대 종교지도자들과 갈등하는 예수님을 자주 볼 수 있다. 이것은 예수님이 유대교를 거부했다는 의미가 아니라, 오히려 예수님께서 그들보다 유대교를 더 잘 이해한다고 주장했음을 의미한다. 그것이 바로 예수님이 일반적으로 이스라엘 율법에 근거하여 유대 종교지도자들의 태도와 행동을 비판한 이유이다.

신약은 예수님을 그리스도로 받아들인 이방인들이 유대인과 유대교 자체와 어떻게 관계 맺어야 하는지에 관한 끊임없는 토론을 보여준다.

그들은 음식 규정을 지켜야만 하는가?

남자들은 반드시 할례를 받아야만 하는가?

이런 문제들에 대해 계속해서 대답한 것처럼 보이지만 이후에 또다시 이런 문제가 생겼다. 빌립은 에티오피아인에게 세례를 주었고, 이는 어떤 큰 논쟁도 일으키지 않은 것으로 보인다. 그러나 베드로가 고넬료와 그의 가족에게 세례를 주었을 때, 이는 예루살렘에서 논쟁으로 이어졌고, 마침내 최종적인 결정을 하게 된 것으로 보인다.

그런데도, 예루살렘의 교회지도자들은 바울과 그의 동료들의 사역 덕분에 개종한 이방인들에 관하여 자신들이 무엇을 해야 할지 결정하기 위해 다시 한번 모여야만 했다. 훨씬 나중에, 바울이 갈라디아 교인들에게 말한 것처럼, 베드로 자신도 이방인 신자들과 함께 먹을 수 있는지를 주저하였다.

2세기로 가면, 상황이 달라진다. 여전히 대부분의 기독교 신자들이 유대인이거나 이전에 하나님을 경외하는 자들이었으나, 이제 유대교와 기독교 사이에서 균열이 일어났다. 산헤드린은 그리스도인들을 이단이라고 선포하고, 회당에서 추방하였다. 그리스도인들은 유대인들이 성경을 오역하는 자들이라고 주장했다. 토론과 대화가 계속되면서 점점 신랄하고 매서워졌다. 갈등은 신학적 문제만이 아니었다. 왜냐하면, 유대교와 기독교 각자 고대 종교들이 실패하며 생긴 공백을 메우고자 노력하면서 둘 사이에 전도 경쟁이 있었기 때문이다.

따라서 유대교에 반대하는 기독교 논쟁의 많은 부분은 실제로 유대인 독자를 향한 것이 아니라, 오히려 일반 대중들에게 유대교보다는 기독교가 그들의 종교적 탐구를 가장 잘 충족시켜 준다는 것을 설득하는 것이었다. 이러한 논쟁은 결과적으로 민족이나 인종으로서 유대인에 반대하는 공격이 시작되었고, 따라서 반유대주의로 발전하였다. 두 개의 특정 상황이 그리스도인들이 반 유대주의자가 되는 비극을 초래하였다.

첫째, 유대교가 전도의 동력을 잃어버리고 실질적으로 세습적인 종교가 되었다는 사실이다. 결과적으로, 유대교에 대한 공격은 어느새 종교가 아니라, 오히려 그 종교를 따랐던 인종에 대한 것이 되었다.

둘째, 비극적인 상황은 기독교가 4세기 초반부터 1,500년 이상 동안 유럽 사회와 정부의 지지를 받았고, 그 결과 반유대주의는 박해와 유대인의 대량학살로 이어졌다는 점이다.

그리스도인들 또한 이스라엘의 고대 종교, 특히 그 경전에 관해서 어떻게 해야 할지 서로 의논하였다. 당시의 일반적인 종교적 불안을 나타내는 지표 중 하나는 물질적 삶의 어려움과 불안을 어느 정도 극복할 수 있는 영적 실재들에 관한 탐구이다.

철학적 영역에서, 현재 세계가 다만 불완전한 복제품에 지나지 않고, 훨씬 고차원적인 순수 관념 세계를 제안하는 플라톤주의가 매우 매력적이었다. 대중들 사이에서는 죽음 이후의 삶-현재 삶의 고통과 불행을 뒤로하고 떠나는 삶-을 제시하는 종교적 대안들이 특히 매력적이었다.

많은 것들 가운데 그러한 한 예는 이집트로부터 퍼져나갔던 이시스(Isis)와 오시리스(Osiris)라는 종교였다. 원래, 이시스와 오시리스의 신화는 나일 유역에서 나일강의 주기적인 비옥함을 설명하는 한 방식이었고, 또한 신의 후손으로 여겨졌던 바로와 귀족들에게 영생을 약속하는 하나의 종교였다. 그러나 그 전통은 이제 더욱 대중적인 형태의 입회의식과 특별한 생활양식을 통해 신자들에게 죽음 이후의 영생을 약속하는 방식이 되었다. 다른 종교와 신들도 유사하게 물질의 한계에서 해방될 것과 영원에 들어갈 것을 약속했는데, 미트라(Mithras), 아티스(Attis)와 키벨레(Cybele), 대모(the Great Mother) 그리고 많은 다른 것들이 그러하다.

저러한 각종 종교와는 대조적으로, 유대교와 기독교는 둘 다 선하신 하나님의 역사로서 물질적인 창조와 하나님 활동의 장으로서 인간 역사에 관해 말하는 경전들을 가지고 있었다. 하지만, 기독교 자체는 다양한 형태를 취했고 그중 일부는 "영적" 실재에 관한 시대적 탐구와 모든 물질적인 것에 대한 부정적인 시각을 결합하여 하나님의 역사로서의 물질적 창조라는 바로 그 개념을 버렸다. 그런 태도는 기독교 영지주의자들 사이에서 성행했지만, 그 주된 대표자-또한 교회에 최대의 도전을 한 자-는 마르키온(Marcion)이었다.

현재 튀르키예 북부 해안 지역의 감독의 아들이었던 이 사람은 특별히 제국의 서부지역에서 많은 추종자를 얻었다. 마르키온은 분명 보다 "영적"인 기독교 버전을 제안하고, 유대교의 "물질주의"를 제쳐두고자 했다. 이것은 그가 이스라엘 신의 경전들을 거부하도록 이끌었다. 그는 그런 신의 존재나, 그 신이 이스라엘의 경전에 계시되었다는 사실을 부정하지 않았다.

그가 주장한 것은 이스라엘의 신은 열등한 존재이고, 최고의 하나님도 아니며, 예수 그리스도의 아버지도 아니었다. 유대교의 신은 열등할 뿐 아니라, 무지하며, 복수심이 강해서, 그가 창조한 이 물질적인 세계는 불완전하다는 것이다. 그에 더해 유대교의 신은 이스라엘의 경전에 나오는 법을 부과했다. 대조적으로, 예수 그리스도가 계시하는 참된 최고의 하나님은 단지 영적인 실재에만 관심이 있고, 보상과 처벌하시기보다는 용서하신다.

명백히 이 주장은 이스라엘 경전에서 거의 지지를 받지 못했다. 그래서 마르키온도 이스라엘 경전을 거부했다. 이스라엘의 성서에서 하나님은 율법을 선포하고, 보상과 벌을 약속할 뿐 아니라, 자비가 영원하신 하나님이다. 복음서에서 예수님은 은혜와 죄 사함뿐만 아니라, 마귀와 그의 사자들을 위하여 예비된, 이를 가는 것과 영원한 불에 대해서 말씀하신다. 이는 마르키온이 초기 제자들과 지금 신약에 포함된 저자 중에서 예수님의 메시지를 진정으로 이해하는 사람들은 바울과 그의 동료인 누가뿐이라고 선포하도록 이끌었다.

따라서 전체 구약을 거부하면서도 마르키온은 누가복음과 바울서신에 한정된 정경을 제안했다. 그러나 마르키온은 누가복음과 바울서신에서도 고대 이스라엘이나 그 경전에 대해 언급하는 부분을 제거했다. 이는 그가 그들의 가르침을 왜곡하고 변조하기 위해 누군가 이러한 언급들을 본문에 삽입했을 뿐이라고 주장했기 때문이다. 교회는 일반적으로 마르키온의 이론과 교리를 거부했던 것이 명백하다.

마르키온 시대 이전에 유사한 사상들이 퍼졌던 것이 분명하다. 그런 사상들이 디모데후서와 베드로후서에서 우리가 읽는 것의 배후에 있는 것으로 보이기 때문이다.

> 모든 성경은 하나님의 감동으로 된 것으로 교훈과 책망과 바르게 함과 의로 교육하기에 유익하니(딤후 3:16).

> 그리고 우리가 사랑하는 형제 바울도 그 받은 지혜대로 너희에게 이같이 썼고, 또 그의 모든 편지에도 이런 일에 관하여 말하였으되 그 중에 알기 어려운 것이 더러 있으니 무식한 자들과 굳세지 못한 자들이 다른 성경과 같이 그것도 억지로 풀다가 스스로 멸망에 이르느니라(벧후 3:15-16).

만약 당시의 상황을 고려한다면, 마르키온과 다른 이들이 히브리 성경을 제쳐두고 새로운 것을 만들려고 시도했던 사실은 놀랍지 않다. 회당에서는 이스라엘의 경전이 낭독되고 예수님이 하나님의 약속들을 성취했다는 개념을 거부하는 방식으로 해석되었다. 회당에서 더욱 멀어진 교회는 자신들의 예배에, 대개 성찬식 전에, 비슷한 시간을 포함해서 그 시간에 경전을 읽고 적용했다.

그러나 이제 예수님을 가리키는 방식으로 한 것이다. 대부분 그리스도인과 교회가 히브리 경전을 계속해서 읽었고, 보통 70인역으로 알려진 헬라어 번역본에 사도들과 다른 초기 기독교 지도자들의 저술로 보이는 것들을 첨가했던 반면, 일부 그리스도인들과 교회들은 히브리 경전을 더욱 새로운 기독교 저술들로 대체하는 경향이 더 강했다. 이것이 마르키온이 한 것이었고 그 이전의 다른 사람들도 그랬던 것이 분명하다.

이러한 상황은 이미 진행 중에 있었던 과정 ― 진리와 오류를 판단하는데 도움이 될 권위의 구조와 원칙의 개발 과정 ― 에 박차를 가했다. 이러한 면에서, 유대교가 기독교보다 앞섰다. 왜냐하면 이미 1세기 말에 유대교는 얌니아의 새로운 공회 지도부가 획일성의 방향으로 나아갔기 때문이다.

이런 진화 과정에서 중요한 단계는 역시 얌니아 지도부에 의한 히브리 정경의 결정이었다.

기독교의 경우, 우리는 이미 『디다케』에서 참된 사도와 예언자를 분별하는 일에 관한 우려를 보았다. 1세기 후반 클레멘트의 『클레멘트 1서』(Epistle to Corinthians)에서, 기독교에도 유대교가 얌니아 공회를 통해 발견한 것과 비슷한 것, 즉 일치의 수단이 되는 위계적 권위가 발전하기 시작한 것을 보게 된다.

획일성을 추구하기 위한 또 다른 방법으로 신약 정경을 정립했지만, 동시에 히브리 성서의 권위를 확인하고 강조하였다. 유대-기독교에 대해 살펴보았을 때 본 것처럼, 초기부터 예배에서 사도나, 다른 저명한 지도자의 메시지를 읽는 것이 관례가 되었다. 이때 전체 회중이 메시지를 받을 수 있도록 큰 소리로 낭독되었다. 현존하는 문서들은 예배에서 어떤 자료들이 낭독되었는지 정확하게 말하지 않는다.

그러나 2세기와 그 이후의 과정에서 각 지역의 교회들 사이에 있었던 많은 대화와 교류가 있었고, 그 결과 어떤 기독교책들을 성경으로 간주해야 할지 결정하게 되었다. 이 책은 신약의 정경이 형성되는 과정을 따라가는 곳은 아니다. 비록 이전에는 어떤 교회들이 다른 교회들보다 특정 복음을 더 잘 알았고, 그것에 우선순위를 부여하였다 해도, 이미 2세기 말 무렵에는 현재의 사복음서의 목록이 일반적으로 인정되었고, 거기에 사도행전과 주요 사도 서신들이 첨가되었다는 사실을 말하는 것으로 충분하다.

하지만, 일부 목록들은 최종적인 정경의 일부가 아닌 책들을 포함했거나, "보편적인" 서신서들 일부를 포함하지 않았다. 따라서 비록 이것이 우리를 놀라게 할지 모르지만, 오늘날 실제로 모든 교회가 인정하는 것과 정확하게 일치하는 신약성경 책들의 현존하는 최초의 목록은 주후 367년보다 빠르지 않다. 훨씬 이전에 일반적인 합의가 있었지만, 이 문서가 현재 사용되는 것과 정확하게 같은 목록을 찾을 수 있는 가장 빠른 문서이다.

가장 중요한 것 – 그리고 자주 잊히는 것 – 은 이러한 책들의 권위를 논하는 과정에서 문제는 어떤 책이 교리를 증명하거나 신학적 입장을 옹호하기 위해 사용될 수 있는지가 아니라, 오히려 예배에서 어떤 책을 읽거나 설명해야만 할지였다. 다른 말로 하자면, 정경의 문제는 예배라는 맥락에서 제기되었다. 이것으로 초기교회는 우리가 자주 잊어버리는 다음과 같은 점을 이해하고 있었다는 것을 보여주었다. 그것은 바로 예배의 주 기능들과 결과들 중의 하나는 인격의 형성과 하나님의 백성이라는 정체성의 발전과 함께 신앙의 형성이라는 점이다.

2. 국가, 사회 그리고 문화에 앞서는 교회

로마 당국은 일찍부터 – 네로 황제 시대는 확실하고, 아마도 그 이전에 글라우디오 황제가 (그리스도에 관한 유대인들 사이의 논쟁과 관련된 것으로 보이는) 특정 "크레스투스"(Chrestus)에 의한 소란 때문에 유대인들을 로마에서 추방했을 때 – 기독교의 부상을 인식하고 있었던 것으로 보인다.

그러나 네로와 글라우디오는 둘 다 기독교는 유대교 내의 또 다른 종파로 생각했던 것으로 보인다. 2세기에는 당국이 이 확장되고 있는 새로운 종파에 대한 정책을 개발할 필요가 있다고 느끼기 시작했다. 왜냐하면, 그것은 이제 더는 유대교의 한 형태가 아니라 다른 종교로 간주되었고, 유대교에 관한 현재의 법과 정책은 기독교에 관한 정책의 지침이 될 수 없었기 때문이다.

우리가 이러한 필요성에 대해 알게 된 것은 112년경에 오늘날의 튀르키예, 즉 비두니아(Bithynia) 총독이었던 플리니(Pliny the Younger)가 트라야누스(Trajan) 황제에게 보낸 편지와 그가 받았던 지시 덕분이다. 이 서신 왕래에 관해서는 이후에 다시 이야기할 것이다. 이 시점에서 중요한 것은 "이 전염성 있는 미신이 이제 도시만이 아니라, 마을과 시골에까지 퍼지고", 그리고 이교도 사원들이 "사실상 유기"되었기 때문에 플리니가 우려했다는 사실(『서신』[Epistle] 20)이다. 이것은 우리에게 있는 기독교 예배에 관한 가장 오래된 이교도 문서이다.

그 편지가 중요한 이유는 그것이 기독교 예배와 관례에 관해서 정보를 제공하기 때문만이 아니라, 그 편지에서 상당기간 기독교에 대한 제국의 정책을 수립한 답변을 트라야누스 황제로부터 받았기 때문이다. 황제가 다른 총독들에게도 활용될 수 있는 지시를 내리는 편지를 지방 장관에게 썼을 때, 제국 전체에 황제의 지시가 회람되도록 하는 것이 관례였다.

그러므로 트라야누스 황제가 플리니의 질문에 대한 답으로 주었던 지시들은 제국의 여러 지역에서 일반적인 관례가 되었다. 짧게 얘기하자면, 트라야누스가 지시한 것의 핵심은 그리스도인들을 찾아내는데 국가의 자원이 낭비되어서는 안 되지만, 만약 그리스도인으로 고발당한 이들이 자신들의 신앙을 포기하기를 거절한다면, 그들은 처형되어야 한다는 것이었다.

그 정책은 2세기의 대부분에 걸쳐 지속하였다. 그것으로 인하여 일부 그리스도인들은 "변증론"(apologies)이나 신앙의 옹호를 저술하게 되었다. 왜냐하면, 제국의 정책이 그리스도인의 운명은 대중이 그들에 대해 가지고 있는 견해에 크게 좌우된다는 사실을 의미했기 때문이다. 기독교의 신앙과 관례에 관한 사악한 소문들을 믿는 사람들은 기독교인을 당국에 고발하는 경향이 더 강할 것이다. 이런 일이 일어났을 때 신자들은 배교와 순교 사이에서 선택해야만 했었다.

여기에서 우리의 관심은 박해에 있는 것이 아니라, 교회의 예배에 있으므로, 수 세기에 걸친 박해의 진전을 재검토할 필요는 없다. 박해는 이곳

저곳에서 단순히 어떤 사람이 이웃이나 다른 사람을 그리스도인으로 고발했거나, 그리스도인들이 특정 재난에 대한 책임을 뒤집어썼기 때문에 일어나는 것으로, 일반적인 박해는 일정하지도 않고 보편적이지도 않다는 사실을 말하는 것으로 충분하다.

예를 들면, 2세기 중반에, 지혜롭고 스토아 철학을 흠모하는 것으로 유명한 마르쿠스 아우렐리우스(Marcus Aurelius) 황제가 그리스도인들에게 박해를 가했는데, 그 이유는 그가 그리스도인들이 고집스럽다고 생각했기 때문이고, 또한 일련의 침략, 전염병, 홍수로 인해 그리스도인들이 비난받았기 때문이었다. 이후에 셉티무스 세베루스(Septimus Severus)가 황제였을 때, 그리스도인들은 모든 신 위에 있는 정복되지 않는 태양신(the Unconquered Sun)에 대한 경배를 거부하여 고집스럽다고 간주되었기 때문에 또다시 박해를 받았다. 데시우스(Decius)가 황제의 자리를 차지했을 때인 3세기 중반에는 좀 더 조직적인 방식으로 전체적인 박해가 또다시 발발했다.

황제가 제국이 경제적, 도덕적으로 쇠퇴한 것이 옛날 신들을 버렸기 때문이라고 확신했기 때문에, 모든 사람은 자신이 신들의 제단 앞에서 제사를 지냈다는 사실을 증명하는 증명서를 지녀야 한다고 명령했다. 이것은 실제로 기독교에 대한 로마 제국 내 최초의 일반적이고 조직적인 박해였다. 비록 데시우스의 사망 이후 그 박해는 중단되었고, 교회는 다시 한번 상대적인 평화의 기간을 누렸지만, 기독교의 성장을 중단시키려는 로마 당국의 시도들은 점점 더 잦고 교묘해졌다.

그리스도인들이 신성한 책을 중요하게 여기는 것을 알기 때문에, 당국은 그런 모든 책을 몰수하고 소실시키라고 명했다. 또한, 교회 지도부의 중요성을 알기 때문에, 신자들을 전반적으로 박해하기보다 이제 목사들과 다른 지도자들에게 박해의 초점이 맞추어졌다. 순교자들의 증언이 교회를 강화하는 것처럼 보였기 때문에, 4세기 초반까지 당국이 추구했던 것은 그리스도인들에게 강제로 자신들의 신앙을 부인하게 만드는 것이었다.

그래서 그리스도인들은 매우 다양한 방식으로 고문을 당했다. 기독교의 확장을 막기 위해서, 개종이 금지되었다. 이 모든 것이 4세기의 "대 박해"(Great Persecution)로 이어졌다. 그 시기 정부의 모든 자원은 기독교의 성장을 막는 데 사용되었다.

이런 것이 소위 밀라노 칙령(Edict of Milan)에서 콘스탄틴(Constantine) 황제와 리시니우스(Licinius) 황제가 박해를 종식시키고, 그리하여 기독교 역사에서 새로운 장이 시작된 때인 주후 313년까지의 상황이었다.

지금 우리가 진입하려는 기간은 주후 100년—즉 기독교가 유대교와 하나님을 경외하는 경건한 자들의 범위를 빠르게 넘어서고 있는 것이 명확해진 때이자, 박해가 제국의 명시된 정책이 되었을 때—과 주후 313년, 즉 박해가 일반적으로 중단되었던 때 사이이다. 이 두 시기 사이에서 교회는 박해를 받으면서도 계속 성장했다.

다시 말하자면 국가는 점차 적대적이 되었으나, 교회는 기독교를 옹호하는 문서, 혹은 이교도, 유대교, 그리고 결국 기독교 내부에서 거부된 많은 견해를 공격하는 광범위하고 중요한 문서들을 저술했다. 이러 다양한 저술들이 이 기간의 기독교 예배 연구에 있어서 주된 자료의 출처가 될 것이다.

3. 자료의 출처

제국의 당국과 사회 전반에서 기독교에 관한 관심과 반대가 커지면서, 결과적으로 우리는 기독교와 그들의 신앙을 언급하는 최초의 이교도 문서를 가지게 되었다. 그 이전 시기에도 로마 당국에 확실히 기독교에 대한 우려가 있었다. 아마도 이 때문에 글라우디오 황제가 로마로부터 유대인을 추방했을 것이다. 얼마 후에는 로마를 황폐화한 화재의 책임을 그리스도인들에게 돌릴 수 있을 정도로 네로와 사회 전반이 기독교의 존재를 충분히 알고 있었다.

그러나 이제 2세기 초반에는 기독교에 관심을 보이는 이교도 문서의 수가 늘어났다. 그중 가장 주목할 만한 것은 플리니가 트라야누스에게 보내는 서신과 황제의 답장으로서 앞에서 이미 언급한 것이다. 그에 대해서는 이후에 충분히 논의할 것이다. 전반적인 문화와 사회가 기독교를 바라 본 방식을 우리가 이해하도록 도와줄 다른 이교도 문서들이 곧 나타날 것이다.

그중 하나는 셀서스(Celsus)라는 이름을 가진 알려지지 않은 철학가의 저술이다. 그는 기독교에 대해 통렬하게 공격하는 『진정한 로고스』(*The True Logos*)를 저술했는데, 그것은 "진정한 말씀"(true word), "진정한 논문"(true treatises), 혹은 "진정한 이유"(true reason)라고 번역될 수 있다. 이 작품은 오로지 기독교 신학자인 오리겐(Origen)이 반박했기 때문에 알려졌다. 오리겐은 반박하면서 그것을 광범위하게 인용했다. 또한 유명한 의사 갈렌(Galen)과 신플라톤주의 철학자인 포피리(Porphyry)의 저술에도 기독교에 대한 중요한 공격이 있다.

포피리가 저술한 『그리스도인에 반대함』(*Against Christians*)은 일부만 남아있다. 여기에 다른 문서들에 있는 그리스도인과 그들의 신앙에 대한 다수의 짧은 언급들이 추가될 수 있다.

이교도들의 저러한 문서들 외에, 2세기에 오면, 기독교 자료들은 더 풍성하고 광범위해진다. 2세기의 전반부 동안, 가장 중요한 저술은 일반적으로 "사도시대 교부들"(Apostolic Fathers)이라고 알려진 저술 그룹과 보통 "2세기 헬라 변증론자들"(Greek Apologists of the Second Century)이라는 표제 하에 논의되는 또 다른 그룹의 것들이다. 사도시대 교부들의 저술 중, 우리는 이미 『디다케』와 『고린도 교회에 보내는 클레멘트의 서신서』를 언급했다.

이제 2세기로 들어가면서, 다른 사도시대 교부들인 안디옥의 이그나티우스(Ignatius of Anthioch), 서머나의 폴리캅([Polycarp of Smyrna], 그리고 그의 순교행전), 소위『바나바 서신서』(Epistle of Barnabas), 작자 미상의『디오그네뚜스에게 보낸 서신서』(To Diognetus),『헤르마스의 목자』(Shepherd of Hermas), 그리고 히에라폴리스의 파피아스(Papias of Hierapolis)의 단편들에서 중요한 자료들을 찾을 수 있다.『클레멘트 제2서』도 그것들 가운데 종종 포함된다.

그런데 이것은 제목을 잘못 붙인 것이다. 왜냐하면, 그것은 클레멘트가 쓴 것도 아니고, 서신서도 아니며, 오히려 작자 미상의 설교이기 때문이다. 따라서 이것은 아마도 현존하는 가장 오래된 기독교 설교일 것이다. 변증론자 중에서 가장 뛰어난 인물이자 예배와 유대교에 반대하는 기독교의 논쟁에 관해서 대부분 말하고 있는 사람은 저스틴 마터(Justin Martyr)로서, 그가 죽음을 맞이한 방식 때문에 이런 이름으로 불린다.

그러나 아리스티테스(Aristides), 타티안(Tatian), 아데나고라스(Athenagoras), 그리고 안디옥의 데오빌수스(Theophilsus of Anthioch)의 저작들에도 중요한 자료들이 있다. 변증론자들의 저술은 특히 귀중하다. 왜냐하면—신약과 여타 초기 기독교 문서들과는 대조적으로—그들은 자신들의 독자가 기독교에 관해서 많이 아는 것을 당연하게 여기지 않았기 때문에, 기독교 예배와 다른 관례들에 관해서 많은 것을 설명해 준다. 예를 들자면, 바울의 서신들에서 우리가 성찬식에 관해서 읽을 때, 우리가 읽고 있는 내용은 성찬식에 정기적으로 참여하는 사람들에게 전달된 것이기 때문에, 성찬식 중에 행해진 것을 말할 필요가 없었다.

이것은 오늘날 우리가 바울이 말한 것을 정확하게 이해하기 어렵게 만든다. 그러나 저스틴 같은 변증가가 이교도 독자를 위해 성찬식에 관해 저술했을 때, 그는 성찬식에 관해서 더 많은 것을 말해야만 했다. 그리하여 그는 그렇게 하지 않았다면 우리가 가지고 있지 못했을 정보를 제공한다.

이 외에, 또한 보통 외경의 복음서, 행전(acts) 그리고 묵시들로 분류되는 일련의 문서들이 있다. 이런 것은 일반적으로 대중적인 신앙성의 표현들이고, 종종 곧 기독교 정통이 될 것들로부터 떨어져 나온 것이다(예를 들면,

다양한 사도들의 소위 **행전**(*Acts*)의 대부분은 결혼에 대해 강한 반대를 표명하고, 완전한 성적 금욕 – 이후에 "극단적 금욕주의"(Encratism)으로 알려지게 된 것 – 을 주장한다). 이러한 문서 중 일부는 2세기에 기록된 것으로 보이지만, 대부분은 훨씬 이후의 저작들이다.

또한, 2세기 후반에 리온의 이레네오(Irenaeus of Lyon), 알렉산드리아의 클레멘트(Clement of Alexandria, 그리고 라틴 기독교 신학 어휘의 선구자인 카르타고의 터툴리안(Tertullian of Carthage)을 만나게 된다. 이들 각자는 다른 신학적 흐름을 대표하지만, 그들 모두 교회와 그 예배에 깊은 영향을 미쳤다. 그들의 글들은 세례, 회개 그리고 주기도문에 관한 논문들과 또한 세례를 위한 준비과정, 교회 생활에 있어서 아가페 혹은 사랑의 잔치 위치 그리고 여타 유사한 문제들을 우리가 이해하도록 돕는 논문들이다.

얼마 후인 3세기에, 우리 시대에 전달된 기독교 문서의 수가 폭발적으로 증가했다. 특정 사례 하나만 언급하자면, 미그네(J. P. Migne)가 편집한 유명한 『헬라 교부학』(*Greek Patrology*)에는, 이전부터 남아있는 것이 7권을 차지하기는 하지만 9권으로 된 오리겐의 작품이 있다. 그리고 이와 나란히 라틴 교부학도 있다. 2세기 말과 3세기 초에 살았던 터툴리안에 대한 2권의 저술 이후에, 2권의 키프리안(Cyprian), 1권의 아르노비우스(Arnobius), 그리고 2권의 락틴티우스(Lactintius)의 작품들이 있다.

이 저자들의 대부분은 2세기의 변증론적 전통을 이어갔고, 또한 다른 문제에 대해서도 저술했다. 키프리안의 광범위한 서신들은 그의 60여 개의 서신 외에도 그가 받은 서신뿐만 아니라 아마도 그가 썼을 종교회의의 서신 또한 포함된다. 이 방대한 문헌은 특히 예배의 다양한 측면에 주력한 다수의 논문과 또한 예배와 기도에 관한 그 외의 풍부한 언급들이 포함되어 있다.

3세기 초는, 또한 그 시기의 기독교 예배 연구에 가장 귀중한 문서가 될 수 있는 것, 즉 히폴리투스의 『사도전승』(*Apostolic Tradition* of Hippolytus)을 우리에게 남겨주었다. 연이어 취임한 로마 감독들과 충돌했고, 자신이 적

법한 감독이라고 주장했던 히폴리투스는 이제 로마 가톨릭에 의해서 성인으로, 동시에 대립 교황(antipope)으로 간주된다!

비록 그가 항상 다작 작가였다고 알려졌지만, 상대적으로 최근까지 남아있는 그의 단 하나의 작품은 『모든 이단에 대한 반박』(Refutation of All Heresies)뿐이었다. 그러나 학자들은 처음에 『이집트 교회법』(Egyptian Ecclesiastical Order)으로 알려진 고대 서적이 사실은 잃어버렸던 것으로 생각된 히폴리투스의 작품인 『사도전승』이라는 합의에 이르게 되었다. 이후에, 다양한 언어로 된 이 작품의 번역본들로 원래의 헬라어 텍스트를 재구성할 수 있게 되었지만, 그중 많은 것이 여전히 잃어버린 채로 있다.

그리하여 이 저술은 예전문제를 어느 정도 상세하게 논의하는 가장 오래된 현존하는 문서가 된다. 히폴리투스 자체가 확고한 보수주의자였기 때문에, 로마의 감독과 그의 갈등은 그들이 지나친 혁신을 도입하고 있다는 히폴리투스의 확신과 관계가 있었다. 히폴리투스가 3세기 초기에 쓴 것은 얼마 전 즉, 2세기 후반에 행해진 것을 반영하고 있다고 가정할 수 있다. 또한, 앞으로 다시 살펴보겠지만, 이 글이 많은 예전 관례들의 고대성을 증명하는 반면, 또한 공 예배와 개인기도 둘 다의 다양성과 복합성을 입증하기도 한다.

다음 장들에서 활용할 수 있는 이러한 풍부한 자료들로부터, 우리가 안전하게 결론을 내릴 수 있는 것은 지금 우리가 향하고 있는 기간은 어느 정도의 획일성으로 이어지는 과정으로 특징지어진다는 점이다. 그 과정의 일부는 교회 계급의 확립과 발전으로서, 그 결과 일부 신자들─감독, 장로(presbyter), 장로(elder), 그리고 집사(deacon)라는 직책을 가진─은 교회 행정뿐만 아니라, 교육과 예배도 책임을 진다.

감독들은 교회 간의 결속력을 위해 봉사하는 중요한 기능 역시 가질 것이다. 우리가 여전히 특히 3세기 초에 교회의 뛰어난 지도자들의 서신이 포함된 아주 광범위한 서간문을 가지고 있는 이유도 이 때문이다. 획일성을 향해 움직이는 이 과정의 일부로 신약의 정경도 정립되었다.

세례에 관한 장에서 보겠지만, 그리스도인이라고 주장하는 모든 사람의 정통성을 시험하려는 방편이 될 신조 공식들(creedal formulae)이 나타났다. 동일한 과정으로 예배에 어느 정도의 획일성을 추구하게 되었다. 설교의 방법과 스타일, 그리고 성경 해석의 문제(8장)에 관해서는 일치성을 위한 그러한 분투를 찾아보고 연구하기가 보다 어려워지지만, 우리가 지금 세례(9장)에 대해 알고 있는 것, 성찬(10장)에 대해 알고 있는 것들에서는 명확하게 보일 것이다. 그러나 우리 연구의 제2부가 끝나는 11장에서는 교회력의 발전과 예배 장소와 공간, 그리고 몇 개의 다른 주제들―불행히도 거의 알려진 것이 없긴 하지만 음악을 포함하여―을 다룰 것이다.

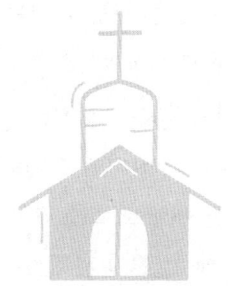

제8장

설교

2세기 중반에, 저스틴 마터는 티투스 황제와 다른 중요한 인물에게—실제로는 전체 로마인에게—전하는 신앙의 변증 또는 옹호에서 소문과 반대로 기독교 예배에 비합법적이거나 부도덕적인 어떤 것도 없다는 사실을 보여주기 위해 다음과 같이 기술한다.

일요일이라고 불리는 날에 도시나 시골에 사는 모든 사람은 한곳에 함께 모인다. 그런 다음 시간이 허락되는 한 사도들의 회고록이나, 선지자의 글들을 낭독한다. 낭독을 끝내면, 의장은 이러한 선한 일들을 따르도록 구두로 지시하고 촉구한다(*1 Apol. 67*; ANF 1:186).

한 세대 후에, 터툴리안은 "설교가 우선이고 세례는 그다음이다"(『세례에 관하여』[*On Baptism*] 14; ANF 3:676)라고 선포한다. 다른 곳에서 그는 "어디서건 … 참된 기독교 법과 신앙이 있는 곳에는, **거기에는**(*there*) 또한 참된 성서와 그들에 대한 주해가 있다"라고 기록한다(*Presc, ag, Heretics* 19; ANF 3:251-52). 그가 이러한 주장을 하는 근거는 교회는 "율법서와 예언서를 전도자들과 사도들의 저술과 함께 한 권으로 묶어서, 그 책으로부터 자신의 믿음을 들이킨다"는 점이다(*Presc, ag, Heretics* 36; ANF 3:260).

따라서, 우리가 지금 연구하는 시기에는 설교가 예배의 필수적인 부분이었다. 초대교회에서 다양한 예배 요소를 연구할 때, 장소와 교회에 따라서 차이가 있음을 보게 되는데, 설교에 관해서는 그런 차이점들이 훨씬 현저하다. 이전 장에서 보았고, 우리가 연구하는 제2부에 전반적으로 다시 나타나는 것처럼, 교회는 교육, 의식 그리고 조직에서 더욱 획일성을 추구했다.

하지만, 설교에서는 그런 획일성을 얻기가 훨씬 어렵다. 왜냐하면, 설교자들은 자신만의 스타일이 있고, 심지어 좋은 설교의 본질에 관해 의견이 달랐기 때문이다. 따라서 본 장에서는 2세기부터 4세기 초반까지의 기독교 설교를 일반적으로 묘사하기보다, 일련의 구체적인 사례들을 통하여 설교의 다양성을 보여주기 위해 노력할 것이다. 모든 설교가 예수 그리스도라는 같은 복음을 설교하지만, 각자 자기만의 스타일, 관심사, 관점을 가지고 있다.

그 기간의 설교 연구에 사용될 수 있는 자료들에 관해서는, 우리가 가지고 있는 자료들, 특히 2세기의 것은 더 이른 시기의 자료들과 아주 유사하다는 사실을 인정하는 것으로 시작해야 한다. 유대-기독교 기간의 설교에 관해서 말한 것 중 많은 부분이 바울과 다른 사람들이 교회에서 낭독되도록 썼던 서신에 근거한 것과 마찬가지로, 이 후기 기간에도-특히, 2세기에는-서신이 종종 설교의 역할을 했다. 설교가 본질에서 구두로 이루어지는 것이고, 또한 상황에 따르는 것-특정 시간과 장소에 있는 교회 앞에 놓여 있는 도전과 관계가 있으므로-이기 때문에 이 기간 초반의 매우 적은 설교들만 우리 손에 있다.

또한, 부분적으로는 종종 지나가는 상황들을 다루는 설교의 본질로 인해 기록된 것도 거의 없다. 만약 기록되었더라도, 아마도 쉽게 부패하는 물질 위에 기록되었을 것이고, 후세를 위해 그런 설교들을 유통하거나, 복사하는 일에 거의 관심이 없었을 것이다.

이 모든 것에도 불구하고, 몇 개의 2세기 설교들이 남아있다. 그것들은 그 시기의 모든 설교를 설명하고 있지는 않지만, 적어도 그 다양성을 보여주는 데는 유용하다. 게다가, 3세기에 들어가면, 역대 가장 위대한 기독교 학자 중의 한 사람인 오리겐의 엄청난 문학 작품이 있다. 다른 저자들이 인용하거나 언급한 것을 근거로 할 때, 거의 600편의 오리겐 설교가 고대에 유통되었다고 추산되지만, 이들 중 200편 미만이 남아있다. 여하튼, 3세기의 설교를 연구할 때 오리겐은 특별한 주목을 받을 가치가 있다.

1. 서신들과 설교들

유대-기독교를 다루었던 제1부에서, 우리는 신약의 서신들이 설교로 간주될 수 있다는 사실을 알게 되었다. 왜냐하면, 그 서신들은 회중 앞에서 큰 소리로 낭독될 의도로 기록된 것이기 때문이다. 바울이 고린도 교인들에게 편지를 썼을 때, 그는 그들 중 몇 명이 아니라, 그 도시의 교회 전체 회중을 대상으로 말했고, 자신의 편지가 교회 앞에서 낭독될 것을 기대했다. 골로새 교인들과 골로새 교회의 지체 중 한 사람이었던 빌레몬에게 쓴 서신들은 둘 다 교회에서 큰 소리로 낭독될 것이 분명히 예상되었다.

다른 말로 하자면, 바울이 오네시무스를 다루는 방식에 관해서 빌레몬에게 말한 것은 그에게 전한 개인적인 메시지일 뿐만 아니라, 또한 골로새 교회 전체가 알아야 할 내용이었다. 그들은 그 편지가 낭독되는 것을 듣고 그리스도 안에서 형제자매가 되는 것이 무엇을 의미하는지 알게 될 것이다.

2세기에도 마찬가지이다. 그 시기의 초기에 로마로 순교의 길을 가는 중에, 안디옥의 감독 이그나티우스(Ignatius)는 7개의 편지를 썼다. 6개는 교회에, 하나는 서머나(Smyrma)의 젊은 감독이었던 폴리캅에게 쓴 것이었다. 바울이 빌레몬에게 보낸 편지가 전체 교회를 대상으로 한 것과 마찬가지로, 이그나티우스가 폴리캅에게 보낸 편지도 폴리캅뿐만 아니라, 전체 교회를 대상으로 한 것이었다. 이것은 편지 끝의 인사말에서 볼 수 있다. 이그나티우스의 이러한 편지들은 그가 원래 보냈던 교회에서뿐만 아니라, 가까이 있는 다른 교회들에서도 낭독되었다.

곧 어떤 이가 그것들을 모았고, 그 편지들이 한 글로 묶여서 회람되었다.

얼마쯤 후에, 우리가 지금 연구하고 있는 기간이 끝날 때쯤, 가이샤랴의 유세비우스(Eusebius of Caesarea)가 이그나티우스와 그의 작품에 관한 광범위한 장에서 다음과 같이 선언했다. 안디옥의 감독이 로마로 가는 도중 새로운 장소에 도착할 때마다, 오류를 피하고 사도의 전통을 유지하도록 격려하면서 그곳에 있는 교회들에 간곡히 권고했다는 것이다. 유세비우스에 의하면, 이그나티우스가 편지를 쓴 것은 그들이 자신의 지시를 따랐는지 확인하기 위해서였다.

> 가장 엄격한 군사적 감시하에 아시아를 여행하면서, 그는 자신이 들른 다양한 도시에 있는 교구들을 설교와 권면으로 강하게 했다. 그는 그들에게 무엇보다도 그때 퍼지기 시작했던 이단들을 경계하라고 경고했고, 사도의 전통을 굳게 잡으라고 촉구했다. 게다가 그는 기록의 방식으로 전통을 증명할 필요가 있다고 생각했는데, 이는 보다 안전을 기하기 위해 고정된 형식으로 제공하기 위함이었다.
> 그래서 폴리캅이 있던 서머나에 도착했을 때, 그는 에베소 교회에 보내는 서신을 썼고, 거기에서 그는 그곳의 목사인 오네시모를 언급한다. 그는 매안더(Maeander) 강가에 있는 마그네시아(Magnesia)의 교회에 또 다른 편지를 쓰고, 내용 중에 다시 다마스(Damas) 감독을 언급한다. 마지막으로 그는 트랄(Tralles) 교회에 한 통의 편지를 썼는데, 그때 그곳의 감독은 그가 말한 바에 의하면 폴리비우스(Polybius)였다(『교회사』[Church History] 3:36.4.5; NPNF2 1:167-68).

유세비우스는 특히 이그나티우스가 구두와 편지 두 가지 방법 모두로 설교하고 가르쳤다고 언급한다. 오늘날 그의 편지를 통하여 울려 퍼지는 이그나티우스식의 설교는 그의 확고한 신앙을 보여 줄 뿐 아니라 그가 신앙을 각 장소의 상황과 연결하는 데 관심이 있었음을 보여준다. 이것은 그가 임박한 순교에 직면했던 로마에서, 로마인들에게 자신을 대신해서 개입하지 말 것을 요청했던 그의 유명한 『로마교회에 보내는 서신』(letter to the Romans)에서도 잘 볼 수 있다.

> 나를 들짐승의 밥이 되게 하소서. 그들로 말미암아 내가 하나님께 이르게 되리라. 나는 하나님의 밀이라, 내가 야수의 이빨에 갈리게 하소서, 그래서 내가 그리스도의 순전한 떡이 될 수 있도록 하소서(Ep. to the Romans 4; ANF 1:75).

교회의 일치와 감독의 권위에 대해 일관된 관심을 표하는 그의 다른 편지들에서도 이보다는 덜 드라마틱한 방식이긴 하지만 그의 신앙을 볼 수 있다.

순교와 같은 매우 중대한 사건을 다루는 일부 편지는 곧 유통되었고, 교회에서 설교만큼 많이 낭독되는 권면으로 활용되었다. 이그나티우스가 순교자로 죽고 오랜 세월이 흐른 뒤, 이그나티우스가 서머나에 편지를 썼을 당시 그곳의 젊은 감독이었던 폴리캅은 순교의 시간이 닥쳐왔을 때 이미 노인이 되어 있었다. 우리가 그 사건의 세부사항까지 알고 있는 것은 폴리캅이 생애 대부분을 보냈던 서머나의 교회가 폴리캅의 순교에 관한 이야기를 빌로멜리움(Philomelium)에 있는 교회에 써 보냈기 때문이다.

우리는 편지의 서두에서부터 그것이 널리 회람되고 교회 전체에서 읽히도록 의도되었다는 사실에 주목하게 된다.

> 서머나에 있는 하나님의 교회, 빌로멜리움에 있는 하나님의 교회에게, 그리고 모든 곳의 거룩하고 보편적인 교회(Holy and Catholic Church)의 모든 회중들에게: 성부 하나님과 우리 주 예수 그리스도의 긍휼, 평강, 그리고 사랑이 더하기를 원하노라(『폴리캅의 순교』[Martyrdom of Polycarp]) Salutation; ANF 1:39).

그러한 문서에 부여된 중요성과 복사 및 유포된 문서의 완전성에 대한 표지로서 이 문서의 가장 오래된 현존하는 원고의 마지막 구절을 인용할 가치가 있다.

> 이 일들은 폴리캅의 제자였던 이레니우스(Irenaeus)의 복사본으로부터 가이우스(Caius)가 필사한 것이다. 가이우스 자신은 이레니우스와 친밀하다. 그리고 나 소크라테스(Socrates)는 고린도에서 가이우스의 복사본으로부터 그것들을 필사했다. 은혜가 당신들 모두와 함께하기를.
> 그리고 다시 나 파이오니우스(Pionius)는 이전에 기록된 복사본을 신중하게 살펴보고 그로부터 그것들을 기록했다(『폴리캅의 순교』[Martyrdom of Polycarp] 22; ANF 1:43).

2세기 교회는 사도 시대로부터, 궁극적으로는 회당으로부터 받았던 관습, 즉 예배 중에 성경낭독, 해설, 그리고 적용에 시간을 할애하는 관습을 지속했다. 마찬가지로, 저명한 방문객이 있을 때, 그들은 성경과 신앙의 의미에 관해서 설교하도록 초청받았다. 바울의 초기 사역 중 비시디아의 안디옥(Antioch of Pisidia)에서 이것을 볼 수 있다.

이 관습이 바로 바울이 그의 편지, 즉 예수님에 관한 바울의 메시지를 받아들였던 특정 도시에 있는 사람들을 대상으로 하는 편지를 통하여 계속 행한 것이었다. 그리고 이제 이그나티우스 같은 지도자들이 동일한 관례를 계속 행했다.

그 세기가 거의 끝나갈 때, 터툴리안도-아마도 주후 197년경에 곧 순교할 일단의 수인들에게 메시지를 보냈을 때-그렇게 하곤 했다. 그들에게 보내는 터툴리안의 메시지는 명확하게 설교적 특성이 있다. 그는 다음과 같이 권면을 시작한다.

곧 순교자가 될 축복받은 이들에게: 우리의 어머니인 교회(Our Mother the Church)는 그 풍성한 가슴으로부터 여러분의 육체적 필요 중 일부를 공급했습니다. 그리고 형제자매들이 자신들의 개인적인 재정으로 여러분을 돕고 있습니다. 여러분의 영적인 필요를 위해서 내게서도 얼마간의 양식을 받으십시오. 이는 영은 굶주리고 육신은 만족하는 것이 좋지 아니하기 때문입니다. 연약한 육신이 공급받아야 하는 것은 당연하지만, 그것은 더 연약한 것이 여전히 경시되어야 한다는 의미는 아닙니다. 나는 여러분을 권면할 권리는 없지만, 검투사들조차 자신들의 감독뿐만 아니라, 그들을 응원하는 청중 속에 있는 미숙한 사람들에 의해서도 격려를 받습니다.

그렇습니다. 구경꾼 속에 있는 누구라도 유용하다고 증명될 수 있는 제안들을 외칠 수 있습니다. 축복받은 이들인 여러분에게 내가 첫 번째로 하는 그런 말은 여러분은 성령님을 근심하게 하지 말라는 것입니다. 그분은 이 감옥에 여러분과 함께 들어가셨습니다. 만약 성령님이 여러분과 함께 가시지 않았다면 여러분은 지금 거기에 있지 않았을 것입니다. 그러므로 성령님이 그곳에 머물도록 최선을 다하십시오. 성령님이 여러분을 여러분의 주님께로 이끄시도록 하십시오.

사실상 감옥은 마귀의 집이기도 합니다. 마귀의 가족이 그곳에 살고 있습니다. 여러분은 사악한 자를 자기 집에서 짓밟을 바로 그 목적으로 이 담 안에 들어갔습니다. 여러분은 야외의 치열한 전투에서 이미 그를 완전히 이겼습니다. 이제 그가 다음과 같이 혼잣말을 할 어떤 이유도 갖지 못하게 하십시오.

"이제 그들이 내 영역 안에 있다. 나는 그들이 변절하거나, 그들 사이에 불화를 갖도록 그들을 유혹할 것이다."

마귀가 여러분의 앞에서 날아가서 마치 넋을 잃고 훈제된 뱀처럼 쪼그라들고 약해져서 자신의 구덩이로 숨어들 것입니다. 그가 그의 왕국에서 여러분들 사이에 불화를 일으키는 데 절대 성공하지 못하게 하십시오. 그가 여러분이 평강으로 무장되고 강화된 것을 보게 하십시오, 이는 여러분 사이의 평강이 그와의 전투이기 때문입니다(『순교자들에게』[To the Martyrs] 1; ANF 3:393).

여기서 강조된 것이 자신들의 죽음을 통하여 그리스도께 증언하려고 하는 사람들 사이의 평강과 사랑의 중요성이라는 사실을 주목하라. 요구하고 있는 것은 그들의 믿음 안에 굳건히 남아있으라는 것이라기보다는, 평화와 화합 가운데 굳건히 남아있으라는 것이다. 개인의 강건함을 용감하게 증언하는 것이 자만심이나 악명을 추구하기 위해 일어난다면 이는 악이 승리하는 일이 될 것이다. 여기에 기독교의 삶과 예배의 집단적이고 공동체적인 본질에 대해 우리가 반복적으로 보았던 것의 더 많은 예가 있다.

2. 헤르마스의 설교

시도시대 교부들(Apostolic Fathers)에 포함된 문서 중 하나는 『헤르마스의 목자』(Shepherd of Hermas)이다. 이 책은 어떤 사람들은 성경이라고 간주하는, 우리가 가지고 있는 신약 중 가장 오래된 원고 중 하나인 **시나이 사본**(Codex Sinaiticus)이 그 일부를 포함하고 있을 만큼 권위가 있다. 헤르마스는 계급 조직 내에서는 어떠한 위치에 있었던 것으로 보이지는 않지만, 그의 형제인 비오(Pius)는 주후 141-155년까지 로마의 감독이었다.

사도시대 교부들의 책 중에서 가장 긴 그의 책은 주장을 따르거나 특정 입장을 설명한다는 의미에서는 사실상 책이 아니다. 오히려 논리적인 순서를 따르지 않고, 때로는 오히려 반복되는 "비전"(visions), "명령"(commandments)과 "비유"(similitudes)의 모음이다. 이것들은 원래 로마의 교회에서 헤르마스가 했던 예언이나 설교들의 모음집이었다는 여러 가지 징후가 있다. 여기서는 그 내용을 논의하지는 않을 것이다.

이 설교자의 주된 관심이 세례 후에 범한 죄의 문제라는 것을 말하는 것으로 충분하다. 중요한 것은 이 설교의 스타일이 바울이나 혹은 이그나티우스의 것과는 다르다는 사실을 주목하는 것이다.

  헤르마스가 보여주는 것은 일련의 환상 경험이다. 그것을 통해서 그는 교회에 메시지-너무나 많은 비전과 계시로 구성되어 있어서 그의 형제를 포함한 성직자들에게 아주 만족스럽지는 않았을 수 있는 메시지-를 전달한다. 사실상 이 책의 모든 구절이 헤르마스가 자신의 임무를 이해하고 있음을 보여주는 데 도움이 될 것이다. 전체 책에 자신의 이름을 부여했던 "목자"가 처음으로 등장하는 "비전" 시리즈의 끝부분에 좋은 예가 있다. 헤르마스는 자신의 경험을 다음과 같이 말한다.

> 내가 집에서 기도하고 의자에 앉은 후에. 한 사람이 들어왔다. 그는 외모가 빛났고, 흰 염소 가죽으로 된 목자 같은 옷을 입었다. 그는 어깨에 가방을 메고 손에는 막대를 가지고 있었다. 그가 나에게 인사했고, 나도 답례했다.
> 그는 내 옆에 앉아서 말을 했다.
> "나는 당신의 여생에 당신과 함께 머무르도록 가장 존귀한 천사로부터 보냄을 받았습니다."
> 나는 그가 나를 시험한다고 생각해서 그에게 말했다.
> "당신은 누구십니까?
> 왜냐하면, 나는 내가 맡겨진 분을 알기 때문입니다."
> 그가 나에게 물었다.
> "너는 나를 알지 못하느냐?"
> 내가 대답했다.
> "모릅니다."
> 그가 응답했다.
> "나는 네가 맡겨진 그 목자이다."
> 그리고 그가 말하고 있는 동안 그의 모습이 바뀌었고, 그런 다음에야 나는 그분이 바로 내가 맡겨진 분이라는 것을 알았다. 즉시 나는 혼란스러웠고, 공포에 휩싸였다. 나는 내가 그에게 그렇게 악하고 바보같이 말했던 것 때

문에 깊은 슬픔에 압도당했다.

그러나 그는 답하고 나에게 말했다.

"혼란스러워하지 말고, 내가 너에게 줄 계명으로부터 힘을 받아라. 왜냐하면, 나는 네가 전에 보았던 모든 것들, 특히 너에게 유용한 것들을 너에게 다시 보여주러 보냄을 받았기 때문이다.

첫째, 나의 명령과 비유와 내가 너에게 보여줄 다른 것들을 기록하라. 이 목적을 위해서 나는 너에게 명령과 비유를 기록하도록 명령한다.

둘째, 그것들을 쉽게 읽을 수 있고, 간직할 수 있을 것."

그래서 나는 그가 나에게 명령했던 명령과 비유들을 정확하게 기록했다. 만일 여러분이 이것들을 들었을 때, 이것들을 간직하고, 그것들 속을 거닐며, 순전한 마음으로 그것들을 실천한다면, 여러분은 주님이 약속하신 모든 것을 주님으로부터 받을 것이다. 그러나 만약 여러분이 그것을 들은 후에, 회개하지 않고 여러분의 죄에 죄를 더하는 짓을 계속한다면, 여러분은 주님으로부터 그 반대의 것들을 받을 것이다. 목자와, 회개의 천사까지도 이 모든 말들을 기록하라고 나에게 명하셨다(『목자』 비전 [*Shepherd* Vision] 5; ANF 2:18-19).

간단히 말하자면, 헤르마스의 목자에 있는 내용은 원래 일련의 설교나 예언적 발언이었던 것으로 보이는 것의 모음이다. 여기서 "예언적"(prophetic)이란 미래를 예측한다는 의미가 아니라, 하나님으로부터의 메시지를 전달한다는 의미이다. 일반적으로 그들은 바울이나 이그나티우스보다 훨씬 상징적이고, 이러한 의미에서 요한계시록에 더 가깝다.

3. 클레멘트 제2서

사도시대 교부 중에서 이미 논의된 고린도 교회에 보내는 클레멘트의 서신 외에 동일한 저자가 동일한 청중에게 보낸 것이라고 주장되는 또 다른 문서가 있다. 학자들은 이 문서가 클레멘트의 작품도 아니고, 실제로 고린도 교인에게 보내는 편지도 아니라는 데 동의한다. 그것은 오히려 설교이다. 그리고 그 연대를 주후 140년부터로 추정할 수 있으므로, 아마도 우리가 가지고 있는 것 중 가장 엄격한 의미에서는 심지어 최초의 설교라고 할 수 있다.

여기서는 유대-기독교 세계를 떠나는 것이 분명하다. 왜냐하면, 저자가 자신과 자신의 청중이 이전에 이교도였다는 사실을 분명히 해두기 때문이다.

> 우리는 돌, 나무 금, 은, 동, 즉 인간의 손으로 만든 작품을 이해하고 경배하는 일에서 어리석었습니다. 우리의 인생은 다름 아닌 죽음이었습니다. 우리는 눈이 멀었고, 우리 눈앞에 그런 어둠이 있었지만, 우리는 다시 보게 되었습니다. 그분의 의지로 말미암아 우리는 우리를 감싸고 있던 구름을 옆으로 치워버렸습니다. 이는 그분이 우리를 불쌍히 여기시고 자비롭게도 우리를 구원하셨기 때문입니다.
> 그분은 우리가 얽혀있는 많은 오류와 우리가 파멸에 노출된 것을 보셨습니다. 우리에게는 그분으로부터 우리에게 주신 구원 외에는 아무런 소망이 없었습니다. 그분은 우리가 존재하지 않을 때 우리를 부르셨고, 우리가 무로부터 실질적인 존재가 될 것을 소망하셨습니다(『클레멘트의 2서』 1; ANF 10:251).

이사야 54장 1절로부터 시작해서 이 설교자는 하나님을 몰랐던 이런 사람들 사이에서 기독교가 성장하는 것을 기뻐했다.

우리 민족은 하나님으로부터 쫓겨난 것으로 보였지만, 이제 믿음으로 말미암아, 우리는 하나님을 소유한다고 여겨지는 사람들보다 훨씬 많다(『클레멘트의 2서』 2:3; ANF 10:251).

다시 말하자면, 그리스도를 아는 이방인들이 이제 이스라엘의 자녀들보다 훨씬 많다. 이는 선지자들의 약속이 예수님 안에서 성취되었음을 주장하는 것으로, 틀림없이 초기 기독교 설교의 주요 주제였을 것의 표본을 제공한다. 그러나 때로는 유대인이 예수님을 메시아로 받아들이지 않음으로써 잘못을 저질렀다는 것을 논하기도 하고, 때로는 비록 예수님이 최근에 세상에 오셨지만, 기독교는 이교도 신앙의 가장 오래된 뿌리를 훨씬 넘어서는 깊은 뿌리를 가지고 있다고 주장하기도 한다.

설교의 나머지 부분은 영생은 이 세상의 지나가는 삶보다 훨씬 중요하고, 이 삶에서 우리가 우리 몸으로 하는 것은 무엇이나 영원한 의미가 있다고 주장한다.

첫째, 영생에 관해서 이름 없는 설교자는 "이 세상의 육체에 머무는 것은 짧고 무상한 것이지만, 앞으로 올 왕국의 나머지 부분과 영생이라는 그리스도의 약속은 위대하고 멋지다"라고 선포한다(『클레멘트의 2 서』 2:3; ANF 10:252).

둘째, 몸의 중요함이라는 요지에 관해서는 그는 다음과 같이 기록한다.

여러분 중의 누구도 바로 이 몸이 심판받지 않거나 부활하지 않는다고 말하지 않도록 하십시오. 여러분이 육신을 가지고 있지 않다면, 어떤 상태로 구원을 받았을지, 어떤 상태로 시력을 얻게 되었을지를 생각하십시오. 따라서 우리는 육신을 하나님의 성전으로 보존해야만 합니다. 여러분이 육신에 있을 때 부름을 받았으므로, 여러분은 또한 육신으로 심판받게 될 것입니다. 우리를 구원하신 주 그리스도께서, 비록 그분이 처음에 영이었고

육신이 되었지만, 우리를 이렇게 부르셨으므로, 우리도 이 몸으로 보상을
받을 것입니다(『클레멘트의 제2 서신서』 2:3; ANF 10:253).

유사한 기대들 후에, 문서는 그것이 사실상 설교였다는 것을 보여주는
말로 끝을 맺는다.

> 그러므로 형제자매들아 믿읍시다. 우리가 살아계신 하나님의 시험 속에서
> 현재의 삶에서 힘쓰고 단련을 받습니다. 의인 중 누구도 속히 열매를 받은
> 자가 없고, 다만 그것을 기다렸습니다. 이는 만약 하나님이 의인에게 즉시
> 보상하신다면, 우리가 실천하는 것은 경건이 아니라 상업이기 때문입니다.
> 그것은 마치 우리가 경건이 아니라, 이득을 좇기 때문에 의인이라고 여겨지
> 는 것과 같이 될 것입니다. 이러한 이유 때문에, 하나님의 심판이 불의한 자
> 의 영을 좌절시키고 결박을 강하게 하셨습니다.
> 우리에게 구주와 영생의 창시자를 보내시고, 또한 그분을 통하여 하늘의 빛
> 의 진리를 나타내셨던 진리의 아버지이자, 보이지 않는 단 한 분이신 하나
> 님께, 영광이 그분께 세세 무궁토록 함께 하시기를. 아멘(『클레멘트의 제2 서
> 신서』 2:3; ANF 10:256).

4. 바나바 서신서와 알렉산드리아학파의 알레고리

사도시대 교부들의 또 다른 문서는 『바나바의 서신서』(*Epistle of Barnaba*)
라는 제목을 가지고 있다. 그러나 그것은 서신도 아니고, 바울의 동료인
바나바의 작품도 아니다. 그것은 설교로 보인다. 그러한 경우에 그것은 가
장 오래된 현존하는 기독교 설교라는 명예를 두고 『클레멘트 제2서』(*Second Clement*)와 경쟁할 수 있다. 클레멘트의 이름을 지닌 두 통의 편지가 신
약의 알렉산드리아 사본에 나타나는 권위를 부여받은 것처럼, 『바나바의

서신서』도 신약의 **시나이 사본**에 포함된다.

『디다케』에 나타난 "두 가지 길에 대한 문서" 역시 『바나바의 서신서』의 일부이다. 이들 중 첫 번째의 두 길은 생명과 죽음의 길이고, 후자의 두 길은 빛과 어둠의 길이라는 것이 차이점이다. 또한, "두 가지 길에 대한 문서"가 『디다케』에서는 시작 부분에 있으므로 그것이 세례 전에 받는 세례 교육의 기능을 가졌다는 것을 보여주지만, 『바나바의 서신서』에서는 끝에 있으므로 그것이 원래 문서에 나중에 붙여진 부록이라는 결론에 이르게 한다.

이 바나바의 서신의 형식은 조밀하고, 혼란스럽다. 저자는 고대 수사법에 관해서 어느 정도 알고 있는 것으로 보인다. 그가 그 수사법들을 너무나 반복적이고 엄격하게 적용했기 때문에, 스페인어로 번역하는 사람들 중 한 사람(다니엘 루이즈 부에노[Daniel Ruiz Bueno])은 그 책은 지루하고, 그것을 번역하는 일은 진정으로 문학을 포기하는 작업을 대표하는 것이라고 선언하도록 자극시킬 정도였다.

학자들은 그것을 아마 알렉산드리아나 그 부근의 성명 미상인 신자의 저작으로 돌리려는 경향이 있다. 그 주된 이유는 그것이 알레고리를 과도하게 사용했다는 데 있고, 알렉산드리아가 곧 알레고리로 알려지게 되기 때문이다.

이것은 유대교와 그 율법에 대한 문서의 반복적인 공격의 일환이다. 왜냐하면, 알레고리를 통해서 이스라엘의 성경과 유대교 자체에 대한 문자적 해석을 제쳐두는 것은 물론, 심지어 그것을 비난하고 조롱하기가 쉬워지기 때문이다.

이 거짓 바나바가 할례에 대해 말하는 것은 그가 이스라엘의 나머지 율법에 대해 생각하는 바를 보여준다.

> 하나님은 할례가 육에 속한 것이 아니라고 선언하셨지만, 악한 천사가 그들을 미혹했기 때문에 그들은 죄를 지었다(『바나바의 서신서』(*Ep. of Barnabas*) 9.4; ANF 1:142).

이스라엘 성경의 알레고리적인 해석에 의해 뒷받침되는 이 편지의 반(anti) 유대 어조는 교회 역사의 저 초기 세기에 그리스도인이 유대교에 반대해서 썼던 것 중 최악의 것 중 하나다. 저자는 하나님은 이스라엘을 그 죄 때문에 버리셨다는 것을 확신한다. 그는 심지어 "하나님의 아들이 그래서 이 목적, 즉 그분의 선지자들을 죽음에 이르기까지 박해했던 자들의 죄의 총합을 해결하시려"(『바나바의 서신서』(Ep. of Barnabas) 5.1; ANF 1:140)는 목적으로 육신으로 오셨다고 선포하기까지 한다.

이 모든 것의 결과는 어리석다시피 한 알레고리적 해석이고, 아주 쉽게 반증될 수 있는 문제에 대해 분명히 무지한 것이다. 저자가 목초 동물학의 오류에 근거하여 이스라엘의 음식물 법에 관해서 말하는 것을 인용함으로써 이를 충분히 보여줄 수 있다.

> 그들이 이런 것들을 먹으면 안 된다는 하나님의 명령이 없습니까?
> 있습니다. 그러나 모세는 영적인 차원에서 언급했습니다. 그는 "돼지 같은 사람과 함께 하지 말라"는 의미로 돼지를 지칭한 것입니다. 왜냐하면, 즐겁게 살 때 그들은 자신들의 주님을 잊어버렸지만, 곤궁할 때는 하나님을 인정했기 때문입니다. 그리고 같은 방식으로, 돼지도 포식했을 때는 주인을 잊어버리고 주리면 부르짖습니다. 음식을 받자마자 돼지는 다시 조용해집니다.
> 또한 "너희는 하이에나를 먹어서는 안 된다." 그가 의미하는 것은 "너희는 간음한 자, 혹은 타락한 자가 되지 말라, 그렇지 않으면 너희는 그들과 같이 된다"는 것입니다.
> 왜 그렇습니까?
> 왜냐하면, 그 동물은 매년 자신의 성을 바꾸고, 한 번은 수컷이 되었다가 다음번에는 암컷이 되기 때문입니다.
> 모세가 얼마나 법을 잘 제정했는지 보십시오.

그러나 그들이 이러한 것들을 이해하고 파악하는 것이 어떻게 가능했겠습니까?

그래서 우리는 그의 계명을 올바르게 이해하고 주님이 의도하신 대로 설명합니다. 이 목적 때문에 그는 우리의 귀와 마음을 할례해서 우리가 이러한 일들을 이해하도록 했습니다(『바나바의 서신서』[EP. of Barnabas] 10; ANF 1:143-44).

이러한 알레고리적 해석은 이 설교의 익명 저자의 독창적인 창작은 아니다. 왜냐하면, 알렉산드리아 최고의 유대 지식인 중 일부에 선구자가 있었기 때문이다. 그들은 이스라엘의 성경이 위대한 헬라 철학자와 유사한 지혜로 가득하다는 것을 보여주기 위해서 알레고리를 사용했다.

어떤 식으로는, 『바나바의 서신서』가 한 것은 단순히 이교도에 반대하는 알렉산드리아 유대 지식인들의 고대 논쟁 중 일부를 취하여 그것을 유대교 자체에 대한 공격으로 돌린 것이다. 2세기 말까지, 알렉산드리아의 그리스도인들은 성경을 가장 잘 해석하기 위해서는 유사한 노선을 따라야만 한다고 확신하였다.

내내 알렉산드리아의 가장 중요한 신학자였던 오리겐이 이러한 경향을 북돋우고 강화했다. 그는 알레고리적 해석의 대가였고, 그의 글은 『바나바의 서신서』의 많은 부분을 반영한다. 바나바의 이전 인용문과 평행을 이루는 구절에서, 오리겐은 이스라엘의 음식물 법을 유사한 방식으로 설명한다. 그러나 바나바처럼 어처구니없는 사실의 오류는 범하지 않는다.

이러한 이해에 따라서, 만약 우리가 지극히 존귀하신 하나님께서 인간에게 율법을 선포하셨다고 말한다면, 나는 그 법의 제정이 하나님의 위엄에 합당한 것으로 보일 것으로 생각합니다. 그러나 만약 우리가 문자 그대로의 의미를 지키고, 그에 따라 유대인이나 혹은 대중이 성문법으로 아는 것을 받아들인다면, 나는 하나님께서 그런 법들을 주셨다고 말하거나 고백하는 것이 부끄러울 것입니다. 왜냐하면, 인간의 법들이, 예를 들어, 로마의 법이나 아테네의 법이거나, 스파르타의 법이거나, 훨씬 우아하고 합리적으로 보이기 때문입니다. 그러나 만약 하나님의 율법(Law of God)이 교회가 가르치는 이러한 이해에 따라 받아들여진다면, 그것은 분명히 모든 인간의 법을 능가할 것이고, 참으로 하나님의 법이라고 믿어질 것입니다. 그리고 영적 이해에 대한 이러한 첫 열매와 더불어, 우리가 여러분에게 상기시키는 것처럼, 정하고 부정한 동물들에 관해서 간단히 말해봅시다.

"굽이 갈라진 모든 소와 소 중 굽이 있고 새김질하는 것들은 너희가 먹을지라. 더욱이 새김질은 하나, 갈라지지 않은 굽을 가진 것들은 먹지 말라. 낙타는 사실상 새김질을 하지만, 굽이 갈라지지 아니하였으므로 너희에게 부정하다. 토끼는 새김질하지만, 굽이 갈라지지 아니하였으므로 너희에게 부정하다. 그리고 고슴도치는 새김질하지만, 굽이 갈라지지 않았으므로 너희에게 부정하다. 그리고 돼지는" 등등이라고 말합니다. 따라서 부분적으로는 정하고, 부분적으로는 부정한 이런 종류의 동물을 먹지 않아야 한다고 결정합니다. 예를 들어, "낙타는 새김질하기 때문에" 정한 것으로 보이지만, "굽이 갈라지지 않았다"는 사실 때문에 "부정한 것"으로 불립니다. 이러한 것들 후에 그것은 "토끼"와 "고슴도치" 둘 다의 이름을 들고 저들은 "씹고 새김질하지만", "굽이 갈라지지 않는다"고 확실히 말합니다. 그러나 그것은 반면에 "굽은 갈라졌지만", "새김질을 하지 않는" 것들의 또 다른 목록을 만듭니다.

따라서, 우선 그것이 정한 것으로 부르는 "새김질하고 굽이 갈라진" 것이 어떤 것들인지 봅시다. 나는 지식에 유념하고, "주님의 율법을 주야로 묵상하는" 사람이 새김질하는 사람이라고 생각합니다. 그러나 여기 본문에서 그것이 어떻게 진술되었는지 들어보십시오. "무엇이든지 굽이 갈라지고 새김질하는 것이다"라고 되어있습니다. 그러므로 문자에 따라 읽은 것들을 영적인 의미에 적용하는 "그는 새김질하고", 가장 낮고 보이는 것들로부터 보이지 않는 것들과 더 높은 것들로 올라갑니다. 그러나 만약에 여러분이 신성한 법을 묵상하고 읽은 것을 정확한 영적인 이해에 적용하지만, 여러분의 삶과 행위가 현재의 삶과 미래의 삶, 이 세대와 "다가올 세대"를 분별할 능력이 없고, 여러분이 합당한 이유로 이러한 것들을 분별하고 분리하지 않는다면, 여러분들은 묵상을 통하여 신성한 법을 이해하지만, 현재와 미래를 나누거나 분리하지 않고 "좁은 길"과 넓은 길"을 분별하지 않는 혼란스러운 낙타일 뿐입니다.

그러나 지금까지 말한 것을 훨씬 정확하게 설명해 봅시다. 자신들의 입으로는 하나님의 언약을 취하는 사람들이 있습니다. 비록 그들의 입에는 하나님의 율법이 있지만, 그들의 삶과 행동은 그들의 말과 설교와 크게 다릅니다. "이는 그들이 말하고 행동하지 않는 까닭이라."

이들에 관해서 선지자가 이르되, "그러나 하나님이 죄인에게 말씀하시기를 '너는 왜 나의 의로움을 해석하고 나의 언약을 네 입에 두느냐?'"

그러므로 여러분은 이 사람이 어떻게 하나님의 언약을 그의 입속에서 새김질했던가를 봅니다.

그러나 다음에서 그에게 무엇이라고 말씀하십니까?

"그러나 너는 훈계를 싫어하고, 내 말을 네 뒤로 던졌다."

이 말에서 이 사람은 사실상 "새김질했지만", "굽은 갈라지지 않았다"는 것, 그리고 이 이유로 그와 같은 자는 누구나 부정한 자라는 사실을 분명히 보여줍니다.

그리고 다시 한번, 우리 종교의 밖에 있거나, 혹은 우리와 함께 있는 사람 중 또 다른 사람이 있는데, 그들은 사실상 굽이 갈라지고, 자신들의 삶에서 전진하여 오는 세대를 위해 자신들의 행위를 준비하는 사람들입니다. 많은 사람이 철학자로부터 이같이 배우고 장래의 심판이 있다고 믿습니다. 이는 그들이 불멸의 영혼을 인식하고 모든 선한 사람들에게 약속된 보상을 고백하기 때문입니다. 이단 중의 일부도 이렇게 행합니다. 그리고 그들이 그것을 기대하는 한, 그들은 미래의 심판을 두려워하고, 하나님의 심판에서 심사를 받을 수 있도록 자신들의 행동을 더 조심스럽게 억제합니다. 그러나 이들 중 누구도 "묵상하거나", "적용하지도" 않습니다.

하나님의 율법에 기록된 것을 듣고도, 그는 그것을 묵상하지 않고, 예리하고 영적인 이해로 그것을 적용하지 않습니다. 그러나 그가 어떤 것을 들을 때, 즉시 그것을 경멸하거나, 업신여기고 훨씬 일반적인 말 속에 얼마나 귀중한 이해가 숨어 있는가를 추구하지 않습니다. 그리고 "굽이 갈라졌지만", "새김질하지 않는"자들은 사실상 죽습니다. 그러나 순전하길 원하고, 삶이 지식과 일치되고 조화롭게 하며, 이해한 바에 따라 행동하기를 원하는 여러분은 "새김질하고" 그리고 "굽을 가를" 뿐만 아니라, "굽을 만들거나" 혹은 "굽을 버릴 수 있습니다"(『설교』[Homilies] 7.5.7-6.5; FoC 83:147-49).

그 구절은 다양한 음식물 법에 관한 유사한 세부사항들의 긴 목록으로 이어진다. 하지만 인용된 내용만으로도 오리겐과 그가 고취했던 알레고리적 성경 해석의 오랜 전통이 영적 방식으로 본문을 읽음으로써 그렇게 하지 않았더라면 어려웠을—혹은 그의 말에 따르면 "부끄러웠을"—것을 해석했고, 본문에 나타난 어려운 내용을 어떻게 다루었는지 충분히 알 수 있다.

『바나바의 서신서』와 오리겐 둘 다에서 발견되는 이러한 해석은 결국 일반적으로 기독교의 전통 해석학의 일부가 되었지만, 알렉산드리아와 플라톤주의가 성행하였던 다른 지역들에서 생겼던 신학의 특별한 특징이었다. 이러한 지역에서 기독교 해석자들은 많은 이가 무의미한 법을 가지고 있다고 선포하는 이스라엘의 성서가, 실상은 합리적인 사람이라면 누구나 따라야 하는 현명한 원칙을 제공한다는 사실을 보여주는 데 일부 관심이 있었을 것이다.

그런 해석이 실제로 복수의 이방인을 믿음으로 인도한다는 것은 의심할 여지가 없다. 왜냐하면, 많은 반기독교 선전이 바로 그들의 성서가 무의미하고 심지어 우스꽝스럽다는 것이기 때문이었다.

알렉산드리아의 클레멘트(Clement of Alexandria)가 그런 경우였다. 오리겐의 선생이고 선구자였던 클레멘트는 오랫동안 "진정한 철학"을 추구하는 중에 성서를 영적으로 해석함으로써 그런 철학을 제시할 수 있는 한 그리스도인을 만났다고 선포했다.

이후에 이것은 암브로스(Ambrose)의 알레고리적 해석으로부터 동일한 영향을 받았던 어거스틴(Augustine)의 경우에도 마찬가지일 것이다.

이것은 알레고리 사용에 있어서 바나바의 서신과 오리겐 사이에 현저한 차이점이 있음을 보여준다. 바나바는 깊은 생각으로부터 도피하기 위해 알레고리를 사용한다. 그래서 심지어는 다양한 동물에 관한 대중적인 소문을 확인하는 시간조차 가지지 못한 것처럼 보이기까지 한다. 반면에 오리겐은 대화할 수 있고, 필요하다면, 당대 지식인 중 최고와 토론할 수 있도록 당시 최고의 지식을 활용하였다.

바나바의 대상이 된 청중을 알기는 불가능하지만, 그들이 고도의 교육을 받고 지식이 풍부한 사람들이라고 생각하기는 어렵다. 오리겐은 지식인 엘리트를 대상으로 했고, 그의 강의를 듣기 위해 먼 나라들에서 사람들이 올 정도로 명성이 퍼져있었다. 그중에는 황제의 어머니도 있었다.

게다가, 오리겐의 "영적" 해석은 그를 성경의 텍스트를 무시하도록 이끌지 않았고, 오히려 그 정반대였다. 만약 단어들에 숨겨진 대립이 있다면, 그들 각각에 신중한 주의를 기울이고 사람들이 가능한 한 최상의 성경 본문을 사용하는지 확인해야 했다.

이것이 바로 오리겐이 지식인 엘리트들 사이에서 철학자와 신앙의 수호자로서 나아가면서도, 또한 교회가 배출한 최초의 성서학자라고 해도 과언이 아닐 정도로 성경을 신중하게 연구하는 데 오랜 시간을 투자했던 이유이다.

그와 동시대의 사람 중 일부에 의하면, 그는 어린 시절부터 성경을 외웠다고 한다. 텍스트와 몇 개의 번역을 여섯 개의 병렬 열에 배치한 성경인 그의 『헥사플라』(Hexapla)는 또한 본문에 있는 변형들을 보여주는 역할을 한 일련의 발음 구별 부호도 포함했다.

성경에 대한 이러한 신중한 연구의 결과로서 오리겐의 알레고리적 해석은, 비록 종종 텍스트의 문자적 의미로부터는 벗어나지만, 일반적으로 성경의 일반적인 메시지에 충실한 결론으로 귀결된다. 이것은 아마도 다음에 나오는 누가복음 4장 14-20절에 대한 설교에서 볼 수 있다. 이것은 전체를 인용할 가치가 충분하다.

우선, "예수께서 성령의 충만함을 입어 요단강에서 돌아오사 광야에서 사십 일 동안 성령에게 이끌리셨다." 그분이 여전히 마귀와 싸우고 있었기 때문에, 그분이 그에게 시험을 받으실 때에, "영"(spirit)이란 단어가 아무런 까닭도 없이 두 번 기록되어 있습니다. 그러나 그분이 성경에 언급한 3번의 시험과 싸우고 이기셨을 때, 그 다음에 성령(Spirit)에 대해서 강조하고, 신중하게 쓰인 것을 보십시오. 그 구절은 "예수께서 성령의 능력으로 돌아가시니"라고 말합니다. "능력"이 첨가되었습니다. 왜냐하면 예수님이 용을 짓밟고, 백병전으로 유혹자를 정복했기 때문입니다. 그래서 "예수께서 성령의 능력으로 갈릴리에 돌아가시니 그 소문이 사방에 퍼졌고, 친히 그 여러 회당에서 가르치시매 뭇 사람에게 칭송을 받으시더라"라고 합니다.

여러분이 "친히 그 여러 회당에서 가르치시매 뭇 사람에게 칭송을 받으시더라"는 구절을 읽을 때, 그들만 복 받을 줄로 생각하고 여러분은 그분의 가르침을 빼앗긴 거로 생각하지 않도록 주의하십시오. 만약 성경이 참이라면, 주님은 유대인의 회중이 있는 그곳뿐만 아니라, 오늘날, 이 회중에도 말씀하십니다. 그리고 예수님은 이 회중에서뿐만 아니라, 온 세상에 있는 다른 모임에서도 가르치십니다.

예수님은 그분이 가르칠 수 있도록 도구를 찾으십니다. 예수님이 나 또한 찾으시도록 기도하십시오. 그분이 나도 찾아서 온후해지고 노래를 잘 부를 수 있도록 기도해 주십시오! 죽을 수밖에 없는 인간에게 예언이 필요할 때, 전능하신 하나님은 선지자를 찾으시고 그들-예를 들어, 이사야, 예레미아,

에스겔, 그리고 다니엘을 발견하십니다. 그래서 예수님은 도구를 찾으셔서 그들을 통해서 회당에 있는 사람들에게 그분의 말씀을 가르치거나, 지시하시고, 모두에게 칭송을 받으십니다. 예수님은 단지 한 지역에서 알려지셨던 그때보다 지금 훨씬 더 "모든 사람에게 칭송을 받으십니다."

그러자 곧, "예수께서 그 자라나신 곳 나사렛에 이르사 안식일에 늘 하시던 대로 회당에 들어가사 성경을 읽으려고 서시되, 선지자 이사야의 글을 드리거늘 책을 펴서 이렇게 기록된 데를 찾으시니, 곧 '주의 성령이 내게 임하셨으니, 이는 이런 이유로 내게 기름을 부으셨기 때문이라.'" 예수님이 두루마리를 펴시고 자신에 관한 그 예언들을 말하는 장을 찾은 것은 전혀 우연이 아니었습니다. 이것 또한 하나님의 섭리셨습니다. 왜냐하면, 성경이 이르기를 "아버지가 허락하시지 아니하면 참새 한 마리도 땅에 떨어지지 아니하리라"와 사도들의 "머리털까지도 다 세신 바 되었기" 때문입니다. 그래서 아마 이것 또한 우연히, 혹은 어쩌다가 아니라, 하나님의 섭리와 뜻에 따라 일어난 것으로 생각하지 않으면 안 됩니다. 정확하게 이사야의 글을 찾았고, 다른 것이 아닌 그리스도의 신비에 관해서 말하는 것을 낭독했습니다. "주의 성령이 내게 임하셨으니, 이는 이런 이유로 내게 기름을 부으셨기 때문이라."

왜냐하면, 이러한 말씀을 하신 이가 그리스도이기 때문입니다.

그래서 우리는 그분이 선지자를 통해서 말씀하시고, 이후에 회당에서 자신에 관해서 선포하신 저 일들이 무엇인지 숙고해야만 합니다. 그분은 말씀하십니다.

"그분은 가난한 자에게 복음을 전하게 하시려고 나를 보내셨습니다."

"가난한" 자는 이방인을 나타냅니다. 왜냐하면, 그들이 사실상 가난하기 때문입니다. 그들에게는 아무것도 없습니다. 하나님도, 율법도 선지자도 공의도, 그리고 나머지 미덕도. 하나님께서는 왜 가난한 자에게 복음을 전파하라고 그분을 보내셨습니까?

"포로된 자에게 자유를 전파하도록."

우리는 포로였습니다. 오랫동안 사탄은 우리를 결박했고 포로로 잡아두고, 자기에게 복종시켰습니다. 예수님은 "포로 된 자에게 자유를 선포하고, 눈먼 자에게 다시 보게 함을 전파하려고" 오셨습니다. 그분의 말씀과 그분의 가르침의 선포가 눈먼 자를 보게 합니다. 그러므로 그분의 "선포"는 "포로 된" 자뿐만 아니라, "눈먼" 자인 대중으로부터(아포 코이노[ἀπό κοινό[apo koino]) 이해되어야만 합니다.

"눌린 자를 자유롭게 하도록…"

어떤 존재가 예수께서 고쳐주시고 보내신 사람처럼 억눌리고 짓눌렸습니까?

"주의 은혜의 해를 전파하게 하려고…"

텍스트의 단순한 의미를 따라, 어떤 이는 구주는 유대에서 복음을 단 1년만 전파하셨고, 이것이 "여호와 은혜의 해와 보복의 날을 전파하기 위하여"라는 구절이 의미하는 바라고 말씀하십니다. 그러나 아마도 신성한 말씀은 여호와 해의 전파에 어떤 신비를 숨겼을 것입니다. 왜냐하면, 우리가 세상에서 지금 보는 것과 같지 않은 다른 날(day)들이 올 것이고, 다른 달(month)들이 있을 것이고, 초하루(Kalends)의 순서가 다를 것이기 때문입니다. 그러한 것들이 다른 것과 마찬가지로 또한 하나님을 기쁘시게 할 해가 있을 것입니다. 그러나 이 모든 것은 우리가 "하나님의 은혜로운 해"에 올 수 있도록 선포되었습니다. 그때 우리는 눈먼 후에 볼 것이고, 사슬로부터 자유롭게 되며, 우리의 상처를 치유 받을 것입니다.

그러나 예수님께서 이 구절을 읽으신 후, 그분은 "두루마리"를 말아서 그 맡은 자에게 주시고 앉으셨습니다. 이제 또한, 만약 여러분이 원한다면, 여러분의 눈은 이 회당에서 여기 이 집회 중에 계신 구주에게 고정될 수 있습니다. 왜냐하면, 여러분이 마음속의 보는 힘을 지혜와 진리, 그리고 하나님의 독생자(God's Only-Begotten)에 대한 묵상으로 향하게 할 때, 여러분의 눈은 예수님을 응시합니다. "회당에 있는 자들이 다 그를 주목하여 보더라"라고 성경이 증언하는 회중은 복이 있도다!

이 모임에 그런 간증이 있기를 저는 얼마나 간절히 바라고 있겠습니까? 모든 이(세례 예비자, 신자, 여자, 남자, 어린아이들)의 눈-육신의 눈이 아니라, 영혼의 눈-이 예수님을 응시하기를 바랍니다. 왜냐하면, 여러분이 그분을 바라볼 때 여러분의 얼굴은 그분의 시선으로부터 나오는 빛으로 빛날 것이기 때문입니다. 여러분은 "오 주님, 당신의 얼굴의 빛이 우리에게 흔적을 남기셨습니다"라고 말할 수 있을 것입니다. 그분에게 영광과 권능이 세세 무궁토록 있기를 빕니다. 아멘(*Homilies on Luke* 32; FoC 94:130-33).

이 짧은 설교(homily)에서, 오리겐은 훌륭한 솜씨로 그 구절과 의미를 명확하게 분석한다. 알레고리적 해석을 이용하면서도, 그는 성경 구절에 깊이 들어가 청중들을 인도하여 텍스트가 이야기하는 경험에 참여하도록 한다. 그는 청중을 개인적인 신자로서가 아니라 공동체적인 회중으로 상대하고, 그렇게 함으로써 그들을 그 회당의 경험으로 데리고 가서 회중이 당시 겪고 있던 경험을 회당의 경험과 연결한다.

따라서 이것은 텍스트를 무시하는 알레고리적 해석이 아니라, 반대로 텍스트를 현재의 삶과 그리고 회당에 있던 사람들의 경험을 지금 그 메시지를 듣고 있는 회중의 경험과 관련시킨다.

5. 사르디스의 멜리토(Melito of Sardis)

2세기 후반에 사르디스의 감독이었던 멜리토(Melito of Sardis)는 이름난 변증론자이었음이 틀림없다. 170년경에 그는 황제 마르쿠스 아우렐리우스(Marcus Aurelius)에게 변증론을 썼고, 몇 개 남아 있지 않은 단편으로 볼 때 그것은 문학적 보석으로 보인다. 그 변증론과 사실상 그가 썼던 다른 모든 것이 사라진 것은 유감이다. 다양한 인용 때문에 그 존재가 알려졌지만, 찾지 못했던 그의 설교 중 하나가 몇십 년 전에 발견된 것은 행운이었다.

일반적으로 『유월절에 관하여』(*On Passover*) 혹은 『유월절 설교』(*Paschal Homily*)로 알려진 이 설교는 이스라엘의 많은 역사에 대한 반-시적(semi-poetic)인 해석으로서, 모든 것이 그리스도를 가리키는 표지로 보인다.

그러나 이것이 알레고리적 해석이 아니라는 사실을 인식하는 것이 중요하다. 여기서는 이미 묘사했던 유형론적 해석-이야기된 사건들과 이스라엘의 성경에 규정된 율법을 역사적 실제로 인정하지만, 동시에 그 속에서 앞으로 올 것의 유형, 표지, 그림자, 혹은 선포를 이해하는 해석-이다.

이 설교에서 십자가와 예수님의 승리를 강조한 것, 그리고 전통적으로 부여받았던 이름으로 보아 이 설교가 연례 부활절 기념행사에서 행해진 설교였다는 결론에 이를 수 있다. 이것은 합리적인 추측이지만-여전히 추측일 따름이다. 왜냐하면, 어떤 다른 주일에도 성경낭독과 성찬식 기념 사이에 설교할 수 있었기 때문이다.

이 설교의 본질을 고려할 때, 이것을 이해하는 최선의 방식은 그 상당 부분을 인용하는 것이다. 첫 번째 유월절 이야기가 낭독되었다는 사실을 우리에게 알려주는 간단한 서론 후에, 멜리토는 다음과 같이 말한다.

> 그러므로 사랑하는 여러분이여.
> 어떻게 이 신비가
> 새롭고도 오래된 것인지,
> 영원하고 일시적인지,
> 필멸이고 또한 불멸인지,
> 필사이고 또한 영생인지를 아십시오.
> 그런 것이 유월절의 신비입니다.
> 그것은 율법에서 오래된 것입니다.
> 그러나 그것은 말씀(Word)에서 새롭습니다.
> 표상으로서 죽지만
> 은혜 덕분에 영원합니다.

양이 도살되었기 때문에 썩기 쉽지만,

죽은 자 가운데서 부활하셨기 때문에 영생입니다.

율법은 오래된 것이지만,

말씀은 새롭습니다;

표상은 죽지만

은혜는 영원합니다.

양은 반드시 죽지만,

주님은 영생하십니다.

....

그리고 율법은 말씀이 되었습니다.

그리고 오래된 것은 새로운 것이 되었습니다.

....

이것이 주님의 신비입니다.

옛적부터 예표로 보였고

그리고 표상으로 수난을 당했지만

이제 성취되었기 때문에 믿어집니다.

비록 어떤 이는 그것이 새롭다고 믿지만.

왜냐하면, 주님의 신비는 새롭고도 또한 오래된 것이기 때문입니다:

율법 때문에 오래되었고,

그런데도 은혜 때문에 새롭습니다.

예표를 연구하십시오,

그리고 그 속에서 여러분은 그분과 그것의 성취를 보게 될 것입니다.

주님의 신비를 알기 위해서,

그분처럼 죽임당한 아벨을,

그분처럼 묶인, 이삭을,

그분처럼 팔렸던 요셉을,

그분처럼 벌거벗은 모세를,

그분처럼 박해받은 다윗을,
그리고 그리스도를 위해서 그분처럼 수난당한 선지자들을 보십시오.
그리고 이집트에서 살해당한 양을 보십시오,
그의 피로 이집트는 목숨을 빼앗기고,
이스라엘은 구원받았습니다.
멜리토, 『유월절에 관하여』(On Pascha) 2-4, 7, 58-60

이 설교에서 우리가 보는 것은 유형론적인 해석의 설득력 있는 예시이다. 멜리토의 해석은 저스틴이 일찍이 그의 트리포와의 논쟁(debate with Trypho)에서 다음과 같이 선포했던 것을 설명한다.

성령님은 때때로 미래의 예표로서 행해져야만 하는 어떤 것을 일으키셨습니다(『트리포와의 논쟁』[Dial. with Trypho] 114.1; ANF 1:256).

성령님은 말씀으로뿐만 아니라, 행동으로 말씀하신다는 저스틴의 견해는 『바나바의 서신서』의 알레고리적 해석과는 명확하게 다르다. 왜냐하면, 그것은 율법과 고대 이스라엘의 의식들은 틀림없이 하나님이 주신 것이고, 바나바가 말하는 것처럼 악한 천사들에 의한 것이 아니라고 확신하기 때문이다. 그리고 동시에 저런 법들과 의식들이 새로운 출애굽과 이제 이방인을 포함하는 백성을 선포했기 때문이다.

본장의 끝에 이르러서, 우리는 2세기와 3세기에 여러 가지 형태의 설교가 있었다는 것을 알 수 있다. 어떤 이는 헤르마스가 그랬던 것처럼 의미를 설명해야 할 필요가 있는 비전과 비유로 말했다. 『바나바의 서신서』의 알려지지 않은 저자처럼, 어떤 이는 이스라엘의 성경을 알레고리적 해석의 출발점으로 취했고 그의 거친 비행은 종종 현실과 거의 관계가 없었다. 멜리토의 예에서 본 것처럼, 다른 이들은 그리스도와 교회를 가리키는 표지로서 히브리 성경에 있는 사건과 율법에 그들의 관심을 집중했다. 또한,

다른 이들은 성경에 대한 박식한 알레고리적 해석의 방식으로 기독교가 당대 최상의 철학에 동의한다는 것을 증명하고자 했다. 이 일에서는 오리겐이 가장 탁월했었다.

따라서 교회 전체적으로 신약의 정경을 발전시키고, 성직 계급의 권위를 증진하며, 이단이라고 간주하는 견해들에 반하여 공동의 신앙을 확인하기 위해 세례의 신조를 제정하고, 그 외 많은 다른 방법으로 더 큰 획일성을 추구하고 있었지만, 설교 자체는 종종 다른 목적, 청중, 그리고 상황들을 반영하면서, 그런 획일성과는 거리가 멀었다.

하지만, 우리가 가지고 있는 그 시기의 몇 개의 설교와 다른 문서들에서 반복적으로 나타나는 한 가지 핵심, 즉 목적이 있다. 그 목적은 회중이 자신을 고대 이스라엘처럼 하나님이 약속하신 미래를 향하여 한 몸으로 행진하는 광대한 하나님의 백성의 일부로서 이해하는 데 도움이 되도록 성경을 해석하는 것이다.

제9장

세례

1. 새로운 상황들: 세례 예비자과정

유대-기독교로부터 대부분 이방인 개종자로 구성된 교회로의 변화는 세례 의식에 중요한 결과를 가져왔다. 사도행전에서 오순절 날 성령의 강림 직후에 수천 명이 세례를 받았다는 것을 읽을 때, 우리는 그 1세기 내내 세례를 통하여 교회에 합류한 사람들이 대부분 유대인이었다는 사실을 종종 잊어버린다.

빌립과 베드로가 각각 세례를 주었던 에티오피아인이나 백부장처럼 혈통으로는 이방인이었던 그 사람들은 적어도 하나님을 경외하는 사람들, 즉 얼마 동안 성경과 이스라엘의 신앙을 알고 따랐으나, 유대교 개종자가 되지는 않았던 사람들이었다. 왜냐하면, 유대인과 하나님을 경외하는 사람들 모두에게 기독교 세례를 받기 위해서 요구되는 것이, 사도들이 선포했던 것처럼, 메시아에 관해서 이스라엘에 하셨던 약속이 예수님 안에서 성취되었다는 확신일 것이기 때문이다.

그런 사람들은 유일신론, 하나님이 창조하신 세상, 혹은 다른 유사한 교리에 관한 어떠한 교육도 필요하지 않았다. 그들은 이 하나님이 의로움, 정의 그리고 사랑을 요구하신다는 사실을 배울 필요가 없었다. 또한, 그들은 이제 하나님을 경외하는 사람들이 세례를 통하여 자신들의 유산이 될 수도 있는 이스라엘의 역사에 관해서도 배울 필요도 없었다.

이 모든 것은 기독교가 이교도 이방인 인구 속으로 침투하기 시작함에 따라 빠르게 변했을 것이다. 주류 문화인 다신교에서 형성되고 그 문화의 도덕성만 이해했던 사람들이 교회에 합류하려고 결심했을 때, 더한 노고가 없이는 쉽게 받아들여질 수가 없었다. 이런 사람들에게는 적어도 기독교 교리와 삶에 대한 기본 지식이 필수적이었다. 그리고 심지어 그런 지식으로도 충분하지 않을 것이다. 왜냐하면, 그들은 사적인 삶과 공적인 삶 둘 다에서 많은 것을 조정할 필요가 있었기 때문이다.

그들은 또한 이스라엘의 역사를 배워야 했다. 그리고 그 역사 속의 하나님 행위가 어떻게 교회와 사회에서 하나님의 임재와 행위를 현재로 인식하는 데 있어 기초가 될 수 있는지를 배워야 했다.

3세기 중반에, 원래 이방인이었던 키프리안(Cyprian)은 "우리는 이미 족장들을 우리의 조상으로 생각하기 시작한다"라고 선언했다(『죽음에 관하여』[On Mortality] 26; ANF 5:475). 한 신자는 이제 상속자가 되었고, 특정 역사, 즉 하나님의 백성의 역사의 일부였다. 그 역사와 전통을 배우고, 그러한 사건들과 그들 자신의 경험과의 관계를 이해하기 위해서 이방인 개종자들에게는 헌신과 교육이 요구되었다.

상황의 급격한 변화로 인하여 교육과 교리 교육을 점점 더 강조하게 되었다. 교육은 의심할 여지 없이 기독교에 항상 중요했다. 이것은 바울이 갈라디아 교인에게 다음과 같이 말한 것에서도 볼 수 있다.

> 가르침을 받는 자는 말씀을 가르치는 자와 모든 좋은 것을 함께 하라(갈 6:6).

마찬가지로 누가도 데오빌로에게 자신이 편지를 써 보내는 것은 "각하가 배웠던 것에 관해서 더 확실하게 하려 함이라"고 말한다(눅 1:4). 이미 진술했지만, 『디다케』의 초반부인 "두 가지 길에 대한 문서"는 신자를 위한 교육의 지침으로 고안되었다. 그러나 이제 2세기에는, 필수 교육이 그 문서가 제안했던 것과 같은 몇 개의 도덕 교육을 훨씬 넘어섰다. 지금 필요한 것은 세례를 위한 교육과 준비의 전체 과정이었다. 두 개의 추가적인 요인 때문에 이러한 필요가 생겼다.

첫째, 당시 사람 중 일부는 다양한 사교에서 종교적 경험과 입회의식을 수집하듯 경험하고 다녔다. 이것은 이러한 관행에 대한 풍자적 조롱이기도 한, 루키우스 아풀레이우스(Lucius Apuleius)의 소설인 『변형담』, 혹은 『황금 당나귀』(*Metamorphoses or the Golden Ass*)에서 명확하다. 그런 태도에 반대하여, 교회는 단지 호기심에서, 혹은 단순히 새로운 종교적 경험을 추구하고자 합류해서는 안 된다는 것을 사람들에게 확실히 해야 했다.

둘째, 세례 준비를 위한 체계를 발전해야 했던 중요한 이유는 박해가 늘 가능했고, 그리고 종종 그것이 현실이었던 시기에, 세례를 받는 사람들은 사회적 압박이나 심지어 죽음에 대한 위협에도 자신들의 신앙을 버리지 않을 만큼 신앙에 있어 충분히 확고해야 했다. 박해의 기간들 사이에 교회에 상대적인 평화의 시기가 있었다는 바로 그 사실로 인해 일부 사람들은 평화의 시기에 쉽게 세례를 요청하게 되었고, 박해의 시기에는 교회와 그의 신앙을 버리게 되었다.

이러한 상황으로 인해 세례를 위해 사람들을 준비시키는 과정이 생겼고, 그것은 우리가 연구하는 전체 기간 내내 계속해서 진화했다. "세례 준비를 위한 신앙교육"(카테케시스[catechesis])이라는 단어가 "교육"(teaching)을 의미했기 때문에, 이런 교육을 받는 사람들은 "세례 예비자"([카테쿠먼]catechumens)로, 그리고 과정 자체는 "세례 예비자과정"([카테쿠머네이트]catechumanate)으로 불렸다.

우리가 여기서 연구하는 많은 주제가 그런 것처럼, 세례 예비자과정도 원래는 다양성을 보이다가 좀 더 획일성을 보이는 방향으로 서서히 발전하였다. 일반적으로 우리가 연구하는 기간 세례 예비자과정은 장소와 시간에 따라 다양했다. 313년 이후인 다음 기간에서야 상대적으로 획일적인 세례 교육과정이 나타난다.

　이것은 특히 세례 예비자과정의 다양한 단계, 혹은 그들의 진보에 따른 분류에서도 마찬가지이다. 확실한 것은 2세기에 세례를 준비하는 사람을 "세례 예비자"로 부르는 것이 일반적으로 되었다는 사실이다. 그것은 교회가 특히 강력했고, 다른 교회들이 따를 모범을 보였던 제국의 네 개의 큰 도시인 로마, 카르타고, 알렉산드리아, 안디옥에서도 마찬가지였다.

　2세기부터 4세기가 시작될 때까지 세례 예비자과정의 발전을 따라가는 일은 그러한 다양성으로 인해, 또한 기록된 자료가 거의 없으므로 어렵다.

　교회 생활의 조직 방식을 다루는 문서들은 일반적으로 "교회령"(church orders)이라고 불리고, 세례 예비자과정 또한 이에 해당한다. 그런 모든 문서 중 이미 언급한 『디다케』를 제외하고, 콘스탄틴 황제 이전의 것, 즉 이 특정 시기에 속하는 것으로서 우리가 가지고 있는 단 하나의 문서는 히폴리투스의 『사도전승』이다. 3세기 초로 거슬러 올라가는 이 문서는 세례 준비와 성찬식, 그리고 세례 자체도 다루기 때문에, 본서 제2부의 세례와 성찬식 연구를 위한 기본적인 자료이다.

　히폴리투스는 항상 행해져 왔다고 생각했던 것을 유지하거나 복원시키기 위해 글을 썼던 보수주의자였기 때문에, 비록 그의 글이 200년대 초반으로 거슬러 올라가지만, 사실상 2세기 후반에 로마에서 이미 행해졌던 것을 설명한다는 것이 공통된 의견이다. 그러나 이것이 히폴리투스가 묘사한 것이 반드시 다른 곳들의 관례이기도 하다는 점을 의미하지는 않는다.

　다른 교회령들에 관해 말자면, 그들 중의 몇몇은 비록 4세기에 기록되었지만, 3세기에 이미 행해졌던 것에 관해서 언급하고 있을 가능성이 상당히 크다. 그러나 이것은 판단하기가 쉽지 않고, 그래서 그런 문서는 신중하게 사용되어야 한다.

　그러한 주의사항을 유념한 후, 세례 예비자과정은 우리가 지금 연구하는 시대의 꽤 이른 시기에 발전되기 시작되었다는 사실을 여전히 주장할 수 있다. 이미 2세기에 저스틴 마터는 다음과 같이 기록했다.

우리가 가르치고 말하는 것이 진실임을 설복되어 믿고, 그에 따라 살기를 바라는 모든 사람들은 그들의 지나간 죄의 사면을 위해서 금식으로 하나님께 기도하고 간청하라는 말을 듣는다. 그리고 우리도 그들과 함께 기도하고 금식한다. 그런 다음 그들은 물이 있는 곳으로 이끌려 와서, 우리 자신이 중생했던 동일한 방식으로 중생한다(*1 Apol. 61*; ANF 1:183).

이런 몇 개의 단어들은 회개와 금식뿐만 아니라, 교육과 동행("우리도 그들과 함께 기도하고 금식한다")을 요구하는 세례를 위한 준비 기간이 있었다는 사실을 보여준다. 그 기간 동안 세례 예비자는 교리뿐만 아니라 실제 삶에 관한 문제에서도 기독교의 가르침을 배워서, "그에 따라 살 수 있도록"(live accordingly) 해야 했다.

저스틴이 쓴 그 외의 글에서 그가 그리스도인이 이스라엘의 역사, 즉 이제 교회에서 성취되고 있는 것의 유형이나 모형을 아는 것이 매우 중요시 했음을 알 수 있다. 그러나 저스틴은 교육, 회개 그리고 금식이 얼마나 오래 지속하였는지는 말해 주지 않는다.

저스틴이 로마에서 그의 『변증』(*Apology*)을 썼던 약 50년 후에, 판테누스(Pantenus)라는 학자가 알렉산드리아에 정착했다. 가이샤랴의 유세비우스에 따르면 판테누스는 그곳에서 "신자들을 위한 학교"를 이끌었다. 이것이 세례를 받기 위한 사람들을 준비하는 교리 교육 학교인지, 혹은 오히려 이미 교회의 일원인 사람들을 위한 연구와 토론의 중심이었는지는 명확하지 않다.

어느 정도 후에 클레멘트가 그곳에 도착했다. 그는 원래 아테네 출신이었는데 생애 대부분을 알렉산드리아에서 보냈기 때문에, 보통 "알렉산드리아의 클레멘트"로 알려져 있다. 알렉산드리아에 도착하기 전에, 클레멘트는 오랫동안 "진정한 철학"을 추구하는 지적 순례를 수행했다.

처음에는 클레멘트가, 다음으로 오리겐이 알렉산드리아의 그 학교를 이끌었다. 그러나 공식적으로 설립된 하나의 학교가 있었는지, 혹은 오히려 후에 "알렉산드리아의 교리 교육 학교"로 통합된 학교에 저명한 선생들의 계열이 있었는지는 약간의 논쟁이 있다. 분명히, 셉티무스 세베루스(Septimus Severus)의 박해로 인하여 클레멘트가 그 도시를 떠날 수밖에 없었을 때, 학교는 폐쇄되었다.

그러나 클레멘트에게 교리 교육은 너무나 중요했던 것이 틀림없다. 왜냐하면, 바울이 고린도서에서 자신이 젖으로 먹이고 밥으로 아니 하였다고 말한 구절의 주석에서, 클레멘트는 다음과 같이 말한다.

> 우리는 널리 퍼져있는 복음의 선포를 젖이라고 간주할 수 있다. 믿음은 교육을 통하여 견고한 기초가 된다. 교육은 듣는 것보다 훨씬 중요하고, 그것은 영혼 자체에 고기처럼 단단한 자양분을 공급한다(교사[The instructor] 1.6; 물 2:219).

얼마 후에, 당시 18살이었던 오리겐이 세례 예비자를 훈련하는 책임을 맡게 되었다. 그의 명성이 커지자, 오리겐은 고전 철학자들의 학교와 유사한 학교를 설립하였다. 하지만 그는 이전에 자신의 제자였고, 이후에 알렉산드리아의 감독이 된 헤라클라스(Heraclas)에게 세례 예비자의 훈련을 맡겼다. 2세기 말까지, 알렉산드리아에는 세례를 받기 위한 세례 예비자들의 준비를 포함한 상당히 발달한 교육 프로그램이 있었던 것이 분명하다.

오리겐은 철학 학교에 들어갈 때 요구되는 것과 교회에 들어갈 때 요구되는 것을 비교하면서, 이 프로그램에 관해서 다음과 같이 언급한다.

> 대중들에게 미덕을 행하라고 촉구하는 데 있어서 그리스도인들이 철학자들보다 낫지 않은지 보자. 철학자들은 공개적으로 가르치고 그들의 청중에 관해서는 선택의 여지가 없다. 누구라도 서서 들을 수 있다. 하지만 그리스도인들은 가능한 한 자신들의 청중이 되기를 원하는 사람들의 영혼을 시험한다. 그리스도인들은 그런 사람들을 개인적으로 가르친 후, 그들이 공동체에

들어가기 전에, 경건한 삶을 살려는 열망이 있다는 증거를 충분히 제시했는지 확인한다.

그런 후에 그들이 소개되고, 이제 두 개의 반이 있다. 한층 더한 정화를 필요로 하는 초급자들 반과 두 번째는 그리스도인들이 인정하는 것만을 바라고 있음을 최대한 보여줬던 사람들로 이루어진 반이다. 이러한 사람들 중에 일부는 합류하기를 바라는 사람들의 삶과 행동을 점검하도록 지명된다. 이것은 공적 집회에 들어가는 일에서 추문이 일어나지 않도록 막아주지만, 진정으로 고결하기를 원하는 사람들이 전심으로 환영받을 수 있도록 함으로써, 그들이 더욱 나아질 수 있게 된다(*Ag. Celsus* 3.51; ANF 4:484-85).

전체 구절과 그 맥락은 오리겐이 언급하는 두 번째 그룹은 세례를 받은 사람들로서 그들 중 일부는 다른 사람들, 즉 세례 예비자들을 감독하고 가르치는 임무를 부여받는다는 결론에 이르게 한다.

북아프리카에서 제국의 권력 중심지인 카르타고(Cartage)에서는 세례 예비자와 세례를 받은 사람들 사이에 명확한 구별이 있었다. 이것은 이단과 교회를 떠났던 다른 사람들에 대한 터툴리안의 비판에서 볼 수 있다.

터툴리안에 의하면, 이런 사람들 가운데, "누가 세례 예비자이고 누가 신자인지 의심스럽다. 그들은 모두 동일하게 들어가고, 동일하게 들으며, 동일하게 기도한다. 만약 그들 사이에 이교도가 있다 하더라도 심지어 그들도 똑같이 할 것이다"(*Presc. ag. Heretics* 31; ANF 3:263).

터툴리안의 말은 우리로 하여금 첫째, 세례예비자는 누구인지. 둘째, 세례예비자과정의 입학이 어떤 식으로 표시되는지. 그리고 마지막으로, 그들의 교회예배 참석에 대해서 숙고하게 한다. 첫째 문제인 세례 예비자의 자격에 관한 첫 요구 사항은 세례 예비자과정에 입학하고자 하는 사람은 그에 적합해야만 한다는 것이다. 이것은 그리스도를 믿는 신자들에게 기대되었던 삶을 영위할 준비가 되지 않은 어떤 사람도 배제할 것이다. 이러한 맥락에서 히폴리투스의 다음과 같은 말들은 명확하다.

말씀의 청자(hearer)로서 받아들여질, 신앙의 새 개종자들을 사람들이 모이기 전에 우선 선생에게로 데려온다. 그리고 그들은 자신들이 신앙을 받아들인 이유에 관해서 점검을 받을 것이다. 그리고 그들을 데려온 사람들은 그들이 말씀을 들을 충분한 능력이 있다는 것을 입증해야 한다. 그들의 삶의 본질에 관한 조사가 이루어질 것이다. 어떤 남자에게 한 명의 부인이 있는지 여부와, 혹은 노예인지의 여부. 만약 그가 신자의 노예이고, 주인의 허락을 받았으면, 그를 받아들이도록 하라.

그러나 만약 그의 주인이 그의 성품을 좋게 평가하지 않는다면, 그를 거부하라. 만약 그의 주인이 이교도이면, 말씀이 모독받지 않도록 노예가 그의 주인을 기쁘게 하는 것을 배우게 하라. 만약 어떤 남자에게 한 부인이 있거나, 어떤 여자에게 한 남편이 있다면, 그 남자가 자신의 부인에 만족하도록, 그 부인이 자신의 남편에 만족하도록 배우게 하라. 그러나 만약 남자가 결혼하지 않았다면, 그가 법적으로 한 부인과 결혼하든지, 아니면 지금처럼 그대로 있게 함으로써 불결함을 삼가는 것을 배우게 하라.

그러나 어떤 사람이 귀신에 사로잡혀 있으면, 깨끗해지기 전까지 그는 청자로서 받아들여질 수 없다. 신앙으로 받아들여질 수 있도록 인도된 사람의 직업과 사업에 관해서 또한 조사가 이루어질 것이다. 만약 어떤 사람이 포주라면 그는 그만두거나 거부당해야 한다. 만약 어떤 사람이 조각가이거나 화가라면, 우상을 만들지 않는다고 고발당할 것이다. 만약 그가 그만두지 않는다면 그는 거부당해야 한다. 어떤 남자가 배우이거나 무언극을 하는 자라면, 그는 반드시 그만두거나 거부당해야 한다.

어린 애들의 교사는 그만두는 것이 최선이겠지만, 만약 그가 다른 직업이 없다면, 그는 계속하도록 허락받을 수 있다. 전차를 모는 전사와 마찬가지로, 경주하거나 습관적으로 경주를 하는 자는 그만두어야만 하고, 그렇지 않으면 거절당해야 한다. 검투사나 검투나의 훈련사나 혹은 [야수 쇼의] 사냥꾼이나, 혹은 이러한 쇼에 관련이 있는 자는 누구나, 혹은 검투사 전시회의 담당 공무원은 반드시 그만두어야 하고 그렇지 않으면 거부당해야만 한다(*The Apostolic Tradition of Hippolytus* 16; trans B.S. Easton [Cambridge: Archon Books, 1962], hereafter *Ap, Trad*).

이 텍스트는 이교도 성직자, 병사들, 치안판사들, 마술사, 점성술사, 점쟁이 그리고 마법사들을 배제하면서 동일한 말로 계속된다. 마지막으로 이 목록이 완료되지 않았다는 것과 누가 세례 예비자과정에 입학할 수 있을지를 결정하는 사람들은 성령의 지도하에 그렇게 해야만 한다는 점을 덧붙인다.

『사도전승』은 후보자가 교사 앞에 나타나야 한다고 말한다. 하지만, 3세기로 거슬러 올라갈 가능성이 있지만, 4세기의 것일 가능성이 더욱 큰 문서로서 시리아에서 행해진 것을 반영하는 것으로 보이는 『클레멘트의 승인』(*Clementine Recognition*)에 의하면, 후보자는 감독 앞에만 나타나야 한다.

어떤 사람이 세례 예비자과정에 들어가는 것이 어떻게 표시되었는지는, 그 시기의 텍스트들에 거의 기록이 없다. 하지만, 4세기의 교회령이 그 이전 시기에 행해졌던 것을 충분히 반영하고 있을 가능성이 매우 높다.

분명히 로마에서는 후보자의 얼굴에 입김을 불면서 구마를 선언하는 것이 관례였다. 그런 다음 그들에게 십자가의 성호와 함께 이마에 도유를 하고, 축성된 약간의 소금을 입에 넣는다.

아마도, 이탈리아의 다른 지방에서는 후보자의 귀에 안수했고, 그들이 배워야 할 것을 듣고 적절하게 살 수 있도록 요청하는 기도가 이루어졌을 것이다.

이탈리아와 밀접한 관계가 있는 북아프리카에서는 새로운 세례 예비자들은 십자가의 성호와 안수로 표시를 받았다.

그리스 동부(Greek East)에서는 소금도, 기름도 사용되지 않았지만, 새로운 세례 예비자들을 위해서 기도가 이루어지는 동안 그들에게 안수했다. 어디서든지, 이것은 보통 회중이 모인 앞에서 행해졌다.

시간이 지나면서, 특히 4세기에는 그런 관례들이 더욱 획일적으로 되었다.

세례 예비자가 예배에 참석하는 것에 관해서, 모든 현존하는 텍스트들은 그들이 성경이 낭독되고 해설되는 예배의 첫 번째 부분 — 궁극적으로 "말씀 예전"이라고 불렸던 — 에만 참석이 허락되었다는 결론으로 인도한다.

그러나 그들은 성찬식이 거행되는 예배의 두 번째 부분인 "주의 만찬 예전"(Service of the Table)에서는 배제된다. 이것은 오래된 관습으로 보인다. 왜냐하면 『디다케』에서 다음과 같이 명확하게 지시하고 있기 때문이다.

> 주님의 이름으로 세례를 받지 않은 자는 아무도 여러분의 감사례(Eucharist)에서 먹거나 마시지 못하게 하라(Didache 9.5; ANF 7:380).

적어도 일부 지역에서는, 성경낭독과 해설 후에 단지 "청자"이거나 관심 있는 사람들이 해산된 후에, 예배에 남아있도록 허락을 받은 세례 예비자들을 위한 공간이 따로 준비되었다.

히폴리투스의 『사도전승』에서는 세례예비자들은 신자들의 평강과 화목의 표지였던 평화의 키스 시에, 참여를 허락받지 못했다. 왜냐하면, 그들의 키스는 정결하지 않다고 여겨졌기 때문이다. 일부 지역, 적어도 시리아에서는 세례예비자들끼리 서로 키스했지만, 이것도 신자들이 나눴던 거룩한 평화의 키스와 동등하다고 간주되지는 않았다(모든 경우에서, 키스는 단지 동성(same gender)사이에서만 있었다).

그런 다음 그들을 위한 특별한 기도와 — 보통 그들의 교육을 인도했던 교사의 안수 후에 — 세례 예비자들은 해산되고, 세례를 받은 사람들만 남았다. 또한, 일부 고대 문서들은 세례 예비자들은 성경의 낭독과 그 설명을 주의 깊게 듣고, 그리고 이후에 교사나 교리 교육자에 질문하기 위해서 질문사항들을 잘 기억해야 한다고 제안한다.

세례 예비자과정의 지속기간에 관해서도 차이들이 있었다. 위에서 인용했던 저스틴의 구절은 세례를 받은 후에 따르는 행사들의 순서에 대해서만 말하고, 걸리는 시간에 대해서는 말하지 않는다. 『사도전승』은 이것이 적어도 3년이어야 한다고 말한다. 그러나 또한 예외도 허락한다.

> 세례 예비자는 말씀의 청자로서 3년을 지내야 한다. 그러나 어떤 사람이 열정적이고 자기 일에 잘 인내한다면, 결정의 요소는 시간이 아니라 그의 인격이다(*Ap.Trad.* 17).

많은 텍스트가 세례 예비자과정의 기간을 줄이는 다양한 이유를 언급한다. 심지어 더 큰 획일성이 추구되었던 4세기 이후에도, 그런 관례들은 다양한 지역에 따라 달랐다.

3세기 중반에는—분명히 처음에는 로마와 서방에서, 그 후에 나머지 교회에서—세례 예비자과정이 끝날 무렵에 몇 주를 따로 설정하여 감독으로부터 직접 교육을 받는 관습이 생겼다. 이 교육 기간은 "신조의 수여와 반환"(*traditio et reditio symboli*)이라고 불리는 것으로 끝냈다. 이 과정에서 세례 예비자들은 신조를 배웠고, 그런 다음 그것을 교사에게 "되돌려 주었다"(return).

이것은 그들이 기독교 신앙의 본질을 이해하고 받아들였다는 것을 보여주는 것이고, 세례 준비의 중요한 일환이었다. 왜냐하면, 세례받는 그 행위 자체에서 세례 예비자는 그 신조를 확인해야 했기 때문이다(로마에서 사용되었던 신조는 역사가들이 지금 "고대 로마 신조"[Old Roman Symbol]라고 부르는 것으로, 이후에 여기에 다른 문구들이 덧붙여져 현재의 "사도신경"[Apostles' Creed]이 되었다.)

신조의 주고받음이 일반적인 관례가 된 상세한 과정을 아는 것은 불가능하다. 4세기까지는 거의 모든 교회가 신조를 주고받음으로써 세례 예비자과정을 마무리했던 것이 분명하다. 일단 이런 교육과정이 끝나면 후보자는 세례를 받을 준비가 된 것이다.

2. 세례 집례: 장소와 시간

신약은 사람들이 어디서, 혹은 언제 세례를 받는지를 아무것도 말하지 않는다. 오순절 날 베드로의 말을 받아들였던 사람들이 어디서 세례를 받았는지도 알 수 없다. 빌립과 에테오피아인의 이야기에서 에티오피아인은 대로변의 물이 있는 곳에서 세례를 받는다. 고넬료와 그의 가족의 이야기에서도 세례를 준 장소에 관해서 알려주지 않는다. 『디다케』는 흐르는 물을 선호하지만, 그것은 잔잔한 물의 사용도 허락하고, 만약 물이 귀하다면 심지어 수신자의 머리에 물을 붓는 것도 허락한다.

아주 초기에는 사람들이 어떤 강이나, 혹은 가능했던 어떤 물에서도 세례를 받았다고 가정할 수 있다. 알몸인 사람들에게 세례를 베푸는 관습이 언제 시작되었는지는 알 수 없지만, 아마도 이 관습 때문에 세례를 받을 수 있는 더 많은 사적인 장소를 갖고자 하는 열망이 생겼을 것이다.

예루살렘과 성지(Holy Land) 전체에서 유사하게 사용되었을 조에 관해서는 이미 언급했다. 그리고 초기 그리스도인들은 저런 조들을 세례당으로 사용했을 가능성이 상당히 크다.

고고학적 발굴로 세례에 사용되었을 수 있는 수많은 조와 다른 웅덩이들이 드러났다. 하지만, 발견된 중 가장 오래된 세례 당이고, 어느 정도의 확신하고 그 날짜를 정할 수 있는 것은 유프라테스강둑에 있는 듀라(Dura) 시의 폐허 중에 있던 3세기 초에 건축 된-듀라-유로포스(Dura Europos)라는 이름으로도 알려진-한 가정집 안에 있다. 그 집은 240년경에 그리스도인들의 회합 장소가 되었다. 집 자체의 건축형식은 전형적인 로마의 주거 건축형식이다. 방 중의 하나에는 세례당이 있는데 길이가 1미터 반이 약간 넘고, 넓이는 거의 1미터이며, 그렇게 깊지는 않다. 이 치수에 근거해서, 수신자가 물에 들어갈 수는 있지만, 세례를 주는 사람은 밖에 있었을 것이라고 능히 가정할 수 있다.

그러나 어떤 이는 아마도 세례를 받은 사람은 물에서 무릎만 꿇은 다음, 물을 그 머리에 부었을 것으로 가정하기도 한다.

방 전체는 부분적으로 복원된 프레스코화로 덮여있다. 세례당 뒤의 벽에는 양 떼에 둘러싸인 선한 목자의 이미지가 있다. 또한, 에덴동산에서 있었던 유혹과 부활에 대한 묘사가 있고, 예수님의 일부 기적들과 골리앗에 대한 다윗의 승리에 관한 묘사, 그리고 물과 관련되고 따라서 세례에 더욱 직접 관련이 있는 다른 것들─예수님과 베드로가 물 위를 걷고, 우물가에 있는 사마리아 여인─에 관한 묘사들도 있었다.

비록 이것이 정확하게 날짜를 알 수 있는 가장 오래된 세례당이지만, 비슷한 장소에 있는 다른 곳들도 세례당이었을지 모른다. 이후에 특히 4세기가 진행되면서 세례당들은 세례의 다양한 의미를 암시하는 형태를 띠기 시작했다. 그리스도와 함께 죽고 부활하는 것을 의미하면서 일부는 십자가의 형태로, 다른 것은 관의 형태이었고, 다른 것은 새로운 탄생과 등등을 암시하는 자궁의 형태를 띠었다.

세례를 받는 시간에 관해서, 사도행전에는 언제든지 사람들이 요청하기만 하면 세례를 받은 몇 가지 사례가 있다. 세례 예비자과정이 발전하면서, 세례는 보통 부활절 주일에 행해졌다. 그러나 이후에 다른 날들, 특히 오순절 날이 첨가되었다. 어떤 이는 세례가 더욱 빈번하게 주어질 것을 제안했다. 터툴리안의 다음과 같은 말에서 이러한 문제에 대한 주저함을 볼 수 있다.

> 유월절은 평소보다 엄숙하다. 왜냐하면, 이날은 우리가 그에 합하여 세례를 받는, 주님의 수난이 완성된 날이기 때문이다. 주님께서 마지막 유월절을 기념하려고 할 때, 준비를 위하여 보내심을 받은 제자들에게, "너희는 물을 가지고 가는 사람을 만나리라"라고 말씀하셨던 사실은 비유적으로 해석하는 것이 적절할 것이다. 그분은 물이라는 표지로 유월절 기념을 할 장소를 지적하신다. 유월절 이후에, 오순절은 세례를 받기에 즐거운 시

기이다. 왜냐하면, 이 절기 내에 부활하신 주님이 제자들에게 자신이 부활하셨음을 반복적으로 증명하셨고, 주님의 오심에 대한 소망이 간접적으로 표시되었기 때문이다. 하지만, 모든 날이 주님의 날이고, 모든 시각, 모든 때가 세례에 적절하다. 엄숙함에는 차이가 있을 수 있지만, 은혜에는 어떠한 차별도 없다(*On Baptism* 19; ANF 3:678).

3. 세례 집례: 의식 자체

어떻게 세례 준비를 했을까를 숙고한 뒤에, 이제 재구성이 가능한 선에서 의식 자체를 다루어야 한다. 신자들 사이에서 세례와 성찬 ─ 일부 역사가들이 "성례전의 불가사의함"(the arcane of the sacraments)이라고 불렀던 ─ 의 비밀들을 누설하는 것에 대한 모종의 저항이 있기 때문에 이것은 특별히 어렵다. 유감스럽게도, 우리가 가지고 있는 것 중 세례 중에 행해졌던 것, 그리고 어떤 순서로 그것이 행해졌는지를 나타내는 단 하나의 동시대 문서는 히폴리투스의 『사도전승』뿐이다.

다시 한번, 이 문서는 3세기 초에 기록되었지만, 아마도 2세기 말에 행해진 것을 반영했을 것이다. 여기서 반복해서 경고해야만 하는 것은 히폴리투스가 말한 것은 로마에서 행해진 것이고, 다른 장소에서도 반드시 그런 것은 아니라는 사실이다.

다른 한편, 히폴리투스의 작품을 다른 언어로 초기에 번역하는 일, 그중 일부는 이집트처럼 멀리 떨어진 곳에서 행해졌는데, 이는 히폴리투스가 여기서 묘사한 것이 잘 수용되었고, 아마도 다른 나라에서도 따랐다는 사실을 보여주는 것 같다.

히폴리투스의 작품 외에도, 세례를 논하는 다른 중요한 문서는 『세례에 관하여』(*On Baptism*)라는 표제를 가진 터툴리안의 짧은 논문이다. 히폴리투스의 글보다 이전에 저술되었던 이것은 특정 성례전에 집중한 콘스탄틴

시대 이전의 유일한 문서이다. 터툴리안은 어떤 퀸틸라(Quintilla)라는 사람의 반대에 반박하기 위해서 그것을 저술하였다. 퀸틸라는 몸을 물로 씻는 것과 구원을 위해 영혼을 씻는 것 사이에는 어떠한 관계도 있을 수 없다고 주장하면서 세례를 거부하였다.

이 저술의 논쟁적인 성격을 고려할 때, 터툴리안은 세례가 무엇인지, 그것이 어떻게 거행되는지, 그리고 그에 수반하는 의식을 자신의 독자들이 아는 것을 당연하게 생각했기 때문에, 그가 이러한 문제들에 대해 말하는 것은 무엇이든지 지나가는 말뿐이라는 사실이 유감스럽다. 여하튼, 터툴리안이 제공하는 데이터 중 가장 흥미로운 점 중의 하나는 세례 의식의 단순함이다.

> 신성한 일의 단순함보다 인간의 마음을 더 완고하게 만드는 것은 절대 없다. 이러한 일들은 행위를 통해 약속된 것의 위대함에 비하면 행위 자체는 너무나 단순하게 보인다. 그런 단순함, 즉 장려함이 없고, 준비에 별로 새로움도 없이, 그리고 마지막으로 비용이 없이, 한 사람이 물에 잠긴다. 몇 마디 말을 한다. 그 사람에게 물을 뿌린다. 그리고 그들은 다시 일어난다. 그들은 그렇게 많이(혹은 전혀) 깨끗하지 않다. 그래서 이 행위 때문에 영원을 획득하는 것은 더욱 믿을 수 없다.
>
> 내가 만약 우상이 그들의 의식의 상황과 준비와 비용 때문에 신뢰와 권위를 얻는다고 말하지 않는다면, 나는 사기꾼이 될 것이다. 오, 단순함과 권능이 신 하나님만의 속성을 부인하는 비참한 불신이여!(*On Baptism* 2; ANF 3:669)

이것은 우리가 세례는 터툴리안이 알았던 것처럼 사람을 물에 담그고, 세례 공식을 선포하는 것으로 구성된 다소 단순한 의식이라고 생각하도록 인도할 수도 있다.

그러나 전체 논문을 읽을 때, 우리는 몇 개의 다른 의식적 행위, 예를 들면, 초신자(Neophyte)에 기름을 바르는 것과 같은 행위를 지나치며 언급하고 있는 것을 발견한다. 따라서 터툴리안이 알았던 대로 세례 집례를 이해하며 그의 논문을 그 출처로 이용할 때, 히폴리투스가 말한 것에 그가 동의하는 부분과 차이를 두는 부분에 주목하면서 행간을 읽어야만 한다.

그것의 논쟁적인 성격 때문에, 이 논문은 세례 자체가 어떻게 시행되었는지를 아는 것보다는 터툴리안의 세례 신학을 이해하는 데 더욱 유용하다. 이러한 이유로, 어느 정도 시대착오의 위험을 무릅쓰고, 히폴리투스가 제시한 대로 세례의 집례를 논하고자 하는데, 여기서 두 사람 사이의 동의와 차이를 주목하기 위하여 터툴리안의 작품과 비교하면서 논할 것이다.

이 두 가지 주된 출처들 외에, 가능하다면 그 시대의 문헌에 있는 간단한 의견들도 언급할 것이다.

세례를 준비해오고 있던 사람들은 이제―히폴리투스에 의하면 3년이라는―오랜 교육의 끝에 이르렀다. 세례를 받기 전에 그들이 "진지하게 살았는지, 그들이 과부를 공경했는지, 병자를 방문했는지, 선행에 적극적이었는지 여부를 확인하기 위한 시험이나 조사가 이루어진다"(*Ap. Trd*, 20).

그런 다음 그 조사를 통과한 후에 그들은 주간의 다섯째 날(목요일)에 목욕하고, 여섯째 날(금요일)에 금식하며, 일곱째 날(토요일)에 감독과 함께 모이라는 명령을 받는다. 그들이 감독 앞에 무릎을 꿇었을 때, 그는 그들에게 안수하고 악한 영들이 그 사람을 포기하고 다시는 돌아오지 말라고 명령하면서 구마를 선포한다. 그런 다음 감독은 세례받을 사람들의 얼굴에 입김을 분 후에 그들의 이마, 귀 그리고 코에 기름을 바른다. 그들은 그다음에 낭독을 듣고 추가로 교육을 받으면서 철야를 한다. 새벽에 물을 축성하는 기도가 이루어지는데, 그 물은 가능하다면 흐르는 물이어야만 한다.

그런 다음 히폴리투스는 세례 자체를 다음과 같이 묘사한다.

그들은 옷을 벗을 것이다. 그리고 우선 어린아이에게 세례를 준다. 만약 그들이 스스로 말할 수 있다면, 그렇게 할 것이다. 만약 말할 수 없다면, 그들의 부모나 다른 친척들이 그들 대신 말할 것이다. 그런 다음에 남자들, 그리고 마지막으로 모든 여자에게 세례를 준다. 그들은 우선 머리를 풀고, 자신들이 걸치고 있는 금은으로 된 어떤 장식물도 옆으로 치워둔다. 아무도 어떠한 이물질을 자신들과 함께 물속으로 들어가지 않게 하라(*Ap. Trad.* 21).

세례를 받기 위해 알몸이 되는 것에 관해서 듀라 유로포스의 교회에는 사람들이 자신들의 차례를 기다리면서 옷을 벗을 수 있도록 남녀가 따로 따로인 별도의 방이 있었다. 다른 교회도 유사한 조치가 있었을 것으로 생각할 수 있다.

이 텍스트는 아직 스스로 말할 능력이 없는 어린아이들의 세례에 관한 지시를 포함하는 가장 오래된 것이다.

첫 두 세기 동안, 현존하는 텍스트들에서 침묵은 거의 절대적이었다. 그것은 신약에서나, 혹은 사도시대 교부들에서나, 혹은 2세기의 변증론자들에서도 확실히 언급되지 않는다. 히폴리투스의 설명에서는, 그가 그런 세례들이 어떠한 변론도 필요하지 않은 일반적으로 용인된 관습이었다는 사실을 당연하게 생각하는 것처럼 보인다.

거의 같은 연대에 사실상 제국의 반대편에서, 오리겐 또한 이러한 관례를 당연한 것으로 생각한 것처럼 보인다는 사실이 놀랍다. 왜냐하면, 그는 그것을 보편적인 죄악을 증명하기 위한 방식으로 사용하기 때문이다.

어린아이들은 "죄의 사면을 위해서" 세례를 받는다.
그것들은 누구의 죄인가?
그들은 언제 죄를 지었는가?
혹은 이전에 우리가 이전에 말했던 해석에 따르는 경우를 제외한다면, 작은 어린아이의 경우에는 세례의 씻음에 대한, 이 설명이 어떻게 유지될 수 있는가?

"어떤 인간도, 만약 지구상에서 그의 생명이 단 하루밖에 지속하지 않는다고 할지라도, 오점이 없는 사람은 없다."
세례의 신비를 통해서, 출생의 오점은 제거된다. 이러한 이유로, 작은 어린아이조차 세례를 받는다.
"물과 영으로 나지 않는다면, 사람들은 천국에 들어갈 수 없다"(*Homilies on Luke* 14.5; FoC 94:58-59).

그 세기 후반에, 지금의 북아프리카 연안의 어떤 피두스(Fidus)라는 감독은 신생아들은 세례를 받지 않아야 한다고 제안한다. 왜냐하면, 이스라엘 어린아이들의 할례의 예를 따라서 아이들의 출생 후 8일째까지 기다리는 것이 최상이었기 때문이다. 그 문제는 분명히 351년에 카르타고에 모였던 종교회의에서 논의되었다. 그들의 응답은 카르타고의 감독인 키프리안(Cyprian)이 피두스에게 보낸 한 편지에서 찾을 수 있다.

그러나 유아의 경우에 관해서는, 당신은 그들이 출생 후 둘째 날이나 셋째 날에 세례를 받아서는 안 된다고 말합니다. 당신은 할례라는 고대 율법을 따라야만 하고, 8일째가 되기 전에 신생아에게 세례를 주어서는 안 된다고 말합니다. 공의회에서 우리 모두는 아주 달리 생각했습니다. 우리는 당신의 생각 방식에 동의하지 않고, 오히려 하나님의 자비와 은혜는 어떠한 인간의 아이에게도 거부되지 않아야 한다고 판단했습니다. … 그러므로 친애하는 형제여, 이것이 우리 공의회의 의견이었습니다. 누구도 우리로 인해 세례와 하나님의 은혜를 방해받아서는 안 됩니다. 왜냐하면, 하나님은 자비로우시고 인자하시며 모든 사람에게 사랑을 베푸시기 때문입니다. 이것은 특히 유아와 신생아의 경우에도 마찬가지이어야 합니다. 그들은 태어나자마자 울고 슬퍼하며 애원만 할 따름이기 때문에, 우리의 도움과 하나님의 자비로부터 더 많은 것을 받을 자격이 있습니다(*Epistle* 64, *To Fidus*, 2, 6; ANF 4:353-54).

놀랍게도, 유아세례에 반대하는 어떤 움직임도 없었던 것 같다. 이런 관례에 대한 최초의 반대는 터툴리안의 『세례에 관하여』에 나타난다. 앞에서 인용했던 이 논문은 히폴리투스와 오리겐의 텍스트보다 수십 년 전에 기록되었다. 터툴리안은 항상 율법적이고 도덕적인 경향이 있었고, 이것이 결국 그를 몬타누스파(Montanism)로 이끌었다. 그의 작품인 『세례에 관하여』는 그가 교회의 다른 사람들과 헤어지는 최종 단계 전에 기록되었던 것으로 보인다.

그러나 사람들이 세례를 받아야 하는 나이에 관해서 말할 때 이미 그런 율법적 경향이 나타났다. 어떤 이는 충분한 숙고 없이 세례를 베풀고 받을 수 있게 되어있다는 것을 불평한 후에, 그는 다음과 같이 말한다.

> 그래서 상황, 기질, 심지어 각 개인의 나이를 고려한다면, 세례를 지연시키는 것이 좋다. 이것은 어린아이의 경우에 있어서 특히 그러하다.
>
> 만약 세례 자체가 그렇게 필요하지 않다면, 왜 후원자 또한 위험한 입장에 빠질 필요가 있는가?
>
> 그들은 죽을 수밖에 없는 존재의 특성 때문에 자신들이 한 약속을 수행할 수 없을지도 모른다. 아이는 악한 기질을 개발할 수 있지만, 그런데도 그들은 후원자이다. 주님은 사실상 "어린아이들이 내게 오는 것을 용납하라"라고 말씀하셨다. 그들을 오게 하라, 그래서, 그들이 자라는 동안, 그들을 오게 하라. 그들이 어디로 가는지 배울 동안 그들을 오게 하라. 그들이 그리스도를 알 수 있을 때 그들이 그리스도인이 되게 하라.
>
> 왜 인생의 순진한 기간에 죄의 사면을 서두르는가?
>
> 세속적인 일에는 더욱 신중을 기한다.
>
> 그래서 이제 세상의 일에 있어서 신뢰받지 못하는 사람이 신성한 일에서 신뢰를 받는다!
>
> 그들에게 어떻게 구하는지 알려주라!

적어도 그럴 때 여러분은 "구하는 자에게" 준 것처럼 보일 것이다(*On Baptism* 18; ANF 3:678).

지금까지는 터툴리안은 단순히 유아세례에 반대하고 있는 것처럼 말한다. 그러나 그런 다음 그는 다음과 같이 계속한다.

> 이것은 결혼하지 않은 사람-마음 속에 유혹의 장이 있는 사람-의 세례를 연기하는 것과 같은 강력한 이유이다. 이것은 자유 때문에 과부가 된 사람과 마찬가지로, 나이 때문에 한 번도 결혼하지 않았던 사람들에게도 똑같은 사실이다. 그들이 결혼할 때까지, 혹은 충분히 금욕할 능력이 있을 때까지 세례는 연기되어야 한다(*On Baptism* 18; ANF 3:678).

이처럼, 터툴리안은 유아세례를 반대하지만, 그의 이유는 그가 그러한 세례가 효력이 없다고 믿어서가 아니라, 오히려 세례가 그 후에 지은 죄가 아니라, 그 전에 지은 모든 죄를 씻는 것이라고 이해했기 때문이다. 이를 바탕으로, 그는 세례는 젊음의 모든 죄를 떠나보낼 때까지 연기되어야 한다고 믿는다. 한 마디로 그의 반대는 어린아이들이 믿음이 없어서가 아니라, 오히려 그들이 큰 죄를 지을 나이에 이르지 않았기 때문에 그 나이가 지날 때까지 세례가 연기되어야 한다는 것이다.

그렇게 함으로써 세례의 씻음은 다른 모든 죄에 대해 유효해질 것이다. 그가 다른 곳에서 말한 것처럼, 세례의 목적은 죄를 막기 위한 것이 아니다.

> 우리는 죄를 중단하기 위해 씻음을 받는 것이 아니라, 우리가 죄를 멈추었기 때문이다. 왜냐하면, 우리의 마음으로 우리는 이미 씻음을 받았기 때문이다(*On Repentance* 6; ANF 3:662).

세례와 관련 있는 행사와 의식에 대한 내러티브로 돌아가면서, 히폴리투스는 세례는 특정한 순서, 즉 먼저 어린아이들, 그다음에 남자들 그리고 마지막으로 여자들의 순서로 시행되어야 한다고 말했다.

그러나 이것을 말하면서, 히폴리투스는 자신의 내러티브보다 앞서가고 있다. 왜냐하면, 그런 다음 그가 세례 전에 무엇이 일어나는지 말해 주기 때문이다.

히폴리투스에 의하면, 의식이 시작될 때 감독은 두 개의 기름 그릇에 기도해야 한다. 히폴리투스는 그것을 "감사의 기름"과 "구마의 기름"이라고 부른다.

그런 다음 세례를 수행할 사람 앞에 후보자를 데려오고, 그는 그 혹은 그녀에게 "나는 너 사탄과 너의 모든 졸개와 너의 일들을 끊는다"라고 말하도록 명령한다. 즉시 그는 "모든 영이 당신으로부터 멀리 떠나게 하라"는 말들과 함께 구마의 기름으로 기름 부음을 받는다(*Ap. Trad*, 21).

터툴리안 역시 보통 "단절선언"(renunciation)이라고 불리는 이 의식을 언급한다. 그러나 그에 의하면 이것은 모든 회중 앞에서 행해진다.

> 우리가 막 물에 들어가려고 할 조금 전에, 회중 앞에서 그리고 집례자의 손 아래에서, 우리는 마귀와 그의 화려함과 그의 졸개들을 의절한다"고 엄숙하게 공언한다(*On the Crown* 3; ANF 3:94).

4세기부터 시작해서, 그런 단절선언을 증언하는 문서들은 일반적으로 되었다.

단절선언과 그리스도에 대한 충성을 맹세한 후에, 후보자는 물에 들어가서 "당신은 전능하신 성부 하나님을 믿습니까?"
이런 질문을 받는다. "믿습니다"라고 대답한 후에, 후보자는 물에 잠긴다. 아마도 머리에 물이 부어질 것이다. 텍스트가 말하지 않으므로 확실치는 않으나 전신을 완전히 잠기게 했을 가능성이 크다. 그런 후에 다음의 질문이 따른다.

당신은 성령으로 잉태되고 동정녀 마리아에게서 나시고, 본디오 빌라도에게 십자가에 못 박혀 죽으시고, 장사 된 지 사흘 만에 다시 살아나셔서 하늘에 오르시고, 아버지의 우편에 앉아 계시다가 산자와 죽을 자를 심판하러 오시는, 하나님의 아들 그리스도 예수를 믿습니까?

"믿습니다"라고 대답한 후, 후보자는 다시 물에 잠긴다. 그런 다음 세 번째이자 마지막 질문이 뒤따른다.

"당신은 성령님과 거룩한 교회와 몸의 부활을 믿습니까?"

세 번째 대답인 "믿습니다" 후에 마지막 침수가 있다(*Ap. Trad.* 21).

물어보는 질문은 우리가 오늘날 사도신경이라고 부르는 것에 아주 유사한 것이 명백하다. 이후에 저 초기의 공식(고대 로마 신조[Old Roman Symbol])에 다른 절들이 첨가되었을 것이고, 그래서 오늘날 우리가 알고 있는 신조로 발전되었을 것이다. 또한, 2세기에, 특히 터툴리안과 이레니우스(Irenaeus)의 글 속에 종종 "신앙 규칙"이라고 불리는 유사한 문구가 나타난다는 사실을 주목하라.

어쨌든, 신조는 원래 질문형식으로 제시되었고, 세례를 받는 바로 그 순간에 초신자의 믿음을 시험하는 방법으로 사용되었음이 분명한 것 같다. 또한, 히폴리투스가 말한 것은 특별히 로마에 관한 것이고 다른 장소들에서는 다른 공식들이 사용되었을 수 있음을 다시 한번 기억하라.

그러나 남아있는 모든 것들은 성부, 성자, 성령의 이름으로 세례를 주는 삼위일체의 구조로 되어있다.

히폴리투스에 의하면, 초신자가 물에서 나와서 옷을 입었을 때, 예수 그리스도의 이름과 더불어 감사의 기름으로 하는 또 한 번의 도유가 있다. 이것의 중요성을 이해하기 위해서 "그리스도"라는 타이틀이 "기름 부음 받으신 이"를 의미하고 있음을 반드시 기억해야 한다.

기름을 포함하는 견신례가 때때로 "견진"(chrismation)으로 불리는 것은 바로 이 의미 때문이다. 따라서 초신자를 도유함으로써 교회는 이 사람이 이제 기름 부음 받으신 분의 이름으로 기름 부음을 받았다고 선포한다. 터툴리안도 이 도유를 제사장을 기름으로 바르는 고대의 관례와 연관지어서 언급한다.

터툴리안은 이 도유에 안수와 성령님의 축복을 구하는 기도가 따른다고 말한다(*On Baptism* 7-8; ANF 3:672-73). 히폴리투스도 비슷한 것을 말한다. 다음 말들이 선포되면서 초신자가 이마에 기름 부음을 받았다.

"나는 전능하신 아버지이신 주님과 그리스도 예수와 성령님의 이름으로 성유를 당신에게 바른다."

도유를 받는 각 사람은 "주님이 당신과 함께하기를"이란 말로 인사를 받는다. 여기에 초신자는 "그리고 당신의 영과 함께"라고 대답한다(*Ap. Trad.* 22).

마지막으로, 초신자들을 다른 곳에 모여 있는 회중에 합류시키기 위해서 데려간다. 이제 처음으로 그들은 그때까지 배제되었던 "신자들의 기도"(prayer of the faithful)와 성찬에 참여하도록 허락받는다. 다음 장에서 그 다음에 일어나는 일들로 돌아가겠다.

4. 일부 신학적 이슈들

비록 여기서 세례에 관한 신학의 전 과정을 조사할 수는 없지만, 특정 문제들은 반드시 논의되어야 한다. 일부는 그 문제 자체의 본질적인 관심사 때문에 논의되어야 하고, 일부는 그것들이 세례 시행과 관련된 다양한 의식의 신학적 이유를 보여주기 때문에 논의되어야 한다.

우리는 세례를 논의할 때 종종 제기되고, 세례의 의미로 논의를 옮겨가기 전에 명확히 되어야 할 필요가 있는 5가지 기본적인 문제들을 아직 논의하지 않았다.

이러한 질문의 본질을 고려할 때, 어떤 면에서 우리는 제2부에서 논의하고 있는 시기를 뛰어넘을 필요가 있고, 이후에 논의할 바들을 지금 이야기할 필요가 있음을 발견했다.

1) 예수님은 왜 세례를 받으셨는가?

이러한 질문 중 첫째는 예수님은 왜 요한에게 세례를 받으러 가셨는지이다. 왜냐하면, 요한의 세례는 회개를 위한 것이고, 예수님께는 회개할 이유가 전혀 없었기 때문이다.

외경 복음서의 남아있는 단편들을 읽는다면, 이 질문이 빠르면 2세기에 제기되었음을 알 수 있다. 제롬이 인용하였고 또한 키프리안의 저작으로 잘못 알려진 문서인 소위 『히브리인들의 복음』(Gospel of the Hebrews)에서 한 예를 찾을 수 있다. 거기서 예수님은 "그분 자신의 죄를 고백하고 … 그의 어머니 마리아에 의해 강제로, 사실상 예수님의 의지에 반해서, 요한의 세례를 받았다."

다른 유사한 구절도 인용될 수 있다. 그중 아마도 가장 흥미로운 것, 그리고 이후의 초기 기독교 신학에서 끊임없는 반향을 가지고 있었던 것은 우리가 지금 연구하고 있는 기간이 시작되는 바로 그때 안디옥의 이그나티우스가 했던 코멘트이다. 이그나티우스에 의하면, 예수님은 "세례를 받았고, 그분의 수난으로 물을 정화했을 것이다(Ep. to the Ephesians 18; ANF 1:57).

예수님의 "수난"을 언급할 때, 이그나티우스는 십자가의 고난뿐만 아니라, 또한 성육신 자체도 의미한다. 예수님의 수난은 성육신과 함께 시작되었다. 그러므로 이그나티우스가 말하는 것은 하나님의 말씀(Word of God)이 육신이 되었고, 세례의 물에 들어가는 바로 그 행위 때문에 그 물에 권능을 부여하셨다는 것이다.

이그나티우스가 2세기 초에 말했던 것이 특히 소아시아, 시리아, 그리고 이집트의 다른 저자들에서 4세기에 다시 나타났다. 이집트에서 알렉산드리아의 시릴(Cyril of Alexandria)은 "세례를 받으심으로써 예수님은 우리를 위하여 물을 축성하고 물을 정화했다. 그는 죄의 사면을 위한 거룩한 세례는 필요 없었고, 이제 우리는 그분으로부터 그 사면을 받는다"라고 기록한다(*On Luke* 3.21).

소아시아에서 니사의 그레고리(Gregory of Nyssa)는 요단강에서 받으신 예수님의 세례 덕분에 강물은 세례의 은혜가 전 세계에 흘러가도록 하는 근원이 되었다고 확언했다(*On the Baptism of Christ* 7).

그리고 시리아에서 에프렘 사이러스(Ephram Syrus)는 성령님이 예수님 안에 계시기 때문에 세례를 받음으로써 예수님은 성령과 물을 혼합시켰고, 그 결과 이제 몸이 세례 물에 들어갈 때 영혼 또한 성령의 선물을 받는다고 설명한다(*Sermon on the Lord* 55).

이것은 특히 헬라어를 사용하는 교회의 오랜 신학적 전통의 일부이다. 그 전통에 의하면, 성육신하신 하나님의 말씀은 세상에 존재하는 것 자체로 인해 세상에 거룩함을 나누어주셨다. 어쨌든, 중요한 것은 이그나티우스에 의하면 요한이 예수님께 베푼 세례는 물과 그분의 이름으로 하는 모든 세례에 능력을 준다는 사실이다.

적어도 2세기 초기까지는, 이그나티우스와 다른 이들은 세례는 상징적 행위나, 혹은 세례를 받는 사람이 참석한 사람들 앞에서 증언한 것 이상이라는 사실을 확신했다. 저자가 설명하거나 결정하려고 하진 않지만, 어떤 식으로든지 세례의 물은 중생과 결합한다.

저스틴이 세례를 준비하는 신자들에 관해서 말하는 구절이 계속되는 곳에서 유사한 내용이 나타난다. 세례 자체를 언급하면서, 저스틴은 다음과 같이 서술한다.

그런 다음 그들을 물이 있는 곳으로 데려간다. 그들은 우리 자신이 중생한 것과 같은 식으로 다시 태어난다. 왜냐하면, 그들은 그런 다음 우주의 아버지이시고 주이신 하나님과 우리의 구주이신 예수 그리스도, 그리고 성령의 이름으로 물로 씻음을 받기 때문이다(*1 Apol*. 61; ANF 1: 183).

세례와 중생, 혹은 갱생의 관례를 확언하는 구절은 너무 많아서 다 인용할 수 없다. 다른 것들은 세례를 "인침"(seal)으로 언급하는데, 이는 때때로 그런 인침을 노예의 몸에 불로 지진 주인의 소인과 연결하는 맥락에서 그렇다. 약간 이후의 텍스트들은 세례를 이스라엘 어린이들의 할례와 연결한다. 우리는 여기로 돌아갈 것이고, 이것은 키프리아누스가 피두스에게 보내는 답장의 예에서 이미 살펴보았다.

2) 죽은 자를 위한 세례

두 번째 질문은 죽은 자를 위한 세례의 문제이다. 고린도전서에서, 부활이 있다는 사실을 의심하는 자들을 확신시키려 노력하면서 바울은 그들에게 "만약 죽은 자들이 전혀 살아나지 않는다면, 사람들이 왜 그들을 대신해서 세례를 받는가?"라고 질문한다(고전 15:29). 이것은 그런 관행에 대해서 성경이 언급한 유일한 것이고, 바울은 그것을 받아들였을 뿐 아니라, 심지어 자신의 주장을 강화하기 위해 그것을 이용했다.

우리가 지금 연구하고 있는 시기에 그 주제를 논의한 것 몇 개를 찾을 수 있다. 2세기 후반, 터툴리안은 죽은 자에게 세례를 시행하는 것 때문에 마르키온(Marcion)과 세린투스(Cerinthus)의 추종자들을 비난했다. 터툴리안은 노련한 해석학적 기술을 통해, 바울은 현재의 몸이 죽을 것이라는 예상에 대해서 말하고 있으며, 따라서 사람들이 자신의 몸으로 세례를 받을 때, 죽을 사람에게도 세례를 주는 것이라고 주장한다.

따라서 '죽은 사람을 위해서 세례를 받는 것'은 몸을 위해 세례를 받는다는 의미이다. 우리가 보여주었듯이 죽는 것은 몸이다. 그러므로 만일 몸이 다시 살아나지 아니하면 몸을 위해서 세례를 받은 자들이 무엇을 하겠는가?(Ag. Marcion 5.10; ANF 3:499).

오늘날 가능한 데이터로 고린도전서에 나타나는 죽은 자를 위한 세례의 문제를 해결하는 것은 불가능하다. 아마도 그들이 행했던 것은 신앙을 알지 못하고 죽은 사람을 위해 세례를 받는다는 것이 아니라, 오히려 세례를 받을 준비가 되어 있었지만 그 전에 죽은 사람들을 대신해서 세례를 받은 것이었을 가능성이 아주 크다.

심지어 이것도 추측일 뿐이다. 고린도전서에 있는 이러한 몇 마디 말이 이런 관행을 가리키는 단 하나의 고대 텍스트인 것은 분명하다. 바울이 한 이 말은 고린도에서 일어나고 있다고 그가 알고 있는 일들을 반영하고 있음이 분명하다. 그리고 그 일에 대해서 바울은 반대하지 않는다. 그것은 분명히 교회의 일반적인 관행은 아니었다.

3) 세례의 유효성에 대한 요구사항들

다시 한번 언급하지만, 초기 몇 세기 동안 예배 발전의 많은 것은 획일성의 척도를 위한 탐구였다. 제1부에서, 『디다케』에 관해 논의할 때, 자칭 사도나, 혹은 선지자들과 그런 직책을 자신들의 이득을 위해 사용하는 사람들에 대한 우려를 보았다.

2세기에 들어가면서, 그런 우려가 계속되고 심지어 더 강해진다. 그것은 결혼, 성찬식, 과부를 돌봄, 그리고 지금 우리에게 관심이 있는 세례에 관한 이그나티우스의 편지에서 반영된다. 이 주제에 관해서, 이그나티우스는 "감독 없이 세례를 주거나, 애찬을 하는 것은 합법적이 아니다"라고 말한다(*Ep. to the Smyrnans* 8.2; 물 1:90).

이후에, 2세기 말경에, 터툴리안은 세례를 베풀 권한이 있는 사람들에 관해서 다음과 같이 썼다.

> 이 간단한 주제의 결론을 내기 위해서, 세례를 주고받는 일을 올바르게 지킬 것을 기억하자. 수석 성직자인 감독은 세례를 베풀 권리가 있다. 다음으로, 감독의 허락을 받은 장로(presbyters)와 집사들(deacons)도 세례를 줄 수 있다. 이런 식으로, 교회의 명예와 평화가 보존된다. 게다가, 평신도까지도 세례를 줄 권리를 가진다. 왜냐하면, 동등하게 받은 것을 동등하게 줄 수 있기 때문이다(On Baptism 17; ANF 3:677).

이 시점에서, 터툴리안은 이그나티우스에 동의한 것처럼 보인다. 왜냐하면, 중요한 것은 누가 세례를 주는가가 아니라, 그것이 질서 있게, 합당한 권위로써 행해지는 것이기 때문이다(우리는 또한 바울과 데클라[Thecla]에 관한 전설을 언급하면서, 터툴리안이 여자는 말할 권리가 없기 때문에, 그들은 세례를 줄 권리도 없다고 선포했다는 사실에 주목해야 한다).

터툴리안은 또한 그 직후에 카르타고와 로마의 교회에서 날카로운 논쟁으로 이어졌던 질문을 제기한다. 질문은 이단과 교회 분리론자가 세례를 줄 권리를 가지는가의 여부이다. 다시 말하자면, 그들의 세례가 유효한지의 여부이다. 터툴리안은 그렇게 생각하지 않는다. 왜냐하면, 그들의 하나님이 동일하지 않기 때문이고, "그러므로 그들의 세례는 우리의 세례와 하나가 아니다. 왜냐하면, 그것은 같지 않기 때문이다"(On Baptism 17; ANF 3:676).

이는 이 문제에 관한 북아프리카 교회의 전통적인 입장인 것으로 보인다. 그곳에서 누구라도 다른 감독들이 인정하고 승인한 교회 일부가 아닌 어떤 공동체로부터 세례를 받은 사람은 다시 세례를 받는 것이 관습이었다.

로마에서 그 관습은 반대였다. 이단이거나 교회 분리론자로 간주되는 집단이 집례한 세례도 그것이 삼위일체 하나님의 이름과 물로 행해진 한 유효한 것으로 간주되었다. 필수적인 것은 그들이 성령을 받을 수 있도록, 그러한 집단에서 세례를 받은 사람들에게 감독이 기름을 붓는 것뿐이었다.

그러한 도유가 없이는, 그들의 세례는 불완전한 것으로 간주하였다. 수십 년 후인 3세기 중반에, 이러한 대조적인 관례들은 카르타고의 감독인 키프리안과 그의 동료인 로마의 스데반(Stephen) 사이의 논쟁으로 이어졌다. 비록 그들 사이에 오랜 긴장이 있었지만, 그 논쟁은 아프리카 지역 감독회의 후에 키프리안이 결정된 것을 편지로 스데반에게 알렸을 때 수면 위로 떠올랐다.

> 교회 밖 어디에서 잠겼던 사람들과 이단과 교회 분리론자들 사이에 있는 불경한 물의 오염으로 더럽혀졌던 사람들이 우리에게, 그리고 교회에 올 때 반드시 세례를 받아야만 한다. 그들이 교회의 세례 또한 받지 않는 한 "그들에게 안수하여 성령을 받게 하는 것"은 사소한 일이다. (*Ep*. 71.1, To Stephen; ANF 5:378).

아프리카 감독들의 결정을 스데반에게 전달하면서, 키프리안은 스데반이 동의할 것을 기대하지 않았다는 사실 또한 알렸다. "왜냐하면, 교회를 관리하는 데 있어서 감독들이 각자의 자유의지를 가지고 있고, 그는 자기의 행위를 주님께 직고해야 할 것이기 때문이다"(*Ep*. 71.3; ANF 5:379).

스데반은 모두 로마와 같은 정책을 따라야 한다고 주장했고, 이에 대해 키프리안은 날카롭게 대응했다. 스데반이 죽고, 곧 키프리안도 죽자 긴장이 완화되었다. 그러나 이단의 세례에 관해 로마와 북아프리카의 의견 차이는 계속되었다.

아프리카 교회가 관행을 바꿨던 정확한 때를 알기는 불가능하다. 그러나 4세기까지는 모두가 물과 삼위일체의 이름으로 행해지는 모든 세례는 누가 베푸느냐에 상관없이 유효하다는 결론에 명확하게 도달했다. 분리주의자나 이단에 의해서 세례받은 사람의 경우에는 감독이 도유를 함으로써 그들을 교회로 공식적으로 받아들이는 것이 요구되는 전부였다.

헬라어 단어 **크리네**(*klinē*)에서 파생된 단어로서 "침대"(bed)나 "침상"(couch)을 의미하고, 때때로 임종하는 사람들에게 베풀었던 소위 "임상"(clinical) 세례에 관한 불일치도 있었다. 그런 경우에, 세례는 물에 잠기는 것이 아니라 머리에 물을 묻힌다. 교회는 이 관례를 예외적인 경우로 받아들이고, 일부는 그것을 만족스럽지 않다고 간주했지만, 고대의 자료들은 이 세례를 가리키고 있다. 적어도 한 사례에서, 어떤 이는 임종이라고 예상하고 세례를 받았으나 살아난 사람은 감독이 될 수 없다고 주장했다. 키프리안은 한 편지에서 어떤 마그누스(Magnus) 이야기를 한다.

> 사랑하는 아들이여, 너는 아프고 연약한 상태에서 하나님의 은혜를 획득한 사람-다시 말하자면 물로 씻음 받지 않고, 뿌림을 받았던 사람들이 합법적인 그리스도인으로 간주되어야 하는가?-에 대해서 내가 어떻게 생각하는지 물었다. 이 점에 있어서, 누구도 내가 내 자신과 달리 생각하거나 행동하는 사람들을 비판하고 있다고 여기지 않기를 원한다. 나의 부족한 이해의 범위 안에서는, 나는 [적은 물로 인해서] 하나님의 혜택이 훼손되거나 약해질 수 있다고 생각하지 않는다.
>
> 세례를 주는 사람과 받는 사람이 온전한 믿음으로 행한다면, 그 경우에 하나님의 선물로부터 나오는 것은 적지 않다. 왜냐하면, 구원의 성례전은 피부로부터 오물이 씻어지는 방식이나 혹은 보통 몸을 씻는 방식이 아니라, 죄를 씻는 것이고 … 매우 다른 방식으로 신자의 마음이 씻음 받는 것이기 때문이다. 인간의 마음은 보통의 씻음이 아니라 믿음의 공로로 정화된다(*Ep.* 75,12; ANF 5:400-401).

로마의 감독이었던 코르넬리우스(Cornelius)도 교회 분리론자의 리더인 노바티우스(Novatius)의 세례에 관해서 비슷한 우려를 하고 있었다. 그러나 그의 의심은 세례 자체와 직접적인 관련은 없었고, 오히려 성령 임재의 표지로서 그가 세례 후에 기름 부음을 받지 않았다는 데 있었다.

> 구마사에 의해 자유롭게 된 후에 그는 심한 병을 앓게 되었다. 곧 죽을 것 같이 보였기 때문에, 그는 병상에 있는 동안 물을 뿌림으로써 세례를 받았다. 다시 말하자면, 만약 우리가 그런 사람이 세례를 받았다고 말할 수 있는지. 그리고 그의 병이 나았고, 그는 교회법이 요구하는 다른 것은 하지 않았다. 그는 심지어 감독으로부터 도유도 받지 않았다. 그가 이 인침을 받지 않았기 때문에, 그가 어떻게 성령을 받을 수 있는가?(Eusebius, *Ch. Hist.* 6.43. 14-15; NPNF2 1:288-289).

이 특별한 이슈와 관련하여, 비록 초신자가 기름 부음을 받지 않았다고 하더라도 세례가 유효하다는 결정이 결국 내려졌다.

4) 세례와 순교

고대 기독교 문헌 중에서, 순교는 두 번째 세례와 같다는 개념을 반복적으로 발견할 수 있다. 터툴리안은 그것을 다음과 같이 명확하게 선언한다.

> 우리는 사실상 두 번째 세례반을 가지고 있다. 그러나 그것은 첫 번째와 하나이다. 이것은 예수님께서 "내가 받을 세례가 있다"고 말씀하신 것과 마찬가지로, 피의 세례반이다. 그러나 예수님은 이미 세례를 받으셨다. 그분은 요한이 기록한 것, 즉 그분은 물로 세례를 받으시고 피로 영화롭게 되실 것이라는 것과 마찬가지로 "피와 물로서" 오셨다. 그러므로 우리 또한 물로 부름 받고 피로 택함을 받는다.

이러한 두 가지 세례는 그분이 옆구리에 창으로 찔림을 받으심으로 주셨으니, 피를 믿는 자들이 물로 목욕하게 하시고, 이미 물로 목욕한 자들로 또한 피를 마시게 하려 하심이었다 (*On Baptism* 16; ANF 3: 677).

이렇게 순교를 또 다른 형식의 세례로 이해하는 것은 두 가지 기능을 제공했다.

첫째, 그것은 세례를 준비하고 있으면서 순교의 고통을 당할 위기에 처한 신자들에게 자신들이 세례를 받은 자들과 함께 헤아림을 받게 될 것이라는 사실을 말할 수 있게 만들었다.

둘째, 특히 세례 후에 지은 죄에 관해 많은 우려가 있었던 서방교회에서, 순교는 세례를 받은 후에 타락했던 사람들을 위한 두 번째 기회가 되었다. 절대적으로 필요했던 것은 순교가 추구되어서는 안 된다는 것이었다. 그것은 하나님의 손에 맡겨질 것이었다. 순교를 위해 자신을 바쳤던 사람들은 "자발적인 자"(spontaneous)라고 불렸고, 진정한 순교자로 간주되지 않았다.

5) 세례와 할례

마지막으로, 3세기에 나타나지만 여기서 논의할 필요가 없는 주제는 할례와 세례의 관계이다. 이 점에 관련해서 인용되는 주된 성경 텍스트는 골로새서 2장 11-12절이다.

> 또 그 안에서 너희가 손으로 하지 아니한 할례를 받았으니 곧 육의 몸을 벗는 것이요 그리스도의 할례니라. 너희가 세례로 그리스도와 함께 장사되고 또 죽은 자들 가운데서 그를 일으키신 하나님의 역사를 믿음으로 말미암아 그 안에서 함께 일으키심을 받았느니라 (골 2:11-12).

이 구절이 할례와 세례 둘 다를 언급하지만, 반면에 그들의 관계는 명확하지 않다는 사실이 어려운 점이다. 이것은 할례와 세례에 대한 언급이 있는 고대 기독교 문헌에 있는 일부 구절에서도 마찬가지이다.

하지만, 이런 구절들 대부분은 골로새서의 구절과 마찬가지로, 4세기에는 일반적으로 되었던 개념인 세례가 할례의 자리를 차지했다는 사실을 단언하지는 않는다. 이 질문의 중요성은 유아세례 문제에 있다. 왜냐하면, 만약 세례가 새로운 할례와 같다면, 그리고 율법에서 유아는 8일째에 할례를 받아야 한다면, 세례에도 동일하게 적용해야 할 것으로 보이기 때문이다.

세례와 할례 사이의 관계가 유아가 세례를 받아야 하는 나이에 적용된 최초의 명확한 경우는 이미 논의했던 키프리안과 피두스 사이의 서신 왕래에 있다. 비록 그들은 유아세례에 동의했지만, 논의의 핵심은 그런 세례가 피두스가 제안했던 것처럼 할례의 모델을 따라서 출생 후 8일까지 기다려야만 하는가였다.

키프리안이 피두스에게 보고했던 결정이 내려진 이유로 가능성이 있는 것은 초신자-유아 혹은 성인-들이 즉시 성찬식에 참석할 수 있도록 세례는 교회가 예배를 위해 모였을 때 행해야만 한다는 우려가 있었다는 점이다. 이런 바람은 세례는 보통 주일에 행해져야 한다는 주장으로 이어졌다.

5. 다양한 관점들

현존하는 고대 텍스트를 주의 깊게 읽어 보면 세례를 이해하는 방식은 주로 죄와 인간의 조건에 대한 이해에 달려 있다는 사실을 보여준다. 로마 제국의 서부지역에서는 죄를 갚아야 할 부채로 보거나, 씻음을 받아야 하는 얼룩으로 보는 경향이 곧 발전했다.

그런 맥락 안에서, 세례는 얼룩이 지워지거나, 혹은 죄의 빚을 갚는데 예수님의 공적이 적용되는 방식이 되었다. 이것이 터툴리안이 세례는 젊음의 죄가 지나간 후까지 연기되어야만 한다고 제안한 이유이다. 그가 문제를 본대로, 얼룩은 한 번만 씻어지기 때문에, 그것이 정말로 필요할 때까지 연기시키는 것이 최상이었거나, 혹은 죄의 빚을 갚는 세례는 단 한 번만 있으므로, 반드시 빚이 상당히 많아진 후에 적용되어야 한다.

죄에 대한 이런 견해가 서방교회의 특징이 되었기 때문에, 서방교회에서는 곧 세례 후에 지은 죄를 어떻게 다루어야 할지에 관한 일련의 논쟁이 벌어졌다. 결국에는, 이것은 전체 참회 구조의 진화로 이어졌다. 그것은 연대기적으로 본서의 한계를 훨씬 넘는 것이다.

특히, 알렉산드리아에서 만연한 또 다른 견해는 죄를 혼미, 무지, 혹은 건망증으로 본 것이다. 우리는 우리가 하나님의 자녀라는 사실을 잊어버리거나 알지 못하고, 그러한 건망증 때문에 우리는 불순종한다.

만약 이것의 죄의 본질이라면 중생에서 일어나는 것은 사실상 조명이고, 새로운 비전에 눈을 뜨는 것이다. 이러한 노선을 따라서, 나중에는 종종 세례를 단순히 참 우리 존재의 상징, 혹은 그것을 상기시키는 것으로 간주하였다.

마지막으로, 특히 시리아와 소아시아에서, 죄는 일종의 억압, 악의 권세에 대한 노예 상태로 이해되었다. 인간이 된다는 것은 그 머리가 아담인 인류의 일부가 된다는 것을 의미하고, 따라서 악의 길을 따르는 그를 좇지 않을 수 없게 되는 것이다. 죄인인 것은 사탄의 노예라는 것을 의미한다.

이런 관점에서, 예수 그리스도의 일하심은 악-사탄, 죽음 그리고 죄-의 힘을 패배시키고, 그 머리가 그리스도 자신인 새로운 인류를 창조하는 것이다. 그분은 새 아담(New Adam)이시고, 그분을 따르는 자들은 새로운 인류이다.

이러한 관점으로부터 세례와 중생은 우리가 그리스도의 몸의 일부가 되고, 그분 덕분에 악의 힘을 이기는 새로운 인류의 일부가 되는 방도이다.

그때 세례는 가지가 포도나무에 결합되어 그 나무로부터 자양분을 얻는 접붙임으로 가장 잘 이해된다. 세례를 접붙임으로 이해할 때, 세례 이후의 죄는 당연히 접붙여진 가지에 손상을 입히지만, 그것을 망치거나, 새로운 접붙임을 요구하지도 않는다.

위의 세 가지 관점을 다음과 같이 설명할 수 있다.

첫 번째 관점은 법과 질서를 강조하는 로마로부터 깊은 영향을 받았지만,
두 번째 관점은 플라톤 철학이 교회에 끼친 영향을 반영하고,
세 번째 관점은 오히려 우리가 본 연구의 제1부에서 이해했던 것이 지속한 것이라 할 수 있다.

이러한 이유로 인해, 첫 번째 관점은 하나님의 법과 그에 대한 순종에 특히 관심을 두고, 두 번째 관점은 하나님의 불변 진리에 관심을 두는 반면, 세 번째 관점은 이스라엘의 역사와 교회 안에서 하나님의 약속이 성취된 것에서 볼 수 있듯이 인간의 역사 속에서 나타나는 하나님의 역사를 강조한다. 이 신학 유형 중 첫 번째 것은 곧 도덕과 윤리에 관련된 문제에 만연해졌고 두 번째 것은 교리와 관련된 논의에서 만연하지만, 세 번째 것은 대부분 예배-특히 세례와 성찬식-문제에서 현저하게 되었다.

이것은 터툴리안의 논문인 『세례에 관하여』에서도 볼 수 있다. 터툴리안 자신은 이 신학 관점 중 첫 번째 것을 명확하게 반영하지만, 세례에 대한 그의 이해는 세 번째 것인 유형론적 해석 특성을 포함한다.

터툴리안뿐만 아니라, 세례에 관한 대부분의 고대 작품들은 물이 중요한 역할을 담당하는 성경 내러티브의 요점을 언급함으로써 그것을 해석한다.

첫 번째 것은 창조 자체이다. 그런 맥락 안에서 터툴리안은 창조 시 물 위를 운행하는 성령의 임재가 성령께서 세례의 물에 임재하시는 것의 유

형, 혹은 선언이라는 사실을 확증한다.

> 따라서 거룩한 분에 의해서 성화된 물의 본질은 그럼으로써 성화하는 권능을 받았다. 아무도 "그렇다면 우리는 태초에 있었던 바로 그 물로 세례를 받았는가? 라고 말하지 않도록 하라. 물론 **속**(*genus*)을 제외하고는 동일하지만, 그 물은 아니다. 그러나 **종**(*species*)은 다양하다. 하지만 **속**의 속성은 **종**에도 나타난다. 따라서 요한이 요단강에서 세례를 준 사람들과 베드로가 디베르...에서 세례를 주었던 사람들 사이에는 어떠한 차이도 없다.
>
> 모든 물은 그러므로 그 순전한 기원 덕분에 하나님께 간구한 이후에는 성화의 성례전적 능력을 갖춘다. 성령이 하늘로부터 직접 내려와서 물을 성화시키시고 물에 성화시키는 능력을 부여하시면서 수면 위를 운행하신다(*On Baptism* 4; ANF 3:670-71).

터툴리안은 징벌의 끝을 알리는 홍수와 비둘기에서 두 가지 것의 그림자, 혹은 선언을 보는데, 세례의 물에서 옛 인류가 죽는 것과 초신자가 기름 부음을 받음으로써 받는 성령의 선물의 그림자 혹은 선언을 보는 것이다.

다른 고대 저자들처럼, 터툴리안은 성경의 출애굽 내러티브를 세례의 예표 혹은 표상으로 강조한다. 그때 하나님이 개입하신 결과 이스라엘을 이집트의 멍에로부터 해방하셨다. 그리고 이것 역시 그리스도의 구속하시는 역사와 그리스도인의 세례를 통하여 일어날 것의 유형, 혹은 표상이다.

> 세례 성례전에서 물보다 더 만족스러운 것은 무엇인가?
>
> 열방이 세상으로부터 물에 의해 자유롭게 된다. 다시 말하자면 그들은 자신들의 옛 폭군인 마귀로부터 해방된다. 그들은 물에 삼켜진 마귀를 뒤에 멀리 남겨둔 채 떠난다(*On Baptism* 9; ANF 3:673).

그 구절은 나무를 넣어서 단 물로 바뀐 마라의 쓴 물의 에피소드, 그리고 십자가의 나무에 의해서 파괴된 죄의 쓴 맛 — 그리고 광야에 있는 바위로부터 나온 물처럼, 물과 관계가 있는 다른 구절로 계속된다.

6. 공통점

세례의 의미가 무엇인가에 관한 세 개의 기본적인 접근들을 구별한 후에, 우리가 지금 연구하는 기간 중의 세례 신학과 관례에서 적어도 세 개의 공통점을 강조하는 것이 중요하다.

첫째, 세례와 중생 사이의 관계이다. 이 문제에 대해서는 현존하는 텍스트들이 이례적인 만장일치를 보여주고 있다. 이 문제에 대해서 모든 고대 기독교 저자들은 세례와 중생 사이에 절대적인 관련이 있다고 본다. 그들은 세례가 — 보통 성령에 기인하는 — 그런 중생의 원인이라고 주장하는 극단으로 치닫지 않는다.

그러나 그들은 세례가 단지 그것을 받는 사람에 의한 믿음의 확증일 뿐이고, 이미 발생한 중생을 상징한다고 말하지도 않는다. 이러한 중재적 입장에 관해서 어떤 의견일치가 있었던 것으로 보인다.

둘째, 방대한 대다수의 고대 텍스트들이 세례의 집단적 본질을 진술한다는 점이다. 세례는 한 사람의 개종에 관련이 있을 뿐 아니라, 무엇보다도 그 사람이 어떻게 한 몸과 한 백성의 일부가 되는지와 관련이 있다.

요한복음과 로마서에서는 둘 다 접붙임의 이미지를 통하여 이것이 표현된다. 요한복음 15장에서는 포도나무에 가지를 접붙이는 것으로 표현된다. 로마서 11장에서는 돌감람나무를 좋은 뿌리에 접붙이는 것으로 표현된다. 첫 번째 경우에서, 가지는 참포도나무이신 그리스도(True Vine, Christ)에 접붙여진다. 두 번째에서는 가지가 하나님 백성의 뿌리에 접붙여진다.

두 경우 모두에서 생명은 뿌리와의 연결에 의존한다. 신약과 고대 기독교에서 "지체"(member)라는 단어가 빈번하게 사용된 것의 배후에는 동일한 심상이 있다.

오늘날 그 단어는 그 의미의 많은 부분을 잃었다. 왜냐하면 오늘날 어떤 것의 "지체"(일원)가 되는 것은 단순히 회원권 리스트의 일부가 된다는 것을 의미하기 때문이다. 그러나 그 원래의 의미에서 "지체"는 정확히 신체 일부였다.

그런 맥락에서, 세례는 지체를 그리스도와 연결시킬 뿐만 아니라, 그리스도의 몸을 함께 형성하는 엄청난 수의 다른 지체들과 연결하고, 또한 그들의 공동관계 덕분에 그리스도와 함께 살게 한다.

세례와 할례 사이에 연결이 만들어졌을 때, 굉장히 가능성이 큰 것은 이것이 바로 세례의 공동체적인 차원과 관련이 있다는 사실이다. 할례가 이스라엘 백성의 일부가 되었다는 표지였던 것과 마찬가지로 세례는 이 하나님의 백성, 즉 교회의 일부가 되었다는 표지이다.

셋째, 터툴리안이 지적한 것처럼, 세례 시에 행해지는 도유는 제사장에게 기름을 붓는 이스라엘의 고대 관례와 연결된다. 예수님은 기름 부음 받으신 분이시고 대제사장이시다. 그리고 그분 안에서 세례를 받는 사람들은 이제 그분의 제사장직의 일부가 되기 위해 기름 부음을 받는다. 이것은 출애굽기 19장 6절의 약속인 "너희가 내게 대하여 제사장 나라가 되며 거룩한 백성이 되리라"의 성취이다. 신약에는 이에 대한 풍부한 언급들이 있지만, 아마도 가장 유명한 것은 베드로전서 2장 9절의 "너희는 택하신 족속이요 왕 같은 제사장들이요 거룩한 나라요 그의 소유가 된 백성이니"일 것이다.

이 구절이 족속, 제사장, 나라, 백성과 같은 집단적인 실재를 풍부하게 언급하고 있다는 사실에 주목하라. 마찬가지로, 우리가 연구하는 시기의 고대 기독교 저술에서, 세례가 이 백성, 족속, 혹은 나라 일부가 되는 것이라는 점을 자주 본다. 그리고 앞으로 보게 되겠지만, 이 백성은 제사장의 기능이 있다.

본장의 끝에 이르게 되었기 때문에, 이제 앞에서 인용되었던 목사들과 신학자들의 관점에서가 아니라, 그것을 받는 사람들의 관점에서 세례에 관해 생각하는 것이 도움이 될 것이다. 아주 이른 시기부터, 세례를 받지 않은 사람들은 성찬식에 참여하는 것을 허락받지 못하였고, 심지어 그곳에 있지도 못했다. 지금 세례를 받는 사람들은 말씀 예전에 참석했었고, 결국에 예전의 나머지 부분에 들어가는 것을 허락받도록 오랜 기간-히폴리투스에 의하면 3년간-세례를 위한 준비를 했다.

세례를 통하여 그들은 이제 그리스도의 몸의 지체가 되었고, 그래서 그분과 함께 거룩한 식사에 참여할 수 있게 되었다. 그들은 주의 만찬에 대해서 거의 들은 적이 없었다. 왜냐하면, 세례와 성찬은 둘 다 너무나 신성해서 입회하지 않은 사람과 논의하면 안 되는 것이라고 간주하였기 때문이다.

세례의 의식 자체는 그들에게 미리 묘사되거나 설명되지 않는다. 그리고 그들은 자신들이 경험할 행위들과 의식의 각각의 의미에 관해서 아는 것이 거의 없었다. 그들에게 명확한 것은 이 시점부터 계속해서 자신들이 그리스도의 몸의 지체가 되고 그분의 죽음과 부활을 공유하게 될 것이라는 사실이었다.

이제 기다림의 여러 해 후, 엄격한 훈련 후, 단절선언 후, 세례와 도유 후에, 그들은 마침내 그때까지 그들에게 금지되었던 예배의 한 부분에서 다른 회중들에 합류하도록 허락될 것이다.

그러면 교회의 다른 회중들에 합류하기 위해 나아가는 초신자들과 함께 하며 본장을 끝내고, 다음 장에서 무슨 일이 일어날 것인지 알아보도록 하자.

제10장

성찬

제9장의 마지막에서, 우리는 방금 세례를 받은 초신자들(Neophytes)이 세례를 받은 장소에서 회중이 모여 있는 곳으로 인도를 받는 순간에 그들을 떠났다. 우리는 저 초신자들이 성찬식에 참석하는 것은 이번이 처음일 것이라는 사실을 기억해야만 한다. 그때까지 『디다케』에 이미 나타난 고대의 지시에 따라서 말씀 낭독과 설명 후에 세례 예비자들과 세례를 받지 않은 다른 사람들은 모두 해산되었다.

1. 신자들의 기도

세례 후에 일어나는 일을 묘사하면서, 히폴리투스는 초신자들에게 아주 중요한 몇 마디 말을 덧붙인다.

> 즉시 그들은 모든 사람과 함께 하는 기도에 합류한다. 왜냐하면 이것은 그들에게 이전에는 허락되지 않았기 때문이다(Ap. Trad. 22).

이것은 우리를 놀라게 할 수 있다. 왜냐하면, 이러한 초신자들은 상당히 오랜 기간 교회에 출석하였고, 그 예배의 대부분에 참석했기 때문이다. 그 모든 시간 동안 그들이 교회의 나머지 사람들과 함께 기도하지 않았다는 사실을 상상할 수 없을 것 같다. 더 나아가, 히폴리투스도 세례 예비자들에게 말씀 예전에서 해산하기 전에 나머지 회중들과는 별도로 기도하라고 이미 지시했었다.

세례 예비자들의 교사가 그들을 해산시키는데, 교사는 그들의 머리에 안수하고 그들을 위해 기도하면서 축복한다(*Ap. Trad.* 18-19). 반세기도 더 전에 저스틴이 말한 것은 더욱 명시적이고, 무엇이 일어나고 있었는지 우리가 이해할 수 있도록 도와준다.

> 이렇게 우리의 가르침을 확신하고 그에 동의했던 사람을 씻은 후에, 우리가 형제자매라고 부르는 사람들에게 그 혹은 그녀를 데리고 간다. 거기서 우리는 모두 자신과, 새롭게 세례를 받은 사람들, 그리고 모든 곳에 있는 모든 사람을 위해 기도한다. 우리는 진리를 배운 후에, 우리의 행위가 가치가 있다고 여겨질 수 있도록 이것을 한다. 또한, 영원한 구원으로 구원받을 수 있도록, 우리가 선량한 시민과 계명을 지키는 사람으로 발견되기를 원한다(1 *Apol.* 65.1; ANF 1:185).

터툴리안의 세례에 대한 논의에서도 세례 후의 정점으로서 신자들의 기도에 대해 동일하게 강조하는 것을 볼 수 있다.

> 여러분은 여러분을 중생시키는 저 가장 신성한 세례반으로부터 올라와서, 처음으로 여러분의 어머니 집에 여러분의 손을 펼친다. 여러분은 형제자매들과 함께 그분의 특별한 은혜와 은사의 분배가 여러분에게 주어지도록 아버지께 구하고 주님께 구한다(*On Baptism* 20; ANF 3:679).

저스틴, 터툴리안, 그리고 몇 명의 다른 저자에게서 나온 이 데이터에 근거하여, 히폴리투스가 세례 전에 금한 것은 세례 예비자와 다른 사람들이 기도하는 것이 아니라는 것이 분명하다.

금지된 것은 세례를 받은 신자들만 참석하는 보통 "신자들의 기도", 혹은 "백성의 기도"라고 불리는 특별한 기도에 그들이 참여하는 것이었다. 이것은 보통 신자들 자신들과 초신자들을 위한 기도로 시작하고 그런 다음 온 세상에 있는 모든 다른 사람을 위한 기도로 방향을 바꾸는 광범위한 기도였다.

그것은 한 마디로 제사장의 기도, 혹은 중보기도였다. 왜냐하면, 제사장의 업무가 정확하게 사람들을 하늘의 보좌 앞으로 인도하는 것이기 때문이다. 터툴리안은 그런 기도들의 본질과 범위를 보여 준다.

> 우리는 공통적인 종교적 고백에 의해서, 규율의 일치에 의해서, 그리고 공통적인 소망이라는 결속에 의해서 밀접하게 연합된 몸이다. 우리는 단결된 힘으로 하나님께 기도를 올려드리는 집회로서, 회중으로서 만난다. 우리는 간청하면서 하나님과 씨름을 할지 모른다. 이것은 하나님이 기뻐하시는 격렬함이다. 우리는 또한 우리의 황제들과 그들의 장관들과 권위를 가지고 있는 모든 사람들을 위해 기도한다. 우리는 세상의 안녕과 평화가 있을 것과 최종적 완성의 지연을 위해서 기도한다(*Apol*. 39; ANF 3:46).

(오늘날 우리는 저 그리스도인들이 "최종적 완성의 지연을 위해" 기도했다는 사실에 놀랄지도 모른다. 그들의 목적은 심판의 날이 오기 전에 더 많은 사람에게 복음을 전할 더 많은 시간을 가지는 것이었다.)

터툴리안은 다른 곳에서, 황제와 그 지도자들이 그리스도인들을 박해할 때조차도, 그리스도인들이 그들을 위해서 기도하는 이유 중의 일부는 이러한 것이 중요한 역할을 담당하기 때문이라고 설명한다.

> 제국에 소동이 있을 때는, 우리도 또한 다른 사람들에게 영향을 주는 동요를 느낀다. 비록 우리가 무질서하지 않더라도, 우리는 재난의 영향을 받는 곳에 있게 될 것이다(*Apol*. 31;ANF 3;42).

다른 구절(To Scapula 4)에서 터툴리안은 이러한 제사장 기도의 힘에 대해서 증언한다. 그에 의하면, 게르만의 영토로 원정 중이던 아우렐리우스 황제와 그의 군대가 극심한 가뭄으로 고통을 당했을 때, 황제의 군대에 있던 그리스도인들이 기도하자 하나님이 비를 보내주셨다.

우리가 지금 연구하는 시기에 있었던 이러한 기도의 형식과 내용에 대한 상세한 묘사는 없지만, 시리아에서 4세기부터 기록된 문서인 『사도헌장』(Apostolic Constitution)은 3세기에 이미 무슨 일이 행해졌는지를 잘 반영할 수 있다. 그 속에는 결국 세례를 받지 않은 사람들과 자신들의 죄에 대해 참회를 하는 사람들은 해산되고 인도자는 "모두가 신자들인 우리는 무릎을 꿇고, 예수 그리스도로 말미암아 하나님께 간구하며, 하나님께 그분의 그리스도로 말미암아 간절하게 간청합시다"라고 말한다.

그다음에 간청의 목록이 이어지고 "신자들을 위한 긴 기도"로 절정에 이른다(Apostolic Constitutions 8.13; ANF 7:485-86). 얼마 전에, 터툴리안은 그런 기도를 할 때 가져야 할 태도에 관해서 말했다.

> 우리가 겸손하고 겸허하게 기도한다면 우리 기도는 하나님께 더욱 칭찬받을 만하다. 우리는 손을 너무 높지 않게, 적당히, 알맞게 올린다. 심지어 우리의 얼굴도 너무 담대하게 들면 안 된다. 왜냐하면, 말뿐만 아니라 안색에서도 겸손과 낙담으로 기도했던 세리는 수치를 모르는 바리새인들보다 자신의 길을 더 정당하게 갔기 때문이다.
>
> 우리의 목소리는 차분해야 한다. 만약 우리가 지르는 소리로 우리의 기도가 하나님께 들릴 수 있는 것이라면, 우리는 큰바람 파이프가 필요할 것이다! 그러나 심령을 검사하시는 하나님은, 마찬가지로 목소리가 아니라, 마음에 귀를 기울이신다(기도에 관하여[On Prayer] 17; ANF 3:686).

이 시점에, 초신자가 그들의 세례 시에 기름 부음을 받았다는 점과 그 이유가 이스라엘의 제사장이 기름 부음을 받았다는 사실 때문이라는 것도 기억하라. 결과적으로 그 시점부터 계속하여 모든 세례를 받은 신자들은 제사장의 기능과 권위를 가진다. 이것이 바로 우리가 신약의 "왕과 제사장", 혹은 "왕 같은 제사장직"이라는 구절에서 반복적으로 발견하는 것이다. 하지만 이 제사장직은 초신자 개인의 사적인 권위나 의무가 아니다. 이 사람은 기름 부음 받으신 분의 이름으로 기름 부음을 받았다. 단 한 분 진정한 제사장은 예수 그리스도이시다. 이제 세례를 받은 사람들 또한 그분의 이름으로 기름 부음을 받았다.

그리고 그들이 지금 그분의 기름 부음에 참석한 것처럼, 그들은 그분의 제사장직에 참여한다. 한 마디로, 이 그리스도의 몸, 다시 말하자면 교회는 "너희가 내게 대하여 제사장 나라가 되며 거룩한 백성이 되리라"(출 19:6)하신 그 약속을 성취한다. 이것이 고대교회가 신자들의 보편적인 제사장직에 대해 이해한 바이다. 단순히 혹은 주로 각 사람이 하나님께 직접 나아갈 수 있다는 의미가 아니라, 모든 피조물을 지극히 높으신 분의 보좌 앞으로 데려가는 만민의 공동 제사장직을 의미하는 것이다.

신자들의 제사장직은 무엇보다도 공동 제사장 직분이며, 신자 개개인의 청원은 그들의 특별한 필요와 관심사에 따라 그 공동 제사장직 아래 놓인다.

오늘날 우리에게 신자들 자신을 위한 "신자들의 기도"의 중요성을 이해하기가 어려울지 모르겠다. 우리 믿음의 조상들인 저 신자들에게 기독교 삶의 중심요소는 하나님의 제사장 백성, 대제사장이신 예수 그리스도의 몸의 일부가 되는 깊은 특권이자 사명이었다. 우리가 연구하는 기간의 초기에 안디옥의 이그나티우스는 에베소 교회에 다음과 같이 썼다.

> 아무도 자기기만을 하지 말라. 만약 그들이 제단에 있지 않다면, 그들은 하나님의 떡을 뺏긴 것이다. 한두 사람의 기도가 그런 힘을 가진다면 감독과 전체 교회의 기도는 얼마나 더 힘이 있겠는가! 그러므로 교회와 함께 모이지 않는 사람들은 교만함을 드러내고, 그에 의해 자기 자신을 비난하게 된

다(*E.P to the Ephesians* 5.5; ANF 1:51).

신자를 위한 기도의 중요성과 성찬과의 관계를 나타내는 표지로서, 신 가이샤랴의 감독 그레고리(Bishop Gregory of Neocaesarea)−기적을 행하는 그 레고리(Gregory of Wonderworker)로 더 잘 알려진−의 행동이 중요하다. 게르만의 침공이 그 지역을 파괴하였다. 침략자들이 떠난 후에 그레고리는 침략으로 이득을 얻었던 사람들에게 취할 조치를 제정하는 교회법적 서신 (*Canonical Epistle*)을 썼다. 일부 사람들은 그 나라를 떠나는 침략자들을 쫓아가서, 그들이 도중에 버렸던 전리품을 취득했다. 이런 사람 중에 자신이 했던 일을 신고하고 원래의 소유자에게 반환했던 사람들은 "기도의 특권"으로 회복될 것이다.

다시 말하자면 비록 그들이 여전히 성찬에 참여하는 것은 허락받지 못했지만, 신자의 기도에는 참여하도록 함으로써 그들의 회개의 태도는 인정받을 것이다. 혼란을 틈타 자신들의 이웃으로부터 훔친 사람들은 성찬뿐만 아니라, 신자의 기도에서도 배제되어야 한다. 다시 말하자면 그들은 진심으로 회개한 것을 보여주고 훔친 것을 반환할 그때까지, 하나님 백성의 제사장직에 참여하는 것이 정지된다(*Canonical Epistle*, 5).

2. 평화의 인사

고대에 서로 키스하는 것은 존경이나 사랑의 표시로써 흔한 일이었다. 우리의 "경배"라는 단어는 원래 신들에게 키스를 보냄으로써 경의를 표하는 것을 의미했던 라틴어 **경배**(*adratio*)에서 나온 것이다.

복음서와 다른 고대 문서들은 우정, 환영, 화목 그리고 존경의 표지로서의 키스를 언급한다. 그리고 유다의 배반하는 키스도 함께 언급한다. 이후에 신약에서 사랑, 동료애, 그리고 신자들 사이의 화목의 표지로서 키스에 대한 언급을 볼 수 있다. 로마서 16장 16절에서 바울은 "너희가 거룩하게 입맞춤으로 서로 문안하라"고 말한다.

고린도전서 16장 20절, 고린도후서 13장 13절, 데살로니가전서 5장 26절, 그리고 베드로전서 5장 14절에서 거의 정확히 같은 단어들로 된 동일한 구절이 나타난다. 바울의 글들뿐만 아니라, 베드로전서에도 있는 그런 반복은 1세기에 평화의 키스가 기독교 모임에서 일상의식 중 하나였던 것을 나타내는 것으로 보인다.

2세기에, 저스틴은 "기도를 끝낸 후에, 우리는 서로가 키스로 인사한다"(*1 Apol.* 65.2; ANF 1:185)라고 썼다. 같은 세기이지만 시간이 조금 지난 시점에서, 터툴리안은 금식하기 때문에 성찬에 참석할 계획이 없는 사람은 "형제자매와 함께 기도한 후에, 기도의 인침인 평화의 키스를 보류해야 한다"라고 쓰고 있다.

그는 "만약 거룩한 키스로부터 분리된다면 어떤 기도가 완성되겠는가?"(*On Prayer* 18; ANF 3:686)라는 이유로 위에서 말한 관행을 인정하지 않는다. 터툴리안 이전의 인물인 저스틴과 이후의 인물인 히폴리투스와 마찬가지로, 터툴리안은 신자들의 기도 직후에 평화의 키스를 나누는 것을 기대했다. 다만 성 금요일은 제외하는데, 그날은 모든 사람이 금식하기 때문에, 평화의 키스를 나누지 않는 것이 분리가 아니라, 오히려 연대의 표지가 되기 때문이다.

인용된 텍스트에서 터툴리안이 언급한 상황은 다소 다르다. 왜냐하면, 이들은 자신들의 개인적인 의지로 금식하기로 결정했고, 키스가 보통 모든 금식을 끝내는 축제의 행사로 이해되는 성찬으로 이어지기 때문에, 평화의 키스 전에 모임을 떠나는 것이다.

명백히, 평화의 키스를 나누는 관행은 오용되기 쉽다. 터툴리안이 평화의 키스의 중요성을 강조했던 것과 대략 같은 시기에, 알렉산드리아의 클레멘스는 다음과 같이 기록한다.

사랑은 키스가 아니라, 친절한 느낌으로 증명된다. 키스로 교회를 울려 퍼지게 하는 것 외에는 아무 것도 하지 않는 사람들이 있다. 그럼에도 그들 안에서 사랑 자체가 없다. 바로 이런 이유 때문에, 신비적이어야 하는 키스의 파렴치한 사용은 더러운 의심과 사악한 보고를 야기한다. 사도는 그 키스를 거룩하다고 부른다.

그러나 독으로 가득하고 신성을 위조하는 또 다른 경건하지 못한 키스가 있다.

여러분은 단지 입으로 접촉만 하고, 고통으로 희생자를 괴롭히는 그런 거미들을 알지 못하는가?

그리고 종종 키스는 음탕함이라는 독을 주입한다. 그렇다면 키스는 사랑이 아니라는 사실이 너무나 분명하다. 왜냐하면, 사랑이 의미했던 것은 하나님의 사랑이기 때문이다.

"그리고 우리가 하나님의 계명을 지키는 이것이 하나님의 사랑이라"고 요한은 말한다. 우리는 서로 입을 접촉하라고 명령받지 않았다(*Instructor* 3.11; ANF 2:291).

이러한 이유들 때문에 평화의 키스는 점점 더 규칙의 제한을 받게 되었다. 『사도헌장』(*Apostolic Constitution*)은 각 사람이 있어야 할 정확한 장소를 결정하고, 서로 키스하는 사람들은 동성(same gender)이어야 함을 주장한다.

"그런 다음 남자는 남자에게, 여자는 여자에게 주님의 키스를 하라. 그러나 유다가 키스로 주님을 배반한 것처럼, 아무도 그것을 속임수로 하지 않게 하라"(*Apostolic Cnstitutions* 2. 57; ANF 7:476). 평화의 키스가 사라지게 되고, 결국 그것이 성직자와 수도원의 거주자에게만 국한된 것은 아마도 같은 이유 때문이었을 것이다.

3. 봉헌과 성찬 자체

2세기의 저스틴과 3세기의 히폴리투스 두 사람 다 평화의 키스 후에, 성찬을 주재하는 사람에게 떡과 포도주를 가져온다(비록 오늘날 일부 교회가 헌금을 모으는 것을 "봉헌"[offertory]이라고 부르지만, 고대의 봉헌에서 봉헌되는 것은 주로 성찬을 위한 떡과 포도주였다). 저스틴은 이처럼 그것을 진술한다.

> 그런 다음 떡과 물이 섞인 포도주잔을 형제자매의 장(president)에게로 가져온다. 그는 그것들을 집어서 성자와 성령의 이름으로 말미암아 우주의 성부께 찬양과 영광을 올린다. 그는 우리를 하나님의 손으로부터 이런 것들을 받을 자격이 있다고 여겨주신 것에 감사를 드린다(*1 Apol* 65; Anf 1:185).

그리고 히폴리투스는 말한다.

> 그다음에 즉시 집사가 봉헌물을 감독에게 가져온다. 감독은 축사를 함으로써 그는 떡을 그리스도의 몸의 형상으로 만들고, 그분을 믿는 모든 사람을 위해서 흘리신 피와 유사하도록 포도주잔을 물과 섞었다(*Ap. Trad.* 23).

다른 구절에서 히폴리투스는 떡과 포도주 이외에 무엇이 봉헌에 포함되어야 하는지에 대한 논의를 덧붙인다. 거기서 그는 감독의 임직식을 묘사하고 있다. 감독에게 축복받을 떡과 포도주와 다른 봉헌품도 축복을 받기 위해서 감독에게 가져온다. 그러나 이때 그는 떡과 포도주에 하는 축복과는 다른 말로 이것들을 축복한다. 이것은 분명히 성찬에서 떡과 포도주가 가지고 있는 특별한 중요성을 보여주기 위한 것이다.

비록 히폴리투스가 이것들이 바칠 수 있는 유일한 봉헌물이라고 말하지는 않지만, 그는 기름, 치즈 그리고 아마도 가장 빈번한 목록이었을 것으로 보이는 올리브를 위한 구체적인 기도를 포함한다. 각 헌물을 축복한 후, 감독은 "당신께, 교회의 성령과 더불어 영광이 지금과 항상, 그리고 영원하시기를, 아멘"이라고 말해야만 했다(*Ap. Trad* 6).

히폴리투스는 바칠 수 있는 것과 없는 것을 구별하면서 바칠 수 있는 헌물에 대해 더 많이 말한다. 포도와 무화과 나무, 석류, 올리브, 배, 사과, 그리고 산딸기 류의 과일과 다른 것들은 가납할 수 있다. 그러나 히폴리투스가 이유를 설명하지 않지만, 멜론, 오이 그리고 다른 유사한 채소와 열매는 가납 될 수 없다. 양파, 마늘, 혹은 냄새가 심한 다른 것들도 마찬가지이다. 꽃들에 관해서는 장미와 백합만이 가납된다. 동일한 구절에서 히폴리투스는 수확의 첫 열매에 대한 감사의 기도를 포함한다(*Ap. Trad*. 28).

성찬 자체와 그리고 히폴리투스가 세례 직후에 성찬에 대해 말하는 곳으로 돌아가서 논의하면, 여기서 그는 어떤 사람이 처음으로 성찬을 먹을 때에만 일어나는 의식을 묘사한다. 여기에는 두 개의 잔이 포함되는 데, 하나는 꿀과 우유를 섞은 잔이고, 다른 하나는 물잔이다. 히폴리투스는 다음과 같이 그것들을 어떻게 사용하는지 설명한다.

> 그리고 선조에게 하신 약속의 성취를 위해서 꿀과 우유를 섞어야 한다. 그 약속은 젖과 꿀이 흐르는 땅에 관한 것이었다. 그것은 즉 그리스도께서 주셨던 그분의 몸이다. 믿는 자는 그 몸으로 아기처럼 영양분을 공급받고, 그분은 그분의 말씀의 온유함으로 영혼의 쓴 것을 달콤하게 만드신다. 그리고 살아있는 영혼인 사람의 내면이 몸과 동일한 것을 받도록, 물두멍의 표지로 물을 봉헌해야 한다(*Ap. Trad*. 23).

다른 고대 텍스트들은 초신자들의 첫 성찬에 제공되는 젖과 꿀 한 잔에 관해서 언급한다. 터툴리안은 "우리가(신생아들로) 받아들여질 때, 우리는 우선 젖과 꿀의 혼합물을 먹는다"라고 말한다(*On the Crown* 3; ANF 3:94). 다른 곳에서 거의 지나가는 말로, 그는 하나님께서 사람들을 축복하는 다양한 물질적 방편의 목록 중에서 젖과 꿀의 혼합물을 언급한다. 빗대는 구절에서, 터툴리안은 물질적인 것들을 열등한 신의 작품이라고 경멸하는 마르키온파조차도 다음과 같은 것을 사용하는 것을 경멸하지 않았다고 선포한다.

> 사람들을 씻기 위해 사용했던 창조주께서 만드셨던 물, 혹은 사람들에게 도유했던 기름, 혹은 그들을 어린아이처럼 키우도록 제공하는 젖과 꿀의 혼합물, 그분이 그분 자신의 고유한 몸을 상징하는 떡(*Ag. Marcion* 1.14; ANF 3:281).

젖과 꿀의 혼합물은 명확한 유형론적 의미가 있다. 이는 요단강을 건널 때 이스라엘 백성이 젖과 꿀이 흐르는 땅에 들어갔던 것처럼, 이제 초신자들은 약속의 땅에 들어갔다. 이러한 이유 때문에, 세례를 단 한 번 받을 수 있는 것처럼, 초신자가 성찬에 참여하는 이 첫 행사에서 젖과 꿀이 섞인 잔도 단 한 번만 마신다.

저스틴은 평화의 키스 이후에 성찬이 거행되는 방식에 대해서 우리가 가지고 있는 중 가장 오래된 증언을 제공한다. 그는 위에서 인용된 내러티브를 계속한다.

> 그런 다음 떡과 물이 혼합된 포도주 한 잔을 형제자매의 장 앞으로 가져온다. 그는 그것을 집어서 성자와 성령의 이름으로 말미암아, 우주의 아버지께 찬양과 영광을 올린다. 그는 우리가 하나님의 손으로부터 이것들을 받을 수 있는 합당한 자로 여기심에 대해 상당히 긴 감사를 올려 드린다. 그리고 모든 사람은 "아멘"이라고 말함으로써 동의를 표한다. … 장이 감사를 드렸을 때, 모든 사람은 동의를 표하고, 우리가 부제라고 부르는 사람들이 참석한 우리 모두에게 이미 감사기도를 한 떡과 그리고 물과 섞인 포도주에 참여할 기회를 준다. 그들은 참석하지 않은 사람들의 몫을 가져간다(*1 Apol*. 65; ANF 1:185).

이 본문과 다른 많은 것을 근거로 하여, 사람들이 성찬에서 마셨던 것은 물과 섞은 포도주였다는 것이 분명하다. 255년과 그 무렵에, 키프리안은 동료인 케실리우스(Caecilius)에게 이에 대해 논의하는 편지를 썼다.

> 그리스도께서는 우리의 죄도 짊어지심으로써 우리 모두를 짊어지셨습니다. 우리는 물을 사람이라고 이해하지만, 포도주는 우리에게 그리스도의 피를 나타냅니다. 물이 잔에 있는 포도주와 섞일 때, 사람들은 그리스도와 하나가 됩니다. 그리고 신자들의 집회는 그들이 믿는 그분에게 연합되고 합류됩니다. 이러한 물과 포도주의 연합은 주님의 잔에서 그렇게 섞여져서 혼합물은 더 이상 분리되지 않습니다. 아무것도 교회-즉 믿는 바에 신실하고 견고하며, 교회에서 세워진 사람들-을 그리스도로부터 분리시킬 수 없습니다. 그래서 그들의 완전한 사랑은 그들이 그리스도 안에 거하게 하고, 그분을 붙들게 할 것입니다(Ep., 62.13; ANF 5:362).

일부는 아침에 포도주가 전혀 섞이지 않은 물로만 성찬을 거행하는 것을 선호했던 것으로 보인다. 키프리안은 그 이유를 불신자들이 이른 아침 그들의 입에서 포도주 냄새를 맡을 때, 그들이 그리스도인임을 알고 그것을 비난할 것이 두려웠기 때문이라고 말하면서, 이에 맞서서 성찬은 물과 섞인 포도주로 기념되어야 한다고 주장한다.

> 우리가 그리스도의 피를 마시는 것을 부끄러워한다면, 어떻게 우리가 그리스도를 위해서 우리의 피를 흘릴 수 있겠는가?(Ep. 62.15; ANF 5:362-63).

저스틴이 떡과 포도주에 대한 "긴 기도"라고 부르는 것은 더욱 엄밀히 말하면 "아나포라"(Anaphora)로 알려져 있다. 우리에게 있는 가장 오래된 아나포라는 『디다케』 6장에서 인용된 텍스트이다. 그 이후의 아나포라 중, 가장 완전하고 가장 오래된 것은 히폴리투스의 『사도전승』에서 발견되는 텍스트이다. 히폴리투스가 이 기도는 단지 견본일 따름이고, 기도 자체의 구절들은 기도를 드리는 사람의 상황과 능력에 좌우된다고 분명히 말하는 것을 주목하라. 의식은 인도자와 회중 사이의 대화로 시작되고, 그런 다음 아나포라로 이어진다.

주님이 여러분과 함께.
그리고 당신의 영과 함께.
여러분의 마음을 드십시오.
우리는 우리의 마음을 주님께로 듭니다.
주님께 감사드립시다.
그것이 합당하고 옳습니다.
오 하나님, 종말에 당신이 우리에게 구주와 구속주로, 그리고 당신의 조언을 전하는 메신저로 우리에게 보내셨던 당신의 사랑하는 종 예수 그리스도로 말미암아, 당신께 감사를 드립니다. 그분은 당신의 말씀이시고, 당신으로부터 분리될 수 없는 분이십니다. 그리고 그분을 통해서 당신은 만물을 만드시고, 그분은 당신이 기뻐하시는 분이십니다. 당신은 그분을 하늘로부터 동정녀의 자궁으로 보내셨으며, 그리고 그분은 그녀의 안에 거하심으로 육신이 되셨고, 성령과 동정녀에게서 나심으로 당신의 아들로서 나타나셨습니다. 그분은 당신의 뜻을 성취하시고, 자신을 위하여 거룩한 백성을 얻으시기 위하여, 자기 죽음에 의해서 당신을 믿는 그들을 풀어 줄 수 있도록 고난을 받게 되었을 때 자신의 손을 펼치셨습니다.

그분은 배반당하시어 기꺼이 죽임을 당할 때, 죽음을 없애시고, 마귀의 결박을 끊으시며, 그리고 지옥을 자신의 발아래 밟으시며 의로운 자에게 빛을 주시며, 경계초소를 세우시고, 자신의 부활을 공표하시며, 떡을 집으시고 당신께 감사드리고 다음과 같이 말씀하셨습니다. 받아먹어라. 이것은 너희를 위하여 부서진 내 몸이라. 그리고 또한 잔도 마찬가지로, 이것은 너희를 위하여 흘린 내 피라. 너희가 이것을 행할 때마다 나를 기념하라.

그러므로 그분의 죽음과 부활을 기념하면서 우리는 당신께 떡과 잔을 드리고, 또한 우리가 당신 앞에 서 있는 것과 당신을 섬기는 것을 당신이 합당히 여겨주셨기 때문에, 당신께 감사를 드립니다.

그리고 당신의 성령을 당신의 거룩한 교회의 봉헌물에 보내주시도록, 당신이 그것들을 하나로 모아서 성령으로 충만한 여기 참여한 당신의 종 예수 그리스도(Servant Jesus Christ)로 말미암아, 거룩한 교회에 있는 성령과 더불어 그분을 통하여 당신께 영광과 명예를, 이제와 항상 그리고 세세토록. 아멘 (*Ap. Trad.* 4).

각 참석자가 이 떡을 집을 때, 그들에게 "그리스도 예수 안에 있는 하늘의 떡"하고 말해준다. 떡을 받는 사람은 이것에 대해서 "아멘"하고 응답한다. 잔이 제공되면 각 사람은 성부와 성자와 성령의 이름으로 세 모금을 마신다(*Ap. Trad.* 23).

히폴리투스는 예배가 어떻게 끝나는지에 관해 아무 말도 하지 않지만, 약 한 세기 전에 터툴리안은 "기념은 기도로 시작하고, 기도로 끝난다"라고 말했다(*Apology* 39; ANF 3;47). 그는 또한 성찬 후에 모두는 선행을 위해 밖으로 나가야 한다고 덧붙인다. 이는 우리가 제11장에서 되돌아갈 곳이다.

처음으로 성찬에 참석했던 초신자들은 일주일 동안 계속해서 교육을 받고, 여러 가지 의식을 지킨다. 그러나 이것에 관해서 우리가 아는 것 대부분은 우리가 연구하는 그 기간으로부터 나온 것이 아니라, 4세기의 저술로부터 나온 것이다. 터툴리안은 초신자는 세례 후에 일주일 동안 날마다 목욕하는 것을 삼가야 한다고 덧붙인다. 몇 명의 저자들은 초신자를 여전히 특별한 돌봄이 필요한 영아라고 말한다.

히폴리투스의 『사도전승』의 한 버전은 초신자들이 그들의 세례 후에 받아야 하는 비밀지식에 관하여 언급한다. 그러나 그러한 비밀들이 무엇이었는지, 영아들이 얼마나 오랫동안 특별한 돌봄 하에 계속 있어야 하는

지에 대해서는 어떠한 암시도 없다. 우리에게 제공된 모든 것은 계시록으로부터 나온 다소 수수께끼 같은 인용이다.

> 내가 흰 돌을 주리니, 그 흰 돌 위에는 그것을 받는 사람 이외에는 누구도 알지 못하는 새로운 이름이 기록될 것이라(Ap. Trad. 23).

일부 해설자는 이것이 주님의 기도일 것이라고 암시하는데, 히폴리투스는 이것을 인용도 하지 않고, 논하지도 않는다. 다음 장에서 일주일간의 특별한 교육을 계속 받아야 하는 이러한 초신자나 혹은 믿음에 있어서 "아기들"에게로 돌아갈 것이다.

4. 몇 가지 신학적 이슈들

성찬이 이해되는 방식을 논하게 될 때 가장 먼저 제기해야 할 점은 그리스도인들은 물리적 실재－특히 몸의 중요성의 표지로서 성찬 요소들의 물질성을 강하게 강조한다는 사실이다. 왜냐하면, 주변 문화에서 물질적인 실재는 악하거나 중요하지 않다고 생각하는 경향이 있었기 때문이다. 이레니우스는 다음과 같이 말한다.

> 하나님의 전체계획을 멸시하고 몸의 구원을 거부하는 사람들은 완전히 잘못되었다. 그들은 몸은 썩을 수밖에 없다고 주장하면서 몸의 재생을 경멸한다. 그러나 만약 몸이 구원을 얻지 못한다면, 주님이 그분의 피로 우리를 구속하지 않았다면, 그분의 피로 하는 감사례인 성찬의 잔도 없고, 우리가 그의 몸으로 하는 성찬에서 떼는 떡도 없다. 왜냐하면, 피는 오직 정맥과 몸, 그리고 인간의 본체를 구성하는 다른 모든 것들로부터만 나올 수 있기 때문이다. 하나님의 말씀은 바로 그 본체로 만들어졌다. 그분 자신의 피로 그분

은 우리를 구속하셨고, 그분의 사도가 선포한 것처럼, "그분 안에서 우리는 그의 피로 말미암아 구속과 죄 사함까지 받았다."

그리고 우리가 그분의 지체인 것처럼, 우리는 또한 피조물 덕분에 영양을 공급받는다. 그분 자신이 우리에게 피조물을 주신다. 이는 왜냐하면, 그분이 자신이 만드신 해를 뜨게 하고, 그분이 원하시면 비를 보내시기 때문이다. 그는 피조물의 일부인 잔을 그분 자신의 피로 인정하셨다. 그것으로부터 그분은 우리의 피를 적신다. 그분은 또한 피조물의 일부인 떡을 그분 자신의 몸으로 제정하시고, 그것으로부터 우리 몸을 성장시키신다(*Against Heresies* 5.2; ANF 1: 528).

우리가 본장의 끝에 이르렀으므로, 저 고대의 그리스도인들에게 성찬은 단지 예수 그리스도의 기념만이 아니라, 실제로 부활하신 주님과 만남이고, 부활의 기념이며 각 신자가 주님께 연합될 뿐 아니라, 그들 모두가 종종 육의 친척들보다 더 강한 결속으로 연합되는 기쁜 행사라는 사실이 분명하다.

이 식사에 합류한 저 신자들은 이제 새로운 가족—심지어 더 놀랍게도—그들이 결코 만나지는 못했지만, 광대한 수의 사람을 포함하는 새로운 가족의 일부이다. 그러나 그들과는 단 하나의 식사, 즉 주의 만찬(Lord's Supper), 혹은 성찬(감사례[Eucharist])에 참석하는 것을 통하여 단 한 분 주님에 의해 함께 연합한다.

이것은 "그리스도의 몸"에 대한 질문으로 이어진다. 수 세기 동안 그리스도의 몸과 성찬 사이의 관계 때문에 많은 논의가 계속 있었고, 많은 분열이 일어났다. "그리스도의 몸"이라는 구절 자체에는 세 가지 중요하고도, 분명한 의미가 있다.

첫째, 그것은 나사렛 예수의 육체적 몸으로서, 살았고, 죽었으며, 부활하셨고, 이제 우리 또한 변화될 몸으로 변화되셔서(고전 15장) 성부가 계신

곳에 계신다.

둘째, "그리스도의 몸"이라는 구절은 몇 가지 경우에서는 성찬에서 그 위에 감사를 드리는 떡을 언급한다(헬라어 **유카리스티아**[eucharistía]가 감사를 드린다는 뜻이므로 성찬은 종종 "감사례"[Eucharist]라고 불린다. 일부 고대 그리스도인 저자들의 글에서 그 말은 "감사를 드린"[eucharistized] 떡과 동등한 것임을 발견한다). 수 세기 동안 그리스인들 사이에서 불일치와 분리의 문제가 되었던 것은 바로 이 두 번째 의미의 "그리스도의 몸"이었다.

하지만 신약에서도, 대부분의 고대 기독교 작품에서도, 성찬의 떡이 어떤 의미에서 "그리스도의 몸"인지 명확하게 정의하려는 어떤 시도도 찾을 수 없다. 우리가 그 구절이 의미하는 바를 발견하려고 하면서 저러한 고대 작품들을 읽을 때―구체적으로, 떡이 그리스도의 몸인지, 혹은 그것을 대표하는지를 질문하면서―우리는 성찬이 극도로 중요하다는 것을 자주 확인한다.

그러나 이것이 어떻게 이해되어야 하는지는 초기의 진술들이 모호하거나 서로 모순된다. 초대교회에서 성찬의 중요성은 이그나티우스의 서신을 아주 대충 읽어도 분명하다. 이그나티우스는 성찬의 떡은 "불멸의 약이고, 우리를 죽지 않게 하는 해독제이다. 그것은 우리가 예수 그리스도 안에서 영원히 살게 한다"라고 선포한다(*Ep. to the Ephesians*). 그는 심지어 우리는 "성찬(Eucharist)을 우리 구주 예수 그리스도의 살이라고"고 고백해야만 한다고 선포하기도 한다(*Ep. to the Smyrneans* 7. 1; ANF 1: 89).

다른 한편, 히폴리투스는 떡과 잔이 축복을 받았을 때 일어나는 일은 그것들이 "그리스도의 몸과 피의 형상"이 된다는 사실이라고 말한다(*Ap. Trad.* 23).

알렉산드리아의 클레멘트는 더 나아가 "살은 우리에게 상징적으로 성령을 대표한다. 왜냐하면, 살이 성령에 의해서 만들어졌기 때문이다. 피는 우리에게 말씀을 가리킨다. 왜냐하면 풍성한 피처럼 말씀이 삶 속에 주입되었기 때문이다. 둘의 연합은 아기들의 음식인 주님이다"라고 선포한다(*The Instructor* 1.7; ANF 2:220). 수많은 인용을 모을 수 있으나, 중요한 점은 이러한 다양한 저자들이 그리스도께서 어떻게 성찬이나, 혹은 떡과 포도주에 임재하시는지는 질문하지 않는다는 사실이다. 많은 표현 속에서, 그들은 실제로 떡이 "그리스도의 몸"이라고 말하지만, 떡이 살이 되기 위해서 더 이상 떡이 아니게 되었다고는 절대 주장하지 않는다.

셋째, "그리스도의 몸"이라는 구절은 종종 교회를 말한다. 초기 그리스도인들은 자신들이 이 세 번째 의미에서 그리스도의 몸이라는 사실과 그리고 또한 두 번째 의미로써 그리스도의 몸을 받지 않으면, 즉 성찬에 참석하지 않는다면 자신들이 그 몸의 지체될 수 없다는 사실을 확신했음이 틀림없다.

간단히 말하자면, "그리스도의 몸"이란 구절의 세 가지 의미는 분리될 수 없고, 그들의 상호관계는 다양한 방식으로 이해될 수 있다. 초기 그리스도인들은 그리스도가 성찬에 임재하시는 방식을 정의하는 데는 관심이 없었지만, 그곳에 그분이 계신다는 사실을 분명히 확신했던 것으로 보인다.

만약 세례가 가지가 참포도나무에 연합되는 접붙임으로 이해된다면, 성찬은 가지에 양분을 공급하는 수액처럼 된다. 신자들의 공동체에 대한 어떠한 헌신도 없이, 스스로 그리스도인이 된다는 개념은 초기 그리스도인이라면 터무니없다고 생각했을 것이다.

넷째, 진지하게 고려할 가치가 있는 두 가지 사항이 있다.

첫 번째는 성찬 자체와 성찬에서 생겨난 기도의 삼위일체적 본질이다. 일반적으로 저런 기도들은 성자를 주신 것에 대해 성부께 감사함으로써 성부에게 드리고, 성령께 이 떡과 포도주가 그리스도와 서로를 결합시키는 결속이 될 수 있도록 해 달라고 요청하는 청원으로 끝난다.

두 번째는 초대교회 예배의 일관된 특성으로서 잊어서는 안 될 것으로 신자들이 최종적으로 참석하게 될 천상예배의 모방 혹은 그림자로서 현재 땅에서 드리는 예배에 대한 비전이다. 따라서 터툴리안은 우리가 "이름이 거룩히 여김을 받으옵시며"라고 말할 때, 우리는 하늘의 무리가 "거룩, 거룩, 거룩"하고 노래하는 그분(One)에 대해서 말하고 있다는 사실을 반드시 기억해야 한다고 선포한다. 그러고 나서 그는 다음과 같이 덧붙인다.

만약 우리가 성공한다면, 우리 또한 천사의 후보자이다. 그러므로 우리는 아직 이 땅에 있는 동안, 하나님께 드려질 노래를 암송하기 시작한다. 우리는 장래 영광의 의식을 배우고 있는 것이다(*On Prayer* 3; ANF 3:682).

제11장

시간, 장소 그리고 관례

예배는 교회가 모이는 시간 동안 말하고 행하는 것에만 국한되지 않는다. 예배는 또한 교회가 예배하는 시간과 장소와 관련이 있다. 그리고 예배의 필수적인 부분은 예배가 예배자의 일상생활, 즉 윤리적인 차원과 경건의 훈련에 반영되는 방식이기도 하다.

따라서 우선 교회에서 예배가 따랐던 달력을 살펴본 후, 교회가 모여서 예배하는 장소로 논의를 옮겨가고, 마지막으로 여성들이 예배와 음악에 참여하는 것에 관한 간략한 언급과 이 모든 것이 신자의 일상생활에서 반영되는 방식을 논할 것이다.

1. 시간: 일요일

제1부에서, 교회는 처음부터 주간의 첫째 날에 모여서 떡을 떼었다는 것을 보았다. 왜냐하면, 그날이 주님이 부활하신 날이기 때문이었다. 주간의 첫째 날인 일요일에 모이는 행위는 우리가 지금 연구하고 있는 기간에 반복적으로 나타나고, 따라서 명시적으로 증명해주는 문서는 없지만 1세기 동안에도 그러했을 것이다. 주간의 첫째 날에 모이는 데는 두 가지 다른 이유가 있었다.

주간의 첫날에 모이는 두 가지 이유이다.

첫째, 창세기 이야기에서 첫째 날은 창조의 시작이었다는 사실이다. 이것은 새 창조를 시작한 예수님의 부활로 일어난 일과 평행을 이룬다. 저스틴은 그것을 다음과 같이 표현한다.

> 우리는 일요일에 공동 집회를 엽니다. 하나님께서 어둠과 물질을 바꾸심으로써 세상을 만드신 것이 바로 이 첫째 날입니다. 이것은 우리 구주 예수 그리스도께서 죽음으로부터 다시 살아나신 것과 같은 날입니다. 그분은 토성(Saturn, 토요일[Saturday])의 날 전날에 십자가에 못 박히셨습니다. 그리고 토성의 날 다음 날인 태양의 날에 그분의 사도들과 제자들에게 나타나셨습니다. 그분은 그들에게 이런 것들을 가르치셨고, 또한 여러분이 이 일을 숙고하도록 여러분에게 말했습니다(1 Apol. 67; ANF 1:186).

(이 글은 저스틴이 이교도 독자들을 대상으로 한 것이기 때문에, 그는 주간의 날들에 자신의 독자가 부르는 이름을 붙였다. 그래서 그는 주간의 첫날을 문자적으로 "태양의 날"인 "일요일"로 부른다. 대부분의 로마인들에게, 일주일 중 가장 중요한 날은 토성의 날이었다. 저스틴이 그리스도인들은 주간의 첫째 날에 모인다고 말했다면, 그의 독자들은 혼란스러웠을 것이다. 같은 이유로, 주간의 마지막 날을 "일곱째 날"이라고 하는 대신 그는 그것을 "토성의 날"로 부른다.)

둘째, 주간의 첫날이 특별한 의미가 있는 다른 이유는 이날이 바로 주간의 새로운 시작을 표시하는 것과 마찬가지로, 영원의 시작을 표시하기 때문이다. 바나바의 서신에 있는 다음 내용에서 볼 수 있는 것처럼, 그리스도인들은 때때로 영원을 "제8일"로 부른다.

> 주님은 다음과 같이 말씀하신다. 너희의 현재 안식일은 내가 받을 수 없다. 그러나 내가 만든 것은 모든 것들에 안식을 주는 이것이다. 나는 또 다른 세상의 새로운 시작이 될 제8일을 만들 것이다. 그래서 우리는 제8일을 기쁘게 지킨다. 그날은 예수님이 죽음으로부터 부활하신 날이기도 하다.

그분은 자신을 보이신 후, 하늘로 올라가셨다(*Ep. of Barnabas* 15; ANF 1:147).

부활의 날을 훨씬 의미 있게 만드는 이러한 두 가지 이유가 예수님의 부활을 기념하는데 더욱더 큰 기쁨과 우주적인 차원을 덧붙였다. 이날은 교회가 창조주이신 하나님의 선물, 죽음에 대한 예수님의 승리, 그리고 영원의 경험이 시작된 것을 경축하는 날이었다.

2. 시간: 부활절

제4장에서 살펴본 것처럼, 초기 그리스도인들은 주님이 부활하셨던 주간의 첫날에 중심을 두었던 주간 달력을 발전시켰다. 대부분 그리스도인이 원래부터 유대인이었던 처음 수십 년간, 일곱째 날에 안식일을 지키고 석양과 함께 그날이 끝날 때 떡을 떼고, 예수님의 부활을 기념하기 위해서 다시 모이는 것이 그들에게는 일반적이었을 것이다. 일곱째 날의 해진 후는 새 주간의 첫째 날이었기 때문이다.

그러나 유대-기독교는 뒤로하고, 대부분 신자가 원래 이방인인 이제, 안식일 일몰 후에 모이는 것이 더욱 어려워졌다. 수 세대에 걸쳐 조정하며, 이스라엘 백성은 안식일을 지킬 수 있는 직업과 조건을 찾았다.

그들에게, 그리고 기독교를 받아들이게 된 하나님을 경외하는 자 중 일부에게 일몰로 안식일이 끝난 직후 모이는 것이 어렵지 않았을 것이다.

그러나 그 첫 시기가 지나면서, 이방인 그리스도인들에게는 그렇게 모이는 시간이 점점 더 어려워졌다. 왜냐하면, 일반적으로 사회에서, 주간의 일곱째 날은 다른 날과 마찬가지로 일하는 날이었고, 노예는 주인에게 자신이 교회에 가야 하므로 그날 저녁에 일할 수 없다고 쉽게 말할 수 없었기 때문이었다. 밤에 일해야 하는 피고용인은 종교적인 이유로 양해를 구할 수 없었다. 그러므로 현실적인 이유로, 교회는 더는 일곱째 날의 일몰 후에 만나지 못하고, 첫째 날 새벽 일출 전에 만나기 시작했다.

또 다른 요인이 이러한 변화에 영향을 주었다. 유대인들은 하루의 끝과 다음 날의 시작을 일몰로 계산하는 반면, 로마인들과 대부분의 다른 사람들에게 하루는 오늘날 우리처럼 자정부터 자정까지였다. 따라서 유대인들은 주간의 일곱째 날 일몰 후에 만나는 것을 주간의 첫째 날이라고 명확하게 이해했지만, 이방인 그리스도인들의 관점에서 본다면 그것은 주간의 첫째 날이 아니라, 일곱째 날의 저녁에 만나는 것이었다.

이러한 두 가지 이유로, 우리가 연구하는 기간의 첫 수십 년 동안, 만남의 시간이 서서히 바뀌었고, 더욱 많은 그리스도인이 일곱째 날 일몰 후보다는 첫째 날의 일출 전에 만났다.

그 시간 동안 교회는 4장에서 보았던 주간 달력을 계속 유지했다. 그 달력의 중심은 "주님의 날"인 주간의 첫째 날이었다. 이것은 무엇보다도 예수 그리스도의 부활을 기념하는 기쁨의 날이었고, 첫 창조의 시작과 "제8일"에 있을 그 절정의 시작이었다. 오늘날 우리가 "금요일"이라고 부르는 여섯째 날은 십자가를 기념하는 금식과 참회의 날이었다. 또한, 네 번째 날인 "수요일"은 그날에 유다가 예수님을 은 30냥에 팔았던 날이었기 때문에, 금식의 날이다.

비록 각 일요일이 예수님의 부활을 기념하는 날이었지만, 해마다 그들이 그 부활을 특별한 방식으로 기념했던 특정한 일요일이 있었다는 사실은 놀라운 일이 아니다. 그 특별한 일요일과 유대교의 유월절 사이에는 연대기적, 유형학적 이유로 관련이 있었다.

연대기적으로는, 복음서에서 유월절과 예수님의 수난과 부활 사이에 관련이 있음을 알 수 있다. 비록 그 정확한 관계에 대해서는 공관복음과 요한복음이 서로 다른 견해를 보이지만, 관련이 있다는 것은 확실하다.

유형학적으로는, 양의 피를 통해 이스라엘이 해방된 것과 이스라엘인들이 이집트를 떠났던 첫 유월절은 신자들이 하나님의 어린 양의 피를 통해서 죄와 죽음으로부터 해방되는 것의 표상, 혹은 유형으로 볼 수 있다.

그 기간 있었던 다른 두 개의 발전은 우리 논의에 있어 매우 흥미롭다. 이 중 첫 번째는, 적어도 일부 집단에서는 유월절에 기독교가 부활절을 기념하는 것과 그것의 유대교적 뿌리 사이에 있던 연결이 잊히기 시작했다는 사실이다.

사르디스의 멜리토는 자신의 설교 『부활절에 관하여』(*On Pascha*)에서 이 축제에 "부활절"(pascha)이라는 이름을 붙인 이유를 자문한다. 그런 다음 히브리어에서 그 어원적인 뿌리로 이동하기보다는, 헬라어 "수난"(passion)에 근거한 잘못된 어원을 제공한다(하지만, 이것은 멜리토가 그 축제 자체의 히브리 뿌리를 제쳐두었다는 것을 의미하지는 않는다. 왜냐하면, 그의 전체적인 설교는 예수 안에서 일어났던 것의 예표, 혹은 선언으로서 이스라엘의 역사에 대한 유형학적인 해석이기 때문이다).

오리겐은 동일한 주제의 설교에서, 비록 일반적인 의견은 "파스카"가 예수님의 수난 때문에 그렇게 이름이 붙여졌다는 것이지만, 사실상 그것은 그것의 히브리 이름으로부터 파생되었고, 첫 번째 유월절에서 복수하는 천사가 이스라엘의 자녀들을 넘어갔기 때문에 "넘어가다"라는 뜻을 의미한다고 말한다.

후에 오리겐의 연구자이었고, 그의 의견을 추종했던 가이샤랴의 유세비우스는 정확한 어원과 히브리인의 유월절과 가독교의 삶 사이의 관계에 대한 유형학적 이해를 결합했다.

> 이 시점에서 유월절이라는 주제로 돌아가서, 이것은 초기에 히브리인들에게 표상으로서 주어진 것이라는 사실을 설명하는 것이 도움이 될 것이다. 첫 번째 유월절에서, 그들은 자신들의 가축으로부터 양(sheep)이나 어린 양(lamb)을 가져다가 제물로 바쳤다. 그런 다음 그들은 복수하는 천사가 그 안에 들어가지 않도록 자신들의 집의 문을 피로 칠하였다. 어린 양의 고기를 먹은 후에 허리를 묶고 그들은 무교병과 쓴 나물을 가지고 갔다. 그들은 한 곳에서 다른 곳으로, 이집트로부터 광야로 이동했다. … 천사가 그들

을 지나치고 그들이 이집트를 떠난 이런 이유로, 이 축제는 파스카라는 이름을 받는다(*On the Paschal Solemnity* 1; PG 24:693).

2세기가 시작되는 이제, 그리스도인들이 예수님의 부활을 기념해야 하는 정확한 날짜에 대한 일련의 논쟁이 시작되었다. 초대교회가 처음 수년 동안 연례 부활절 축제를 제정하기 위해서 따랐던 방법-혹은 방법들을 아는 것은 불가능하다. 그러나 일반적으로 히브리 달력을 따랐다는 여러 가지 징후들이 있다.

우리가 연구하는 기간이 시작될 때에 이미, 기독교 파스카, 혹은 부활절의 기념 날짜에 관한 두 개의 주된 관례가 있었다. 소아시아와 그 주변 지역에서는-오늘날 튀르키예의 대부분-부활의 날이 히브리인들의 니산월 열네 번째 날에 기념되도록 히브리 달력을 따르는 것이 관습이었다. 다른 지역에서는 예수의 부활은 항상 일요일에-보통 니산월 열네 번째 날 이후의 일요일-에 기념하는 것이 관습이었다.

가이샤랴의 유세비우스가 우리에게 이 논쟁의 기원에 관해서 말해주는 것은 다소 혼란스럽다. 그는 한편으로는 멜리토가 분명히 169년경에 썼으나 잃어버린 책을 인용하는데, 거기서 그는 부활절 축제는 니산월 14일에 기념된다고 확신한다.

또한, 멜리토의 이웃이었던 히에라폴리스의 감독 아폴리나리스(Apolinaris, bishop of Hierapolis)가 저술한 것의 단편도 있다. 그 단편에서는 예수님이 제자들과 니산월 14일에 식사하시고, 보통 "위대한 무교절"이라고 알려진 15일에 돌아가셨다는 개념이 거부된다. 아폴리나리스에 의하면, "[니산월] 14일이 하나님의 아들을 유월절 양 대신에 두신, 위대한 제물이신 주님의 참된 유월절(true Pascha of the Lord)이다"(PG 92:80).

따라서 유세비우스가 말한 것과 아폴리나리스의 단편에 근거해서, 160년경까지는 논쟁이 이미 들끓고 있었던 것으로 보인다. 유세비우스 자신은 빅터(Victor)가 로마의 감독이었던 때-그러니까 190년, 혹은 약간 후-

에 그 시기에 관해 언급하며 다음과 같이 말한다.

> 그 당시에 중요한 질문 하나가 제기되었다. 아시아에 있는 모든 교구는 더 오래된 전통으로부터 왔다. 그들은 유대인들이 양을 죽이라고 명령받았던 날인 음력 14일이 구주의 유월절 축제로 준수되어야 한다고 주장한다. 따라서 그들은 그날이 주간의 무슨 날이 되든지, 자신들의 금식을 그날 끝내야 할 필요가 있었다. 그러나 그것은 세상의 나머지 교회의 관습은 아니었다. 그들은 현재까지 따라왔고, 금식은 다른 어떤 날도 아니고, 바로 우리 구주의 부활하신 날에 끝내야 한다는 사도적 전통을 지킨다(*Church History* 5.23.1; NPNF1 1:24).

유세비우스의 이 구절은 논쟁이 왜 중요한지를 보여준다. 그것은 그런 중요한 행사가 기념되어야 하는 시기의 문제일 뿐 아니라, 예배 자체에 관한 어려움과 혼란의 문제였다.

콰르토데시망(Quarto-deciman["fourteenth-ist"])파는 주님의 부활은 그것이 주간의 무슨 날이건 상관없이 반드시 니산월 14일에 기념되어야 한다고 주장했다. 그들의 반대자들은 주님의 부활은 항상 주간의 첫째 날에 기념되어야 한다고 단언했다. 왜냐하면, 십자가에 못 박히신 날에 금식하고, 부활하신 날까지 금식을 계속하는 것이 관습이었기 때문이었다.

또한, 그리스도인들에게는 한 도시로부터 다른 도시로 여행하는 것이 흔한 일이었는데 이것은 어떤 이가 참회하면서 금식 중일 때, 같은 교회의 다른 이는 경축하게 되는 것을 의미했기 때문이었다. 로마는 사람들이 먼 지역으로부터 가장 자주 모였던 곳이었으므로, 콰르토데시망 관례에 관해서 가장 우려했던 사람이 로마의 감독이었다는 사실은 전혀 놀라운 일이 아니다.

하지만 폴리캅이 저항했을 때, 아니세투스(Anicetus)는 고집부리지 않았다. 간단히 말하자면, 유세비우스와 다른 사람들의 명백히 모순되는 진술이 말해주는 것은 이러한 다른 관례들이 매우 오랜 뿌리를 가지고 있다는 사실이다. 그리고 그 차이를 표면화시킨 것은 예수님의 부활을 항상 일요일에 기념했던 그리스도인들과 그것을 니산월 14일에 기념해야 한다고 배웠던 다른 그리스도인들의 접촉이 많아진 것이었다.

유세비우스에 의하면, 팔레스타인, 로마, 폰투스(Pontus) 그리고 갈리아(Gaul)에서 있었던 일련의 교회회의(synods)는 부활을 꼭 니산월 14일이 아니라, 항상 일요일에 기념하는 관례를 확증했다. 하지만, 당시 로마의 감독이었던 빅터가 이러한 결정을 알렸을 때, 아시아의 감독들은 폴리크라테스(Polycrates)의 지도하에 교회회의에 모여서 자신들의 고대 전통을 고집했다.

빅터는 이에 아시아에 있는 모든 신자와의 교제를 끊겠다고 위협하는 일련의 편지로 응답했다. 그런 극단적인 방안은 동방이나 서방 어느 쪽에서도 큰 지지를 얻지 못했다. 빅터의 위협에 저항하는 다른 사람 중의 한 사람은 갈리아에 있는 리용의 감독 이레니우스였다(Irenaeus of Lyons).

하지만 그는 서머나 출신이었으므로 소아시아 전통의 계승자였다. 그의 무리 중 많은 사람이 또한 같은 배경 출신이었던 것으로 보인다. 따라서 자신들의 콰르토데시망 전통을 받아들이지 않았던 다른 교회들 한복판에 있었던 그와 그의 교회는 이 상황에 대해 매우 우려했다.

이러한 이유로 이레니우스는 빅터에 편지를 썼고, 그것을 유세비우스는 널리 인용한다. 그것은 회유하는 편지였고, 이레니우스의 **평화적인**(*irenic*) 정신은 유세비우스가 **이레니우스**(*Irenaeus*)는 그 편지에서 자신의 이름이 제대로 지어졌음을 보여주었다고 말하게 만들었다.

이 편지에서 이레니우스는 교제를 끊거나 조화를 깨지 않고 다른 전통들을 지킬 수 있는 가능성에 대해 주장했다.

> 논쟁은 금식일에 관한 것뿐만 아니라, 그것이 어떻게 실행되어야 하는지에 관한 것입니다. 어떤 이는 하루만, 어떤 이는 이틀, 다른 이들은 더 많은 날

을 금식해야 한다고 생각합니다. 또한, 어떤 이는 그날은 낮과 밤 40시간이 어야만 한다고 믿습니다.

이렇게 다양하게 준수하는 것은 새로운 것이 아닙니다. 그것은 우리 선조들과 더불어 오래전에 시작되었습니다. 그들이 금식을 수행하는 방식이 완전히 정확하진 않았고, 그래서 후손들을 위해서 자신들만의 단순성과 특이성으로부터 하나의 관습을 발전시켰을 가능성이 상당히 큽니다. 그런데도 이런 모든 변형은 평화롭게 살아남았습니다. 우리 또한 서로 평화롭게 삽니다. 그리고 금식에 관한 불일치는 신앙의 일치를 확증합니다.

금식을 수행했던 방식 때문에 교회에서 쫓겨난 사람은 아무도 없습니다. 당신 이전에 그것을 준수하지 않았던 장로들(presbyters)은 그것을 준수했던 다른 교구의 장로들에게 성찬을 보냈습니다(*Church History* 5.24.12-13, 15; NPNF1 1:243).

유세비유스는 다음에 어떻게 되었는지 말하지 않지만, 빅터가 아시아의 신자들과 교제를 끊지 않기로 한 것으로 보인다. 어쨌든, 아시아에 있는 대부분 교회는 나머지 교회들의 관습을 서서히 채택하였다.

이것은 여전히 예수님의 부활을 언제 기념할 것인가라는 이슈를 해결하지 못했다. 비록 콰르토데시망파가 그것을 니산월 14일에 기념하자고 고집했고, 다른 이들은 그것은 항상 일요일에 기념되어야 한다고 생각했지만, 양쪽 모두 유대교의 달력에서 유월절 날짜를 시작점으로 삼았다. 하지만, 음력에 근거한 유대교 달력은 양력과 일치하지 않았기 때문에, 유대 당국은 매년 언제 니산월이 시작하는지를 결정해야 했다.

이제 그리스도인들과 유대인들 사이의 긴장이 증가하면서, 많은 그리스도인은 기독교 달력에서 가장 중요한 날짜를 결정하는 임무를 유대 당국에 맡기는 것이 적절하지 않다고 생각했다. 음력은 양력보다 상당히 짧으므로, 자주 조정할 필요가 있었다. 나아가서, 모든 그리스도인에게 가장 바람직했던 것은 부활을 동일한 날에 기념하고, 기념 자체를 준비할 충분한 시간을 두기 위해서 날짜를 알아야 하는 것이었다. 수학적인 문제는 간단치 않았고, 그것을 해결하기 위해 많은 시도를 했다. 그중 알려진 첫 번째 시도는 히폴리투스가 한 것이었다.

그는 『사도전승』의 저자로서 이전에 우리가 만났던 그 사람이다. 히폴리투스가 준비했던 표는 그를 기리기 위한 동상에 새겨져 있었는데 16세기 중반 로마에서 발견되었다. 거기에 224년부터 334년까지 각각의 해에 대한 부활절의 날짜가 계산되어 있다. 그러나 한 해의 기간을 부정확하게 계산했기 때문에, 히폴리투스가 제안했던 날짜를 16년마다 3일씩 앞당기는 결과를 낳았다. 비록 처음에는 이것이 눈에 띄지 않았지만, 결국 히폴리투스의 계산이 잘못된 것이었음이 명백해졌다.

부활절에 대한 다른 계산법 중 어떤 것도 우세하진 못했다. 이는 부분적으로는 그 근거였던 천문학적 관찰이 부정확했기 때문이다. 부정확한 것 중 가장 확연한 예는 동방과 서방의 춘분점의 날짜가 일치하지 않았다는 점이다. 이러한 이유로 인한 불일치는 오랫동안 계속되었지만, 이것은 우리 연구의 한계를 훨씬 넘는 것이다.

3. 시간: 부활절 전후의 시간

우리가 지금 알고 있는 교회력의 많은 부분은 예수님의 부활 기념 전후에 발전되었다. 시작부터 교회는 또한, 사도행전 2절에 의하면, 성령이 제자들에게 강림하셨던 때인 오순절을 지켰다. 이 축제일은 유대교 달력의 일부였고, 유월절 이후 50일째 되는 날로서, 그것은 "오순절"(Pentecost)이라는 이름의 어원적 기원이다. 그리스도인들도 동일한 양식을 따랐다.

그러나 이제 오순절의 날짜를 더는 히브리인의 달력에 따르지 않고, 단순히 부활절 후 50일째로 정했다. 부활절 다음으로 꽤 오랫동안 오순절은 교회력에서 가장 중요한 날짜였다. 우리는 부활절에 세례를 받을 준비가 되었지만 어떤 이유로 자신들의 세례를 연기해야 했던 세례 예비자들이 오순절에 세례를 받는 것에서 이를 보았다. 부활절과 오순절 사이의 50일은 당시에 그리스도의 승리와 예수님의 부활과 성령의 강림하심 덕분에 신자들이 하나님의 자녀로 입양된 것을 기념하는 시간이었다.

이 시간의 중요성을 나타내는 또 다른 표지는 그날들 동안 그리스도인들은 기도하기 위해 무릎을 꿇어서는 안 되고, 다만 서서 기도해야만 했다는 점이다. 왜냐하면, 이제 그들은 왕 앞에 청원자로서가 아니라, 오히려 왕의 입양된 자녀로서 하나님께 나아가는 것이기 때문이었다.

이 점에 관해서 터툴리안은 이렇게 말한다.

> 우리는 주님의 날에 금식하거나 무릎을 꿇는 것이 비합법적이라고 믿는다. 또한, 우리는 부활절부터 오순절까지 동일한 특권을 주장한다(*On the Crown* 3; ANF 3:94).

그리고 우리가 제3부에서 논의할 기간의 초기인, 서기 325년에 니케아 공의회(Council of Nicaea)가 소집되어 다음과 같이 결정했다.

> 일부가 주의 날과 오순절의 날들에 무릎을 꿇기 때문에, 이 거룩한 교회 협의회는 관행을 통일시키기 위해서, 모든 기도는 서서 드리는 것이 좋다(*Canon* 20; Mansi 2:677).

잘 알려져 있다시피, 예수님의 부활과 오순절 사이에 예수님의 승천이 있었다. 누가는 자신의 복음서와 사도행전 둘 다에서 그것을 언급한다. 비록 예수님의 승천이 자주 언급됨에도 불구하고, 우리가 지금 연구하고 있는 시기의 저자들은 그것을 기념하는 특별한 날에 관해서 아무것도 말하지 않는다. 따라서 승천을 기념하는 고정된 날이 아직은 없었다는 결론에 이르게 된다.

부활절과 오순절의 대축제는 성경의 증언으로부터 직접 나온 것이지만, 우리가 지금 "사순절"(Lent)이라고 부르는 부활절 이전 기간의 경우에는 그렇지 않다. 부활절을 준비하는 금식 기간에 대해서 우리가 가지고 있는 가장 이른 언급은 이미 인용했던 이레니우스가 로마의 감독이었던 빅터에 보낸 편지에서 찾을 수 있다. 그 편지는 가이샤랴의 유세비우스가 길게 인용한 덕분에 우리에게까지 닿을 수 있었다.

부활절이 일요일에 기념되기 때문에, 이미 언급되었던 각 주간의 금요일에 시작되었던 금식이 항상 부활절에 선행되는 것이 자연스러웠다. 명백히, 저 짧은 기간이 사순절의 40일로 확장하게 된 것은 한편으로는 부활절 전의 금요일을 연장하는 것이었고, 다른 한편으로는 교리 교육의 체계였다.

첫 번째 것에 관해서는, 주일의 부활이 기념되는 매 일요일을 준비하면서 금식하는 것이 적절하다면, 부활절 대주일(The Great Sunday of Easter) 전에 연장된 금식 기간을 가지는 것이 전적으로 적절해 보일 것이다.

두 번째 것에 관해서는, 부활절 일요일에 자신들의 세례를 받기 며칠 전에, 세례 예비자들에게 기독교 교리와 그리스도인의 삶의 실천에 관한 특별 교육기간이 있다는 사실을 기억하라.

이것은 또한 금식과 영적 훈련을 포함했다. 비록 이 기간의 길이가 장소에 따라 다양했지만, 이 숫자가 성경에 여러 번 나오는 숫자—특별히 이스라엘이 광야에서 지낸 연수와 예수님이 광야에서 시험을 받으신 날수와 관련하여—를 근거로 하여 서서히 40일로 고정되었다.

더욱이, 교회의 지체들이 세례를 준비하는 사람들에게 지도와 지원을 제공하기로 되어있었기 때문에, 세례 예비자들이 자신들의 세례를 준비했던 그 기간은 전 교회가 부활절 주일을 위한 준비로 금식하는 시간이 되었다. 하지만, 주일은 그 본질상 기념의 날이지 금식의 날이 아니므로, 금식

에는 주일들이 포함되지 않았다. 이런 이유로 사순절 절기는 사실상 40일
보다 길었다.

4. 시간: 일과들

제1부에서 보았던 것처럼, 기독교가 대부분 유대 그리스도인들이었을 때, 그 추종자들은 적어도 유대교가 지켰던 동일한 기도 시간을 따랐다.

고정된 시간을 언급하지 않고, 『디다케』는 독자들에게 그들이 주기도문(Lord's Prayer)을 하루에 세 번 반복해야 한다고 말한다. 우리가 지금 연구하고 있는 기간에는, 기도 시간의 숫자가 증가했다는 수많은 표지가 있다.

터툴리안은 논문 『기도에 관하여』(On Prayer)에서, 이미 1세기에 따랐던 세 개의 기도 시간(three hours of prayer)을 언급한다. 그러나 그런 다음 기도가 필요한 특정 상황뿐만 아니라, 기도해야 하는 다른 상황들도 추가한다.

> 때(time)에 관해서: 특정 시간(hours)을 지키는 것이 유익한 것으로 보인다. 내 말은 하루의 간격을 표시하는 다음과 같은 일반적인 시간, 즉 성경이 다른 시간보다 훨씬 엄숙한 것으로 여기는 제3시, 제6시, 제9시를 의미한다. 모여 있는 제자들에게 성령의 능력이 처음으로 강림하신 것은 "제3시"였다. 베드로는 "제6시"에 기도하러 지붕에 올라갔을 때 포괄적인 공동체의 환상을 경험했다. 바로 그 동일한 사도가 마비된 자를 건강하게 회복시켰을 때인 "제9시"에 그는 요한과 함께 성전에 가는 중이었다.
> 비록 이러한 예들이, 그것을 준수하기 위해 주어지는 어떠한 규칙도 없이 진술되지만, 적어도 하루에 세 번 기도하는 것이 법이라고 가정하는 것이 당연하다고 말할 수 있다. 이것은 우리의 의무인 일로부터 우리를 멀어지게 한다. 우리는 또한 다니엘이 이스라엘의 규율에 따라 이것을 하는 것을 보

왔다. 하루에 세 번은 성부, 성자, 성령의 삼위께 경의를 표하는 것이다.

이러한 시간은 어떠한 재촉이 없어도 당연한 우리의 정기적인 기도에 덧붙여서 불을 켜고, 밤이 시작될 때에 있다. 신자들은 먼저 기도를 하지 않고는 음식을 먹거나 목욕을 하지 않는 것이 당연하다. 왜냐하면, 영혼의 상쾌함과 자양분이 육신보다 우선하고 하늘의 것이 땅의 것보다 우선하기 때문이다(*On Prayer* 25; ANF 3:689-90).

수십 년 후, 히폴리투스는 터툴리안이 앞에서 주요 기도 시간에 관해서 말한 것을 재확인했다.

모든 신자는 남자건, 여자건 아침 일찍 일어나서, 어떤 일을 시작하기 전에 먼저 손을 씻고 하나님께 기도하도록 하라. 그런 다음 자신들의 과업을 하러 갈 수 있다. 그러나 만약 하나님의 말씀에서 [그날] 어떤 일의 명령을 받을 때, 모든 사람은 교사를 통해서 하나님이 말씀하신 것을 들을 것이고 교회에서 했던 저 기도가 그가 그날의 악을 피할 수 있게 해 주었다는 것을 기억하면서 기꺼이 그에 참여해야 한다. 그리고 모든 경건한 사람은 만약 그가 교육의 자리에 참석하지 않는다면, 그것을 커다란 손실로 여겨야만 한다. 그가 만약 읽을 수 있다면 특히 더 그렇다. …

만약 제3시에 당신이 집에 있다면, 기도하고 하나님께 감사를 드려라, 그러나 만약 그 시각에 해외에 갈 기회가 있으면, 당신의 마음으로 당신의 기도를 하라. 왜냐하면, 그 시간에 그리스도께서 나무에 못 박히셨기 때문이다. …

제6시에도 마찬가지로 또한 기도하라. 왜냐하면, 그리스도께서 십자가의 나무에 못 박히신 후, 낮이 나누어져서 짙은 어두움이 임하였기 때문이다. …

그리고 제9시에는 의인들의 영혼이 그랬던 것처럼, 주님을 송축하면서 큰 기도와 감사를 드리도록 하라.

당신의 몸이 당신의 침대에서 휴식하기 전에 다시 기도하라. 자정에 일어나서, 물로 손을 씻고, 기도하라. 그리고 만약 당신의 아내가 함께 있다면, 둘이 같이 기도하라. 그러나 만약 그녀가 아직 믿지 않는다면, 다른 방으로 가서 기도하고 다시 침대로 돌아가라.

이 시간에 기도하는 것이 필요하다. 왜냐하면, 저 전통을 전해주었던 바로 그 장로들이 이 시간에는 모든 창조가 잠시 쉬고, 모든 피조물이 함께 주님을 찬양하고, 별들과 나무들과 물들이 여전히 한 마음으로 그리고 모든 천사의 무리가 의인의 영혼과 더불어 그분을 찬양함으로써 하나님을 섬긴다는 것을 가르쳐 주었다.

그리고 수탉이 울 때 일어나 마찬가지로 기도하라. 왜냐하면, 그 시간에 이스라엘의 자녀들이 우리가 믿음으로 알고 있는 그리스도를 거부했기 때문이다(*Ap. Trad.* 35-36).

히폴리투스 자신이 이후에 말한 것처럼, 그런 시간 기도의 목적은 그리스도를 항상 마음에 둠으로써 유혹을 받고 타락하는 것을 피하기 위한 것이다. 하지만, 마찬가지로 중요한 것은, 이러한 정해진 기도 시간의 중요성은 개인적인 경건과 하나님과 관계에만 관련이 있는 것이 아니라, 모든 교회가 교인들의 다양한 직업 때문에 흩어져 있을 때조차도 함께 같은 시간에 기도하는 것과도 관련이 있다는 사실이다.

히폴리투스에 의하면, 자정에는 모든 피조물이 하나님을 찬양한다는 사실을 주목하라. 다른 말로 하자면, 정해진 시간에 기도하는 것의 목적은 신자 개인을 세우는 것뿐만 아니라, 교회의 나머지와 모든 피조물의 찬양에 합류하는 것이다. 그래서 제사장 백성이라는 교회의 본질과 하늘의 예배에 연합하고 그것을 미리 연습하는 예배의 본질을 강화하는 것이다.

모든 신자가 같은 시간에 기도할 때, 그들이 육체적으로 함께 있는지 아닌지에 상관없이, 바로 그 행위가 그들을 하나로 만들고, 하나님의 제사장 백성으로서 그들의 정체성을 강화한다.

5. 장소들: 가정, 교회 그리고 카타콤

달력과 정해진 기도 시간을 주제로 논의했으므로 이제 그리스도인들이 예배하러 모였던 장소로 돌아가겠다.

유대-기독교 시기에는, 신약에서 신자들의 집에서 모인 교회들의 예들을 풍부하게 찾아볼 수 있다. 이러한 가정집 중 일부는 충분히 커서 한 층 이상이었다(행 20:8). 그러나 도시에서는 기독교 공동체가 커지자, 한 집 이상에서 만나야 할 필요성이 생겼다.

저스틴의 순교에 대한 행전에서는, 장관이 저스틴에게 그리스도인들이 어디서 만나느냐고 물었을 때, 그는 다음과 같이 대답한다.

> 그리스도인들은 각자가 선택하여 만날 수 있는 곳에서 만난다.
> 우리가 모두 한 장소에서 만난다고 생각하는가?
> 그렇지 않다. 그리스도인들의 하나님은 장소에 제한받지 않으시는 분이다. 하나님은 눈에 보이지 않지만, 하늘과 땅을 가득 채우시는 분이시다(*Martyrdom of Justin* 2; ANF 1:305).

장관이 계속 고집하자, 저스틴은 그저 자신의 주소를 그에게 주지만, 다른 장소를 드러내지는 않는다. 전체 대화는 그리스도인들은 로마에 몇 개의 만남의 장소를 가지고 있고, 당국은 그것들을 찾는 데 어려움을 겪고 있다는 것을 가리키는 것으로 보인다. 어떤 계산은 1세기 말까지 로마에 약 20개의 만남의 장소가 있었다고 제시한다.

시간이 흐르면서, 만남을 위해 사용되었던 이러한 가정집 중의 일부가 전적으로 교회로 섬기기 위해서 봉헌되어, 그렇게 개조되고 내부 장식을 하게 되었다. 비록 이러한 일이 로마 제국의 주요 도시들에서 훨씬 일찍 일어났음이 틀림없지만, 이런 주거지가 교회로 개조된 것 중 고고학자들이 재구성하고 날짜를 정할 수 있었던 가장 오래된 것은 이미 언급되었던 듀라에 있던 것-듀라 유로포스-으로서 그것의 날짜는 대략 240년경부터이다. 날짜를 특정할 수 없는 많은 다른 폐허들이 존재하지만, 시간이 흐르면서 예배만을 위한 건물의 수는 확실히 증가했다.

200년부터 275년까지 통치했던 아우렐리안(Aurelian) 황제는 사모사의 바울(Paul of Samosa)과 교회 사이에 있던 법정 소송에서 교회 건물에 관한 결정들을 내리도록 요구받았다. 유세비우스는 그 이야기를 다음과 같이 한다.

> 아우렐리안 황제가 청원을 받았다. 그는 그 문제를 매우 공정하게 해결했다. 그는 건물들이 반드시 이탈리아의 감독과 로마시의 감독이 결정하는 사람들에게 넘어가야 한다고 명령했다(*Church History*. 7, 30. 19; NPNF2 1:316).

311년 갈레리우스(Galerius)의 칙령은 "그들은 다시 그리스도인이 될 수 있다. 그들은 그들이 모였던 장소를 재건축할 수 있다"고 선포한다"(*Church History*. 8. 17, 9; NPNF2 1:340). 313년 콘스탄틴(Constantine)과 리시니우스(Licinius)가 내린 밀라노의 연합 칙령도 마찬가지로 다음과 같이 선포했다.

> 또한, 그리스도인들에 관한 한, 과거에 우리는 그들의 종교적 집회에 사용되었던 장소에 대한 명령을 내렸다. 하지만, 이제 국고로부터 혹은 다른 누구로부터 그런 장소를 구입했던 사람은 누구나 돈이나 대가를 요구하지 않고 그것들을 그리스도인들에게 되돌려 주어야 한다. 이것은 즉시, 그리고 명확하게 행해져야 한다. 그런 장소를 선물로 취득했던 사람들 또한 그것들을 즉시 그리스도인들에게 되돌려 주어야 한다. 만약 값을 주고 소유권을 샀거나, 무상으로 그것을 획득한 사람이 우리로부터 상환받을 자격이 있다고 느끼면, 그는 지방 판사에게 신청해야만 한다(*On the Death of Persecutors* 48; ANF 7:320).

이 기간의 대부분 동안, 그런 회합 장소들은 "교회들"(churches)이라고 불리지 않았다. "교회"(church)는 건물이 아니라, 신자들의 몸이었다. 이 기간이 끝날 무렵인 3세기에 우리는 그리스도인들이 예배하기 위해 모였던 장소를 언급하며 "교회"라는 용어를 사용하는 것을 보기 시작한다.

용어의 변화와 기독교의 성장 사이에는 관련이 있다. 그리스도인들이 가정집에서 모였을 때, 그들은 단순히 소유주의 이름을 따라-예를 들어, 브리스가의 집(Prisca's house)처럼-그 장소를 언급한다. 전적으로 예배를 위해 헌납된 장소가 있었을 때 더 이상 그렇게 부를 수가 없었다. 그래서 "교회"(The church)가 되었다.

마지막으로, 회합 장소에 관해서 말할 때, 우리는 카타콤을 언급해야만 한다. 비록 그들이 초기 세기 교회의 삶에서 중요한 위치를 점하고 있었지만, 카타콤에 대해서 말하고 암시하는 것 중 많은 것이 정확히 사실은 아니다.

그리스도인들이 처음으로 카타콤을 팠던 것은 아니었다. 고대 로마에서-그리고 따라서 로마의 지배를 받았던 많은 도시에서도-시체를 화장하는 것이 흔했고, 도시 경계 내에 사람들을 매장하는 것은 금지되었다. 따라서 그 도시 중 어떤 곳에 죽은 자를 매장하는 것을 선호하는 문화나 종교를 대표하는 사람들이 있을 때, 그들은 이것을 도시 경계 밖에서 해야만 했었다. 로마의 경우가 전형적이다.

그리스도의 때가 오기 오래전에 다수의 유대인이 로마에 정착했고 죽은 자를 매장하기 위해서, 유대인들과 유대인과 유사한 관습을 가진 다른 이들이 도시 외곽에 지하 공동묘지를 만들었다. 지금 로마의 현대도시 아래에 있는 이러한 공동묘지 중의 일부는 당시에는 도시 자체로부터 수 마일 떨어져 있었다. 유대인들, 이후에 그리스도인들도 또한 죽은 자를 그곳에 매장했다. 사실상 교회가 허락받았던 최초의 법적 지위는 장례 사회였다.

비록 그리스도인들이 때때로 박해의 시기에 당국으로부터 숨기 위해서 카타콤을 사용했었을 수도 있지만, 그들에게 카타콤은 은신처로서가 아니라, 오히려 그들의 죽은 형제자매를 모시는 장소로서 중요성을 가졌다.

이런 사람 중 어떤 이의 기일에－실제로 목숨으로 자신들의 신앙을 간증했던 순교자의 기일에－성찬을 기념하기 위해서 그들의 무덤에 모이는 것은 흔한 일이었다. 교회는 특정 시간에 특정 장소에서 일단의 사람들의 모임일 뿐 아니라. 교회는 또한 구름같이 많은 증인이 우리 주변을 둘러싸고, 종말에 이 전체 교회가 어린 양의 혼인 잔치－성찬이 예시하고 선포하는 경축－를 기념하기 위해서 땅끝으로부터 모이는 것이다.

카타콤은 우리가 가지고 있는 기독교 예술 역사의 주된 출처이기 때문에 또한 중요하다. 그들 중의 일부, 특히 도미틸라(Domitilla)의 것은 우리가 지금 연구하는 시기의 프레스코와 비문을 간직하고 있다. 그러나 대부분 것은 박해 후에 신자들이 자신들 믿음의 조상들이 안식하는 장소를 장식하기 시작했던 때인 후대의 것이다.

6. 음악

교회가 성전을 배경으로 하고 회당으로부터 생겼기 때문에, 그리고 성전과 회당 둘 다 성시와 찬송가를 불렀기 때문에, 교회 또한 그렇게 하는 것이 너무나 자연스러웠다. 그러나 몇 개의 현존하는 텍스트들은 고대 기독교 음악에 관해 아무것도 제공해주지 않기 때문에, 사실상 우리는 그에 관해 알고 있는 것이 거의 없다.

우리가 지금 연구하고 있는 동안에, 우리는 기악과 노래 둘 다에 대한 언급이 훨씬 빈번해진 것을 보기 시작한다. 에베소 교인들에게 편지를 쓰며 그들에게 일치를 촉구할 때, 안디옥의 이그나티우스는 찬양대의 이미지를 활용한다. 만약 교회에 합창 음악이 전혀 없었다면, 그는 아마도 그렇게 하지 않았을 것이다.

여러분의 참으로 명성이 높은 노회는 하나님께 합당합니다. 그것은 현이 하프에 맞는 것처럼, 감독에게 꼭 맞습니다. 그러므로 여러분의 평화와 조화로운 사랑 안에서, 예수 그리스도가 찬양됩니다. 여러분은 한 사람씩 찬양대가 됩니다. 조화로운 사랑으로 여러분은 한마음으로 하나님의 노래를 부름으로써, 여러분은 예수 그리스도로 말미암아 한 목소리로 성부께 노래합니다. 따라서 하나님은 여러분의 노래를 듣고, 또한 여러분의 행위를 보심으로써 여러분이 확실히 그분 아들의 지체라는 사실을 아실 수 있습니다. 그러므로 여러분이 항상 하나님과 교제를 즐길 수 있도록, 연합하여 죄 없이 사는 것이 유익합니다(*Ep. to the Ephesians* 4; ANF 1:50-51).

플리니는 그리스도인에 관해서 트라야누스 황제에게 쓴 편지에서, 그들이 모여서 신에게 하는 것처럼 그리스도에 찬송한다고 말한다. 그리스도인들이 사악한 야만인들이라고 주장했던 셀수스(Celsus)에 반박하면서; 오리겐은 다음과 같이 주장한다. 헬라인들은 헬라어로 기도하고, 로마인들은 라틴어로 기도하는 반면에, "그리스도인들은 기도 중에 심지어 성서가 하나님께 적용하는 정확한 이름조차 사용하지 않는다. 그러나 헬라인은 헬라 이름을 사용하고, 로마인은 라틴 이름을 사용하고, 모든 사람이 최선을 다해서 모국어로 하나님께 기도하고 찬양한다"(*Ag. Celsus* 8.37; ANF 4:653).

모든 것이 고대교회에서 노래는 보통 제창으로 하나의 멜로디 라인을 따랐다는 사실을 나타낸다. 많은 다른 악기들을 사용한 정교한 음악은 예배에서뿐만 아니라, 심지어 기독교의 애찬이나 연회에서도 사용하기 의심쩍어했다. 따라서 알렉산드리아의 클레멘트(Clement of Alexandria)는 그런 식사에 대해 언급하면서 다음과 같이 쓴다.

만약 사람들이 자신들의 시간을 파이프와 시편(psalteries), 합창, 춤, 이집트식의 박수, 그리고 다른 그런 난잡한 경박함에 시간을 허비한다면, 그들은 너무나 천박하고 고집스럽게 될 것이다. 그들은 심벌즈와 드럼을 두드리

고, 망상의 도구로 소음을 발생한다. 내가 보기에 확실히, 그런 연회는 만
취의 장이다(*Instructor* 2.4; ANF 2:248).

더 나아가 그는 다음과 같이 덧붙인다.

절제된 화음들은 받아들여져야 한다. 하지만 저런 술자리에서 사용되는
화음을 우리의 강퍅한 마음으로부터 가능한 한 멀리 추방해야 한다. 악랄
한 기교를 통하여 음조의 변조를 하면서 그런 화음들은 나약함과 저속함
으로 이끈다. 하지만, 엄숙하고 겸손한 긴장감은 만취의 혼란에 이별을 고
한다. 무례한 연회들은 화려함과 대중적 음악과 더불어 반음계의 화음을
위한 장이다(*Instructor* 2.4; ANF 2:249).

유사한 의견이 자주 "한 목소리로"라는 구절을 노래와 연결하는 다른
초기 기독교 저자들 사이에서 발견된다. 명백히, 다성 노래라는 바로 그
생각은 그들에게 분리와 불일치의 표지로 보였다. 하지만, 이것은 회중—
혹은 제2선창자—이 리드하는 선창자에 응답하는 교창의 가능성을 배제
하지 않았다.

터툴리안은 "둘 사이에서 성시와 찬송이 메아리치는 이상적인 결혼, 어
느 쪽이 자신들의 하나님께 훨씬 더 노래를 잘하는가를 놓고 상호 간에 서
로 도전한다"고 칭찬하면서 교창을 언급하고 있는 것으로 보인다(*To His Wife* 3.8; ANF 4:48).

그 당시의 기독교 음악에 대해서 말할 것이 조금 더 있다. 이해할 수 있
는 음악 표기법을 포함하는 단 하나의 문서는 20세기 초기에 이집트에서
발견된 영지주의자의 단편이다. 그 속에 사용된 방법이 헬라 문서에 일반
적으로 사용되었던 것과 같기 때문에, 단지 몇 줄밖에 안 되는 음악을 해
독하는 것이 가능했다. 그것은 정통 그리스도인들 사이에서 사용되었던
것의 좋은 사례가 될 수도 있는 단순한 멜로디이다. 그러나 당시의 기독교

음악의 본질에 관해서 일반화하기에 그것은 너무나 짧다.

7. 일상생활에서의 실천

예배의 목적은 하나님을 찬양하는 것뿐만 아니라, 신자들이 예배에서 행하고, 배우고, 실천한 것을 반영하고 계속하는 삶을 영위할 수 있도록 하는 것이다. 이것은 일련의 경건한 관례와 사회에서의 태도와 행위로 귀결된다. 경건한 관례에 관해서는, 터툴리안이 기도에 관해서 말한 것을 논의할 때, 심지어 세 개의 전통적인 기도 시간 이상으로 기도가 필요한 특정 시기와 상황을 살펴보았다.

터툴리안은 자신의 독자들에게 하루의 시작과 끝에 하는 기도, 형제나 자매에게 작별인사를 할 때 하는 기도 그리고 각 식사 전과 각 목욕 전에 하는 다른 기도들을 저 세 개의 기도 시간에 덧붙이도록 요청한다. 그리스도의 승리를 기뻐하기 위해서 사람들이 서 있어야 하는 주일과 오순절 날을 제외하고, 기도는 무릎을 꿇고 하는 것이 좋다. 반세기 이후에, 키프리아누스 또한 전통적인 시간 외에 기도가 적절하다고 생각하는 다른 시간들을 확증했다.

> 사랑하는 형제자매들이여! 그러나 우리가 전통적으로 지켜왔던 기도 시간 외에 기도해야 할 시간과 성례전의 수가 증가했다. 우리는 주님의 부활이 아침기도에서 기념될 수 있도록 아침에 기도해야만 한다. … 또한, 우리는 일몰과 하루가 끝날 때 반드시 기도해야 한다. … 왜냐하면, 그리스도가 참 날이고, 땅의 해와 날이 떠날 때, 우리는 빛이 우리한테 다시 돌아올 수 있도록 기도하고 요청하기 때문이다.
> 우리는 영원한 빛이라는 은혜를 우리에게 주실 그리스도의 오심을 위해 기도한다. 그러나 성경에 따라 그리스도가 참 태양이고 참 날이라면, 그리스

도인들에게는 하나님을 경배하지 않아야 할 어떤 시간도 없다. 자주 그리고 항상 하나님을 경배해야 한다. 그리스도-다시 말하자면 참 태양(Sun)과 참 날(Day)-안에 있는 우리는 하루 종일 청원으로 기도해야만 한다. 그리고 자연의 법칙에 의하면, 회전하는 밤이 돌아올 때, 기도하는 사람들에게는 밤의 어둠에서 어떠한 해함도 있을 수 없다. 왜냐하면, 빛의 자녀들은 밤에도 낮을 가지고 있기 때문이다(*On the Lord's Prayer* 35; ANF 5:457).

다른 구절에서 터툴리안은 그런 기도들은 보통 사람들의 이마에 십자가의 성호를 긋는 것이 동반된다고 말한다. 이것은 초신자들이 세례의 물에서 나오자마자 기름 부음을 받는 것과 같은 표지이다. 그래서 그것을 반복하는 것은 세례 덕분에 신자들이 이제 그리스도에게 속하고, 눈에 보이지는 않지만, 이마에 십자가의 표지를 지닌다는 뜻이다. 터툴리안은 십자가 성호가 사실상 모든 활동에 적용된다는 사실을 명확히 한다.

전진하는 모든 걸음과 모든 동작에서, 나갈 때와 들어 올 때마다. 옷과 신을 신을 때, 목욕할 때, 식탁에 앉을 때, 등불을 켤 때, 장의자에 눕거나, 앉을 때, 일상생활의 모든 평범한 행위에서 우리는 우리 이마에 있는 표지를 따른다(*On the Crown* 3; ANF 3:94-95).

3세기 중반에, 키프리안은 양의 피로 표시된 이집트에 있는 문들이, 지금 그리스도인들이 이마에 지닌 십자가의 표지의 예표인 이유는 이스라엘의 자녀들이 문에 있는 표지에 의해 구원받은 것과 마찬가지로, "또한 세상이 황폐해지고 공격받을 때 그리스도의 피와 표지가 있는 사람만이 피할 수 있을 것이기 때문"이라고 해석했다(*To Demetrianus* 33; ANF 5:464).

성경의 텍스트와 고대교회에서 반복적으로 나타나는 또 다른 제스처, 그리고 세례와 임직식에 종종 연결되는 것은 안수하는 것이다(imposition or laying on of hands). 구약에서는 특정 제물에(출 29:10; 레 3:2), 또한 권한을 한 사람으로부터 다른 사람으로 넘길 때(민 27:18), 어떤 사람을 축복하기 위해서 안수한다. 신약에서는 예수님이 병자에게 안수함으로써 병을 고치고 축복하신다(마 8:3; 막 1:41; 10:13-16). 베드로와 요한은 사마리아에서 제자들에게 안수하여 그들이 성령을 받을 수 있도록 한다(행 8:17). 아나니아는 안수로 사울을 다시 보게 했다(행 13:3). 이후에 디모데가 장로 회의에서 안수를 받음으로써 권위를 이양받았다는 이야기를 듣는다(딤전 4:14).

우리가 지금 연구하고 있는 동안 수많은 의식과 상황에서 안수하는 관행이 계속된다. 세례를 논할 때 보았던 것처럼, 터툴리안은 초신자가 물을 떠나자마자 기름 부음을 받은 후, 성령의 축복을 기원하는 안수가 있다고 말한다. 다른 곳에서, 동일한 행위를 언급하면서, 그는 "안수로써 육신은 흐리게 되고, 영혼은 성령에 의해서 밝아질 것이다"라고 말한다(*On the Resurrection of the Flesh*, 8; ANF 3:551). 그 구절 다음에 성령의 기원을 위한 세례 후 안수의 중요성을 주장하는 것으로 인용될 수 있는 수많은 구절이 나온다.

히폴리투스의 『사도전승』에서, 안수는 교회의 특정한 리더들에게 권위를 수여하고, 그들과 다른 사람들 사이를 구별하는 방도이다. 히폴리투스에 의하면, 사람들이 감독을 선출한 후, 그의 목회 임직식에 참석한 다른 감독들이 성령의 오심을 기원하면서 그에게 안수한다. 그 동안 장로들은 서서 조용히 있다. 즉시 이런 감독 중의 한 사람이 지금 임직 받고 있는 사람들에게 안수하면서 그를 위해 기도한다.

그런 다음 새 감독의 첫 번째 행위는 성찬을 위해 봉헌된 것에 자신의 손으로 안수하고, 성찬을 주재하는 것이다. 이것은 감독이 성찬을 그 자신의 권위가 아니라, 오히려 교회의 나머지 사람들로부터 그가 받았던 권위로 성별한다는 것을 나타내는 방식으로 보인다(*Ap. Trad*. 2-4).

장로나 장로(elder or Presbyter)의 임직식은 다르다. 왜냐하면, 그 경우에 감독이 임직을 받는 당사자의 머리에 안수할 때 다른 장로들 또한 그를 붙들고 있기 때문이다.

히폴리투스는 정확히 어떻게 하는지 설명하지 않지만, 분명히 감독들에게 한 것처럼 그의 머리에 손을 얹는 방식으로 하지 않았다. 집사의 임직에서는 단지 감독이 안수를 행한다. 그리고 히폴리투스는 "그는 성직자가 아니라, 감독에게 봉사하고 그의 명령을 수행하기 위해서 안수받는 것"이라고 설명한다(*Ap. Trad.* 9). 고백자(confessor)—즉, 그리스도인으로 고통을 받았지만, 죽임을 당하지 않아서 순교자는 아닌—을 인정할 때가 오면, 집사나 장로가 안수한다. 왜냐하면, 신앙의 고백 행위 자체가 이미 장로라는 명예를 수여 받았기 때문이다. 그러나 만약 고백자가 그 다음에 감독이 된다면, 그에게 안수한다(*Ap. Trad.* 10).

감독이 될 사람, 장로가 될 사람, 혹은 집사가 될 사람과는 명확하게 대조적으로 다양한 기능을 행할 다른 사람은 안수받지 않아야 한다. 이것은 책을 받는 일만을 맡기로 된 사람인 낭독자, 부-집사, 또한 그의 권위를 표시할 필요는 없지만, 치유의 행위에 의해서 그것이 드러내지는 치유의 은사를 가진 사람에게도 마찬가지이다.

이러한 맥락에서, 히폴리투스는 과부의 공적인 단체에 합류하기로 되어 있는 여자들은 단순히 남편이 죽은 사람을 의미하는 것이 아니라, 독신 생활과 공동체를 위한 봉사에 전념하는 사람을 의미한다고 말한다. 히폴리투스의 지침에 의하면 과부의 지위에 합류할 여자는 "안수를 받지 않아야 한다. 왜냐하면, 그녀는 봉헌물을 바치지 않을 것이고, 신성한 사역을 하지 않을 것이기 때문이다"(*Ap. Trad.* 11).

동정녀의 지위도 마찬가지이다. 그들은 안수 받지 않을 것이다. 왜냐하면, 자신들의 천직을 유지하는 그들 자신의 사역으로 충분하기 때문이다. 이 모든 것에서 우리가 알 수 있는 것은 교회 내에서 독특한 업무에 헌신하는 이러한 여자들의 단체에 관해서는 이미 신약에서 예시한 것이고, 그것이 지금은 공식적으로 인정된다는 사실이다. 2세기 초에, 이그나티우스가 서머나에 있는 그리스도인들에게 편지를 쓸 때, 그는 편지의 마지막 인사에서 "내 형제들의 가족들에게, 그들의 아내들과 자녀들과 그리고 과부라고 불리는 동정녀들과 더불어 인사하라"라고 말한다(*Ep. to the Smyrneans* 13; ANF 1:92).

또한, "과부"라고도 불리는 어떤 "동정녀"들에 관해서 언급하는 구절 자체는 이미 그때 사람들이 "과부"라고 말할 때, 이것은 남편을 잃은 여자들뿐만 아니라, 사실상 교회가 지원하고 교회를 위해서 일하는 여자들의 특별한 집단을 지칭하는 것이었다. 폴리캅은 빌립보 교인들에게 편지를 쓸 때 아마도 그들을 언급한 것으로 보인다.

> 사려 깊게 행동하도록 과부를 가르쳐라. 그것은 주님의 신앙이 요구하는 것이다. 그들은 모든 이를 위해서 계속해서 기도해야 하고, 모략, 악한 말, 거짓 증언, 돈을 사랑함, 모든 종류의 악을 피해야만 한다. 그들은 자신들이 하나님의 제단에 있다는 것과 하나님이 모든 것을 명확하게 보고 계신다는 사실을 반드시 알아야만 한다. 추리도, 사색도, 마음의 모든 은밀한 일도 하나님께 숨길 것은 아무것도 없다(*Ep. to the Philippians* 4; ANF 1:34).

집사와 장로들에 관한 다른 충고 직전에, 과부에 관해서 한 진술은 이들이 단순히 남편을 잃고 교회의 지원을 필요로 하는 여자들이 아니라, 계속 결혼하지 않은 채로 교회를 섬기기를 결심했던 여자들의 특정 집단이라는 사실을 나타내는 것으로 보인다.

3세기 키프리안은 글 『동정녀의 옷에 관해서』(*On the Dress of Virgins*)에서 이러한 여자들은 자신들의 독신 생활 때문에 하늘에서 자리를 얻을 뿐만 아니라, 이미 창세기에서 여자에게 선언된 저주로부터 해방되었다고 단언한다.

> 굳게 잡으십시오. 오 동정녀들이여! 여러분이 시작했던 것을 굳게 잡으십시오. 여러분이 되어야 하는 것을 굳게 잡으십시오. 커다란 상급이, 덕에 대한 커다란 보상이, 순결함에 대한 거대한 유익이 여러분을 기다리고 있

습니다. 절제의 미덕이 피하는 것이 어떤 나쁜 점인지, 그것이 소유한 장점이 무엇인지 알기를 바랍니까? "나는 너의 슬픔과 괴로움을 크게 더하리니, 슬픔 속에서 너는 아이들을 낳은 것이다. 너는 남편을 원하고, 남편은 너를 다스릴 것이다." 여러분은 이 선고로부터 해방됩니다. 여러분은 여자들의 슬픔과 고통을 두려워하지 않습니다. 여러분은 아이를 낳는 것을 두려워하지 않고, 여러분의 남편은 여러분을 지배하지 않을 것입니다. 여러분의 주님과 여러분의 머리는 사람의 형상을 하고 사람을 대신하신 그리스도입니다. 여러분의 몫과 여러분의 조건은 남자들의 것과 동일합니다. … 우리가 되어야 하는 것을 여러분은 이미 시작했습니다(*On the Dress of Virgins* 22; ANF 5:436).

원래 남자들보다 여자들 사이에서 훨씬 빨리 진전되었던 모든 기독교 수도원주의의 배경이 되는 것이 이러한 여자들이다. 『사도헌장』에서 본 것처럼, 저러한 여자들은 기독교 공동체 내에서 담당해야 할 역할이 상당히 컸다. 『사도헌장』은 4세기의 문서로서 그 주된 출처 중 하나는 그 이전 세기로부터 나왔고, 거기에서 감독들은 다음과 같은 지시를 받는다.

또한, 여자들의 사역을 위해서 신실하고 거룩한 여자 집사를 임직하라. 때때로 그[감독]는 불신자들 때문에 남자 집사를 보낼 수 없다. 그래서 여자들, 여자 집사를 보내서 [외부자들에 의한]어떤 사악한 상상도 없도록 하라. 우리는 많은 필수적인 행위를 위해서 여자인 여성 집사가 있어야 한다.

첫째, 여자들의 세례이다. 집사는 성유로 그들의 이마에만 도유해야 한다. 그 후에 여자 집사가 그들을 도유한다. 여자가 남자에게 보일 필요가 없다. 감독이 안수할 때, 이전에 제사장과 왕들이 기름 부음을 받은 것처럼, 그는 그녀의 머리에 도유한다. 그러나 이것은 지금 세례를 받은 사람들이 제사장으로 임직받았기 때문이 아니라, 그들은 그리스도인, 혹은 기름 부음 받으신 그리스도로부터 기름 부음 받은 자이고, "왕 같은 제사장, 거룩한 나라, 하나님의 교회(Church of God), 결혼식장의 기둥이고 토대"이기 때문이다 (*Apostolic Constitution* 3.3; ANF 7:431).

안수로 돌아가면, 이 의식이 다른 사람에게 권한을 수여하는 것 외에 다른 목적들을 위해서도 활용되었다는 사실을 덧붙여야 한다. 『주님의 증언』(*Testament of the Lord*)—4세기의 문서로서 3세기의 관례들을 잘 반영할지도 모르는—에서는 성찬이 시작되기 전 세례 예비자들을 해산시키면서, 그들에게 안수한다고 말한다. 『사도전승』(19)에서는 세례 예비자들이 예배로부터 해산될 때, 교사가 기도하고 그들에게 안수하게 되어있다.

또한, 그 기간 신자들에게는 용서와 교회와의 화목의 표지로서 안수한다. 서기 250년에, 키프리안은 일부 고해신부들이 "감독과 성직자들이 참회하는 자에게 안수하기 전에" 배교에 빠졌던 사람들이 성찬에 다시 참여할 수 있다고 주장하는 것을 질책했다(Ep. 10.1; ANF 5:291).

마찬가지로, 로마의 감독인 스데반과 충돌하면서 키프리안은 그가 만약 세례를 받은 이단이 교회에 합류하기로 한다면, 그에게 필요한 모든 것은 그 혹은 그녀의 회개와 안수라고 선포했던 것을 비난했다. 키프리안은 카르타고에서도 관례였던 안수에 반대하는 것은 아니었다. 우리가 이미 보았던 것처럼, 그의 반대는 이단이 새롭게 세례를 받아야만 하는지 아닌지였다.

요약하자면, 비록 이단에 의한 세례 문제에 대해서는 다르지만, 로마와 카르타고는 안수가 그들이 교회에 회복되는 신호여야 한다는 사실에 동의했다(손바닥을 아래로 하고 팔을 뻗은 채로 축도와 함께 회중을 해산시키는 오늘날 일반적인 관행은 축복을 위해서 안수하는 옛 관습의 연장이다).

예배가 일상생활에 미치는 영향은 이러한 경건의 행위—자신의 세례, 십자가의 표지 그리고 다른 사람들을 기억하는 잦은 기도—에만 한정되지 않았고, 신자들 사이의 관계, 또한 사회의 나머지 사람들과의 관계에서도 드러나야 하는 것이었다.

사도행전에서의 주장, 즉 처음 신자들이 모든 물건을 서로 통용하고 아무도 어떤 것이 자신만의 것이라고 주장하지 않았으며, 모두가 각 사람의 필요를 따라 나눠주는 것은 우리가 지금 숙고하고 있는 기간 내내 메아리 친다. 이 점을 문헌 자체에서도 볼 수 있다. 1세기 후반의 『디다케』의 말들은 수십 년 후의 『바나바의 서신』에서 거의 그대로 반복된다.

> 여러분은 여러분의 이웃과 모든 것을 나눠야 합니다. 여러분은 어떤 것도 자신의 것이라고 말하면 안 됩니다. 만약 여러분이 썩지 아니할 것에 공동 참여자라면, 하물며 썩을 것에 참여하겠습니까!(*Ep. of Barnabas* 19; ANF 1: 148).

이후에 날짜가 특정되지 않은 문서, 그러나 아마도 2세기의 것으로 보이는 『디오그네투스에게』(*To Diognetus*)에서 유사한 어떤 것이 발견되었다.

> 당신을 먼저 사랑한 이를 당신은 어떻게 사랑하겠는가?
> 만약 당신이 그분(Him)을 사랑한다면, 당신은 그분의 친절함을 본받을 것이다. … 무엇이든지 하나님께 받은 것을 궁핍한 자에게 나누어주는 자는 그것을 받는 사람들의 신이 될 것이다. 이것이 우리가 하나님을 본받는 자가 되는 길이다(*To Diognetus* 15; ANF 1:29).

이 텍스트는 예배에서 표현되는 하나님께 대한 사랑의 결과는 인간관계에서 하나님을 본받는 것으로 표현된다는 것을 가리킨다. 유사한 생각이 수많은 구절에 나타난다. 서머나의 신자들에게 편지를 쓰면서, 이그나티우스는 성찬에 참여하지 않는 것과 자선하지 않는 것을 연결한다. 왜냐하면, 성찬을 거부하는 사람들은 "사랑에 대한 배려가 없고, 과부나 고아나 억압된 자, 속박된 자, 자유 한 자, 배고픈 자, 목마른 자를 돌보지 않기 때문이다"(*Ep. to the Smyrneans* 6; ANF 1:89).

유사한 태도들이 콘스탄틴의 통치 이전인 이 시기에 만연했다. 이그나티우스가 서신을 쓴 약 40년 후에, 저스틴은 다음과 같이 쓴다.

> 무엇보다도 부와 소유를 얻는 것을 중요시했던 우리는, 이제 우리가 가진 것을 공동 재고로 가져온다. 그리고 궁핍한 모든 이에게 준다. 우리의 다른 관습들 때문에 서로 증오하고 파멸시켰던 우리, 다른 집단의 사람들과 함께 살지 않으려 했던 우리는, 이제 그리스도가 오셨기 때문에, 가족처럼 그들과 함께 산다. 우리는 그리스도의 선한 가르침에 따라 살기 위해서 우리를 정당한 이유 없이 증오하는 사람들을 설득하고자 노력한다. 우리는 그들도 우리 모두의 통치자이신 하나님의 상급에 대한 동일하고 기쁜 소망에 참여하는 자가 되기를 원한다(*1 Apol.* 14; ANF 1:167).

이후 2세기에, 이미 인용했던 구절에서, 터툴리안은 예배 모임에서 궁핍한 자를 돕기 위하여 자발적인 모금이 수집된다고 말한다. 그리고 다음 세기인 3세기 중반에, 키프리아누스는 『일과 구호금에 관하여』(*On Works and Alms*)라는 광범위한 논문을 썼다. 거기에서 그는 궁핍한 자를 돕는 것과 세례를 다음과 같이 연결시킨다.

> 성령이 성서에서 이야기하고 다음과 같이 말씀하신다.
> "자선과 믿음에 의해서 죄가 용서받는다."
> 명백히 저 일찍 지은 죄가 아니다. 왜냐하면, 그런 죄는 그리스도의 피와 성화로 용서받기 때문이다. 성령은 또다시 말씀하신다.
> "물이 불을 삼키는 것과 마찬가지로 자선은 죄를 삼킨다."
> 여기서는 구원하는 물의 씻음 안에서 지옥(Gehenna)의 불이 꺼진다는 사실을 보여준다. 그러므로 자선과 의로운 일에 의해서 죄의 불꽃이 진압된다. 왜냐하면, 세례에서 죄 사함은 단 한 번 부여되고, 세례의 형상을 따르는 꾸준하고 끊임없는 일은 또 다시 하나님의 자비를 가져오기 때문이다(*On Works*

and Alms 2; ANF 5:476).

비록 다른 많은 텍스트도 인용할 수 있지만, 이러한 것들은 예배와 궁핍한 자를 위한 지원 사이의 뗴려야 뗄 수 없는 관계를 보여주는 것으로 충분하다. 따라서 고대교회가 궁핍한 자를 돕기 위한 가장 구체적인 방식 중 하나인 애찬(agape or love feast)으로 이동하겠다. 제1부(6장)에서 유대 기독교 안에서 애찬을 다뤘고, 애찬이 성찬과는 확연히 달라진 정확한 과정이나 시기를 결정하는 것은 불가능하다는 결론을 맺었다.

이제 2세기에는 비록 여전히 성찬과 애찬은 관련이 있지만, 그들 사이의 차이는 점점 명확해진다는 사실을 단언할 수 있다. 그런 구별에 대한 뜻밖의 증언이 기독교 관례에 대해 총독 플리니가 트라야누스 황제에게 보낸 편지이다. 플리니에 의하면, 그의 질문들은 그리스도인들은 그리스도에게 찬송을 부르고 선행을 행하기 위해 일출 전에 만나고, 그 후에 함께 식사하기 위해 다시 모인다는 결론에 이르도록 했다.

그러나 플리니는 또한 식사를 나누기 위한 만남은 비밀 결사를 금지하는 법에 의하여 중단되었다고 말한다.

첫 번째, 이 보고로부터 내릴 수 있는 중요한 결론은 2세기 초반인 그 시기까지는, 그리스도인들은 새벽 전의 예배와 이후에 열리는 또 다른 식사―결국, 애찬으로 알려지게 된 것―사이가 명확하게 구별되었던 것으로 보인다.

두 번째, 적어도 이러한 특별한 경우에, 법의 시각으로 보았을 때 식사를 하는 모임은 예배하러 모이는 것보다 더욱 의심스러웠던 것으로 보였다.

대략 같은 시기에, 안디옥의 이그나티우스는 서머나 교회에 편지를 써서, 감독이 없이는, 세례, 성찬 경축, 혹은 애찬도 없어야 한다고 말한다. 그 시점부터 계속해서, 그리고 애찬에 관해서 언급하는 구절들을 더 자주 접하게 된다.

작자 미상의 『디오그네투스에게』에서는 그리스도인들이 "공동식사"(have a common table)를 하는 것을 언급한다(8,5). 『페르페투아와 펠리시타스의 순교』(The Martyrdom of Perpetua and Felicitas)에서는 순교자들이 자신들의 마지막 식사를 애찬으로 바꿨다고 말한다.

그들이 무료급식이라고 부르는 그 마지막 식사에서, 그들은 가능한 한 무료급식이 아니라, 애찬에 참여하려 했다(5.4; ANF 3:704).

하지만, 애찬에 대한 가장 명확한 초기 설명은 2세기 말경에 터툴리안으로부터 나온다.

그리스도인들의 소박한 만찬 방에 위대한 일이 이루어진다. 우리의 잔치는 그 이름 자체로 설명된다. 헬라인들은 그것을 **아가페**(agape), 즉 애정이라고 부른다. 식사비가 얼마이든지 그것은 사실상 이득이다. 왜냐하면, 잔치라는 좋은 일을 위한 우리의 경건한 지출이 궁핍한 자에게 유익하기 때문이다. 이것은 여러분에게는 사실이 아니다. 여러분의 연회에서 기생충들은 영광을 얻기 위해 자신을 팔아 배의 향연을 벌이고, 자신들의 죄악된 욕망을 만족시키고, 온갖 종류의 수치스러운 취급들로 이어진다. 하지만 하나님 자신과 함께하는 것처럼, 우리와 함께한다면, 신분이 낮은 사람도 특별한 존경을 받는다.
만약 우리 잔치의 목적이 선한 것이라면 추가 규정이 있다는 사실을 숙고하라. 왜냐하면, 그것은 예배의 행위이고, 거기에는 어떤 사악함이나 천박함도 있을 리가 없기 때문이다. 참석자들은 먹기 전에, 우선 하나님께 드리는 기도를 맛본다. 그들은 배고픔을 만족시키기 위해서 필요한 만큼 먹는다. 그들은 정숙에 어울릴 만큼 마신다. 그들은 밤에도 하나님을 경배해야 하는 것을 기억하기 때문에, 충분하다고 말한다. 그들은 주님이 듣고 계시다는 사실을 아는 사람들처럼 이야기한다. 그들이 손을 씻은 후에, 등불이 들어오고, 그들 각자는 일어서서 할 수 있는 대로 성경에 있는 것이나 자신이 만든 찬송가를 하나님께 노래하도록 요구받는다.
이것이 우리가 얼마나 마셨는가의 증거이다. 기도로 잔치가 시작되는 것처럼, 그것은 기도로 끝난다. 우리는 장난꾸러기 부대나, 방랑자의 무리와는 달리 식사자리를 떠난다. 우리는 연회라기보다는 마치 도덕 훈련소에 있었던 것처럼 우리의 겸손과 정숙에 대해 관심을 기울이는 만큼 갑자기 죄악된 행동을 하지 않는다(*Apol.* 39; ANF 3:47).

히폴리투스의 『사도전승』에는 애찬에 대한 또 다른 묘사가 있다. 터툴리안의 묘사가 그리스도인이란 무엇인가를 설명할 목적으로 이교도를 대상으로 한 것이었지만, 이 문서는 그리스도인 독자를 위한 것으로 그들에게 애찬에 대한 지침을 주기 위한 것이다.

히폴리투스는 한편으로는 본질상 무질서할 가능성이 있는 그런 식사에서 질서를 확립할 필요성에 관심이 있었고, 다른 한편으로 비록 애찬에서 떡과 포도주가 매우 중요한 위치를 차지하지만, 이것을 성찬(Communion)과 혼동해서는 안 된다는 점을 분명히 하고자 한다.

히폴리투스는 첫 번째 것에 관해서, 반드시 감독이 애찬을 주도해야 한다고 말하고, 두 번째 것에 관해서는, 다소 혼란스러운 문구로 3종류의 떡을 구별하는 것으로 보인다.

첫 번째 떡은, 애찬에 먹어서는 안 되는 것으로 그에 대해 감사가 선포된 떡이다(이 점에서 우리는 예수님께서 최후의 만찬에서 떡을 집고, 그리고 "축사하셨다"라는 사실을 기억해야만 한다. 이것은 "감사례"[Eucharist]의 기원으로서 단순히 감사를 드린다는 의미이지만, 성찬[Communion]의 유의어가 되었다. 일찍이 저스틴의 시기에 [*Apol.* 46; ANF 1:185], 성찬은 이미 "감사례"라고 불렸다).

두 번째 떡은, 감독이 애찬에 "축복한" 떡으로서, 히폴리투스는 이것과 그에 대해 감사를 드린 떡 – "감사를 드린"(eucharistized) 떡 – 을 명확하게 구분한다. 둘째 떡을 축복한 후에, 각 참석자는 떡 한 조각을 받아서 나머지 식사 전에 그것을 먹는다.

세 번째 떡은, 그 위에 축복이 아니라 구마식을 한 떡이다. 이것은 세례 예비자와 아직 세례를 받지 않은 다른 사람들에게 주었던 떡으로 보인다. 몇몇 동방교회에서는 여전히 이 관습의 반향이 남아있다.

히폴리투스는 먹을 것과 마실 것에 대해 기도를 드리지만, 기도를 인도하는 사람들 외에 모든 사람이 침묵해야 한다고 덧붙인다. 먹는 동안에도 토론도 하지 말고 침묵해야 하며, 모든 사람은 감독이 가르치는 것에 집중하거나, 그의 질문에 대답한다. 만약 감독이 참석하지 않고, 장로(presbyter)나 집사가 있다면, 동일한 질서를 따라야 한다. 만약 평신도만 있다면, 식사에 축복된 떡은 포함시키지 않는다. 왜냐하면, 떡을 축복하려면 임직을 받아야 하기 때문이다.

히폴리투스는 만약 어떤 이유로―대개 방이 부족한 때문으로 보이지만―애찬을 제공하는 사람들은 잔치에 다른 사람들을 초대할 수 없고, 사람들은 집에서 먹을 음식을 가져갈 수 있다는 사실을 덧붙인다.

이러한 지시들은 특별히 나이 많은 과부들에게 적용되어야 한다. 그들은 식사를 제공하는 사람들의 집으로 가서 먹을 수 있다. 이것은 애찬이 궁핍한 자들을 돕는 한 방식이었다는 점을 나타내는 것으로 보인다. 다른 말로 하자면, 성찬에서 행하는 식사는 더욱 많은 자원을 가진 사람들이 애찬을 통해서 궁핍한 자와 나누는 실천으로 반영되어야 한다는 의미이다 (*Ap. Trad.* 26).

여전히 애찬이라는 주제에서, 우리는 때에 따라서, 순교자들의 기념일에 그들의 무덤에서 성찬을 기념하는 고대의 관행은 이제는 성찬이 아닌 애찬으로 변형되었다는 사실을 주목해야만 한다. 수 세기에 걸쳐서, 이것은 유럽의 많은 도시에서 여전히 행하고 있는 순례로 이어지게 된다.

마지막으로, 일상 생활의 예배 영향이라는 주제와 특히 2019년에 시작되었고, 수년간 그 결과가 이어질 팬데믹의 관점에서 볼 때, 역병의 시대에 그리스도인들은 병자와 궁핍한 자를 지원하는 태도로 알려지게 되었다. 그러한 영향에 대한 많은 증언 중에서 우리는 알렉산드라의 디오니시우스(Dionysius of Alexandria)가 그 도시의 신자에게 쓴 편지를 인용할 수 있다. 이 편지는 가이샤랴의 유세비우스가 다음과 같이 인용함으로써 보존되었다.

> 몇 분의 장로들과 집사들과 최고의 평판을 가졌던 사람들을 포함해서 진실로 우리 형제자매 중 최고의 분들이 이런 방식으로 사망했다. 대단한 경건과 신앙을 보여준 이러한 죽음의 형식은 순교에 비해서 조금도 부족함이 없었다.
> 그들은 성도들의 시체를 자신들의 열린 손과 가슴으로 안았다. 그들은 그들의 눈과 입을 닫아 주었다. 그들은 성도들을 어깨에 매고 날랐고, 눕혔다. 그들은 그들에게 달라붙어서 그들을 포옹했다. 그들은 씻기고 옷을 입혀주면서 그들을 적절하게 준비시켰다. 그리고 조금 후에 그들도 같은 방식으로 대접받았다. 왜냐하면, 생존자들도 먼저 갔던 사람들을 끊임없이 따라갔기 때문이다.
> 그러나 이교도들에게는 모든 것이 아주 달랐다. 그들은 아프기 시작한 사람들을 버렸다. 그들은 가장 사랑하는 친구들로부터 달아났다. 그들은 그들이 거의 죽게 되었을 때 길거리로 쫓아내었고, 시체를 쓰레기처럼 묻지 않고 내버렸다. 하지만 이런 모든 예방에도 불구하고, 그들이 도망치는 것은 쉽지 않았다(Church Hist. 7.22.8-10; NPNF2 1:307).

(이 글을 쓰는 시점에, 팬데믹의 상황에서 이 구절을 인용한다. 이 와중에서, 우리는 우리 중 일부에게는 이웃을 섬기는 최선의 방법이 질병확산 방지를 위한 물리적 거리의 유지인 반면, 다른 이들은 그들을 더 직접으로 섬기도록 부름을 받았다는 사실을

안다. 이웃을 사랑하는 것은 항상 각자가 특별히 처한 상황을 고려해야만 하는 것이 분명하다.)

8. 한 시대의 끝

이제 우리 내러티브의 이 두 번째 시기의 끝에 이르렀다. 그것은 200년을 약간 넘는 시간이었다. 그러나 그 시간 동안 교회는 현저하게 변했다. 원래는 주로 하나님의 약속이 예수 안에서 성취되었다고 확신했던 유대인과 하나님을 경외하는 자들 사이의 운동이었던 것이, 이제는 로마 제국 전체에 존재하는 거대한 조직이 되었다. 그것의 히브리 뿌리는, 특히 대부분 유대교에서 가져온 성서에서, 여전히 볼 수 있다.

그런 뿌리는 공의와 사랑 모두를 요구하는 하나님께 예배하는 데서 또한 볼 수 있다. 그러나 동시에, 비록 히브리 전통에 근거하고 있지만, 그 교회는 유대교를 자신의 주적 중의 하나로 이해했다. 결과적으로 저러한 고대 뿌리를 확증하면서도, 교회는 이스라엘의 실제 신앙으로부터 점점 더 멀어지고 적대적이었다.

비록 교회는 이미 로마 제국 대부분에 있었고, 제국의 경계 너머까지 확장되었지만, 이 기간의 말까지 교회는 여전히 엄청난 어려움에 직면하고 있었다. 그중 가장 유명한 것은 박해였다. 먼저 디오클레티안(Diocletian)과 그다음에 그의 후계자들의 지휘 아래 서기 303년에 시작되었고, 그 시기의 모든 박해 중 가장 끔찍한 박해가 그리스도인들에게 가해졌다. 우선 기독교 성직자에게, 그런 다음 신자들에게 감옥, 고문, 죽음을 위협하는 일련의 칙령들이 그 뒤를 이었다. 그리스도인들에게는 이것을 "대 박해"Great Persecution)라고 불러야 할 충분한 이유가 있었다. 그 공포하에서, 고문이나 죽음으로 위협받았을 때 많은 이들이 자신들의 신앙을 부인했다.

그러한 상황에서 예배는 교회가 기독교의 정체성을 확증하고 강화하는 주된 방도 중 하나였다. 왜냐하면, 억압받는 상황에도 불구하고, 신자들은 예배의 자리에서 스스로를 자신들의 주님의 권능과 최종적인 승리를 믿는 특별한 사람들이라고 이해할 수 있었기 때문이다. 이 공동체는 증오로 반응하기보다는, 자신들을 제사장 같은 사람들이라고 이해했고, 황제와 그들을 박해한 모든 사람을 위해 기도하고 여전히 더 나은 세상을 위한 모든 소망에 저항하는 소망을 품었다.

그들은 대 박해가 시작된 지 10년 후에 무슨 일이 일어날지 거의 상상도 하지 못했을 것이다!

제3부

콘스탄틴 황제부터 침략까지

제12장 새로운 상황들

제13장 설교

제14장 세례 예식의 확장

제15장 성찬 예식의 확장

제16장 시간, 장소, 그리고 관례

제12장

새로운 상황들

주후 303년부터 시작하는 4세기 초에, 교회는 대박해(Great Persecution)로 고통받고 있었다. 수많은 순교자가 있었고, 고문은 더 잔인해졌다. 그리스도인들이 모였던 건물들은 몰수되었고, 때로는 파괴되었다. 로마의 고대 영광을 회복시키려는 노력이 어느 정도 성공을 거두자, 디오클레시아누스 황제는 자신이 추구하는 복구를 위해서는 교회를 파괴해야 한다고 확신했다.

디오클레시아누스는 자신이 세웠던 질서가 확실히 지속될 수 있도록 4명의 지배자, 혹은 황제가 있는 체제를 개발했다. 그중 둘은 "아우구스투스"(Augustus)라는 직명을 가지고, 그 아래에 있는 다른 둘은 "시저"(Caesar)라는 직명을 가졌다. 자신의 작업이 완벽하다고 확신한 디오클레시아누스는 305년에 퇴위했지만, 이것으로 박해가 끝난 것은 아니었다.

311년, 전혀 명확하지 않은 이유로, 4명의 황제 중 한 명인 갈레리우스(Gallerius)는 자신의 영토 안에서 박해의 종식을 선포했지만, 효과는 제한적이었다. 디오클레시아누스로부터 임명받은 후계자로 추정되었던 네 명은 곧 일련의 전쟁과 전술로 권력을 위한 경쟁을 시작했고, 최종적으로 콘스탄틴과 리시니우스(Licinius)가 승리하여 콘스탄틴은 제국의 서부를, 그리고 리시니우스는 동부를 지배하게 되었다.

313년 2월 콘스탄틴과 리시니우스는 밀라노에서 만나 수 세기 동안의 교회 역사를 바꾸게 될 결정을 하게 된다. 이는 바로 박해의 종식과 몰수되었던 교회와 신자들의 재산 반환에 관한 명령이었다. 여기에서 하나 이상의 버전을 가지고 있는 그 포고의 세부사항을 논의할 필요는 없다. 일반적으로 모두를 위한 종교의 자유가 결정되었지만, 특히 그리스도인을 위한 종교의 자유가 결정되었다.

그 두 황제가 왜 그런 행동을 했는지 또한 논할 필요가 없다. 역사가들은 오늘날까지, 박해가 이득보다는 비용이 더 많이 든다고 확신한 결과 그런 결정이 내려졌는지, 혹은 주로 정치적 계산과 관계가 있는지, 한 황제, 혹은 두 황제 다 어느 정도의 종교적 확신이 있었는지 아닌지를 논쟁한다. 밀라노에서의 회합 직후, 두 황제는 다시 전쟁했고, 그 결과 콘스탄틴이 단독 황제가 되었다.

밀라노에서 내린 결정을 구현시킨 것은 바로 그였다. 비록 일부 교회들은 그를 성인이라고 간주하지만, 우리는 콘스탄틴의 가족이 오랫동안 태양신(Unconquered Sun)을 숭배했었다는 점, 콘스탄틴 자신도 예수 그리스도와 태양신 모두에게 경의를 표했다는 점, 그가 고대 종교 내부에서 지녔던 제사장의 직위를 유지했다는 점, 자기 아들에게 극도로 잔인했으며, 이득이 된다고 생각했을 때인 임종 직전에야 마침내 세례를 받았다는 점을 잊어서는 안 된다.

콘스탄틴과 리시니우스가 주후 313년에 시작했던 과정은 마침내—주후 380년에—테오도시우스 황제가 데살로니카(Thessalinica)에서 기독교를 제국의 국교로 삼는 칙령을 내리는 결과로 이어졌다.

그리고 감독들인 로마의 다마수스(Damasus of Rome)와 알렉산드리아의 피터(Peter of Alexandria)의 종단에 속하지 않는 사람들은 "보편적인 그리스도인"(catholic Christians)이라고 자칭해서는 안 된다는 것, 다른 모든 사람은 바보들과 미치광이들로서 단적으로 "이단자"(heretics)라고 불려야 하고, 그들의 "의회"(conventicles)는 "교회"(churches)라고 불릴 수 없다는 것을 선포하였다. 공적 예배를 할 수 있도록 허락받은 단 하나의 다른 종교는 유대교였다.

그때까지 금지되었던 종교가 한 세기가 못 되는 동안인 313년과 380년 사이에 제국의 지배적인 종교가 되었다. 대부분 외딴 지역에서 지속되었던 고대 종교들은 "이교도"(pagan)로 알려지게 되었다. 이는 무례하고 교양 없는 자들인 **파가니**(*pagani*)의 종교를 의미한다. 고대 종교들은 또한 구 로마 귀족 중 일부에서 지속되었다.

그들은 고대 신들을 버리는 것이 귀족제도 자체와 전체 로마 제국 몰락의 원인이라고 생각했다. 우리가 이제부터 연구할 기간에, 어떤 이들은 고대 신들을 유기했기 때문에 재앙과 무질서, 침략으로 제국이 고통을 받게 되었다는 주장을 계속했다. 콘스탄틴은 일찍이 비잔티움(Byzantium)이 있던 곳에 새로운 수도를 만들고, 자신의 영예를 위해서 "콘스탄티노플"(Constantinople)이라고 이름을 지었으며, 그 도시에 독자적인 원로원과 새로운 귀족제도를 수여했다.

구 수도의 귀족들은 이것을 자신들의 권력과 종교적 전통에 대한 위협으로 간주했다. 일정 기간 구 로마 원로원(Roman Senate)은 자신들의 회합 장소에 고대 신들의 형상들을 보존하기를 고집했다. 고대 종교에 대한 몇몇 옹호자들이 기독교를 비판하는 글을 썼고, 그 덕분에 우리는 그들이 기독교에 반대했던 이유를 이해할 수 있게 되었다.

361년에 율리아누스(Julian)가 제국의 왕좌를 차지했을 때, 그는 고대 종교들을 회복시키려고 강력한 노력을 기울였으나, 이것은 363년 그의 죽음과 함께 끝나고 말았다. 그러나 자신을 신들의 옹호자라고 선포하면서 왕위를 노리는 자들이 여전히 나타났다.

410년에 서고트족(Visigoths)이 로마를 약탈했을 때, 어거스틴(Augustine)은 옛 도시가 자신을 위대하게 만들어준 신들을 저버렸기 때문에 몰락했다고 주장하는 사람들에 대항해서 글을 쓰는 것이 필요하다고 생각했다. 그 결과로 나온 것이 그의 방대한 저작인 『하나님의 도성』(*The City of God*)이다.

요약하자면, 비록 이교는 완전히, 혹은 즉시 사라지지는 않았지만, 밀라노 칙령을 시작으로 그리스도인의 수는 급격하게 증가했다. 가장 낙관적인 계산에 의하면, 그리스도인들의 수가 좀 더 많았던 제국의 일부 동부 지역에서는 그들이 인구의 약 15퍼센트에 달했을 것이라고 추측된다. 아마 북아프리카의 일부 지역에서도 유사한 상황이었을 것이다. 그러나 서방 전역은 물론, 동방의 광대한 지역에서도 그리스도인들은 여전히 극소수였다.

콘스탄틴의 지원은 서서히 발전했고 증대되었지만, 항상 모호함이 있었다. 전형적인 사례는 그가 어떤 것이 콘스탄티노플의 성벽이 될 것인지를 표시하면서 고대 비잔티움 주위를 걷고 있을 때에 관한 일화이다. 그가 멀리, 그리고 넓게 걷는 것처럼 보였기 때문에, 사람들은 그 도시에 대한 그의 꿈에 관해서 궁금해했다.

마침내 어떤 사람이 그에게 얼마나 멀리 갈 작정이냐고 물었을 때, 그는 "나는 나보다 먼저 간 사람이 이끄는 만큼 멀리 걸을 것이다"라고 답했다. 황실의 수행원으로 동행했던 그리스도인들은 이것을 그리스도에 대한 언급으로 이해했지만, 반면에 콘스탄틴과 함께 걷고 있던 이교도 사제들은 이것을 자신들의 신 중의 하나에 대한 언급으로 받아들였다.

콘스탄틴은 통치 기간 내내, 교회에 주는 특권과 편의, 즉 제국의 주둔지 사용이나 기독교 성직자의 병역 면제와 같은 것을 늘렸다. 그 일부로 자신의 어머니인 헬레나(Helena)의 요청으로, 그는 우리가 나중에 언급할 멋진 교회들을 건축하라고 명령했다. 이 점에 있어서, 그의 후계자 중 몇명은 그를 흉내냈다.

황제의 고문 중에 몇몇 기독교 감독들, 특히 코르도바의 호시우스(Hosius of Cordova)가 있었다. 콘스탄틴은 교회가 자신의 제국을 통합시키는 결합물이 되기를 바랐기 때문에, 알렉산드리아의 교회가 아리우스파 문제 때문에 분열되었을 때, 그는 문제를 중재시키려고 호시우스를 파견하였다. 호시우스가 두 당사자의 화해가 이루어질 수 없을 것으로 보인다고 보고했을 때, 콘스탄틴은 감독들의 대 공의회에서 이 문제와 다른 문제들을 결정해야 한다고 명령했다.

이것이 325년의 니케아 공의회(Council of Nicaea)로서, 일반적으로 "전 세계적인"(ecumenical)이라고 알려진 긴 일련의 공의회 중 최초의 것이다.

감독들은 황실 경비로 니케아로 여행했다.

이런 모든 조치와 그리고 유사한 성격의 다른 많은 것들은 콘스탄틴이 교회에 호의를 베풀었다는 사실을 명확히 했다. 그러나 그 자신은 죽을 때까지 세례를 받지 않았다. 이는 그가 다른 그리스도인들이 그랬던 것처럼 자신을 감독의 권위 아래 두기를 바라지 않았기 때문임이 분명하다. 하지만, 비록 황제 자신은 즉시 세례를 받지 않았지만, 기독교를 지지하는 그의 명확한 성향으로 인하여 많은 사람이 기독교에 합류하였다.

율리아누스 통치 시의 짧은 예외를 제외하고, 이것은 4세기 말까지는 실제로 전 인구가 세례를 받게 되는 식 — 주요 예외는 유대인 — 으로 방해받지 않고 계속되는 과정의 시작이었다. 이 과정의 결과들이 곧 나타나게 될 것이었는데, 특히 세례 후보자의 준비에서 그러했다. 이것은 14장에서 다룰 것이다.

콘스탄틴과 그의 가족 그리고 그의 후계자들이 건축하도록 명령한 기독교 대성당(great Christian basilica)은 본서의 제3부 전체에서 보는 것처럼, 예배에 더 정교한 형식을 요구한 것으로 보인다. 그러한 더 정교한 예배는 그것을 인도하는 사람들, 즉 성직자와 찬양대의 더욱 적극적인 참여로, 반면에 대부분 그리스도인에게는 더욱 소극적인 역할로 이어졌다.

콘스탄틴은 아리우스파 문제에 관해 관심을 보였는데, 이는 그의 후계자 중 몇몇이 교리 문제에 관한 결정을 내리도록 부추겨서, 그 결과 신학은 상당히 자주 정치적 문제와 얽히게 되는 애석한 선례를 남기게 되었다. 이것은 여기 우리의 특별한 관심사가 아니지만, 이것 역시 예배에 영향을 주었다는 사실을 주목해야만 한다. 왜냐하면, 예배를 인도했던 사람들은 예배에서 말하거나, 노래하거나, 혹은 행하는 것은 무엇이든지 쉽게 정치와 얽인다는 사실을 알았기 때문이다.

우리가 지금 **글로리아 파트리**(영광송[*Gloria Patri*])라고 알고 있는 찬송가가 좋은 예이다. 이 찬송가는 영광이 성부와 성자와 성령께 동일하게 속한다는 것과, 이를 "태초에 그러했던 것처럼"이라고 확증했기 때문에 이로 인해 강력한 반-아리우스주의의 진술이 만들어지고 있었다. 아리우스파들은 단지 성부만이 엄밀한 의미에서 하나님이시고, 성자와 성령은 성부의 피조물이라고 주장했다.

따라서 "성부와 성자와 성령께 영광"이라고 말하는 대신에, 그들은 성자와 성령으로 **말미암아**(through) 성부께 영광"이라고 말함으로써 영광은 단지 성부께만, 그리고 성자와 성령은 신성하고 영원한 영광을 가지지 않는다고 말하곤 했다. 그 시기의 복잡한 정치 속에서, 때로는 한 통치자가 갈등 관계에 있는 한 분파를 강하게 지지했고, 다른 견해를 가지고 있는 사람들을 억압하거나, 심지어는 박해도 했다. 결과적으로, 예배에서 **글로리아 파트리**를 노래할 때 말하는 내용을 알기 위해 굉장한 주의를 기울였다.

안디옥의 감독 레온티우스(Bishop Leontius)는 **글로리아 파트리**의 순서가 되었을 때, 갑자기 기침을 시작해서 마지막 "영원히" 부분을 부를 때까지 회복되지 못했다. 모두가 이것이 신학적 논쟁과 그것이 불러올 수 있는 결과에 연루되는 것을 피하기 위한 단순한 속임수라는 것을 알았다.

이제 박해가 끝났으므로, 많은 사람이 최고의 헌신으로 간주했던 순교는 더 이상 선택의 대상이 아니었다. 이런 새로운 상황에 대한 반응으로, 그리고 어느 정도 순교라는 최고의 헌신을 대체하는 것으로서 많은 경건한 사람은 남녀 모두 헌신과 훈련의 삶을 영위하기 위해서 인적이 드문 곳에 피난처를 찾았다. 이러한 움직임이 가장 강한 지역은 이집트와 시리아의 사막이었다. 이러한 "사막들"은 완전히 건조하고 모래로 뒤덮인 지역은 아니었지만, 다소 건조하고 바위가 많은 토양으로 된 불모지였기 때문에 많은 인구가 살 수 없었다.

그러나 사회로부터 떠난 사람들이 힘들고 끊임없는 노동을 통하여 금욕적인 삶을 영위할 수는 있었다. 사막으로의 진정한 대이동은 4세기가 시작되면서 일어났다. 그것은 자신들의 헌신을 더욱 완전하게 실천하기 위해서 일반적으로 도시의 편안한 삶과 사회로부터 달아났던 고독한 남녀 은둔자들에게 피난처가 되었다. 점차, 이러한 은둔자 중 가장 고명하고 유명한 사람들은 그들에게 가르침과 지침을 구하고자 근처에 정착했던 다른 사람들에게 둘러싸이게 되었다.

결국, 이것은 특히 시리아와 이집트에서 수도원 공동체로 이어졌는데, 그들은 "수도사의"(cenobitic) 삶이라고 불리게 된 공동체에서의 삶을 선택한 사람들이다. 이것은 훈련과 사랑 모두를 실천할 기회를 제공했기 때문에 특히 높이 평가되었고, 결국에는 우리가 오늘날 알고 있는 것과 같은 수도원 삶의 주된 형식이 되었다.

공동체적 삶에 대한 이러한 강조는 일찍이 교회와 사회를 섬기는데 헌신했고, "과부들"(widows) 혹은 "동정녀들"(virgins)이라는 직위를 가지고 독신으로 살면서 교회로부터 자신들 사역의 후원을 받았던 일단의 여성들에게도 변화를 가져왔다. 경건한 삶을 영위하기를 원했던 여성들에게 이런 다른 대안이 가능해졌기 때문에, 그들 중 많은 이들이 여성을 위한 수도원 공동체가 있는 사막으로 갔다.

여전히 많은 도시에는 여성들의 집단이 있었고, 많은 경우에, 부유한 여성들은 기도와 공부에 헌신했다. 훨씬 후에, 일찍이 과부들과 동정녀들이 충족시켰던 기능들과 의무들이 새로운 계급, 혹은 "여성 집사"(deaconesses) 집단—그들의 의무와 권위는 남성 집사들과는 매우 달랐다—의 새로운 영역이 된다.

본서의 제3부에서 우리가 다룰 가장 저명한 감독 중 몇 명은—어거스틴, 바질(Basil), 그리고 많은 다른 이들은 수도원의 삶을 적용하여 도시 안에 있는 자신들의 거주지에도 그러한 일이 일어날 수 있게 했다. 그리하여 그곳에서는 감독이 다른 성직자 구성원들과 함께 지냈다.

경제적인 동기 또한 사막으로 도주하게 했다. 자신들이 충당할 수 없었던 세금과 의무들로 짓눌린 가난한 농부들은 아직 그리스도인이 아님에도 불구하고 수도원 공동체에 합류했다. 공동체에 받아들여지기 전에, 그들은 그곳에서 기독교의 삶을 실천할 기회를 얻고, 많은 방식으로 수도원 공동체에 온전히 참여하기 위한 준비를 하면서 신앙의 기본을 배웠다.

주목해야 할 점은, 사람들이 종종 "사막의 교부들"(fathers of the desert)이나, 혹은 "사막의 수도사"(monks of desert)에 관해서 말하지만-적어도 이집트의 일부 지역에서는-수도원 생활에 헌신한 여성의 수가 남성의 수를 훨씬 상회했다는 사실이다.

교회가 누리고 있었던 새로운 자유는 지식인 지도자들에게 연구, 성찰, 그리고 저술할 시간을 허락했고, 그 결과 4세기와 5세기의 첫 수년간 기독교 역사에서 몇 명의 주요한 권위자들을 배출했다. 서방의 암브로스(Ambrose), 제롬(Jerome), 어거스틴(Augustine), 그리고 몇몇 다른 이들과 또한 동방의 아타나시우스(Athanasius), 바질(Basil), 나지안주스의 그레고리(Gregory of Nazianzen)와 몇몇 다른 이들이다.

이 시기의 기독교 강단은 콘스탄티노플의 존 크리소스톰(John Chrysostom), 북아프리카의 어거스틴(Augustine), 그리고 로마의 대 레오(Leo the Great)와 더불어 절정에 달했다. 대부분 오리겐이 편집한 장서를 활용하여, 가이사랴의 유세비우스는 최초의 교회 역사를 집필했다. 그 덕분에 오늘날 본서도 말할 수 있는 많은 것을 알 수 있게 되었다.

교회와 행정당국의 관계는 항상 편안하거나, 화기애애하지는 않았다. 왜냐하면, 방금 언급했던 몇몇 위대한 인물들-암브로스, 아타나시우스, 바질, 그리고 크리소스톰-이 정부 당국과 극심한 충돌을 일으켰기 때문이다. 다수의 용감한 감독들이 추방당하거나, 심지어 죽음을 당했다.

왜냐하면, 그들은 사회에서 만연하는 불의를 무시하는 것을 거부했거나, 혹은 그들이 당시에 지배했던 황제의 교리와는 다른 교리들을 지켰기 때문이었다. 수많은 사람이 세례를 요청하기 시작했고, 교회에 합류했다. 이것은 그 전 세기들에서 발전되었던 교리 교육 체계와 또한 세례 관례에도 엄청난 변화를 가져왔다.

예배는 여전히 성찬 중심이었지만, 더욱 정교해졌다. 그리고 이제 그 직위 자체로 사회에서 특권을 부여받았던 감독과 성직자가 예배를 인도했고, 예배를 위한 새로운 찬송가와 음악 양식이 만들어졌다. 주요 도시와 기독교 기원의 가장 신성한 장소에 대교회(great churches)들이 건축되었다. 간단히 말하자면, 황제들이 밀라노에서 결정을 내린 지 몇 년 되지 않은 시간 동안 교회의 삶에 엄청난 후과(後果)들―긍정적인 것과 부정정인 것―이 있었다.

새로운 상황이 가져온 후과 중의 하나는 4세기의 교회에 관한 자료들이 이전 3세기(three centuries)로부터 나온 것보다 훨씬 많다는 사실이다. 여기까지는, 기존 텍스트들에 대한 우리의 분석은 거의 철저했다. 주된 예외는 오리겐의 거대한 문학 작품 일부이다. 그러나 4세기부터는 철저한 접근이 불가능해졌고, 우리는 가능한 많은 자료 중에서 가장 적실해 보이는 것을 선택해야만 했다.

다음의 장들에서는 본서 제1부와 제2부의 기본 구조를 따르면서 우선 설교를 다루고자 하는데, 그 시기의 실제 설교들을 적어도 몇 개 제시할 것이다(13장). 그런 다음 세례 예식의 확장으로 이동할 것이다(14장). 그리고 성찬 예식과 그것을 둘러싼 의식들(15장), 마지막으로 교회력과 회합 장소, 설교, 세례, 성찬의 범위를 넘는 다수의 예배와 기도의 관례(16장)로 제3부를 마무리할 것이다.

제13장

설교

　5세기 초에 루피누스(Rufinus)는 유세비우스(Eusebius)의 헬라어로 된 『교회사』(*Church History*)를 라틴어로 번역하면서 그 역사를 자신의 시대까지 정리하는 부록을 집필했다.

　우리는 그 곳에서 4세기의 가장 저명한 수사학 교수 중 한 사람이며, 굉장히 헌신적인 이교도였던 리바니우스(Libanius)에 관한 흥미 있는 메모를 발견할 수 있다. 루피누스에 의하면, 노년에 접어들어, 죽음에 직면하게 되었을 때, 리바니우스는 제자 중 누가 자신의 유명한 수사학파의 후계자가 되어야만 하는가라는 질문을 받았다.

　리바니우스는 "그리스도인들이 그를 훔쳐 가지 않았더라면, 존"이라고 대답했다(Rufinus, *Church Hist.* 6.3). 리바니우스가 언급하는 이 "존"은 사후에 그의 숭배자들이 그에게 붙여준 이름으로 오늘날 잘 알려진 인물인 "존 크리소스톰"(John Chrisostom)이다. 황금의 입, 혹은 황금 설교가로 불리는 존 크리소스톰은 종종 유사 이래 가장 위대한 기독교 설교자라고 여겨지는 인물이다.

　역사적으로는 사실이 아닐지 모르지만, 루피누스의 일화는 4세기와 5세기 초의 기독교 설교를 형성하는 주요 요인 중의 하나, 즉 그레코-로만(Grecho-Roman)의 수사학 사용을 지적하고 있다는 것은 확실하다. 크리소스톰은 리바니우스가 안디옥에서 이끌고 있던 유명한 학교에서 공부했다. 일찍이 고전적인 수사학을 알고 있는 그리스도인 저자나 웅변가는 거의 없었다.

그리고 이들 중 대부분은 기독교로 개종하기 전 그것을 배웠다. 터툴리안과 키프리안이 그런 경우이고, 주된 예외는 오리겐이다. 그는 기독교 가정에서 자랐기 때문에 공부를 시작했을 때는 이미 기독교 신자였다.

그러나 오리겐 자신은 수사학보다는 철학에 훨씬 관심이 많았다. 그의 문학 연구는, 텍스트의 수사학적 분석으로 이어지기보다는, 이교도들이 고전 헬라나 로마 문학을 해석했던 방식과 유사한 알레고리적 해석에 활용되었다.

수사학을 연구한 그리스도인들이 거의 없었던 주된 이유는 이러한 연구가 대부분 고대의 신들, 그들의 신화, 그들의 기적에 관한 고전 텍스트들을 다뤘기 때문이다. 박해 시기에 많은 신자가 그런 연구들을 주변 문화의 우상숭배에 대한 타협으로 보았다.

박해가 일단 가라앉은 4세기가 다 되어서야, 교회는 전체적으로 수사학에 대한 진정한 가치를 이해하고, 기독교의 유일신론을 유지하고 다신을 거부하면서도 수사학과 그것의 기초가 된 고대 텍스트들을 연구할 가능성을 고려하기 시작했다.

크리소스톰이 전형적인 예이다. 그는 경건한 가정에서 태어나고, 양육되었으며, 기본적인 공부를 마친 후에, 그 지역에서 가장 유명한 수사학 교수인 리바니우스에게 배우러 갔다. 리바니우스가 로마인들을 무지한 "야만인들"(Barbarians)이라고 확신했었기 때문에, 크리소스톰은 리바니우스가 로마 신들이 아닌, 헬라 신들에 대한 열렬한 헌신가요 옹호자라는 것을 알고 있었다.

크리소스톰의 경우만 그런 것이 아니라, 비슷한 사례가 많다. 여기서 우리가 연구하는 또 다른 위대한 설교자는 크리소스톰보다 수십 년 이전에 살았던 "대 바질(the Great Basil)로 알려진 가이사랴의 바질이다. 바질 역시 기독교 가정에서 태어났으나, 크리소스톰과는 대조적으로 초기에는 금욕주의, 설교, 혹은 신학에 관심이 없었고, 행정 및 공직에 일생을 바치기로 결심했다.

그가 고향인 갑바도기아의 가이샤랴에서 공부를 끝낸 후에, 우선 콘스탄티노플에서, 후에는 아테네에 가서 공부했기 때문에, 그의 교수들 가운데는 당시의 가장 유명한 교사들 몇 사람이 있었다. 공부가 끝난 후, 가이사랴에 돌아와서 그는 법률 실무와 수사학에서 큰 성공을 거두게 되었지만, 누나인 마크리나(Macrina)가 그에게 다른 방향을 제시하였다. 이로 인해 바질은 금욕적인 삶을 살고, 가이사랴의 감독단에 들어갔으며, 당시의 극심한 신학적 논쟁에 말려들게 되었다.

헬라어를 사용하는 동방에서 일어났던 일은 라틴어 사용을 하는 서방에서도 일어났다. 4-5세기의 가장 고명한 라틴 설교자들인 암브로스와 어거스틴, 레오는 모두 수사학을 완수하였다. 암브로스는 제국의 공직에서 경력을 쌓아가고 있을 때, 자기 뜻에 반해서 밀라노의 감독으로 선출되었다.

그는 공직 근무에서 도움이 되었던 수사학을 설교에 적용했다. 어거스틴은 비록 그리스도인인 어머니 모니카에게 양육을 받았지만, 어머니의 신앙, 특히 암브로스의 설교를 들으러 갔을 때 성경의 가치에 관해서 의심하고 있었다.

어거스틴 자신의 경험에 관해서 말하는 것은 의미심장하다. 왜냐하면, 그의 말은 우선 암브로스가 젊은 어거스틴에게 끼친 영향을 보여주고, 또한 고전적인 수사학이 더 많은 교육을 받은 대중에게 메시지를 전하기 위해서 어떻게 활용되는가를 보여주기 때문이다. 어거스틴이 말하는 것처럼, 그는 암브로스의 설교 내용 중 어떤 것을 배우기 위해서가 아니라, 오히려 암브로스가 유명한 설교가였기 때문에 그의 말을 들으러 간 것이었다. 어거스틴은 수사학 교수로서 암브로스에게서 자기 일에 적용할만한 것을 배울 수 있다고 생각했다. 그러나 어거스틴의 태도는 그 자신이 말하는 것처럼 서서히 변했다.

나는 그가 말하는 내용을 배우려고 애쓰지 않았습니다. 나는 다만 그가 그것을 어떻게 말하는지 알기를 원했습니다(나는 인간이 어떤 방법으로도 당신에게 갈 수 없다고 절망했기 때문에, 내게 남은 것은 공허한 걱정밖에 없었습니다). 하지만 내가 소중히 여겼던 그의 말과 더불어, 내가 신경 쓰지 않았던 것들도 내 마음 속에 들어왔습니다. 나는 그 둘을 떼어 놓을 수 없었습니다. 그리고 내가 마음을 열어 "그가 얼마나 능숙하게 말하는가"를 받아들이는 동안. 또한, 서서히 "그는 얼마나 진실되게 말하는가"가 함께 들어왔습니다(*Confessions* 5. 14.24; NPNF1 1:88).

간단히 말하자면, 암브로스와 동시대의 몇몇 사람처럼 어거스틴은 수사학을 좋아했고, 거기서 기독교 설교를 위한 귀중한 자원을 알게 되었다. 수 세대 동안 수사학은 좀 더 많은 교육을 받은 엘리트들 사이에서 대단히 열광적인 관심을 받는 주제였다. 일부 사람들은 단순히 제시된 논증을 들으러 심심풀이로 법정에 출석했다.

따라서 4-5세기의 유명한 설교자들은 수사학적 관행과 시간의 규범을 활용하면서, 그 속에서 설교하는 메시지를 청중들의 관심과 입맛에 연결하는 방법을 발견했다. 하지만, 동시에 수사학이 진리의 소통에는 거의 관심이 없이 단지 청중의 관심을 끌기 위한 일련의 도구가 될 위험도 항상 있었다. 암브로스와 만난 얼마 후에, 어거스틴은 다음과 같이 선언했다.

내가 실제로 수사학의 교수직으로부터 해방될 날이 왔다. 나는 이미 내 경력을 끝내고자 했다. 이제 끝났다. 당신은 이전에 내 마음을 구원했던 것과 같은 방식으로 내 혀를 구원했습니다(*Confessions* 9.4.7; NPF1 1:31).

심지어 이런 글을 쓴 후에도 어거스틴은 수사학 지식을 반복해서 활용하기를 계속했다. 그 시기의 몇몇 위대한 설교자들에게서도 되풀이되었던 그의 말은 청중에게 감명을 주거나 즐겁게 하려는 것이 아니라, 말한 내용의 진리에 청중이 관심을 일으키도록 수사학을 빌릴 필요성을 가리키는 것이었다. 어거스틴은 여기서 암브로스의 예를 따르려고 노력했다. 암브로스가 사용하는 전문적인 수사학은 청중이 그가 선포한 진리에 확실하게 귀를 기울이도록 하는 수단이었다.

따라서, 4-5세기의 위대한 설교자들은 수사학에 통달했지만, 자신들이 해석했던 성경에 굳게 닻을 내렸다. 이것이 바로 현존하는 당시 설교의 대다수가 "강해설교"(expository sermons)라고 불리는 이유이다. 다른 한편으로, 이들은 대부분 성경이 말하는 것을 설명하는 것에 만족한다는 의미에서의 강해설교가 아니다. 왜냐하면, 그들은 또한 자신들의 설교를 청중과 주변 사회의 구체적인 조건과 관심사에 관련시키기 때문이다.

우리가 가지고 있는 그 시대 설교의 숫자는 특히 이전 시기들과 비교했을 때 엄청나다. 초창기의 설교(sermons, homilies)의 유일한 대규모 컬렉션은 오리겐의 것이다. 중요한 예외가 있지만, 그의 설교의 대부분은 사실상 지적 엘리트들을 대상으로 하는 신학 강의이다. 대조적으로, 지금 우리가 연구하는 세기에서는 수백 개의 설교가 있다. 대부분은 그 시기의 가장 유명한 설교자들의 작품이지만, 덜 유명한 사람들의 것도 일부 남아있다.

어떤 면에서는, 4-5세기 위대한 설교자들의 바로 그 명성이 오늘날의 역사가들에게 어려움을 제기한다. 왜냐하면, 저런 유명한 설교자들의 이름으로 설교를 작성하고 유포하는 사람들이 있었기 때문이다. 따라서 작가가 확실한 설교들이 방대하게 있지만, 학자들 사이에서 작가가 누구인지 여전히 논쟁이 되는 설교들도 있다. 이것이 우리가 크리소스톰의 설교가 700개 이상이라고 확신할 수 있기는 하지만, 정확한 숫자를 아는 것이 불가능한 이유이다.

이러한 설교에 접근할 때 직면하는 또 다른 어려움은, 우리가 자주 이러한 설교들의 아름다움을 느낄 수 없다는 점이다. 이는 우리가 동일한 수사학적 취향을 가지지 않았고, 그들의 언어가 우리 것이 아니기 때문이다. 때때로, 원래의 텍스트는 번역에서 반복될 수 없는 운율을 가지고 있다. 많은 연결과 번역될 수 없는 언어유희 또한 마찬가지이다.

또한, 이런 기록된 설교와 강당에서 실제로 말한 것 사이의 관계 문제가 있다. 어떤 경우에는 우리가 가지고 있는 텍스트가 설교자가 강단에 서기 전에 썼던 것으로 보이는데, 어떤 지점에서는 그가 즉석 논평을 추가했을 수도 있다. 다른 일부 경우에서는 우리가 가지고 있는 것이 어떤 이가 받아썼던 속기 노트로 보이는 것도 있다. 일부는 설교자 자신이 실제 설교 후에 썼거나 수정했던 것으로 보인다. 어떤 경우이든지, 우리가 가지고 있는 바질, 크리소스톰, 암브로스, 어거스틴 그리고 대 레오와 같은 사람들의 설교 텍스트의 대부분은 그것들을 설교했던 사람들이 읽고 승인한 것이었다.

그 시기의 설교와 설교자의 방대한 수를 감안한다면, 4-5세기 설교의 본질을 보여줄 수 있는 최선의 방법은 가장 중요한 설교자의 일부와 그들의 설교들(sermons or homilies)의 일부에 주의를 집중하는 것이다. 그러므로 본장의 나머지 부분에서는 우선, 헬라어를 사용하는 동방의 위대한 설교자 중 두 사람인 대 바질(Basil the Great)과 크리소스톰을 다루고, 다음으로 라틴어를 사용하는 서방의 세 사람인 암브로스와 어거스틴, 대 레오를 다룰 것이다.

1. 가이사랴의 바질(Basil of Caesarea)

이미 얘기했던 것처럼, 바질은 기독교 가정에서 성장했다. 법률과 수사학 분야에서 성공적인 경력을 시작한 후에, 그는 수도원 생활을 시작했다. 결국, 그는 자신이 태어난 도시인 갑바도기아 가이사랴의 감독이 되었다. 그는 감독으로서, 아리우스파에 대항하는 니케아주의의 확고한 옹호자였다. 여기서 논할 수는 없지만, 이것으로 인하여 그는 당국과 갈등을 일으키게 되었다.

우리에게 있는 그의 설교 중 가장 유명한 것은 6일간의 창조에 대한 9개의 연속설교와 시편에 관한 또 다른 연속 설교―적어도 13개의 진짜와 그의 것일 수도 있고, 아닐 수도 있는 것―가 있다. 정통 신앙을 옹호하는 다른 설교들과 순교자의 기일과 같은 특별한 경우에 한 설교들 몇 개, 그리고 다양한 주제에 관한 다른 설교들이 여기에 추가되어야 한다. 하지만, 그의 설교들 중 가장 잘 알려진 것은 갑바도기아를 강타하고, 268년까지 수많은 죽음을 발생시켰던 대기근의 시기에 그 사회의 경제적 불공평을 폭로하면서 그가 설교했던 것들이다.

바질 설교의 한 예로서, 기근과 관계있는 그의 설교 중 하나를 선택할 것이다. 이것은 누가복음 12장 16-21절의 어리석은 부자의 이야기에 근거한 것이다. 바질은 자신의 설교를 다음과 같은 설명으로 시작한다. 필요는 특정한 유혹을 불러일으키는 비옥한 기반이 되지만, 부유함 또한 다른 유혹을 불러일으키기도 한다. 이야기에서 부자가 자문한 "내가 어찌 할꼬?"라는 질문은 가난한 자가 자문하는 것과 동일하다. 그 질문에 관해서, 바질은 묻는다.

가난한 사람 역시 동일하게 자문한다.
"내가 어찌 할꼬?"
그러나 이 질문을 할 때 그는 많은 곳간을 가진 부자처럼 풍부한 재물에 관해서가 아니라, 꼭 필요한 것이 없는 것에 관해서 생각한다. 이 지점에서 바질은 가뭄과 흉년으로 인하여 남은 가족을 먹일 수 있도록 자녀를 노예로 파는 곳으로 왔던 많은 가난한 사람들이 처했던 상황을 묘사한다.

> 마침내, 그는 아이들을 시장으로 데리고 가서 죽음을 멈출 방법을 찾을 것을 생각하면서 아이들을 봅니다. 그는 굶주림의 필요성과 부성애 사이에서 고심합니다. 굶주림이 끔찍한 죽음으로 위협합니다. 그러나 부성애가 그를 자신의 아이와 함께 죽도록 요구합니다. 계속해서 그는 결정하고, 그리고 계속해서 자신의 마음을 바꿉니다. 마침내 그는 항복하고 필요성과 절대적

인 결핍에 굴복합니다.

이제 그는 어떻게 생각합니까?

"이 중 누구를 먼저 팔아야 할까?

어떤 애가 밀 판매자에게 더 매력적일까?

첫째를 데리고 갈까?

만약 그렇게 한다면, 나는 그의 장자 신분을 배신하는 것이다.

그렇다면 막내를?

그 애는 나이가 너무 어리고 아직 재앙이 무엇인지 알지도 못하는데, 그에게 너무 미안하다.

오, 오, 어떻게 이런 문제가!

어떻게 해야 할까?

누가 되어야 할까?

누구를 골라야 할까?

나는 짐승이야!

내 본성을 어찌 부정할 수 있겠는가?

내가 그들 모두를 지킨다면, 그들 모두가 고통을 당하는 것을 볼 것이다.

한 애를 판다면, 내가 지킨 애들을 어떻게 보겠는가?

그들 중의 하나가 없어진다면, 나는 집에서 어떻게 살까?

그런 대가로 받은 돈으로 어떻게 감히 상을 차리겠는가?"(*Destruam borrea mea* 4; PG 31;268-70).

바질은 계속해서 어리석은 부자가 자기 재산만 지키려고 생각하는 것은 잘못이라고 선포한다. 그런 구두쇠는 극장에 맨 처음 도착해서, 이를 근거로 실제로는 다른 사람들을 위해서 준비되었던 모든 방을 요구하는 사람과 마찬가지이다. 그런 다음 그는 부자를 대상으로, 다음과 같이 말한다.

당신이 가지고 있는 떡은 굶주린 자의 것이고, 당신의 옷장에 가지고 있는 망토는 벌거벗은 자의 것이며, 당신과 함께 썩어가고 있는 신발은 신발을 신지 못하는 사람들의 것이고, 당신이 숨겨 둔 돈은 궁핍한 자의 것입니다 (*Destruam borrea mea* 7; PG 31;277).

비록 우리는 그런 말들을 크게 외치는 바질을 상상할지 모르지만, 사실상 그는 이후에 그의 친구이자 동료인 나지안주스의 그레고리가 회고한 대로, 강한 목소리를 가지고 있지 않았다. 때때로 설교하고 있는 중에, 그는 멈춰 서서 사람들에게 자신의 말을 들을 수 있도록 조용히 해 달라고 요청할 필요를 느꼈다. 그러나 바질이 설교한 것은 그의 행동에 반영되었다. 기근이 시작된 약 4년 후에, 노숙자, 환자 그리고 가난한 자들을 위한 피난처를 만든 행위를 변호하기 위해서 바질이 주지사에게 썼던 편지 하나가 있다.

바질이 묘사한 것처럼, 사람들은 그곳에서 도움과 안식처를 찾았고, 가난한 자는 훈련을 받았다. 피난처 자체는 몇 개의 건물로 되어 있었고, 바질의 사망 후에 창립자를 기리기 위해 바질리아데스(Basiliades)라는 이름을 부여받기 전까지, 그것은 가난한 자의 도성이라고 알려지게 될 정도로 커졌다. 한 세기 이상 지난 후에, 역사가 소조메누스(Sozomenus)는 바질리아데스가 여전히 존재하고 가난한 자를 위한 피난처로 유명한 곳이라고 말했다.

2. 존 크리소스톰

존 크리소스톰(John Chrysostom)의 초기 생애에 관해서는 대략 설명했다. 실제로 그는 우선 안디옥에서, 그리고 콘스탄티노플에서 살았다. 수도원에서 얼마간 산 뒤에, 그는 386년 임직을 받았고, 안디옥에서 설교하기 시작했다. 설교자로서의 그의 명성은 콘스탄티노플의 감독이 사망했을 때, 황제가 그를 갑바도기아로 납치해 가서 억지로 감독을 시킬 정도였다. 그 시점부터 계속해서, 그리고 그가 죽을 때까지, 그는 자신이 원하지 않았던 정치적 분쟁에 관련되었지만, 그것을 피하는 방법을 몰랐다.

확고하고 명확한 설교로 인하여 반복적으로 유배당한 그는 407년에 유배지에서 죽었다. 30년 후에 그의 유해는 엄숙한 행렬 속에서 콘스탄티노플로 돌아왔다. 다음 세기인 6세기가 되어서야, 누군가가 그에게 오늘날 알려진 "크리소스톰"—황금의 입 혹은 황금의 설교자라는 이름을 붙였다.

크리소스톰의 설교 중에 다양한 주제를 다루는 많은 시리즈가 있다. 아마도 가장 잘 알려진 것은 <동상에 관하여, 안디옥의 사람들에게>(*On the Statues, to the People of Antioch*)라는 연속설교이다. 그 도시에는 세금에 항의하는 폭동이 있었고, 소란을 틈타 데오도시우스(Theodosius) 황제와 그 가족의 동상이 던져지고, 파괴되었다. 황제가 그 도시에 대량학살을 내릴 것이라고 모두 두려워했고, 공포가 지배했다.

그러한 상황에서 크리소스톰은 사람들을 위로하는 반면, 또한 그들에게 지침을 제공하려는 일련의 설교들을 했다. 또한, 성탄절과 주현절, 성금요일, 부활절 주일 같은 종교적 날에 크리소스톰이 설파한 수많은 설교도 있다.

하지만, 여전히 존재하는 크리소스톰의 700개의 설교 대다수는 전체 성경에 대한 아주 상세한 강해이다. 이중 가장 광범위한 것은 67개의 설교에서 사실상 창세기 전체를 해설한 창세기에 관한 두 개의 설교 모음집이다. 또한, 시편의 삼 분의 일에 관한 설교들, 이사야에 관한 몇 편의 설교가 있다.

이것은 그가 구약에 관심이 있었던 것을 보여주지만, 그런데도 그의 설교 대부분은 신약에 관한 주석이다. 마태복음에 관한 90개의 설교는 우리가 가지고 있는 것 중 그 복음에 관한 가장 오래된 주석이다.

사도행전에 관한 55편의 설교도 마찬가지이다. 여기에 고린도전서에 관한 설교 27편, 에베소서에 관한 것 2편, 빌립보서에 관한 것 15편, 골로새서에 관한 것 12개, 데살로니가서에 관한 것 16편, 목회서신에 관한 것 34편, 빌레몬서에 관한 것 3편, 그리고 히브리서에 관한 설교 34편이 추가되어야 한다. 또한, 또 다른 설교 시리즈의 개작일 수 있는 『갈라디아서 주석』(Commentary on the Galatian)이 있다.

자료가 이렇게 풍부한 것을 고려한다면 전체를 대표할 수 있는 한두 편을 선택하는 것은 실제로 불가능하다. 다소 임의로, 마태복음에 관한 연속설교에서 예수님의 세례를 다루고 있는 12번 설교를 골랐다. 크리소스톰은 예수님께서 요한에게 세례를 받기를 원하시는 이유에 관해 논평하면서 설교를 시작한다. 크리소스톰의 말은 자신의 기독론이 그리스도의 인성에 강조를 두는 — 그러나 당연히 그분의 신성을 부인하지 않는 안디옥 학파의 노선을 따른다는 사실을 보여준다.

> 재판관이 주님의 신하들과 함께, 재판받을 범죄자들과 함께 세례를 받으러 오십니다. 이것 때문에 신경 쓰지 마십시오. 왜냐하면, 이러한 굴욕 중에 그분의 높아짐이 가장 분명히 나타나기 때문입니다. 그분은 동정녀에게 태어나시고, 우리의 형체를 가지셨으며, 채찍으로 맞으셨고, 십자가에 못 박히셨으며, 그분이 겪으셨던 나머지 모든 것을 겪으실 것에 동의하셨습니다. 왜 여러분은 그분이 또한 세례를 받으시기를 동의하셨고, 나머지 사람들 속에 숨어있는 그분의 종(세례 요한)에게 오셨다는 사실에 놀랍니까?
> 놀라운 일은 이 한 가지, 즉 하나님이신 그분이 인간이 되셨다는 사실에만 있어야 합니다. 나머지 모든 것은 도리에 따르는 것입니다(Hom. on Matthew 12.1; NPNF1 10:75).

다음으로 크리소스톰은 왜 유대인들이 예수를 믿지 않고, 요한이 예수보다 낫다고 생각했는가를 설명하면서 외관상 본론에서 벗어난 곳으로 이

동한다. 그런 후에, 그는 예수님의 세례 시에 왜 하늘이 열렸는지 자문한
다. 그는 이렇게 답한다.

> 그래서 여러분은 여러분의 세례에서도 이것이 행해질 것이라는 사실을 알
> 것입니다. 하나님은 높은 곳에 있는 나라로 여러분을 부르시고, 여러분은
> 땅과는 아무런 관련이 없다고 설득하십니다(*Hom. on Matthew* 12.3; NPNF1
> 10:77).

성령이 비둘기처럼 내려오신 것은 노아 방주의 이야기에서 비둘기가 그
랬던 것처럼 평화와 소망의 표지이다. 우리는 여기에서 안디옥 학파의 특
성이었던 유형학적 해석의 사례를 본다. 게다가, 이 구절은 또한 크리소
스톰에게 일부가 부인하는 성령의 완전한 신성을 확증하는 또 다른 신학
적 여담을 할 기회를 제공한다.

이 강해를 마치며 크리소스톰은 청중들을 다음과 같이 초청함으로써 자
신이 방금 설교했던 것을 실제로 적용한다.

> 여러분을 부르신 분의 사랑과 그 나라의 시민권을 받을 가치가 있는 삶
> 을 보여주시고, 세상이 나에 대해 못 박힘으로써 여러분이 천국도성의 시
> 민으로서 엄격한 삶을 산다는 것을 보여주십시오(*Hom. on Matthew* 12.5;
> NPNF1 10:78).

그런 삶의 본질을 설명하면서, 크리소스톰은 자신의 많은 설교 중에 나
타나는 부의 적절한 사용과 궁핍한 자의 권리라는 주제를 강조한다. 이것
을 고려하는 것은 우리 자신의 구원뿐만 아니라, 기독교의 증언을 믿을 수
있게 만들기 위해서도 중요하다. 더 부유하게 되려고 끊임없이 노력하는
신자들에 대해 비판하면서, 크리소스톰은 다음과 같이 말한다.

이런 위대한 신비들에 참여하는 사람들이 땅의 일에 진지한 것을 불신자가 본다면, 하물며 그들은 얼마나 더 그런 것에 집착하겠습니까?
그러므로 우리는 우리 머리에 많은 불을 쌓고 있는 것입니다.
보이는 모든 것을 경멸하라고 가르쳐야 하는 우리가, 그들에게 그런 것들을 탐내라고 촉구할 때, 구원받는 것이 우리에게 어떻게 가능하겠습니까?
왜냐하면, 다른 사람들의 영원한 죽음에 책임을 져야하기 때문입니다(Hom. on Matthew 12.5; NPNF1 10:79).

이 설교는 안디옥에서 설파되었고, 그곳의 가장 부유한 자 중의 일부가 그것을 격심하게 비난하였다. 크리소스톰이 콘스탄티노플로 옮겨서 성 소피아 대교회(great Cathedral of St. Sophia)에서 설교를 시작했을 때, 그의 설교는 높은 지위에 있는 사람들로부터 극도의 증오를 불러일으켰다. 어떠한 정치 권력의 중심에서나 마찬가지로, 그 도시는 음모, 증오 그리고 질투로 가득했다. 알렉산드리아의 강력한 감독인 데오빌루스(Theophilus)는 콘스탄티노플에 있는 자신의 동료에 맞서는 음모를 꾸몄다.

콘스탄티노플은 막대한 재산을 자랑하는 호화로운 궁전과 같은 주거지들을 가진 도시로서, 자신들의 땅에서는 살기가 불가능해져서 도시로 온 가난한 자들로 넘쳐났고, 이제 그들은 도시의 풍요가 자신들을 위한 것이 아니라는 것을 알게 되었다. 크리소스톰은 부자들에게 허영을 내려 놓고 가난한 자들의 필요에 응하라고 요구하면서 성직자들뿐만 아니라 도시의 사회적 계급에 대한 철저한 개혁 프로그램을 시작했다.

그래서 그는 사람들이 자신의 말을 더 잘 들을 수 있도록, 감독좌ー교회의 한쪽 끝에 있는 의자로서 특권층만 그의 말을 명확하게 들을 수 있는 곳ー가 아니라, 회중석의 중심 가까이 있는 강단에서 설교하기로 결정했다. 크리소스톰은 부자들에 맞선다고 자주 비난을 받았고, 이에 대해 그는 자신이 사실상 부자들의 편이라고 응수했다. 왜냐하면, 그가 그들을 기다리고 있는 영원한 불로부터 그들을 자유롭게 해 주기 위해서 노력했기 때문이다. 여하튼 우리는 유독시아 황후(Empress Eudoxia)가 호화로움, 금, 보석으로 둘러싸인 교회에 가서 이런 말들을 듣고 난 후의 반응을 충분히 상상할 수 있다.

여러분은 아름답고 매력적으로 보이고 싶으십니까?
창조주께서 당신을 만드신 그대로 만족하십시오.
당신은 왜 마치 하나님의 창조를 수정하기를 바라는 것처럼 이것에 금 조각을 첨가합니까?
구호금과 친절함과 단정함과 겸허함으로 옷 입으십시오. 이런 것들이 금보다 훨씬 귀합니다. 이런 것들은 심지어 매력이 없는 자를 매력적으로 만들 수 있습니다.
옛날 그 이집트 여인은 치장했습니다. 요셉 또한 치장했습니다.
둘 중의 누가 더 아름다웠습니까?
그녀가 궁전에 있을 때, 그는 감옥에 있었습니다. 그는 벌거벗었지만, 순결의 옷을 입었습니다. 그녀는 옷을 입었지만, 그녀가 벗었을 때보다 훨씬 보기 흉했습니다. 왜냐하면, 그녀에게는 단정함이 없었기 때문입니다.
오, 여자여! 네가 과도하게 치장했을 때, 너는 벗었을 때보다 더 보기 흉하였다. 왜냐하면, 너는 너를 아름답게 만들어 줄 것을 벗었기 때문이다.
여러분은 왜 치장하십니까?
말씀해 보십시오. 여러분의 남편을 기쁘게 해주려고 그러는 것입니까?
그렇다면 집에서 치장하십시오, 그러나 여기서는 그 반대입니다. 그러니 여러분은 시장이나 교회에 갈 때 모든 장신구를 치워버리십시오. 매춘부가 사용하는 수단으로 여러분의 남편을 기쁘게 하지 마십시오. 아내들이 자유롭게 사용할 수 있는 수단을 사용하십시오(*Homilies on Colossians* 10; NPNF1 13:308).

강단에서 종종 반복되었던 이와 같은 말들은 황후를 기쁘게 하지 않았을 것이다. 따라서 크리소스톰의 적들은 일련의 사건들과 오해를 만들기에 어렵지 않았고, 이것은 마침내 유명한 설교자가 유배지에서 죽는 결과로 이어졌다.

  대 바질의 경우와 마찬가지로, 우리는 크리소스톰에게서 다시 한번 신중한 연구와 성경적 텍스트의 강해를 바탕으로 말하지만, 동시에 그 텍스트를 그 자신의 맥락에서는 가장 어려운 적용으로 가져갈 수 있는 설교자의 예를 본다.

3. 밀라노의 암브로스

  암브로스의 설교를 듣고 개종하게 된 어거스틴의 이야기는 암브로스의 능변과 유능함에 관해서 우리가 알고 있는 많은 증언 중 하나이다. 이후에 언급될 암브로스의 찬송가는 그의 문학적 역량의 증거이다. 애석하게도 남아있는 그의 설교가 한정되어 있기 때문에, 그의 설교 스타일을 연구하는 것은 어렵다. 그는 자신의 설교 대부분을 성경 주석의 형태로 행했지만, 그 배후에서 여전히 설교 스타일의 흔적을 발견할 수 있다.

  예를 들어, 그의 『누가복음 주석』(Commentary on Luke)이 그런 경우이다. 그것은 원래 연속설교였지만, 현재는 좀 더 전통적인 스타일의 주석이다. 게다가, 암브로스가 저술한 문헌들의 상당 부분은 실제로 헬라어를 번역 – 특히 바질의 저술 – 한 것에 자신의 주석을 자주 섞어 넣은 시리즈들이다.

  그렇게 말은 했지만, 여전히 그의 개인적인 흔적을 품고 있는 설교 중 하나를 고를 수 있다. 이 특별한 설교의 주제는 열왕기상 21장에 나오는 나봇의 포도원 일화이다. 바질과 크리소스톰의 설교 대부분과 대조적으로, 암브로스는 자신이 말할 성경의 내러티브를 청중이 이미 알고 있는 것을 당연하게 여기고 설교를 시작한다.

> 나봇의 이야기는 오래전에 일어났지만, 그런 일은 여전히 매일 일어납니다. 자기 것이 아닌 것을 끊임없이 욕심내지 않는 부자가 어디 있겠습니까? 그들 중 누가 가난한 자에게서 그들의 적은 소유를 가져가고 그들의 조상의 유업을 침해하지 않으려 합니까? 누가 자신이 가진 것에 만족합니까? 다른 사람들의 재산에 탐욕이 들끓지 않는 부자가 있습니까? 그러므로 아합뿐만 아니라, 설상가상으로, 매일 매일 더 많은 아합이 태어나고, 그들의 후손은 결코 멸절되지 않습니다. 한 사람이 죽으면, 더 많은 이들이 태어납니다. 죽음을 당한 가난한 사람은 나봇만이 아닙니다. 매일 그의 희생은 갱신됩니다. 매일 가난한 자는 죽임을 당합니다. 두려움에 압도되어 가난한 자들은 자신의 땅을 포기하고 자신들의 사랑의 척도인 자녀들과 함께 도망칩니다. 그들의 아내들도 마치 남편을 따라 무덤으로 가는 것처럼 울면서 따라갑니다(*On Naboth the Israelite* 1.1; PL 14:731).

이 설교에서 암브로스는 특히 부자인 회중을 향해서 말한다. 그는 감독이 되기 전에 지사로서 주를 통치했고, 자신이 지금 비난하는 자들과 계속해서 교제했기 때문에, 그들을 잘 알고 있었다. 그는 그들이 가난한 사람들보다 낫다고 생각하는 경향이 있다는 사실 또한 알고 있었다.

따라서 거의 설교(homily) 서두에서 그는 "사람의 본질상, 태어남과 사망에는 구별이 없습니다. 모두 동등하게 자연적으로 태어나고, 마찬가지로 자연은 그들 모두를 자신들의 무덤으로 부릅니다"라고 말한다(*On Naboth the Israelite* 2; PL 14:732). 하나님은 부자가 스스로를 행운이라고 여길 뿐만 아니라, 자신들의 재산에 의해서 지배받는다는 것 또한 아신다. 그것이 바로 암브로스가 그들에게 다음과 같이 말하는 이유이다.

여러분은 아마도 이생에서 자신이 풍부한 물질이 있다고 생각할지 모릅니다. 오 부자여, 여러분이 얼마나 가난한지, 얼마나 궁핍한지 여러분은 모릅니다. 왜냐하면, 여러분이 부자라고 생각하기 때문입니다! 여러분은 더 많이 가질수록 더 많이 원합니다. 만약 여러분이 모든 것을 가진다 해도, 여러분은 여전히 가난할 것입니다. 여러분 안에서 탐욕이 불타고, 그 불꽃은 이득으로 꺼질 수 없습니다. … 나봇은 부자의 소유를 바라지 않았습니다. 그러나 왕은 자신의 이웃인 가난한 자의 포도원을 가지지 않았기 때문에 자신을 가난하다고 느꼈습니다.

자신이 가진 것에 만족하는 사람과 자신의 것이 아닌 것을 욕심냈던 다른 사람 중 누가 더 가난합니까?

나봇은 재산이 없었지만, 아합은 마음이 가난했습니다. 부자의 욕망은 가난할 줄을 모른다는 의미입니다. 아무리 큰 부도 탐욕자의 마음을 채우기에는 충분하지 않습니다 (*On Naboth the Israelite* 1.4-5, PL 14:732-33).

이 지점에서 암브로스는 왕과 나봇의 조건과 태도를 비교하면서 성경텍스트 자체로 돌아간다. 자신이 부자라고 생각하는 왕은 사실상 비참하다. 왜냐하면, 그는 항상 자신이 가지고 있지 않은 것에 궁핍함을 느끼기 때문이다. 왕의 불의로 고통 받는 나봇은 진정으로 중요한 것들, 즉 깨끗한 양심과 다른 사람에 대한 사랑으로 사실상 부자이다.

이 다음에는 암브로스가 누가복음에 있는 다른 이야기로 주의를 돌리는 긴 강연이 따른다. 그것은 자신이 가진 곡물 모두로 무엇을 할지 몰라서 더 큰 곳간을 짓기로 결심했던 부자 이야기이다. 비록 말은 다르지만, 암브로스가 말한 많은 것은 바질이 같은 구절에 대해 말하는 것과 일치한다. 더구나 암브로스는 가족이 살아남을 수 있도록 자식을 팔 수 밖에 없게 된 아버지의 고통을 생생하게 묘사하기까지 한다.

암브로스 설교의 많은 부분이 바질에게 영감을 받은 것이 분명하다. 이러한 이유로, 많은 학자들은 암브로스를 교회의 현명한 감독이고, 테오도시우스 황제의 권력 남용에 맞서는 진리와 정의의 신실한 옹호자이며, 동시대의 가장 위대한 저자 중 하나였음이 분명하지만, 주해와 해석에서는 바질과 헬라어를 사용하는 동방에 있는 다른 사람들처럼 독창적이진 않았다고 말한다.

하지만, 이것 때문에 그가 중요하지 않은 설교자인 것은 아니다. 왜냐하면, 그는 자신이 말하는 것의 근거를 성경에서 자신이 찾은 것에 두기를 추구했고, 자주 다른 평행 되는 구절로 그것을 지원하였기 때문이다. 자신의 어려움을 더 큰 곳간을 짓는 것으로 해결할 수 있다고 생각하는 부자 이야기가 이런 경우이다.

암브로스는 성경 텍스트를 청중들의 삶에 직접, 그리고 명확하게 적용하는 능력에 있어 동시대의 다른 설교자들에게 뒤지지 않는 것이 분명하다. 이 특별한 설교의 끝부분에서 그는 이전에 말했던 "부자의 탐욕은 가난할 줄을 모른다. 아무리 큰 부라도 탐욕자의 마음을 채우기에는 충분하지 않다"를 반복하면서, 청중 속에 있는 부자들을 향해서 만약 그들이 그저 더 부유하고 세력을 넓히기를 추구한다면 자신을 속이는 것이라고 말한다(*On Naboth the Israelite* 14.60; PL 14:755).

4. 히포의 어거스틴

일반적으로 그저 성 어거스틴(St. Augustin)으로 알려진 히포의 어거스틴에 대해서는 할 말이 아주 많다. 라틴어를 사용하는 고대교회 전체를 통틀어 신학자, 작가, 역사 철학자, 혹은 후대의 스승으로서 그와 비교될 수 있는 사람은 아무도 없다. 심지어 오늘날까지, 사도 바울을 제외하고 전체 서방교회-가톨릭은 물론 개신교-에 있어서 다른 어떤 신학자도 그보다 더 큰 영향을 끼치지 않았다.

본서의 모든 페이지를 할애해도 그가 믿음으로 가는 길에 통과했던 영적 불안과 지적 의심, 마니교인, 도나투스파, 펠라기우스주의자, 그리고 많은 다른 사람과 그가 벌인 토론, 라틴어 사용권 전체에서 회람되는 그의 편지와 설교의 영향, 역사상 하나님의 계획과 역사하심에 대한 그의 원대한 비전 등등을 거의 건드릴 수 없다. 여기서는 그의 방대한 저작의 한 단면인 설교만 다루는 것이 다행이다.

이 적은 분량의 페이지로는 이 작업도 너무 많다. 그의 설교 중 『시편강해』(Expositions on the Book of Psalms)라는 뛰어난 연속설교가 있다. 그것은 여전히 남아있는 시편 전체에 관한 유일한 고대 주석이다. 몇 개의 유사한 시리즈는 그렇게 중요하지 않다. 심지어 저런 큰 설교 컬렉션을 제쳐두고도, 어거스틴의 다른 설교가 500개 이상 있다. 그러나 전통적으로 그가 저자라고 생각하는 방대한 수의 설교는 그의 것일 수도, 혹은 그의 것이 아닐 수도 있다는 사실을 지적해야 한다.

일반적으로 그의 설교는 크리소스톰의 설교보다는 간결하고 우아하지만, 크리소스톰이 그랬던 것처럼 가장 순수한 아테네식의 운율 반영을 중시하지는 않는다. 그의 설교 중 일부는 이미 언급했던 논증을 다룬다. 하지만, 그중 대부분은 성경의 중요성과 신자의 실생활을 위한 가르침에 초점을 맞춘다. 일부 경우에는, 성경의 단일 책만 다루는 컬렉션도 있다. 하지만 그의 설교 대부분은-아마도 가장 흥미로운 것-교회력에 있는 특정 의식 혹은 구체적인 날에 관해 설교 된 것이다.

일부 설교는 그날 추모 되는 특정인-베드로, 바울, 세례 요한, 그리고 일부 순교자들의 생애와 작품을 다루기도 한다. 그러나 일반적으로 그의 설교들은-그와 동시대의 많은 사람들처럼-교회력 기간인 주현절, 사순절, 성금요일, 부활절 주일 등등에 경축되고 기념되는 날짜와 장소를 반영한다.

다시 한번, 어거스틴의 모든 설교를 조사하는 것은 불가능하므로, 그가 승천일에 설교했던 간결한 설교인 263번을 예로 들 것이다. 이 특정 설교가 선택된 이유는 부분적으로는 간결함 때문에, 부분적으로는 그 시대에 선포되었던 신학의 일부 중요 핵심들을 보여주기 때문에, 그리고 부분적으로는 어거스틴이 그중 보다 경건한 사람들을 분개시킬 위험을 무릅쓰고 청중이 명확하게 알 수 있도록 이미지까지 사용했기 때문이다.

설교의 서두에서, 어거스틴은 자신의 설교를 부활절 후 기간 안이라는 맥락에 둔다.

> 우리는 부활절 주일에 예수님의 부활을 기념했습니다. 그리고 오늘 우리는 그분의 승천을 기념합니다. 예수님이 우리 또한 부활할 것이라는 사실을 보여주기 위해서 죽음으로부터 부활하셨기 때문에 우리에게, 이 두 날은 잔치날입니다. 그리고 그분은 거기서 우리를 보호하시기 위해서 승천하셨습니다. 그분이 십자가에 달려 있거나, 하늘에서 다스리시거나, 예수님은 우리의 주님이시고 구주이십니다.
>
> 그분은 심판을 받기 위해 숨겨진 방식으로 오시는 것이 필요했습니다.
>
> 만약 그분이 충만한 위엄으로 나타나셨다면 누가 감히 그분을 심판하려고 하겠습니까?
>
> 그러나 그분이 죽지 않았다면, 사망도 죽지 않았을 것입니다. 그분의 승리는 마귀를 이기는 것입니다. 마귀는 첫 사람을 유혹하고 죽음으로 옮겼을 때 사실상 기뻐했습니다. 그러나 두 번째 사람[두 번째 아담]의 죽음은 첫 사람을 묶었던 쇠사슬을 끊었습니다. 우리 주 예수 그리스도의 부활과 승천은 승리의 관을 씌웠습니다(Sermon 263.1; PL 38: 1209-10).

이러한 글에서 고대에서 전형적이었고, 동방교회의 많은 부분에서 여전히 지배적이었으나, 서방에서는 이후에 일반적으로 과소평가되고 심지어 잊혔던 그리스도의 일하심을 명확히 이해하는 표현을 볼 수 있다.

여기서 예수님은 우선 인간의 죄에 대한 보상으로서가 아니라ㅡ여기에 대해 어거스틴은 명백히 동의한다ㅡ오히려 마귀에 대한 정복자로 제시된다. 인간의 문제는 우리의 죄 때문에 하나님께 빚을 지고 있는 것 뿐 아니라, 무엇보다도 바로 그 죄 때문에 사탄의 종이 되었고, 스스로 자유롭게 될 능력이 없다는 것이다.

놀랍게도, 예수님의 승리는 그분의 무제한적인 권능을 과시하는 드러냄을 통해서가 아니라, 오히려 한편으로는 겸손과 연약함, 다른 한편으로는 권능과 권위의 결합을 통해서 해내신 것이다. 어거스틴은 그것을 다음과 같이 표현한다.

> 그분의 이름은 사자의 이름이었지만, 그분은 양으로서 제물이 되셨습니다. 그분은 능력에서는 사자이고, 무죄함에서는 양이십니다. 천하무적의 사자이시고, 온순한 양이십니다. 그리고 이 양의 죽음, 그분 자신의 죽음으로써 먹이를 찾으면서 우리에게 접근했던 사자를 멸망시켰습니다. 왜냐하면, 마귀가 강해서가 아니라, 잔인해서 역시 사자라고 불리기 때문입니다(*Sermon* 263.1; PL 38: 1210).

어거스틴은 죽음을 통한 그리스도의 승리라는 주제를 계속 탐구하고, 오늘날 어떤 사람들은 놀랄지도 모르는 일부 이미지를 감히 사용한다.

> 사자에 맞서는 사자. 재판관들에 맞서는 양. 그리스도가 죽자, 마귀는 기뻐했습니다. 그러나 바로 그 죽음으로 그리스도는 마귀를 정복했습니다. 마귀는 쥐덫에 있는 미끼를 먹었습니다. 그는 죽음에 만족했고, 이것은 죽음의 왕인 그를 기쁘게 했습니다. 그러나 그것은 미끼였습니다. 주님의 십자가는 마귀의 쥐덫이었고, 주님의 죽음은 그가 덫에 잡히게 하는 미끼였습니다(*Sermon* 263.1; PL 38: 1210).

그분의 성육신, 죽음, 부활을 통한 예수님의 이러한 승리에 기초하여, 어거스틴은 승천 자체로 옮겨간다.

그분이 우리 중 하나가 되기를 그치지 않고 승천하셨기 때문에 −비록 우리가 약속받은 것이 우리 몸으로는 아직 성취되지 않았지만, 우리는 지금 그분과 함께 천국에 있습니다. 그분은 이미 하늘 위로 올림을 받으셨습니다. … 우리는 최종적으로 천사들과 함께 천국에서 살 소망을 잃지 말아야 합니다. 이것이 바로 그분을 우리의 머리로서, 그리고 우리를 그분의 몸으로 말함으로써 우리의 연합을 나타내는 이유입니다.

그분이 하늘로 올라가실 때 우리는 그분으로부터 분리되지 않습니다. 만약 그분이 하늘로부터 내려오셨다면, 그것은 우리에게 그것을 닫기 위한 것이 아니라, 오히려 그분은 "만약 너희가 하늘로 오르기를 원한다면 나의 지체가 되어라"라고 부르시는 것 같습니다(Sermon 263.2;PL 38: 1210).

그리스도와 신자들의 이 연합, 그리고 따라서 천국에서 신자들이 그분과 함께 있는 것은 어거스틴에게 짧은 논거를 제시한다. 그는 그 논거에서 남편과 아내는 하나의 육신이라고 성경이 확증했고, 교회는 그리스도의 신부이기 때문에, 교회의 신랑이신 그분과 연합된 덕분에, 어떤 면에서 우리는 이미 천국에서 그분과 함께 있는 것이라고 선포한다.

마지막으로 어거스틴은 예수님께서 부활하신 후 제자들과 먹고 마셨던 40일에 대해서 언급한다. 그리고 이것을 그분이 광야에서 금식하셨던 다른 40일과 대조시킨다. 이러한 평행이론은 지금, 즉 적대적인 세상과 자신들의 유혹 한가운데서 살면서 금식하는 사람들 또한 더 이상 금식의 날이 아닌 경축의 날을 준비하고 있다는 사실을 제시한다. 어거스틴은 "현세의 허영에 금식하고, 후세에 잔치를 베풉시다 … 위로부터 온 소망으로 자양분이 되게 합시다"라고 결론을 맺는다(Sermon 263.4; PL 38: 1212).

이 짧은 설교는 어거스틴 설교의 한 본보기가 될 수 있다. 그러나 다음과 같은 몇 가지 사항에 유의해야 한다.

첫째, 어거스틴은 예수님의 생애의 여러 단계들과 그것이 교회력 안에 반영되는 것 사이의 관계를 정립한다.

둘째, 그리스도의 일하심을 논할 때, 그는 하나님께 대한 그분의 보상-이것을 이 설교는 언급조차 하지 않는다-이 아니라, 오히려 마귀와 죽음에 대한 그리스도의 승리를 강조한다.

셋째, 신자와 부활하시고 승천하신 주님 사이의 결합에 대한 강한 강조이다.

넷째, 지금 신자들에게 요구되는 것의 도덕적 차원은 예수님 자신의 삶과 일하심의 결과이다. 다시 말하자면, 윤리는 신학에 확고하게 기초를 두고 있다.

다섯째, 우리는 심지어 십자가를 예수님의 죽음이라는 미끼로, 마귀를 잡는 쥐덫으로 지칭할 정도로 어거스틴이 차용하는 이미지의 단순성과 명확성에 주목해야 한다.

5. 대 레오

본장을 끝내기 전에, 또 다른 설교자를 살펴보아야 한다. 그는 우리가 지금 다루고 있는 기간의 거의 끝 무렵에 살았으며, 설교에서 가장 중요한 인물로서, 그다음에 계속되는 시간과의 가교로서 여겨질 수 있다.

이 사람은 바로 442년부터 461년까지 로마의 감독이었으며, 오늘날 "대 레오"(Leo the Great)라는 걸맞은 이름으로 알려진 레오이다. 신학에 대한 그의 공헌은 부정할 수 없다. 왜냐하면, 그의 『교의서』(*Dogmatic Epistle*)-통상적으로 "**레오의 책**"(*Leo's Tome*)으로 불리는-는 451년 칼케돈 공의회의 기독론 정의로 이어지는 가장 중요한 문서 중의 하나이기 때문이다.

그의 유명한 경력 중 가장 유명한 사건이 452년 일어났다. 그때 아틸라 (Attila: 5세기 동양에서 유럽으로 침입한 흉노족의 왕: 역주)와 훈족(Hun)은 이탈리아 북부를 침략하고 약탈한 후에 사실상 무방비 상태였던 로마시를 공격하려고 준비하고 있었다. 레오와 시 대표단이 아틸라를 만나러 갔다. 대화가 무엇이었는지, 혹은 레오가 그에게 무엇을 말했는지 정확하게 아는 사람은 아무도 없지만, 더 이상의 설명 없이 아틸라는 자신의 군대를 철수하기로 결정했다. 정확하게 이런 위대한 업적 때문에, 레오의 설교는 종종 가려진다. 그런데도 그는 위대한 설교자일 뿐 아니라, 전체 예배에서 설교가 가지고 있는 기능에 대해 명확하게 이해했다.

설교의 목적에 대한 레오의 이해는 그의 설교에서 반복적으로 나타난다. 따라서 주현절에 대해 설교를 하면서, 그는 모든 사람이 이미 알고 있는 별, 동방박사, 그들의 선물, 헤롯의 행위와 어린아이들의 대량학살을 요약함으로써 시작한다. 하지만 그런 다음 레오는 다음과 같이 말을 이어간다.

> 오늘 우리는 하나님의 영의 도우심으로, 이성의 길을 따르는 방식으로 여러분의 주의를 끌기 위해서 말씀 사역을 수행해야만 합니다. 우리는 이 축일이 모든 시대의 신자들에게 의미하는 바를 이해할 수 있습니다. 우리는 여기서 말해지는 것이 너무나도 놀랄만한 일이기에, 시간이 흐름에 따라 그것을 단지 아주 오래전에 일어났던 일로 찬양할 뿐이라는 결론에 도달해서는 안 됩니다(*Sermon* 38.1; PL 54:250).

또 다른 경우에, 이제 주님의 수난에 대해 설교를 하면서, 레오는 설교에서 자신의 과업이라고 믿는 것을 설명한다.

> 우리는 오랫동안 고대했던 주님의 수난절(Feast of the Lord's Passion)에 이르렀습니다. 사실상, 온 세상이 그것을 원하는 것이 당연합니다. 그러나 우리는 우리의 영적인 기쁨 중에도 침묵할 수 없습니다. 비록 동일한 주제를 종종 말하는 것과 합당하고 적절하게 그렇게 하는 것이 어렵더라도, 사제는 하나님의 자비라는 이 위대한 신비에 관한 설교를 통해서 사람들에게

가르치는 것을 자유롭게 그만둘 수 없습니다. 그 주제 자체가 말로 표현할 수 없을 정도입니다. 그러므로 말하는 것이 결코 충분할 수 없을 때, 말하는 것은 완전히 실패할 수 없으므로, 그것이 사제에게는 약간의 위안이 됩니다(*Sermon* 62.1; NPNF2 12:173).

설교라는 과업에 대한 이러한 비전의 인도함을 받아서, 레오의 설교는 그 박식함 때문에 빛나지도 않고, 비록 그런 연구가 그의 설교의 배후에 있는 것이 확실하지만, 깊은 주석적인 연구를 표현하지도 않는다. 그 설교들은 단순하고 우아하다. 레오는 고전적인 라틴 수사학을 알았고, 특히 그의 단락 중 일부의 운율에서 많은 방식으로 수사학에 능통했다.

동일한 비전을 바탕으로, 그의 설교는 항상 그 예전적 맥락을 고려한다. 특정 축일이 있을 때, 설교들은 그 특정한 때의 의미와 연관되고, 설교에서 성경의 텍스트를 설교 후에 이어지는 성찬과 연결한다. 우리는 레오의 설교가 성찬을 준비하고, 설교에 이어지는 성찬은 설교에서 선포되었던 것의 실천이나 반영이라고 당연히 말할 수 있다.

설교와 성례전 사이의 이러한 연결은, 예를 들어, 수난에 관한 그의 설교들에서 볼 수 있다. 그중의 하나에서 그는 다음과 같이 말한다.

마귀에 대한 단절과 하나님을 믿는 신앙의 확증, 옛 상태로부터 새 생명으로 넘어감, 땅의 이미지를 버리고 하늘의 양식으로 옷 입음-이 모든 것은 죽는 것과 다시 사는 것의 형식이고, 이로써 그리스도에게 받아들여지고, 그리스도를 받아들인 사람은 세례반에 오기 전과 후가 같지 않습니다. 왜냐하면, 중생된 몸은 십자가에 못 박히신 … 분의 육신이 되기 때문입니다. 그리스도의 몸과 피에 참여하는 것은 다름 아닌 바로 우리가 받은 것으로 우리를 변화시키는 것입니다. 그래서 우리는 모든 것에서, 영은 물론 육신에서도, 우리가 그분 안에서 죽었고, 그분 안에서 매장되었으며, 그분 안에서 우리가 다시 살아났던 … 그분을 우리와 함께 받습니다. 그분은 성부와 성령과 함께 영원히 살고 통치하십니다. 아멘(*Sermon* 63.6-7; NPNF2 12:177).

이제 예수님의 변모(transfiguration)에 관한 또 다른 설교는 레오가 자신의 설교와 중요한 신학적 의미의 문제를 어떻게 엮어 나가는지를 보여준다. 이 경우에, 그가 한편으로는 그리스도 안에 있는 두 가지 본성과 그 둘의 완벽한 결합의 교리, 그리고 다른 한 편으로는 삼위일체 교리를 설명하기 위해서 변모라는 이야기를 사용하는 것을 볼 수 있다.

첫째 것에 관해서, 레오는 변모 이야기는 "위대한 신비를 이해하도록 우리를 초대한다"라고 선포한다. 변형은 그분의 인간적인 육신에서 그리스도의 신성을 보여주기 위해서 일어났다.

> 그 결과 그들은 그분을 하나님의 독생자로서, 인자(Son of Man)로서 인식할 것입니다. 왜냐하면, 이들 중의 하나가 없이는 구원을 위해서 충분하지 않기 때문입니다. 우리 주 예수 그리스도가 한 분 하나님이시고, 인간이 아니라고 믿는 것은 그분이 하나님이 아니라 단지 인간이라고 생각하는 것만큼 위험합니다. 그분 안에서 진정한 신성이 인성과 결합되었다는 것과 진정한 인성이 신성과 결합되었다는 두 가지 진리가 고백되어야 했습니다 (*Sermon* 51.1; NPNF2 12:162).

그리스도의 두 본성이라는 이 교리는 교의상, 또는 신학적 관점에서 뿐만 아니라, 실제로도 중요하다. 다시 설명하자면 "영광에 오르시어 그분의 신성을 드러내신 후에, 사도들의 신앙을 위해서 필요했던 것은, 인성의 굴욕이 불굴의 하나님께는 합당하지 않다고 상상하지 않는 것이 필요했다."

둘째 것인 삼위일체 교리에 관해서는, 레오는 예수님은 "내 사랑하는 아들"이라는 것을 선포하는 하늘로부터 나는 목소리를 가리킨다. 높은 곳으로부터 있었던 이 증언은 신성한 사람들의 연합과 그들의 구별 둘 다를 증명한다.

> 성부께서 "이는 내 사랑하는 아들이요, 내가 기뻐하는 자라. 그의 말을 들어라!" 하셨을 때, 그분은 "이는 내 아들이라, 그는 나로부터 받고, 나와 함께 영원한 존재이다"라고 분명히 말씀하고 계시지 않습니까?
> 왜냐하면, 낳은 자가 난 자보다 먼저 있지 아니하고, 난 자가 낳은 자의 후에 있지 아니하기 때문입니다. 이는 내 아들이라. 우리는 신성에서 나뉘지 않는다. 우리는 능력에서 나뉘지 않는다. 우리는 영원에서 구별되지 않는다. 이는 입양되지 않은 진정한, 다른 원천으로 만들어지지 않은, 나에게서 난, 내 아들이라. 그도 나처럼 다른 출처에서 만들어지지 않았고, 나의 본성으로 나와 동등하게 태어났다.
> "이는 내 아들이라."
> "그로부터 만물이 지음을 받았다. 그가 없이는 아무것도 지음을 받지 않았다. 그는 내가 하는 것을 하고, 무엇이든지 내가 하는 것은 그도 한다. 왜냐하면, 그는 나와 불가분의 관계에 있기 때문이다."(Sermon 51.1; NPNF2 12:164).

설교의 말미에, 레오는 자신의 말을 듣는 자들에게 "의를 위해 고통받을" 준비를 하고, 그들이 "약속된 보상을 받을" 것이라는 사실을 확신하라고 요구하면서, 이 모든 것을 그리스도인의 삶의 실제적인 차원으로 가져간다. 이것이 이루어질 수 있는 것은 우리가 성부께서 성육하신 성자에 대해서 선포하셨던 기쁨의 말들을 끊임없이 들어야 하기 때문이다.

많은 사람이 기독교 설교학의 황금기라고 바르게 평가하는 그 시기에, 본장에서 우리가 논했던 5명의 설교자만이 위대한 설교자인 것은 아니었다. 간단히 말해서, 이들과 동시대의 많은 위대한 설교자를 구별하는 것은 성경에 대한 그들의 신중한 강해, 교리와 삶을 관련시키는 그들의 능력, 그들의 많은 설교의 우아한 단순성, 그리고 한편으로는 성경의 텍스트와 다른 한편으로는 예배의 나머지 부분-세례, 성찬, 그리고 성탄절, 주현절, 사순절 등과 같은 특정일-사이에서 그들이 보여주는 연결이다.

제14장

세례 예식의 확장

1. 세례 예비자과정

제2부에서 콘스탄틴 황제 이전 시기를 다루면서, 세례 준비에 있어서 세례 예비자과정(Catechumenate)의 중요성을 알게 되었다. 대부분은 이러한 준비는 적어도 3년이 걸렸고, 그 기간 세례신자들인 지도자들이 교리 공부와 그리스도인으로서 삶의 실천에 대해 가르쳤다.

이러한 체계는 계속되었고, 콘스탄틴의 회심 이후, 점점 더 많은 사람이 세례를 요청하면서 그 필요성이 더 커졌다. 이로 인해 교회의 거의 모든 위대한 스승들이 교리 교육에 대한 방법론과 내용 둘 모두를 논의하는 집필을 하게 되었다. 방법론에 관해서 니사의 그레고리(Gregory of Nyssa)는 다음과 같이 저술하였다.

> 치료법은 질병의 종류에 맞게 조정되어야 한다. 여러분은 같은 방법으로 헬라의 다신론과 독생하신 하나님에 대한 유대인들의 불신앙을 이기지 못할 것이다. 이단에 빠져 방황하는 자들에게는, 같은 주장이 신앙의 교리에 관한 여러 가지 그릇된 신념을 극복하는데 효과가 없을 것이다(Great Catechetism 서문; NPNF2 5:474).

수십 년 후에, 이번에는 그레고리처럼 갑바도기아에서가 아니라, 북아프리카에서 어거스틴이 데오그라티아스(Deogratias)라는 카르타고인 집사로부터 요청받았다. 그는 유명한 지도자인 어거스틴에게 자신이 지도하는 사람들을 어떻게 가르칠 것인지에 관한 조언을 구하였다. 이 요청에 대한 응답으로 어거스틴은 『교육 받지 않은 자들의 교리 교육에 관해』(On Catechizing the Uninstructed)라는 제목으로 논문 한 편을 썼다. 어거스틴은 데오그라티아스의 우려를 다음과 같이 요약한다.

> 당신은 오랜 기간 가르치면서, 종종 스스로도 무익하고 싫증이 나게 된다고 고백하고 불평합니다. 배우는 사람도 틀림없이 같은 식으로 느낄 것입니다(On Catechizing 1.1; NPNF1 3:283).

자기 자신도 같은 경험을 한 적이 있으므로, 어거스틴은 데오그라티아스에게 우선 첫째로, 이 일을 너무 염려하면 안 된다고 말한다. 아마도 이것은 교사의 무능이 아니라, 오히려 듣는 사람 모두가 참으로 중요한 일들을 배우고, 이러한 일들은 표현될 수 있는 것보다 훨씬 높은 수준이어야 한다는 그의 열망 때문일 것이다.

어거스틴은 세례 예비자에게 전해지는 교육의 목적에 대한 일반적인 모습을 제시하면서 답변을 시작하고, 다음으로 교육 자체의 내용을 요약한다.

여기서는 교리에 대한 그의 요약을 분석하지는 않겠지만 어거스틴이 교육의 목적에 대해서 말한 것은 반드시 주목해야 한다. 그에 의하면, 교사의 목표는 세례 예비자가 성경의 모든 세부사항을 배우게 하거나, 그것을 외우도록 하는 것이 되어서는 안 되고, 오히려 그들이 창조로부터 현재로 이어지는 전체 역사―그 모든 것이 그리스도인 삶의 최종 목표인 사랑을 가리키는―에 대한 넓은 시야를 가지도록 하는 것이다. 어거스틴은 교리 교육의 완성을 다음과 같이 설명한다.

예를 들면, "태초에 하나님이 천지를 창조하시니라"라고 기록된 것과 그로부터 교회의 현재시대에 이르기까지 기록된 것에 관해 각 사람이 교리교육을 받을 때 수업이 완료된다. 그들에게 모든 세부사항을 배우게 하거나, 사도행전을 통해서 모세오경 전체를 기억하도록 할 필요는 없다. 이 모든 세부사항을 강의하거나 그것들을 설명해서는 안 된다. 그런 것을 할 시간도, 필요도 없다(*On Catechizing* 3.5; NPNF1 3:285).

우리가 본 것처럼, 이때까지는 감독이 통상 부활절 주일에 거행되는 세례 이전에 있는 세례 예비자 교육의 마지막 몇 주를 책임지는 것이 관례였다. 이 교육의 최종기간은 점차 일률적이 되어 결국 결과적으로 우리가 사순절(Lent)로 알고 있는 40일이 되었다.

하지만 통일성을 가지기까지 얼마간의 시간이 걸렸다. 암브로스에 의하면, 예를 들어, 밀라노의 교회에서는 세례 예비자들은 마지막 교육을 주현절(Epiphany; 1월 6일)에 시작해야 했고, 그 시점에 그들은 십자가의 표지에 의해서 세례 후보자로 표시되었다.

다른 곳에서는 그 과정이 달랐지만, 항상 이마에 십자가의 표지, 구마식 그리고 축복과 같은 의식이 있는 특별한 순간이 있었고, 세례 준비의 마지막 단계에 있었던 세례 예비자들은 이와 같이 표시를 받았다.

통상적으로 세례 예비자과정에서 이 마지막 단계로 들어가기 전에, 세례를 받을 준비가 되었는지 결정하기 위한 시험이나 조사를 통과해야만 했다. 갈리시아인(人) 순례자 에제리아(Galician pilgirm Egeria)에 의하면 예루살렘에서는 세례 받아야 할 사람들이 각각 후원자—오늘날 대부, 혹은 대모라고 부르는—를 대동하고 부활절 몇 주 전에 주교와 장로들에게 출두해야 한다(Diary of Pilgimage[에제리아의 일기], trans. George E. Ginras [ACW 38; New York: Newman Press, 1970])(에제리아는 말 그대로 남자들은 "아버지"와 함께, 여자들은 "어머니"와 동반해야 한다고 말하지만, 대부분 역사학자는 이것은 실제로 세례 예비자과정 기간에 그들과 함께했던 사람들을 언급한다는 것에 동의한다).

감독과 장로 앞에서, 후보자의 삶이 조사되고, 합당하지 않다고 간주되는 사람들은 세례가 거부된다. 나머지는 세례 준비 과정을 계속하고 이제 그들은 라틴어 사용 그리스도인들 사이에서는 **세례 후보자**(competents), 헬라어 사용 신자들 사이에서는 **조명의 과정에 있는 사람들**(phōtizomenoi)이라고 불렸다.

그 동안의 교육 내용에 관해서, 여러 명의 동시대 증인이 있다. 그들 중 가장 귀중한 것은 예루살렘의 감독 시릴(Cyril of Jerusalem)에 의한 일련의 강의이다. 이 강의는 신앙에 관해서 아무것도 모르는 사람들이 아니라, 수년간 말씀 예전에 출석하고, 다른 신자들에게서 교리 문제와 그리스도인은 어떤 삶을 따라야 하는지에 대해 배우며 인도 받아 온 세례 예비자를 대상으로 하는 것이다.

이러한 신자들을 대상으로 시릴은 그들이 걸어온 긴 여정에 주목한다. 또한, 봄의 시작과 세례 예비자들이 거의 세례를 받을 준비가 되었다고 선언하는 의식 — 적어도 예루살렘에서는 횃불 행렬을 포함했던 것으로 보이는 의식 — 을 언급하는 것으로 보인다.

> 곧 조명을 받을 여러분들에게는 이미 축복의 향기가 있습니다. 여러분은 이미 하늘의 관을 엮을 영적 꽃들을 모으고 있습니다. 이미 성령의 향기가 여러분에게 불어 왔습니다. 여러분은 이미 왕의 궁전의 현관에 모였습니다. 여러분 또한 왕의 인도를 받으시기를! 왜냐하면, 이제 나무에 꽃들이 피었기 때문입니다. 열매 또한 완벽한 것이 될 수 있기를! 이제까지 여러분의 이름이 기입되었고, 헌신에 대한 부르심이 있었으며, 여러분은 혼례 행렬을 위한 횃불을 받았습니다. 여러분은 천국의 시민권, 선한 목적, 그리고 그것이 가져오는 소망에 대한 갈망하고 있습니다(*Catechetical Lectures* 서문, 1; NPNF2 7:1).

시릴은 자신이 이제 곧 전하려는 교육은 모든 사람을 위한 것이 아니라, 단지 세례를 받은 자나, 세례를 받을 사람들을 위한 것이라는 사실을 또한 분명히 한다.

> 이러한 교리 교육 강의(Catechetical Lectures)는 조명을 받을 사람들을 위한 것입니다. 여러분은 세례 후보자들과 이미 세례를 받은 신자들이 그것들을 읽을 수 있도록 빌려줄 수 있습니다. 그러나 세례 예비자들이나, 그리스도인이 아닌 사람 누구에게도 그것들을 주어서는 안 됩니다. 여러분은 이 일에 대해서 주님께 책임져야 할 것입니다. 그리고 만약에 복사를 하려면 마치 주님이 보고 계시는 것처럼, 서두에 이것을 기록하십시오(Catechetical Lectures 서문, 17; NPNF2 7:7).

시릴에 의하면, 이 사람들이 세례를 준비하는 부활절 주일 이전의 이 시간은 고백의 시간이 되어야 하므로, 그의 말을 듣는 사람들은 자신들의 죄를 인정하고 자신들이 들을 것을 배우기 위해 끊임없이 강의에 출석해야 한다. 왜냐하면, 이런 것들을 "여러분의 귀로 들을 뿐만 아니라, 믿음으로 그것들을 여러분의 기억에 인봉하기 위함이기 때문이다"(Catechetical Lectures 1; NPNF2 7:7).

그 주제를 계속하면서, 두 번째 강의는 거의 회개와 죄 사함과 또한 유혹을 다룬다. 세 번째에 마침내 세례라는 주제를 시작하고, 네 번째는 기독교 교리의 요점 중 일부—특히 한 분 하나님, 신자들이 직면하게 될 이단들 그리고 그러한 견해가 거부되는 이유—를 다루는 세 개의 연속 강의를 시작한다. 일곱 번째 강의에서 시릴은 니케아 신조(Nicene Creed)를 해설하기 시작한다. 신조에 관한 이 연속 강의는 강의 18로 끝난다. 신조를 주고받는 것에 관해서 이전에 설명했던 것을 종합하면 이러한 강의의 목적은 세례 예비자들이 세례 전에 신조를 배워서 확증하고 감독에게 그것을 "돌려줄 수" 있도록 함이다.

이것은 세례 자체를 위한 준비로 행해졌으며, 여기에서 그들은 다시 한 번－이제 좀 더 공식적으로－신조를 근거로 자신들의 신앙을 고백하도록 요청받을 것이다. 따라서 이 다른 강의(19)는 부활절 주일 직전－아마도 성금요일 저녁이나, 토요일 아침 일찍－에 전해졌다. 나머지 강의는 세례 이후에 전해질 것이고, 그것들은 수신자에게 의식 동안에 일어났던 일의 의미와 중요성을 설명해 줄 것이다. 이제 세례 자체를 다루는 이 주제로 돌아간다.

세례 예비자과정은 우리가 지금 연구하고 있는 기간 동안 정점에 도달했다. 그 시기에는 언급되었던 위대한 스승들과 많은 다른 이들이 교리 교육 강의를 준비할 시간과 자원들을 보유하고 있었고, 세례 받기를 원하는 다수의 사람이 강의에 출석하고 있었다. 동시에 두 가지 새로운 요소의 도입으로 세례 예비자과정이 쇠퇴되고, 결국에는 실질적인 소멸을 초래했다.

첫 번째 요인은 단순히 교회가 가입을 요청하는 사람들이 증가하는 것을 흡수하고 적절하게 준비하기에 무능력했다는 것이다. 2-3세기 동안, 교회는 급속하게 성장했지만, 4세기처럼 그렇게 급속하지는 않았다. 따라서 교회는 아직 지체 중에서 세례 예비자의 교육 책임을 맡을 사람들을 뽑아서, 그 업무를 위한 훈련을 시킬 수 있었다. 세례 예비자를 가르치는 이런 교사들의 업무는, 만약 가능하다면, 특히 그들이 어려운 도덕적 결정에 직면했을 때, 집과 일터로 방문하고, 그들의 일상생활을 전반적으로 안내하는 일이 포함되었다.

4세기의 상당 기간 이것이 계속될 수 있었던 것은 교회가 여전히 박해를 받았거나, 적어도 박해의 위협을 받았을 때 엄격한 교리 교육 과정을 통하여 형성되었던 세대 덕분이었다. 하지만, 4세기가 진행되면서, 점점 더 많은 사람이 교회 가입을 원함에 따라, 그들에게 동일한 지속성과 강도로 교육과 지도를 하는 것이 더 이상 가능치 않게 되었다.

기독교가 국교가 되었던 380년대에는 교회는 세례를 요청하는 사람들로 넘쳐났고, 그런 범람의 압박으로 교리 교육 체계는 포기될 수밖에 없었다.

두 번째 요인은 세례 예비자과정을 쇠퇴로 이끈 그리스도인 부모를 가진 유아에게 세례를 주는 관례였다.

앞에서 살펴보았듯이, 유아세례는 아마도 빠르면 2세기의 마지막 수십 년, 그리고 분명히 3세기에는 실행되었을 것이다. 이제 그런 세례는 점차 일반적이 되었다. 성인이 교회 가입을 결심했을 때는 세례를 받기 전에 학습 기간을 요구할 수 있었다. 그러나 그러한 훈련은 분명히 유아들에게는 요구될 수가 없다. 유아세례를 받은 어린아이들이 성장하면, 그들이 교리 교육 과정을 거치도록 요구하는 것은 더 어려웠다. 서방에서 이러한 상황의 후과 중 하나는 견진의 발전이었고, 결국 어떤 이들은 이것을 성례전으로 간주하였다.

비록 이것이 우리 연구의 한계를 훨씬 넘는 것이지만, 일부 교회들이 "견신례"(sacrament of confirmation)라고 간주하는 것의 기원에 관해서 한마디 하는 것이 적절해 보인다. 우리가 살펴보았던 것처럼, 아주 이른 시기부터 초신자(neophytes)가 세례수에서 나왔을 때, 그들에게 도유하고 그들 위에 성령께서 임재하시기를 요청하는 것이 관례였다.

이 도유와 도유에 따르는 안수는 감독의 특권이었다. 3세기에, 이단을 버리고 교회로 돌아오기를 원하는 이단자들이 세례를 받아야 하는지 아닌지에 관한 논란의 와중에, 누가 거행했든지 상관없이 물과 삼위일체의 이름으로 행해진 어떠한 세례도 유효하다는 의견에 맞서서, 세례에 이어지는 성령 임재 기도와 더불어 도유는 감독의 특권이라는 개념이 발전되었다. 회심한 이단들이 재세례를 받을 필요가 없다고 생각했던 사람들은 감독 앞에 가서 그가 세례 자체에 이어지는 도유를 행할 수 있도록 해야 한다고 주장했다.

따라서 이미 3세기까지는 수신자에게 도유와 안수를 하고, 그들 위에 성령의 임재를 구하는 다른 행위들과 세례를 구별하는 경향이 발달하기 시작했다. 이후 366년에 푸와티에의 성 힐러리(Hilary of Poutiers)는 세례와 안수, 성령 임재 기도를 두 개의 분리된 성례전으로 지칭하는 것처럼 보인다. 유사한 구절들이 예루살렘의 시릴과 다른 사람들에게서 나타난다.

4세기 초반에 스페인에서 소집된 교회회의에서는, 긴급한 필요성으로 인해 평신도나 집사에게서 세례를 받았던 사람은 안수로 세례가 완료되도록, 가능한 한 빨리 감독에게 가야 한다고 결정하였다. "긴급한 필요성"에 대한 언급은 서방에서는 일반적으로 되었던 개념, 즉 모든 아이, 특히 죽음의 위험에 처해있는 아이들은 세례를 받지 못한다면, 그 혹은 그녀는 구원될 수 없으므로 가능한 한 빨리 세례를 받아야 한다는 개념의 결과이다.

발전되는 새로운 상황들 속에서 세례와 도유와 그리고 안수를 분리하는 경향은 유아세례를 받았던 사람들이 이후에 자신들의 신앙을 재확인하고, 적어도 성인 세례 예비자가 세례를 준비하는 동안 했던 것의 일부를 배울 기회를 가질 것을 확실히 하는 방법이 되었다. 그러므로 더욱 이전 시기에는 어떤 이가 성찬에 출석할 수 있도록 하는 데에 세례만으로 충분했지만, 서방교회에서는 "견진"이라고 불리게 된 도유와 안수를 아직 받지 않은 사람들에게는 성찬에 접근하는 것이 금지된다는 개념이 나타났다.

이러한 발전 ─ 대부분 우리 연구의 연대기적 한계 너머에서 일어났던 ─ 때문에 로마 가톨릭교회는 아이들이 교리 교육과정을 통과하고, 세례를 받을 때 다른 어른들이 그들을 대신해서 했던 신앙과 헌신을 확인하기 전까지는 그들이 성찬에 참여하는 것을 금지하기 시작했다. 그런 다음 이 확인의 행위 후에, 그들은 마침내 첫 성찬에 참석하는 것을 허락받게 된다.

이에 맞서서, 동방교회에서는 나이에 상관없이 새 세례자에게 도유와 성찬 둘 다를 제공하는 고대의 관습이 계속되었고, 지금도 여전히 계속된다. 이는 또한 서방교회에서는 감독이 견진을 수행하는 것이 관례가 되었고, 반면에 여전히 세례가 도유와 안수와 결합한 동방교회에서는 사제가 세례와 도유를 동시에 줄 수 있었음을 의미한다.

2. 세례 예식

비록 이것이 오늘날 우리에게는 놀라운 일일지 모르겠지만, 고대에는 세례 예비자들이 최종적으로 세례나 성찬에 참석하도록 허락받을 때 통상 자신들의 세례-혹은 성찬에서 일어날 일들에 관해서 거의 듣지 못 한다. 이것이 바로 시릴이 강의 서두에서 자신의 글들이 이미 세례를 받지 않았거나 혹은 적어도 이제 곧 세례를 받으려고 하는 세례 예비자들 사이에서 배포되어서는 안 된다는 경고를 포함한 이유이다.

에제리아는 세례를 받은 후에 초신자들은 감독이 그들에게 성례전의 의미를 설명하도록 부활교회(Church of the Resurrection: 서방 전통에서는 성묘교회[Church of the Holy Sepulcher])에 모인다는 사실을 말하면서 이 관행에 대해서 거론한다. 그녀는 이미 세례를 받은 많은 사람이 이러한 설명을 들으려고 왔지만, 세례를 받지 않은 사람은 모두 참석이 금지되었다는 사실을 덧붙인다.

세례 후 첫 주일 동안에는 최근에 세례를 받았고, 여전히 세례와 성찬에 관한 교육을 받는 과정에 있는 사람들은 일반적으로 "유아들"(infants)로 알려졌고, 그들은 세례수에서 나올 때부터 입기 시작한 흰 옷을 계속해서 입는 것으로 나머지 회중과 구별되었다.

세례를 받은 다음 주일에 이러한 유아들을 교육하는 관습은 다소 보편적이었던 것으로 보인다. 지중해의 한쪽 끝에서 시릴이 이러한 목적으로 다섯 개의 강의에 헌신했던 반면에, 수백 마일 떨어진 곳에 있는 지금의 튀니지에서 어거스틴은 최근에 세례를 받은 사람들에게 다음과 같이 말하고 있었다.

우리가 하나님께 할렐루야를 노래하는 때인, 우리 주님의 수난 후의 이러한 날들은 우리에게 잔치와 환희의 시간입니다. 이것은 약속된 성령님이 하늘로부터 오셨던 날인 오순절까지 계속됩니다. 그러한 날 중에서, 우리가 지금 참석 중인 7일 혹은 8일은 새로 태어난 자가 받는 성례전에 전념합니다. 지금까지 **세례 후보자**(competentes)였던 사람들은 이제는 유아입니다. … 그들이 유아라고 불리는 이유는 이전에 세상으로 태어났던 사람들이 이제는 그리스도에게로 태어났기 때문입니다(Sermon 228.1).

에제리아가 세례 후의 교육에 관해 말한 것은 시릴의 강의에서 보는 것과 정확하게 일치한다. 그 강의들 속에, 세례 후에 전해져야 하는 것은 일반적으로 "신비 교리 교육"(mystagogical lectures, mystagogy[세례 후 교육])이라고 불린다. 왜냐하면, 그 교육들이 세례와 성찬의 "신비들"(mysteries[sacraments])과 관계가 있기 때문이다.

그 강의 중에 시릴은 최근에 세례를 받은 사람들에게 그들이 받았던 의식의 의미를 설명한다. 이런 신비 교리 교육 중 첫 번째 강의 – 전체 시리즈 중에서 제19번 – 의 서두에서 시릴은 자신이 말하고자 하는 것의 맥락과 목적을 정확하게 진술한다.

오, 진실하고 지극히 사랑하는 교회의 자녀들이여!
나는 오랫동안 이러한 영적인 하늘의 신비들을 여러분에게 가르치기를 원했습니다. 하지만 나는 보는 것이 듣는 것보다 훨씬 설득력이 있다는 것을 알았습니다. 여러분이 지금의 경험을 했기 때문에, 내 말의 영향을 더 많이 받아들일 수 있도록 이 시간을 기다렸습니다. 그리고 이제 나는 여러분의 손을 잡고 우리 앞에 있는 낙원의 더 밝고 더 향기로운 초원으로 여러분을 인도할 것입니다.
이것이 특별히 가능한 이유는 여러분이 신성하고 생명을 주는 세례에 합당하다고 여겨진 이후에 더 신성한 신비들을 받기에 적합해졌기 때문입니다.

여러분 앞에 더 완벽한 교육의 테이블을 놓아야 합니다. 그러므로 여러분들이 세례를 받은 저 저녁에 어떤 영향을 받았는지 알 수 있도록, 이러한 일들을 여러분에게 정확하게 가르치도록 해 주십시오(Catechetical lectures 19.1; NPNF2 7:144).

이것이 우리에게 중요한 이유는 이 강의들이 세례의 과정이 기술된 가장 완전한 문서 중 하나이기 때문이다. 우리가 유사한 설명을 시도할 때 그 강의들이 우리를 안내해 준다. 그러나 이런 의식이 모든 곳에서 동일하지는 않았다는 복수의 징후들이 항상 있으므로 다른 저자들의 증언 역시 중요하다.

시릴은 청중들에게 자신들이 세례를 받아야 할 건물에 들어갔을 때, 서쪽을 향하라는 말을 들은 후에, 마치 사탄을 물리치는 것처럼 손을 뻗으면서 "나는 너 사탄을 단절한다"라고 말한 것을 상기시키면서 시작한다. 그렇게 함으로써, 여러분은 사탄에게 "우리는 너의 힘을 더는 두려워하지 않는다. 왜냐하면, 그리스도께서 그것을 타도했기 때문이다. 그리스도는 나와 함께 살과 피를 나눈 분이 되셔서, 그분이 죽으심으로 사망을 멸하시고, 내가 영원히 속박되지 않도록 하신다"라고 말하는 것이다(Catechetical Lectures 19.4; NPNF2 7:145). 마찬가지로, 그들은 마귀뿐만 아니라, 그의 일과 그의 오만함을 단절했다.

크리소스톰은 다른 관행을 보여주는 것처럼 보인다. 왜냐하면, 그는 단절의식을 그리스도께서 십자가에 못 박히신 시간인 성금요일 오후 3시에 위치시켰기 때문이다. 또한, 시릴과 다른 이들은 후보자들이 서서 단절의식을 행하는 것으로 말하지만, 크리소스톰과 몹수에스티아의 데오도르(Theodore of Mopsuestia)는 후보자가 무릎을 꿇지 않으면 안 된다고 말한다. 여기서도 단절의식 후에, 후보자들은 동쪽으로 향해서 예수 그리스도를 믿는 자신들의 신앙을 선포해야 한다.

시릴은 최근에 세례를 받은 사람들에게 그들이 그 후에 벌거벗은 채 십자가에 달리신 그리스도를 모방하여 옷을 벗은 것을 말하면서 자신의 내러티브를 계속한다. 세례를 받으려고 준비하는 사람들이 이렇게 벌거벗은 것은 동산에 벌거벗은 채로 있었으나 부끄러워하지 않았던 아담의 본디 순수함을 반영한다. 이제 그들은 벌거벗었고, 후보자들은 머리부터 발끝까지 "구마의 기름"으로 도유를 받았다(이 기름에 대해서는 적어도 3세기 초의 다른 참조들이 있다. 그것은 사람에게 도유하기 전에 축복받은 그릇이었다).

이 도유는 세례를 받은 사람이 옛 감람나무로부터 잘려져 이스라엘의 선한 나무에 접붙여진다는 표지였다. 이 도유 후에, 그리스도께서 십자가에서 무덤으로 옮겨지신 것처럼, 드디어 그들은 물로 인도된다. 세례 후보자는 다시 한번 성부와 성자와 성령을 믿는지 아닌지를 질문받고, 예수님이 지하에서 보내셨던 시간의 상징으로서 세 번 물에 잠겼다.

크리소스톰과 데오도르는 여기의 또 다른 세부사항에서 시릴과 다른 것처럼 보인다. 왜냐하면, 그들에 의하면 세례를 거행하는 사람은 실제로 세례를 주시는 분은 자신이 아니라 하나님이시라는 표지로서 수동태의 말("내가 세례를 주노라"가 아니라, "당신은 세례를 받았다")을 사용해야 하기 때문이다.

시릴은 물속에 잠겨있는 동안 그들은 거듭나기 위해서 죽었고, 그래서 "바로 그 동일한 순간에 여러분은 죽고 태어났다. 그리고 구원의 물은 여러분의 무덤인 동시에 여러분의 어머니였다"라고 말하면서 자신의 내러티브를 이어갔다(*Catechetical Lectures* 19.4; NPNF2 7:148). 이로 인해 시릴은 세례식에서 일어난 일을 숙고하게 된다.

오, 기이하고 상상할 수 없는 일이여!
우리는 실제로 죽지 않았습니다. 우리는 실제로 매장되지 않았습니다. 우리는 실제로 십자가에 달리고 다시 살아나지 않았습니다. 우리의 모방은 유형이었고, 우리의 구원은 실재입니다. 그리스도는 실제로 십자가에 달리시고, 실제로 매장되시고, 진실로 부활하셨습니다. 그리고 이 모든 것을 그분은 우리에게 값없이 주셨습니다. 그래서 우리가 모방으로 그분의 수난을 공유함으로써 실제로 구원을 얻을 수 있도록 하셨습니다.

오, 초월하시는 인자함이여! 그리스도는 순결한 손과 발에 못 박히셨고, 고통을 당하셨습니다. 반면에 나에게는 고통이나 괴로움 없이, 그분의 수난을 모방으로 공유함으로써, 그분은 값없이 구원을 베푸셨습니다(*Catechetical lectures* 20.5; NPNF2 7:148).

세례 후에 또 다른 도유가 뒤따랐다. 그것은 이제 신자들을 "그리스도인", 다시 말하자면 "기름 부음 받은 사람"으로 만들었다. 이 도유는 따로 축복받은 다른 그릇에 있는 향유로 이제 입, 귀, 코 그리고 가슴에 바른다. 시릴은 이마에 도유하는 것은 이제 우리가 그리스도에게 속한다는 표지이고, 귀에 도유하는 것은 신비의 교육을 들을 수 있도록 하며, 코에 도유하는 것은 우리가 이제 주님 앞에 즐거운 향기가 될 것을 상기시켜 주는 것이고, 가슴에 도유하는 것은 "의의 호심경"으로 신자들을 강화하는 것이라고 말하면서 이들 각각의 의미를 설명한다.

이 시점에서, 세례가 완료된다. 그리고 시릴은 이제 새로 세례를 받은 사람들이 처음으로 성찬에 참여할 수 있었을 때 일어났던 일로 옮겨간다. 이것은 히폴리투스가 말한 것과 유사하고, 우리는 이미 10장에서 그 문제를 토론했다.

그런데도 관례들이 모든 곳에서 항상 동일하지는 않다. 예를 들어, 암브로스로부터(*On the Sacrament* 6), 밀라노에서는 새 세례자들의 성찬 예식으로 받아들여졌을 때, 그들의 발을 씻어주는 것이 관례였다는 것을 배운다. 이 관행은 밀라노에서 수 세기 동안 계속되었다.

최근에 세례를 받은 사람들이 "유아"의 시기 동안 받았던 강의와 설명이 모두 시릴의 것과 동일하지는 않다. 공통적인 특징이었던 것으로 보이는 것은 그들이 새 세례자들에 세례와 성찬의 의미에 대한 지적인 이해뿐만 아니라, 더 깊은 실존적 경험을 주는 것에 관심이 있었다는 것이다.

이것은 히포의 "유아들"을 대상으로 한 어거스틴의 설교에서 볼 수 있다. 부활절 날, 그러므로 방금 "유아들"이 생전 처음으로 성찬을 나누었던 그때 설교했던 것 중 하나에서, 어거스틴은 세례 의식의 여러 가지 요소(금식, 구마식, 세례 자체 그리고 도유)들을 다룬다.

> 주님은 이러한 방법[떡과 포도주]으로 우리에게 그분의 몸과 피를 주시기를 원하셨습니다. 그것은 그분이 우리의 죄 사함을 위해서 쏟아내셨던 것입니다. 만약 여러분이 그것을 합당하게 받았다면, 이제 여러분이 받았던 것이 여러분입니다. 따라서 사도는 "우리는 여럿이지만, 한 떡이고 한 몸이다"라고 말합니다. "우리는 여럿이지만, 한 떡이고 한 몸이다"라고 성찬 성례전이 보여주었던 것을 보십시오. 이 떡은 여러분이 하나 됨을 사랑해야 한다고 말해줍니다.
> 이 떡이 한 낟알로 만들어졌습니까? 많은 밀알이 있지 않았습니까?
> 떡이 되기 전에 그 낟알들은 따로 있었습니다. 그들은 으깨진 후에 물로 결합되었습니다. 그것이 으깨자고 물로 반죽이 되지 않았다면 그것은 결코 우리가 떡이라고 부르는 것이 되지 않았을 것입니다. 동일한 일이 여러분에게 일어났습니다. 금식이라는 굴욕과 구만 의식을 통해서 여러분은 으깨졌습니다. 그런 다음 세례의 차례입니다. 여러분은 물로 반죽이 되어 떡이 되었습니다. 그러나 아직 불이 남았습니다. 불이 없다면 떡을 만들 수 없습니다.
> 불과 기름으로 도유하는 것의 의미는 무엇입니까?
> 기름이 불을 돋우기 때문에, 그것은 성령님의 표지입니다. … 경계하십시오. 그리고 오순절 날 성령님이 오실 것을 기억하십시오. 그리고 그분이 어떻게 오실지를 보십시오. 불의 혀로. 그분은 사랑을 불러일키십니다. 그분은 우리를 하나님을 위해서 불타오르고, 세상을 경멸하도록 만드실 것입니다. 그분은 우리의 지푸라기를 태워서 우리 마음을 금처럼 정화할 것입니다. 물 다음에 불이신 성령님이 오십니다. 그리고 여러분은 그리스도의 몸인 떡이 됩니다. 따라서 어떤 의미로는 하나됨이 나타납니다(Sermon 227; BAC 447: 285-86).

3. 세례의 의미

이 기간에 세례의 수가 증가하는 동안, 그 중요성과 의미를 표현하는 이미지들 역시 많이 늘어났다. 이것은 나지안주스의 그레고리(Gregory of Nazianzen)가 381년 주현절에 했던 설교에서 명확하게 볼 수 있다. 그들은 주현절에 동방박사의 이야기뿐 아니라, 가나 혼인 잔치의 표적과 주님의 세례를 경축했다. 경축의 이 세 번째 요소가 그레고리의 관심을 세례로 돌리게 하였다.

> 우리는 그것을 선물, 은혜, 세례, 도유, 조명, 영생의 옷을 입음, 중생의 욕조, 인침, 그리고 영광스러운 모든 것이라고 부른다. 우리 편에서는 아무것도 돌려드림 없이 우리에게 주어지기 때문에, 우리는 그것을 선물이라고 부릅니다. 그것은 심지어 빚진 자에게도 수여되기 때문에 은혜라고 부릅니다. 죄가 그것과 함께 물속에 묻히기 때문에 세례라고 부릅니다. 제사장과 왕 같은 도유라고 부릅니다. 왜냐하면, 그들이 바로 기름 부음 받은 사람이기 때문입니다. 그것의 광채 때문에 조명이라고 부릅니다.
> 우리의 수치를 감추기 때문에 영생으로 옷을 입는 것이라고 부릅니다. 우리를 씻어주기 때문에 욕조라고 부릅니다. 그것이 우리를 보존하고 또한 우리에 대한 소유권의 표지이기 때문에 인침이라고 부릅니다(*Oration* 40.4; NPNF2 7:360).

예루살렘의 시릴 또한 세례를 "포로의 몸값, 범죄의 면죄, 죄의 죽음, 영혼의 새로운 탄생, 빛의 옷, 거룩하고 깨지지 않는 인침, 천국으로 가는 전차, 낙원의 즐거움, 왕국에로의 환영, 입양의 선물"(*Catechetical Lecture procatechesis*, 16; NPNF2 7:5)이라고 나타내면서 유사한 이미지를 사용한다.

4세기에 세례에 관해서 말한 모든 것들을 반영하기에는 심지어 이런 이미지의 목록으로도 충분치 않다. 여기서 그레고리는 말하지 않았지만 시릴이 언급했던 가장 일반적인 이미지는 세례를 요한복음 3장에서 예수님이 말씀하신 중생에 관련시키는 것이다. 중생과 관련된 세례의 이러한 이미지는 이 기간 내내 반복적으로 나타나는데, 항상 그것을 옛 사람에 대한 죽음, 새 생명, 부활의 소망과 관련짓는 강한 단어들과 함께 나타난다.

로마서 6장 3-7절에 대해 해설하면서 몹수에스티아의 데오도르는 "우리는 예수님의 죽음과 부활을 모방하여 세례를 받습니다. 그래서 새 생명과 최종적인 부활에 대한 우리의 소망은 지속해서 예수님의 죽음과 부활의 기억, 또한 세례에서 우리 자신이 옛 자아에 대해 죽은 것에 대한 기억에 근거합니다"라고 선포한다.

단지 세례에서 우리가 예수님의 죽음을 공유했다는 이유만으로 우리는 마지막 날에 그분의 부활을 공유할 것이다. 다른 말로 하자면 중생은 한 단계 높은 삶으로 옮겨가는 경험일 뿐 아니라, 이전의 삶과 그 가치에 대해 죽는 것을 경험하는 것이다.

크리소스톰은 설교에서 자주 결혼으로서 세례의 이미지를 사용한다. 그 당시에 이해되었던 것처럼, 신부는 결혼으로 남편의 가족에 합류하기 위해 자신의 가족을 떠난다. 마찬가지로 우리가 세례를 받을 때 우리는 이전의 일반적인 인류를 떠나서 그리스도가 머리이신 새 가족에 합류한다고 크리소스톰은 말한다. 이것은 우리가 이미 신약시대로부터 발견했던 것을 표현하는 또 다른 방식이다. 인류는 아담이 머리인 하나의 몸이고, 교회는 그리스도가 머리이신 새로운 인류이다.

세례를 개인적인 경험으로서가 아니라 새로운 실재 일부가 되는 것으로서 이렇게 강조하는 것은 서방에서는 사라지기 시작했지만, 동방의 주요한 신학자들은 여전히 그것을 강조했다.

그들 중의 한 사람이 몹수에스티아의 테오도르이다. 그는 세례에서 일어나는 일은 그리스도가 인성을 입으셨다는 바로 그 이유로 우리가 그리스도가 머리이신 이 몸의 지체가 되는 것이고, 이제 세례를 통해 그분께 결합함으로써 신성에 참여할 수 있게 된 것이라고 말한다. 테오도르는 세례를 받은 모든 사람은 성령의 권능으로 그리스도가 머리이신 한몸이 된다고 말함으로써 이것을 표현한다. 이것은 시릴이 세례를 참감람나무에 접붙여지는 것으로 말하는 것과 유사하다.

몇몇 저자는 세례를 "인침"이라고 말한다. 이 이미지는 거의 노예를 포함하여 재산을 표시하기 위해 사용되었던 인장으로부터 취해진 것이다. 이것과 그리스도가 머리이신 새로운 인류의 일부로서 세례의 이미지 사이에는 어느 정도의 유사성이 있다. 사탄과 그의 모든 일을 단절하고, 동쪽으로 돌아서서 자신들이 그리스도의 종이라고 선포하자마자, 이미 구마의식을 치렀고, 세례를 받으려고 하는 사람들은 이제 자신을 더 사탄이 아닌, 그리스도의 종 혹은 노예라고 선포한다. 몹수에스티아의 데오도르는 사탄의 멍에로부터 해방되는 것으로서 세례에 관해 장황하게 말한다.

그와 많은 다른 이들은 세례 물에서 나오자마자 일어나는 도유에 관해서 소유에 대한 인침, 그리스도의 징표라고 말한다. 사탄의 징표를 가지고 있었던 노예는 이제 그리스도의 인침을 지닌다.

이 모든 것은 사탄의 정복자로서 그리스도를 강조하는 것을 반영한다. 이것은 서방신학에서는 곧 사라지기 시작할 것이지만, 많은 동방신학과 전체 교회의 예배에서 계속 중심에 있을 것이다. 어떤 이는 물에 들어가기 전에 몸 전체를 도유하는 것을 운동선수가 경기장에 들어가기 전에 기름으로 몸을 바르는 것에 유사한 것으로 해설하고, 사탄을 단절하고 세례수에 들어갔던 사람은 강력한 적을 마주하려는 운동선수처럼, 그러나 항상 훨씬 강력한 주님의 지지를 받으면서 그렇게 했다고 말한다.

어떤 면에 있어서, 인침으로 세례의 이미지는 씻음으로 세례의 이미지의 부족함을 일부 해소시켰다. 만약 세례 시에 일어나는 것이 우리가 이전의 모든 죄로부터 깨끗하게 되는 것이라면, 항상 세례 후에 범하는 죄의 문제가 있다. 세례의 씻는 이미지에 대한 서방교회의 강조는 세례 후에 저지른 죄에 끊임없이 집착하는 결과를 낳았고, 결국 참회 제도의 발전으로 이어졌다.

동방 역시 세례를 죄로부터의 씻음으로 보았으나 수신자가 이제 그리스도에게 속했으므로 이전 죄뿐만 아니라, 세례 후에 올 많은 유혹과 죄를 직면할 수 있는 강건함을 그에게 주는 것이라고 주장함으로써 세례를 소유의 인침으로 보는 것을 더 강조하였다. 따라서 나지안주스의 그레고리는 자신의 청중에게 다음과 같이 말한다.

> 만약 여러분이 인침으로 강화되었다면, 만약 여러분이 모든 것 중 최상과 최강의 도움으로 스스로를 보호했다면, 여러분은 몸과 영혼 둘 다 도유로 인침을 받았습니다. 그것은 옛 이스라엘이 그날 밤에 장자들이 보호받도록 피로써 인침을 받은 것입니다.
> 그러므로 여러분에게 무슨 일이 일어날 수 있습니까?
> 여러분에게 무엇이 행해졌습니까?(*Oration* 40.15; NPNF2 7:364).

이것을 설명하기 위해서 그레고리는 무리 중의 양을 예로 든다. 주인의 표시를 가지지 않은 양은 쉽게 도난을 당한다. 그러나 표시가 있는 양은 자신이 누구에게 속해있는지를 알기 때문에 평화롭게 잠들 수 있다.

> 만약 여러분이 모든 것, 즉 돈, 소유물, 면류관 그리고 이 땅의 혼란에 소속된 다른 모든 것을 잃거나, 그것들을 폭력적으로 뺏긴다 해도 여러분은 여전히 여러분의 생명을 안전하게 지킬 수 있습니다(*Oration* 40.15; NPFNF27;364).

청중들에게 세례를 연기하지 말라고 권면하는 설교 중 하나에서, 대 바질은 무리 중의 양을 세례의 인침의 권능의 예로 드는 것과 이집트에서 이스라엘 자녀들의 집에 양의 피로 인친 것과 세례를 관련시키는 점에서 친구인 나지안주스의 그레고리와 거의 동일하다.

이것은 여호와의 천사가 이스라엘의 장자를 넘어갔을 때인 유월절과 세례 사이의 관계로 우리를 데려간다. 바질 자신은 우리가 방금 참조했던 설교에서 이스라엘은 바다를 건너지 않고는 슬픔에서 벗어날 수 없었고, 지금 바질의 설교를 듣고 있는 사람 또한 마찬가지라고 선포한다. 왜냐하면, 그들은 세례의 물을 건너지 않고는 사탄의 폭정으로부터 도망칠 수 없기 때문이다.

출애굽을 사악한 자에게 노예가 된 상태로부터의 해방과 관련시키는 이러한 유형론적 해석은 4세기의 저자들과 설교자들의 공통된 주제였다. 예루살렘의 시릴은 아주 강하게 그것을 말한다.

> 만약 모세 휘하에서 양이 파괴자를 멀리 쫓아냈다면, 하물며 세상 죄를 지고 가시는 하나님의 어린 양은 죄로부터 우리를 얼마나 더 많이 구원하시겠는가?(*Catechetical Lectures* 13.3; NPNF2 7:82).

이후에 시릴은 그의 첫 번째 세례 후 교육에서 이것을 훨씬 완전하게 설명한다.

> 이제 옛것으로부터 새것으로, 형상으로부터 실재로 돌아서십시오. 거기에는 하나님이 이집트로 보내신 모세가 있고, 여기에는 성부로부터 세상으로 보냄을 받으신 그리스도가 있습니다. 거기에서는 모세가 고통 받는 사람들을 이집트로부터 인도하여 나올 수 있도록 보냄을 받았고, 여기에서는 그리스도가 죄 아래 있는 세상에서 억압 받고 있는 사람들을 구원할 수 있도록 보냄을 받습니다. 거기에서 양의 피는 파괴자에 맞서는 주문이었고, 여기에서 흠 없는 어린 양이신 예수 그리스도의 피는 사악한 영을 겁주는 마력이 됩니다. 그곳에서 폭군은 저 고대 사람들을 심지어 바다까지 쫓아갔습니다. 여기에서 악의 창시자인 대담하고 뻔뻔한 영은 여러분을 심지어 구원의 물까지 쫓아갔습니다. 옛 폭군은 바다에서 익사했고, 이 현재의

폭군은 구원의 물에서 사라집니다(*Catechetical Lectures* 19.3; NPNF2 7:144-45).

이스라엘의 역사와 이집트로부터의 해방을 세례에 연결하는 이러한 유형학은 4세기에 처음 나타나서 그 이후 세례의 본질에 관한 토론에서 일반적인 주제가 되었던 것, 즉 할례와 세례 사이의 관계로 이어졌다.

자신의 반 유대적 편견을 보여주는 많은 구절 중 하나에서 존 크리소스톰은 회중에 죄 많은 사람과 함께 했기 때문에 할례가 오염되었던 유대인 같이 되지 말고, 오히려, "우리는 세례를 통해서 할례를 받았기 때문에, 우리의 행동을 주의합시다"라고 요구한다(*Homily* 45.17).

바질은 동일한 연결을 하지만, 이제는 세례를 연기하지 않도록 하는 이유로서 그것을 사용한다. 유대인이 할례를 연기하지 않았다면, 그리스도인들도 세례를 연기해서는 안 된다.

세례를 이해하는 한 방법으로 이러한 할례의 예표를 사용한 것을 고려할 때, 두 가지 점을 고찰해야 한다.

첫 번째는 할례는 신생아가 이스라엘 백성으로 인정되고 그 일원으로 더해지는 행위였다는 점이다. 이것은 세례에 대해서도 일찍부터 마찬가지였다. 세례는 단순히 세례를 받음으로써 사람을 구원하는 문제가 아니었다. 왜냐하면, 그 물로 그 사람은 이러한 하나님의 백성과 교회인 그리스도의 몸에 더해지기 때문이었다. 따라서 새로운 할례로서 세례의 이미지는 기독교 신앙의 개인적이라기보다는 공동체적인 본질을 강조하는 역할을 했다.

두 번째는 할례를 세례의 예표, 혹은 형상으로 생각하는 것에 대해 고찰해야 할 점은 바질의 말에서도 볼 수 있지만, 이 유형학은 세례를 연기하는 관행을 반대하기 위해—특히 임종 시에 일어났던 "임상" 세례를 거부하고 갓 태어난 유아들의 세례를 확증하면서—차용되었다는 사실이다. 그 시기부터 계속해서 많은 사람이 세례와 할례 사이의 관계를 유아세례를 찬성하는 논법으로 이용하곤 했다.

　이 모든 것은 일찍부터 나타났지만, 일반적이 되었고, 어떤 경우에는 4세기 저자들 사이에서 우세했던 또 다른 주제, 즉 구원에 필수적인 것으로서 세례라는 주제와 연결되었다. 예루살렘의 시릴은 "만약 어떤 사람이 세례를 받지 않는다면 그들에게는 구원이 없다. 단 하나의 예외는 순교자로서, 그들은 비록 세례를 받지 않았더라도 왕국을 받을 것이다"라고 단호하게 말한다(Catechetical Lectures 3.10; NPNF2 7:16).
　세례와 할례 사이의 유형학적인 관계의 동일 노선을 따르면서, 바질은 이스라엘 후손이 바다를 건너지 않았다면 자유로울 수 없는 것과 마찬가지로, 오늘날 신자들도 단지 물을 통과함에 의해서 마귀의 폭정으로부터 도망칠 수 있다고 선포한다. 이러한 개념은 종종 "긴급" 세례라고 불리는 것으로 이어졌다. 만약 최근에 태어났거나, 이미 성인인 어떤 사람이 세례를 받지 못하고 죽을 위험에 처했을 때, 세례가 즉시 시행되었다.
　세례가 구원에 필수적이라는 개념은 세례가 언제, 그리고 어떻게 유효한지에 대한 문제로 직접 이어졌다. 우리는 3세기에 이단 세례의 유효성에 관한 토론-특히, 카르타고의 키프리아안과 로마의 스데반 사이의 분쟁에서-이 있었던 것을 알고 있다. 5세기에 그 문제가 다시 생겼는데, 이제는 이단의 세례와 연관되었다기보다, 오히려 세례를 거행하는 사람의 특성과 연관되었다.
　만약 세례의 유효성이 세례를 거행하는 사람의 거룩함에 달려 있다면, 신자들은 자신들이 정말로 세례를 받았다는 사실을 어떻게 신뢰할 수 있는가?
　나지안주스의 그레고리는 세례에서 중요한 것은 하나님의 은혜이고, 따라서 그것을 거행하는 사람의 미덕이나 거룩함은 세례 자체와는 어떠한 관계도 없다고 선포한다. 일부는 세례 공식을 수동태로 선포하는 것을 선호했고, 이를 뒷받침하기 위해 동일한 논법을 사용하였다. 다시 말하자면

"내가 세례를 주노라"가 아닌 "당신은 세례를 받습니다"로 선포함으로써, 당신에게 세례를 주는 것은 내가 아니라, 하나님이 하시는 일이라는 것을 나타내는 것이다.

이 모든 고찰은 세례는 언제든지 물과 삼위일체의 이름으로 행해지기만 하면 유효하다는 결론으로 이어진다. 이러한 견해의 극단적인 결과는 루피누스가 아타나시우스에 관해 이야기한 한 일화―아마도 외경―에서 볼 수 있다. 그 일화에 의하면, 알렉산드리아의 감독 알렉산더(Bishop Alexander of Alexandria)가 바닷가에서 식사하려고 몇몇 성직자를 초대했다. 창밖에는 어떤 아이들이 해변에서 놀고 서로 세례를 주고 있었다. 자신이 본 것에 불쾌함을 느낀 알렉산더는 아이들을 오라고 했다.

처음에는 아이들이 자신들이 한 행동을 부인하였지만, 결국에는 그것을 고백하고 설명했다. 알렉산더는 이 세례가 유효하다고 결정했고 그 아이들에게 너무나 감동하여서 그들을 성직자로 뽑았다. 그중의 하나가 아타나시우스였다. 그는 이후에 알렉산더의 비서가 되었고 결국 그의 후계자가 되었다. 비록 그 이야기가 아마 사실이 아닐지라도, 루피누스가 그것을 기록했다는 바로 그 점이 세례가 물과 삼위일체의 이름으로 행해지기만 하면 그 유효성은 누가 시행했는지에 달렸지 않는다는 개념에서 나올 수 있는 극단적인 예를 보여준다.

하지만, 그와 같은 극단적인 것들이 세례에 대한 바른 이해의 중요성을 가려서는 안 된다. 초대교회에서, 세례는 필수적이었다. 주된 이유는 그것이 어떤 마술의 형식으로 죄의 용서를 보증하는 의식이었기 때문이 아니라, 오히려 신자가 세례를 통해 교회에 합류했기 때문이다. 그리고 사람이 그분의 죽음과 부활의 유익을 누릴 수 있는 것은 오직 그리스도의 몸인 교회의 일원으로서였다.

제15장

성찬 예식의 확장

1. 고정된 형식과 화려한 의식

교회가 처한 새로운 사회적, 정치적 상황들은 점차 복잡하고 고정된 의식으로 이어졌는데, 이는 모든 부와 예술 그리고 세상이 누릴 수 있는 화려함으로 하나님의 영광을 표현하려는 것이었다. 이제 예배에 참석하는 사람은 사회에서 가장 저명한 인물들이었다. 제국의 도시에서는 황제와 그의 수행원들이었고, 각 지방의 수도에서는 지방 통치자와 그의 관리들 등등이었다.

그런 사람들은 기대되는 의전을 받아야만 했다. 그러나 한낱 인간이 하나님보다 더 많은 의식과 더 많은 영예를 받는다는 것은 생각조차 할 수 없는 것이었다. 어떠한 제스처, 인사, 또는 권력 있는 인물에게 쏟아지는 특별한 관심이라도 하나님의 영광을 가려서는 안 된다. 곧 콘스탄티노플과 로마뿐만 아니라, 모든 대도시에서 공식 의식을 둘러싼 화려함이 기독교 예배, 특히 성찬에 그 흔적을 남겼다.

귀족들과 정부 관리에 관해 적용되는 것은 보다 많은 교육을 받은 사회 계층에도 해당되었다. 교회는 초기에는 개인의 가정이나 묘지, 또는 최선의 경우에 이 목적으로 개조된, 전에는 거주지였던 곳에서 모였다. 그때는 소수의 고학력자가 예배에 참석했지만, 그들은 아름답고 발음이 좋은 말을 듣기 위해서가 아니라, 예수 그리스도의 복음을 믿기 때문에 참석했고 형제자매들과 함께 그것을 경축하기 위해 왔다.

이제 교회에 출석하는 군중 중에는 문법이나 발음의 오류를 즉시 알아차리는 문학과 수사학의 전문가들이 있었고, 그중 일부는 가능한 모든 오류를 지적할 준비가 되어있었다.

어거스틴은 그의 저서 『가르침을 받지 못한 자들의 교리 교육에 관하여』(On Catechizing the Uninstucted)에서, 다양한 교육 수준을 가진 회중들로부터 발생하는 어려움을 다룬 후, 문법학파에 소속되어 있는 사람이나 전문적인 웅변가에게 겸손을 권함으로써, 그들이 듣고 있는 내용에 합당한 주의를 기울이고, "언어의 결점보다는 더욱 신중하게 행실의 악습을 피하려고 하는 사람들을 경멸하지 않는 것"을 배울 수 있도록 한다. 그런 지식층은 또한 "순수한 마음과 순수한 스피치의 관행을 비교하지" 않도록 배워야만 한다.

그런 다음, 어거스틴은 암브로스의 설교를 들으러 갔을 때 자신의 경험을 떠올리는 것처럼 "영혼이 몸보다 선호되는 것과 마찬가지로 생각이 말보다 선호되어야 한다"고 선포한다(On Catechezing the Uninstucted 9.13; NPNF1 3:291).

교리 교육의 보다 사적인 회기에 적용될 수 있는 그런 교육들은 교육을 아주 많이 받은 사람들이 교육받지 못한 사람들과 함께 있는 예배에서는 적용하는 것이 어려울 수 있다. 그런 상황의 어려움을 극복하는 방도로서, 배울 수 있고 전반적으로 이해될 수 있는 고정된 공식들(formulae)과 구절이 점점 더 일반화 되었다.

특히 성례전에서 사용하기 위해 떡과 포도주가 성별될 때, 성찬 예전의 가장 중요한 부분들과 또한 봉헌 후 기도들에서 고정된 공식을 사용했다. 우리는 나중에도 점점 더 많은 공식과 심지어 몸짓들이 반복되고 고정되는 일정한 과정에 주목한다.

이것은 전혀 새로운 것이 아니다. 2세기 후반의 성찬에 관한 많은 논의의 기초가 되었던 히폴리투스의 『사도전승』에서는, 성찬 서두의 대화 전체가 그때는 아주 일반적으로 되었던 것으로 보이고, 이는 오늘날까지 여전히 사용된다. 이 대화는 "주께서 여러분과 함께"로 시작되고, "그렇게 하는 것이 합당하고 옳습니다"로 끝난다. 같은 구조로 되어있지만, 다른 언어를 사용한 비슷한 대화들이 4-5세기 내내 점차 일반적으로 되었다. 그러나 여전히 지역적인 변형이 있었다. 예를 들어, 로마에서는 대화가 "주께서 여러분과 함께하시기를!"

북아프리카에서는 "평강이 여러분에게 있기를!"

그리고 콘스탄티노플 부근 지역에서는 "평강이 여러분 모두와 함께하시기를" 등등이다.

이후에 다른 여러 변형이 나타났는데, 중세의 초반에 스페인의 경우에는 "주께서 여러분과 항상 함께하시기를"이라고 말했다.

따라서 인사의 대화로 시작하는 관행에 대해서는 획일성이 있었던 반면 단어들은 변형되고 그런 차이가 수 세기 동안 지속하였다. 다른 한편으로, 이런 다양한 형식들 사이의 유사함은 단어 자체는 아니지만, 분명히 그 일반적인 취지가 오래되었음을 입증한다.

성찬 중에 드려지는 다른 기도들에서도 비슷한 발전을 볼 수 있다. 일찍이 그런 기도들을 묘사하면서, 히폴리투스는 자신이 쓴 기도가 뒤에 오는 다른 사람들이 따라야 할 모범 이상이 될 것이라고 기대하지 않는다는 사실을 명확히 했다.

> 누구든지 하나님께 감사하며 마음으로 말하는 것을 배워서 우리가 명한 것을 반드시 정확하게 암송할 필요는 없습니다. 그러나 각자가 자신의 능력에 따라 말하도록 하십시오. 만약 사실상 그가 고상한 기도로 능숙하게 기도할 수 있다면, 괜찮습니다. 그러나 비록 그가 어느 정도밖에 기도하고 찬양할 수 없는 경우에도, 아무도 그를 금지시킬 수 없고, 다만 그가 믿음으로 간절히 기도하도록 하십시오(*Ap, Trad.* 10).

비록 히폴리투스가 3세기에 이러한 자유를 제안했지만, 4세기까지는 획일성을 추구하는 강한 흐름이 있었고, 결국에는 정교하고 고정된 공식과 기도로 귀결되었다. 이 과정은 부분적으로 어거스틴이 표현한 우려로 인한 것이었는데, 그것은 특히 작은 도시들의 교육받지 못했던 감독들의 언어 사용이 너무나 부족했던 상황을 반영하는 것이었다.

그런 사람들이 자신들의 언어를 사용하는 것은 예배를 더욱 우아하고 세련된 것으로 만들려는 열망과 부딪쳤다. 무례한 실수나, 몰상식한 행동으로 보이는 것을 피할 방도로서, 예배 인도자들은 무엇을 말하고 행할지를 정확하게 들어야만 했다. 따라서 "말씀 예전"은 여전히 크리소스톰, 어거스틴 그리고 많은 다른 이들의 위대한 설교들과 독창성의 여지를 남겼지만, 반면에 "성찬 예전"은 점차 획일적으로 되어갔다.

향상된 통신과 주요 인구 중심지의 영향도 획일성을 향한 움직임에 도움이 되었다. 콘스탄틴 시대에 시작되었던 새로운 질서에는 많은 혜택이 있었는데 그중에서도 제국의 우편을 사용할 수 있는 감독의 권한이 포함되었다. 박해의 종식으로 한 도시로부터 다른 도시로, 한 지역으로부터 다른 지역으로의 정기적인 방문이 가능해졌다. 이런 통신과 방문은 어떤 이들에게는 다른 교회들에서 보았던 것을 모방하고, 때로는 자신들이 해 왔던 것을 버리고 더 좋아 보이는 것으로 대체시키도록 고취했다.

특히, 작은 도시에 있는 교회가 이런 경우이다. 알렉산드리아에서는 고대 이집트인들의 후예인 곱트족(Gopt)이 그 지역의 일부 전통적인 관행들을 보존했고, 지금도 그렇다. 그러한 관행들은 남부로 확장되었고 에티오피아 교회의 전통적인 예배 순서는 이제 고대 알렉산드리아 의식의 일부 관행과 강조를 반영한다.

그러는 동안 안디옥에 또 다른 예전 관례가 발전되었고, 그 관례들은 그 때 헬라어를 사용했던 로마 제국의 이웃 지역으로뿐만 아니라, 아르메니아와 그 외에 시리아의 영향력이 닿는 모든 곳인 동쪽으로 확장되었다. 라틴어를 사용하는 서방에는 로마와 밀라노라는 두 개의 큰 중심지가 있었고, 각각은 자신들만의 예전 관례가 있었다. 로마의 영향력이 커지자, 로마의식이 우세해졌다.

하지만 서방에서는 변형들이 있었는데, 이는 다양한 지역에서 당당하게 유지되었다. 남부 골 지방의 갈리아 예전, 밀라노시의 밀라노 혹은 암브로스 예전, 그리고 나중에 "모자라브"(Mozarabic) 예전이라고 칭해진 스페인에서의 한 형식 등이 그러한 것들이다. 지난 세기에 있었던 로마 가톨릭의 제2바티칸 공의회는 리용(Lyon)의 한 교회에서 갈리아 미사(Gallican Mass)를, 톨레도 대성당의 한 예배당에서 모자라브 미사(Mozarabic Mass)를, 그리고 밀라노의 교회들에서 암브로스 미사를 계속 거행하도록 허락했다.

몇 가지 예외를 제외하고, 모든 가톨릭교회는 로마 미사를 사용한다. 이러한 여러 가지 미사 형식 간의 관계 역사는 여전히 연구가 계속 진행 중인 복잡한 주제이다.

유럽의 서부 지역에서는—오늘날 우리가 알고 있는 대부분 교회의 뿌리가 있는 곳이기 때문에, 여기에서 우리에게 가장 관심이 있는 곳—적어도 4세기까지는 헬라어가 예배의 주 언어였다. 그러나 3세기까지는 일부 지역, 특히 수도와 그곳의 지식층 엘리트들과 멀리 떨어져있던 곳들에서는 라틴어도 일반적이었던 것으로 보인다. 로마교회는 헬라어로 시작해서 대략 380년까지 그 언어를 계속 사용했다. 비록 이미 3세기까지는 많은 교회의 글과 세공 비문(lapidary inscription)은 라틴어였지만, 헬라어는 결코 완전히 사라지지는 않았다.

하나의 언어로부터 다른 한 언어로의 이동은 느리고 종종 불완전했을 가능성이 크다. 일부 히브리어나 아람어 단어들, 예를 들어, "아멘", "할렐루야"가 결코 번역되지 않고, 오늘날까지 사용되는 것처럼, 헬라어는 일부 단어, 구절, 문구에서 지속되었다. 가장 주목할 만한 경우가 성찬에 주어진 바로 그 이름 "감사례"(Eucharist)이다. 그것은 주로 "감사"(thanksgiving)를 의미하는 헬라어 단어의 음역(音譯)이다. 오랫동안, 로마의 그리스도인 인구 중 일부는 라틴어보다는 헬라어를 선호했던 것으로 보인다.

그것이 오늘날까지 헬라어 구절인 **"주여 우리를 불쌍히 여기소서"**(*kyrie eleison*)를 사용하게 만든 요인 중 하나였다. 로마에서 헬라어는 13세기 말까지 신조와 다른 캔티클(canticle)과 공식을 암송할 때 여전히 라틴어와 함께 헬라어를 사용되었을 정도로 지속되었다.

차이가 계속되었고, 그중 일부는 오늘날까지 지속되고 있지만, 획일성을 향한 분명한 움직임이 있었다. 이것은 성찬 예전의 대부분이—특히, 그 핵심인 아나포라(anaphora), 혹은 성별기도(prayer of consecration)—"미사 전문"(canon of the Mass[여기서 전문은 규정을 의미한다])으로 알려지게 된 것으로 고정되었다. 시간이 흐르면서, 로마의 미사 전문(the Roman canon of the Mass)과 같은 구절은 일반적으로 도입 대화에서부터 마지막 영광송까지 로마의 지시를 따르면서 행해지는 모든 것을 포함하게 되었다.

엄격한 획일성에 대한 저항이 있었던 것은 자연스러운 일이었다. 특히, 로마보다 훨씬 이전에 라틴어 사용 기독교가 처음 나타났던 곳인 북아프리카의 주들에서 저항이 현저했다. 예배를 보다 획일적으로 만들고자 북아프리카에서 교회회의가 반복적으로 열렸다. 가장 유명한 것은 어거스틴이 감독이었던 히포에서 393년에 모였던 것으로, 성찬의 성별 기도의 어떤 변화도 "교사(instructor) 형제들의 상담" 후에만 행해질 수 있다고 선언했다(Mansi 3:922).

이 결정은 일찍이 언급했던 잘못된 언어 사용에 대한 어거스틴의 우려에 대한 응답으로 보인다. 어쨌든, 이후에 반복되는 교회회의에서 이 법령을 주장해야 할 필요성이 있었던 것으로 보아 일반적으로 이 법령에 주의를 기울이지 않았던 것으로 보인다.

많은 사람이 중세와 종교개혁 당시, 그리고 그 이후에도 이 획일적인 경직성에 맞서서 항의했는데, 이러한 토론은 다양성에서 획일적인 경직성으로 이어지는 과정에 대한 일반적인 견해를 제공하기에 충분하다. 하지만, 이 기간의 끝에 이르기까지 예전의 발전을 특징 지워주는 것은 획일성뿐만 아니라, 제국과 왕실의 것들과 같은 민간의식과 경쟁하는 거만한 과

시였다. 이러한 경향은 전 기간에 나타났지만, 특히 헬라어를 사용하는 동방에서 가장 눈에 띄었다. 동방은 귀족계급, 민간 관리들 그리고 무엇보다 황실에 의한 오랜 과시의 전통이 특색이었다.

이러한 과시는 부분적으로는 예배를 인도하는 사람들의 수로 나타났다. 예배는 예배에서 다양한 기능을 담당한 사람들의 긴 행렬로 시작되고, 감독이나 예배를 주재하는 사람들이 그 뒤를 이었다. 이 때 십자가를 운반하는 사람과 웅장한 의식과 화려함으로 복음서를 운반하는 또 다른 사람이 이들을 수행하였고, 그다음에는 다른 성직자나 교회의 저명인사들과 찬양대 역시 뒤를 따랐다.

비록 초기 세기에, 기독교 음악의 본질에 관한 많은 토론이 있었지만—그에 관해서는 사실상 거의 아는 것이 없다—우리가 연구하는 시기까지는 교회에서 불리는 찬송가들이 찬양대나 적어도 그들을 지휘하는 선창자가 필요할 만큼 충분히 복잡했다.

어떤 노래들은 회중이 배우고 노래할 수 있을 만큼 충분히, 그리고 자주 반복되었다. 이들 중 일부인 **삼성송**(Santus, "거룩, 거룩, 거룩, 전능하신 주 하나님이시여"), **글로리아 파트리**(Gloria Patri, "성부와 성자와 성령께 영광이 있을 지어다") **대영광송**(Gloria in Excelsis, "지극히 높은 곳에서는 하나님께 영광") 같은 곡은 오늘날도 가톨릭이나 개신교 교회에서 불린다.

교회에서 많이 불리는 것은 여전히 시편이다. 그러나 이전보다는 분명히 좀 더 정교한 음악이 되었다. 시편을 부르는 데 있어서, 한 가지 선택사항은 회중을 두 그룹으로 나눠서, 한 그룹을 다른 그룹에 응답하게 하는 것이다. 그리고 또 다른 선택사항은 시편 본문을 노래하는 선창자가 있어서 적절한 위치에서 멈추면, 그때마다 회중이 반복되는 짧은 교창을 부르면서 응답하도록 하는 것이었다.

때로는 그 교창이 시편 자체로부터, 때로는 예를 들어, **글로리아 파트리** 같은 다른 출처로부터 나왔다. 예배의 나머지 부분들과 마찬가지로, 음악도 4세기를 지나는 동안, 특히 그 후에 훨씬 정교해져서 결국 회중이 노래에 합류하기 어려운 지점까지 도달했다. 그때까지는 심지어 합창단 내에서도 서로 응답하는 두 그룹이 교송으로 노래했다.

결과적으로 회중과 예배를 인도하는 사람들 사이에 간격이 생겼고 이는 점점 더 커졌는데, 음악적, 문화적, 미학적 거리뿐만 아니라, 찬양대가 제단과 회중 사이에 있었기 때문에 물리적 거리 또한 커지게 되었다. 이러한 회중과 성직자의 분리는 4세기에 공식적인 예배에서 이미 보였던 반면, 거리두기의 진정한 결과는 5세기 이후 더욱 분명해졌다.

우리가 지금 연구하는 시기에는 경우에 따라 노래는 인도자인 성직자들과 평신도 추종자들을 통합하는 강한 힘으로 나타났다. 아마도 일부 과장이 있겠지만, 종종 반복되고 가장 잘 알려진 이야기 중의 하나는 유스티나(Justina) 황후가 밀라노의 대성당(basilica)이 아리안주의 예배에만 사용되도록 성당을 군대로 둘러싸서 점유하도록 명령했던 때에 관한 것이다.

그 시기에 그 도시의 감독이었던 암브로스는 바실리카를 내주기를 거부하면서 단호하게 저항했다. 건물 내부에 자리 잡은 암브로스는 이전에 불렸던 시편을 참조했고, 그것을 교회를 침략하는 군대에 적용했다(*Epistle* 20.20; NPNF2 10:422).

이런 일화를 언급했지만, 아마도 이것이 성가와 찬송가 저자로 암브로스를 언급하기에 최적의 위치일 것이다. 첫 번째인 "암브로스의"(Ambrosian)이란 이름은 오랫동안 밀라노의 예배와 관련이 있었던 수많은 찬송가와 음악 스타일에 붙여진다. 사실상 명백히 그 유명한 감독의 사망 후에 나타났던 이 음악 스타일을 암브로스의 공으로 믿을 아무런 이유도 없다. 암브로스도 찬송가를 작곡했다. 그러나 초기의 음악보다 단순하고 노래하기 쉬웠다는 사실을 제외하고는, 그것들을 반주할 음악에 관해서 많은 것을 말하는 것이 불가능하다.

전통적으로 암브로스의 곡으로 돌리는 많은 찬송가 중에서, 대부분 학자가 진짜라고 간주하는 것은 4개뿐이다. 그중 가장 유명한 한 것은 "**열방의 구주여 오시옵소서**"(*Veni redemptor gentium*, [Savior of Nations, Come])이다.

성직자뿐만 아니라, 모든 사람에게 노래가 중요했음을 가리키는 또 다른 것은 에제리아의 보고서에서 볼 수 있다. 그녀는 암브로스와 유스티나 황후 사이의 사건이 있기 전 4년 동안 성지(Holy Land)를 방문했던 순례자로서 갈리시아에 있던 자매들에게 보고서를 보냈다. 그 문서에서, 그녀는 사람들이 성시와 찬송가를 노래하는 감독, 성직자, 수녀들 그리고 수도사들에게 합류했을 때 그들의 감정과 열정을 반복적으로 말한다.

한마디로 요약하자면, 4세기 말 경에 좀 더 정교해졌지만 노래하는 것은 여전히 전체 회중이 공유할 수 있는 활동이었다는 것이다. 주로 5세기 후에, 이런 노래는 성직자, 찬양대, 선창자들의 전유물이 되었다.

의식에 있어서 사치와 과시가 증가했다는 것은 예배에 사용된 물품에서도 볼 수 있다. 좋은 예가 성찬의 성배였다. 예수님이 사용했던 잔은 진흙으로 된 것이거나, 기껏해야 유리로 된 것일 가능성이 대단히 크다. 왜냐하면, 1세기에 일부 유대인들이 의식의 식사를 위해서 유리잔을 사용했다는 징후들이 있기 때문이다.

우리가 연구하는 시기가 시작되기 전 약 백 년 남짓 동안, 터툴리안이 잃어버린 양의 비유를 생각나게 하는 이미지를 가지고 있는 잔ㅡ아마도 유리잔들ㅡ에 관해서 말할 때, 그는 성찬식의 잔을 언급하는 것처럼 보인다. 또한, 카타콤 벽의 한 면에서는 몇 개의 떡 덩이 중에 포도주로 보이는 붉은 액체를 담은 투명한 잔이 나타난다는 사실은 이것이 유리잔이었던 것을 확실하게 보여준다.

우리가 연구하는 시기 직전인 303년에, 지금의 알제리의 시르타(Cirta)에 있는 교회에는 여섯 개의 은 성배와 두 개의 금으로 된 성배가 있었다.

더 값비싼 성배들을 사용하려는 움직임은 4-5세기 내내 계속되었다. 4세기에 고트족이 아드리아나폴리스에서 로마군을 대패시키고, 수많은 포로가 인질이 되었을 때, 암브로스는 몸값을 지급하려고 교회의 신성한 용기들을 녹였다는 이유로 비판을 받았다. 그는 다음과 같이 응답했다.

비록 우리가 선한 이유로 이것을 하지는 않았지만, 우리의 행위에 뒤이어 우리가 사실상 이것을 했다는 것을 계속해서 고백하고, 하나님을 위한 금보다 사람들을 보호하는 것이 훨씬 낫다는 사실을 반복해서 추가합니다. 금 없이 사도들을 보냈던 분이 또한 금 없이 교회를 결합하십니다. 교회는 보관하기 위해서가 아니라, 필요한 곳에 그것을 쓰기 위해서 금을 가지고 있습니다(*On the Duties of the Clergy* 2.28. 137; NPNF 10:64).

다음 세기에, 존 크리소스톰은 회중 중에서 많은 부자가 가난한 자를 착취함으로써 부자가 되었고, 그런 다음 약한 자를 약탈하여 축적한 금으로 만든 성배를 교회에 제공하기 때문에 자신들의 죄가 용서받을 것으로 생각한다고 불평했다.

종종 보석이나 준보석으로 장식된 성배와 금이나 은으로 만든 다른 공예품 외에도 보석으로 장식된 도금을 한 제단도 있었다. 16장에서 콘스탄틴이 로마의 성 베드로대성당에 제공했던 더 값비싼 제단도 볼 것이다.

교회의 공식적인 가르침에도 불구하고, 순교자 숭배가 실제로 예배의 한 형식이 되었고, 순교자와 성인들의 유해나 다른 유품들을 지키기 위해서 종종 금과 은 그리고 보석으로 장식된 귀중한 성물함이 만들어졌다. 간략하게 말하자면, 사치스러운 과시는 의식 자체에만 한정되지 않고, 건물을 포함해서 의식과 관계있는 모든 것으로 확장되었다. 16장에서 이것을 살펴볼 것이다.

요약하자면, 우리가 연구하는 수 세기 동안 보는 것은, 아직 이후에 일어날 일은 아니다. 그것은 특히 5세기 초의 혁신으로 시작한다. 그러나 이미 더욱 정교한 예배를 추구하는 경향이 명백히 있었는데, 이 예배는 너무 복잡하여 그 의미를 흐릴 위험이 있는 의식들로 이뤄졌다.

2. 동방과 서방의 위대한 예전 계보들

안디옥, 알렉산드리아, 로마와 같은 권력, 인구, 그리고 명망의 큰 중심지의 영향으로 오늘날 "예전 계보"(liturgical families), 혹은 의식이라고 부르는 것이 생기게 됐다. 서방에서는 이것들이 본장의 서두에서 언급했던 4개로 더 분화된다.

카르타고를 중심으로 한 북아프리카에는 다른 관례들을 가진 교회가 있었다. 다른 곳과 마찬가지로 북아프리카에서도 획일성을 향한 움직임이 있었다. 이러한 과정은 5세기의 전반부에 북아프리카가 반달족에 의해서 침략을 당함으로써 단축되었다. 한 세기 후에 그것을 재정복하려는 유스티니아누스의 시도는 더 큰 약체화로 이어졌고 무슬림 아랍의 신속한 소탕은 그 교회의 역사를 종식했다.

이러한 여러 가지 예전들은 첫눈에는-특히 정교한 의식에 익숙하지 않은 개신교들의 관점에서 보면-서로가 대단히 유사하게 보인다. 그리고 이러한 예전 계보 각각을 상세하게 묘사하는 것은 아마도 대부분 독자의 관심이 아닐 것이기에, 그에 관해 짧게 설명하는 것으로 충분할 것이다.

이 모든 다양한 계보들에서 성찬 예전은 히폴리투스의 『사도전승』에 나타나는 대화 형식으로 시작한다. 그 대화는 "주께서 여러분과 함께하시기를"이라는 말로 시작하고, "그것이 합당하고 옳습니다"로 끝난다(본장의 초반부에서 비록 근본적으로 대화는 같지만, 이미 약간의 다른 단어들이 있다는 사실에 주목했다).

동방에서는 이 대화로부터 대감사 기도(Great Prayer of Thanksgiving), 혹은 성찬기도(eucharistic prayer)로 직접 진행하는 것이 관례였다. 반면에 밀라노는 아니지만, 로마에서는 교회력에서 특별한 날을 성찬 기념과 연결시키며 "서문경"(preface)이 포함되었다. 서문경 다음에 서방에서는 **삼성송**(Sanctus), 동방에서는 승리의 찬송가(Hymn of Victory)로 알려진 "거룩, 거룩, 거룩, 전능하신 주 하나님이시여"라는 찬송가가 불리거나 암송되었다(이 찬송가는 교회가 예배를 "천사들과 천사장들, 그리고 하늘의 모든 무리"의 천국 예배에 참여하는 것과 지금 예배하는 사람들이 천국 예배에 합류할 때를 위한 리허설로 이해했다는 사실을 상기시킨다).

로마 의식에서 **삼성송** 이후에 교회와 그 지도자들과 또한 모든 신자와 전체 세상을 위한 기도가 이어졌다. 다른 말로 하자면, 이것은 우리가 이미 "사람들의 기도"로서 토론했다. 주의 만찬(Lord' Supper)의 제정사가 이 기도의 뒤를 따랐다. 동방에서는 만찬(Supper) 제정사를 다시 말한 후에 에피클레시스(epiclesis[성령임재기도])가 첨가 되었다. 이것은 성부에게 떡과 포도주에 성령을 내려주셔서 성령에 의해서 교회가 한 성별이 확증되고 유효하게 되도록 요청하는 기도이다.

이것은 아마도 두 전통 사이의 가장 중요한 차이점일 것이다. 왜냐하면, 사제가 성별했던 요소들 위에 성령님을 오시라고 요청하는 것은 성찬의 요소를 궁극적으로 성별하는 분은 사제와 그의 말이 아니라 성령님이라는 사실에 의심의 여지가 없기 때문이다.

다른 차이들도 있었지만, 오늘날의 관점으로 볼 때 가장 눈에 띄는 것은 이런 변형들이 아니라, 말해지고 행해지는 모든 것의 상대적인 획일성이다. 비록 기도와 노래의 순서가 서로 다른 전통들 사이에서 차이가 있지만, 문구의 많은 것이 동일하고 다른 지역의 신자들에게도 완벽하게 친숙할 것이다.

3. 신학적 강조점들

이미 제9장에서 다양한 지역의 교회에서 신학적으로 많은 것에 동의했다는 것을 살펴보았다. 그러나 그들 각자가 강조했던 부분에서 일부 차이들도 있었다. 성찬에서 성령님을 간구하는 것의 중요성에 대해 방금 말한 것은 그러한 차이들을 나타낸다. 왜냐하면, 특히 4세기에 시작해서 동방교회는 서방교회보다 훨씬 더 성령의 일하심과 중요성을 강조하는 경향이 있었기 때문이다.

동시에, 서방교회는 점차 사제와 그가 감독에 의한 안수식을 통해서 받았던 권력의 중요성을 강조하고 있었다. 성령이 오셔서 이미 사제가 선포했던 것을 비준하도록 요청하는 것이 사제는 물론 전체 교회 계급의 권위를 감소시키는 것으로 보이는 시대가 왔다.

특히, 우리가 이제 후기시대의 틀을 다루기 때문에, 제9장에서 세례에 관해서 언급했던 차이점들을 성찬의 맥락 안에서도 볼 수 있다. 만약 당시부터 남아있는 성찬기도 일부를 비교해 본다면, 서방교회를 대표하는 것들은 동방교회의 것들과는 강조점을 달리하고, 동방에서도 알렉산드리아와 안디옥이나 소아시아의 관례들 사이에 역시 중요한 차이점이 있다는 것을 알 수 있다.

제9장에서 세례에 반영된 신학의 세 가지 기본 유형을 개략적으로 논했다.

첫 번째 것은 서방교회와 제국의 라틴어 사용 지역에서 전형적인 것으로서, 우리가 벗어나야 하는 인간의 비극은 우리가 죄 때문에 하나님께 진 빚이라고 이해했다. 그런 관점으로부터, 신학 전체를 통틀어 강조된 것은 — 그러나 이 경우에는 명확하게 성찬 기도 — 우리의 엄청난 빚과 그리스도의 공로로 말미암아 그것을 용서받는 하나님의 은혜일 것이다. 그런 신학은 유명한 로마법 체계의 흔적을 담고 있다.

우리가 연구하는 기간에 이런 유형의 신학이 여전히 형성 과정에 있었다. 그러나 그것은 성찬의 맥락에서 이미 감지되었을 것이다. 성찬이 하나님께 제물로서 드려지는 요소들을 강조하고, 하나님께 그 제물을 받아주시고, 그 제물 때문에 그것을 드리는 자들에게 자비를 베풀어주시기를 요청한다는 점에서 그러하다.

이 역사의 연대기적 한계 너머로 더 나아간다면, 사회적, 법적 질서가 부채 및 보상과 면책 체계에 기반을 둔 사람들에 의한 일련의 침략 후에 이러한 강조가 더욱 심해졌다는 것에 주목할 것이다.

그러나 우리가 지금 토론하고 있는 시기에, 우리가 가지고 있는 것은 주로 성찬이 그것을 드리고 그에 참여하는 사람들에게로 그 공로가 옮겨지는 무혈의 제물로 이해되는 방식을 강조하는 표지들이다. 이것의 예는 암브로스가 남겨주었던 성별 기도이다. 그것은 "우리는 당신께 이 티 없는 제물, 합당한 제물, 피를 흘리지 않는 제물을 드립니다"와 같은 단어들을 포함한다(*On the Sacraments* 4.27; FoC 44:206).

서방에서 죄를 빚으로, 그리스도의 일하심을 그에 대한 지불로 이렇게 강조하기 오래전에 동방에서는 특히 알렉산드리아와 그 주변에서 다른 신학적 초점이 나타났다. 그것은 당시의 우세한 철학으로부터 취한 이미지와 말들을 사용하여 하나님에 대해 말하고자 했다.

두 번째 유형의 신학은 인간의 비극을 우리의 무지와 영적 현실에 관한 이해의 부족으로 간주했다. 그 지역으로부터, 정확하게 우리가 연구하는 그 시기로부터 나온 자료인, 4세기 중반에 살았던 트무이스의 감독 세라피온(Bishop Serapion of Thmuis)이 쓴 특이한 기도서, 혹은 유콜로기온(Euchologion)이 있다. 그 책이 완전히 세라피온의 작품인지, 혹은 그가 엮었던 자료들의 모음인지 여부를 아는 것은 불가능하다. 어쨌든, 이 책의 성찬에 대한 기도는 철학과 교회에 대한 인간의 필요성에 대한 강조와 더불어 독특한 알렉산드리아풍을 가지고 있다. 성별로 이어지는 관례적인 대화 이후에 세라피온의 기도는 다음과 같다.

> 오, 당신의 독생자 예수 그리스도의 창조되지 않은 아버지시여!
> 당신을 찬양하는 것이 적절하고 필요합니다. 모든 존재에게 불가사의하고, 설명할 수 없고, 이해할 수 없는 창조되지 않은 하나님이신 당신을 찬양합니다. 독생자를 통하여 우리에게 스스로를 나타내셨던 당신을 찬양합니다. 우리에게 불멸을 주셨고 생명과 빛과 은혜와 진리의 근원이신 보이지 않는 아버지이신 당신을 찬양합니다.

단 한 분 참 하나님이신 당신과 그리고 당신의 메신저이신 예수 그리스도를 알도록 당신의 빛의 영을 주시옵소서(trans, V. Martin Pindado and J. M. Sánchez Caro, *La gran oración eucarística*[Madrid: La Muralla 1969], 185).

그 기도는 당연히 훨씬 길고, 만찬 제정의 내러티브를 포함한다. 그러나 인용된 대사들과 그것들과 유사한 몇 개의 다른 대사들은 알렉산드리아의 영향을 명확하게 보여준다.

그 다음에 만약 시리아와 소아시아 지역으로 관심을 돌린다면 우리의 창조의 시작부터 있어온 하나님과 인류의 관계 역사 그리고 이스라엘 백성과 하나님과의 관계, 최종적으로 예수 그리스도 안에서 교회와 하나님과의 관계의 역사를 강조하는 제3유형의 신학에 주목할 것이다.

그 관계 속에서는 인간의 문제가 신흥 서방 신학에서처럼 빚이 아니고, 알렉산드리아 주변 지역을 특징지었던 신학에서처럼 교화나 이해의 부족도 아니며, 오히려 악의 권세에 속박된 것이다. 인류가 자유롭고 하나님과 참된 교제를 누리려면 이러한 권세를 물리쳐야만 한다. 이것은 『사도헌장』(*Apostolic Constitutions*)에 있는 매우 광범위한 성찬기도에서 볼 수 있다. 우리가 반복해서 언급했던 도입부의 대화 직후에, 하나님의 창조 능력을 찬양하는 것으로 시작하는 기도가 올려진다. 하나님의 영원한 속성에 관한 몇 행의 기도 후에 독생자를 통해서 하나님이 만물을 만드신 창조에 대한 강조가 이어진다.

하나님이 그것들을 만드셨고 돌보셨기 때문에, 만물은 관심 받을 가치가 있다. 기도는 그 다음에 하늘의 존재-그룹, 스랍, 그리고 다른 것들-의 창조, 그리고 보이는 세상에서 존재하는 모든 것-하늘과 땅, 빛과 어둠, 일과 휴식, 해와 달, 그리고 "별들의 합창"-의 창조로 옮겨간다. 하나님은 물, 공기, 불과 육지 그리고 모든 종류의 가축과 야생 동물들, 꽃과 씨를 가진 나무들, 그밖에 모든 것을 창조하셨기 때문에 찬양 받으신다.

이것은 기도가 최종적으로 하나님을 찬양할 때까지 계속된다. 왜냐하면, 하나님은 전체 우주를 창조하신 것 외에도, 하나님이 만드신 더 큰 세상 안에 마치 또 다른 세상인 것처럼 인간을 창조하셨기 때문이다. 그 다음에 동산과 타락 이야기, 그리고 인간이 지금 수고와 땀으로 생계를 유지해야 되는 결과도 함께 뒤따른다. 심지어 이런 상황에서도, 인간을 번성하도록 하신 분은 하나님이셨다.

다음으로 구약의 몇 가지 구절에 대한 검토가 따른다. 이것은 아벨의 제사와 카인의 형제 살해죄, 소돔의 멸망, 아브라함을 부르심, 이삭, 야곱 그리고 요셉 이야기, 이집트에서의 노예 상태, 요단에 이르기까지 광야에서의 시간을 포함한다.

기도는 **삼성송**으로 중단되었다가, 자연법, 성문법, 예언의 말들, 천사의 행위들을 통한, 그리고 마침내 세상을 하나님과 화해시키고 위협하는 진노로부터 인류를 해방하기 위해 오신 예수 그리스도에 이르기까지, 하나님의 구속 사역에 대한 기도가 계속된다. 기도는 예수님의 탄생부터 잡히셔서 빌라도에게 넘겨질 때까지 그분의 생애에 대한 요약이 포함된다. 그런 다음 그것은 수난의 이유를 악, 사망, 그리고 마귀의 권세에 대한 승리라는 면에서 설명한다.

> 그분은 총독 빌라도에게 넘겨졌습니다. 그리고 심판관이셨던 그분이 재판을 받았습니다. 구주였던 분이 유죄선고를 받으셨습니다. 불가침이었던 분이 십자가에 못 박히셨습니다. 본질상 불멸이셨던 분이 죽으셨습니다. 생명의 수여자이신 분이 매장되셨습니다. 그래서 그분은 사람들─그분은 이들을 위해 오셨습니다─을 고통과 사망으로부터 해방할 수 있게 되었고, 마귀의 멍에를 부수고, 그의 속임수로부터 인류를 구출할 수 있게 되었습니다. 그분은 제 삼일 째에 사망으로부터 부활하셨습니다. 그리고 그 후에 제자들과 함께 40일을 지내신 후에, 그분은 하늘로 들려져서 그분의 하나님이자 성부이신 당신의 오른편에 앉아계십니다 (*Apostolic Constitutions* 8.12; ANF 7:489).

수 세기 후인 오늘날, 이 모든 목소리가 우리에게 말한다.

첫째, 우리의 신학적 차이에도 불구하고, 그리고 어떤 의미로는 그런 차이 덕분에, 한 개의 식탁—우리의 식탁이 아니라, 주님의 식탁—주위에 모이는 것이 가능하다. 왜냐하면, 이러한 차이가 하나님의 은혜의 넓은 범위에 대한 증거이기 때문이다.

둘째, 이러한 목소리들은 우리의 예배는 하늘의 무리 예배에 합류하는 것이라는 사실과, 그리고 그러므로 그것은 우리가 그 무리 중의 하나로 여겨질 때의 미리 맛보기라는 사실을 잊어서는 안 된다는 사실을 말해준다. 이 방향에서 우리가 인용할 수 있는 많은 구절 중에서 예루살렘의 시릴이 그의 『교리 교육 강의』(Catechetical lectures)의 끝에 한 말이 눈에 띈다. 거기서 반복적으로 언급되었던 도입부의 대화를 검토한 이후에, 시릴은 다음과 같이 말한다.

> 이것 후에 우리는 하늘과 땅과 바다와 해와 달, 별들과 합리적이고 비합리적인, 가시적이고 불가시적인 모든 피조물에 대해 언급합니다. 우리는 천사들과 천사장들, 미덕과, 통치와 정사와 권세들과 보좌를 언급합니다. 우리는 많은 얼굴을 가진 그룹을 첨가하고, 사실상 "나와 함께 주님을 찬양하라"는 다윗의 요구를 반복합니다.
> 우리는 또한 이사야가 영 안에서 하나님의 보좌 주변에 서 있는 것을 보았던 스랍에 관해서도 언급합니다. 그들은 두 날개로 얼굴을, 두 날개로 발을 감추고, 반면에 두 날개로 날아다녔습니다. 그들은 외쳤습니다.
> "거룩, 거룩, 만군(sabaoth)의 여호와는 거룩하십니다."
> 스랍에 의해서 우리에게 전달되었던 이 고백을 암송하는 이유는 우리가 하늘의 무리가 찬양의 찬송을 할 때 참여자가 될 수 있도록 함입니다(*Catechetical lectures* 23.6; NPF2 7:154).

마지막으로, 저 목소리들은 우리가 우리 예배를 아무리 아름답게 들리는 말과 인상적인 의식으로 장식한다고 하더라도, 사실상 우리 예배에 믿을 수 없을 정도로 굉장한 진리—십자가에 달리시고, 부활하시고, 높임을 받으신 우리 주님이 만찬에서 자신을 제공하셔서 우리를 그분의 몸으로 양육하시는 것—보다 더 큰 장식은 있을 수 없다는 점을 말해준다. 수 세기가 흘러갔고 예배는 진화되었다. 그러나 수 세기에 걸쳐 우리를 하나로 만든 것은 다름 아닌 바로 성령에 의해 우리 안에 주어진 확신, 즉 하나님이 그리스도 안에서 세상을 자기와 화목하게 하신다는 확신이다.

제16장

시간, 장소, 그리고 관례

1. 시간: 달력

4세기에 두 개의 중요한 날짜가 달력에 추가되었다. 바로 성탄절(Christmas)과 승천일(Ascension Day)이다. 둘 다 신약성경과 대부분의 고대 기독교 저술에 나타나는 사건들을 기념한다. 그리스도인들은 역사를 통틀어 그 일들에 관해서 설교해왔지만, 지금까지 그런 일들을 위해 달력에 별도로 정해 놓은 날짜는 없었다.

예수님의 탄생을 강조했던 최초의 저자들—예를 들어, 2세기 초 안디옥의 이그나티우스(Ignatius of Antioch)—은 마르키온(Marcion)이나 영지주의자(Gnostics)들의 그리스도 가현설의 가르침(Docetic teaching)에 대응하기 위한 한 방법으로 그렇게 했다. 이러한 가르침은 물질은 악하거나 열등하다고 여기기 때문에, 그들은 예수님이 육체를 가질 수 있다는 개념을 거부하였다.

그런 교리들 때문에 이그나티우스가 예수님이 정말로 태어났다고 주장하게 된 것이다. 동일한 이유로, 우리가 지금 사도신경이라고 부르는 것의 가장 오래된 형식인 로마 신앙고백서(Old Roman Symbol[가장 오래된 신조로서 사도신경의 전신과 근거가 됨-역자 주])는 "예수님이 동정녀 마리아에게서 태어나셨다"고 단언했다. 하지만, 신자들이 예수님이 태어나셨다는 사실을 확신함에도 불구하고, 탄생을 축하하는 특별한 날은 없었다.

그 이유는 이러하다. 예수님의 수난은 유대의 유월절과의 관련을 기반으로 거의 확립될 수 있었던 반면에, 그분의 출생은 이와 경우가 다르기 때문이다. 그러므로 어떤 이는 예수님의 탄생을 축하해 본 적이 결코 없었던 것으로 보인다.

일반적으로, 동방교회들은 예수님의 탄생을 1월 6일경에 축하하는 경향이 있었다. 왜 그 날짜가 선택되었는 지에 관해서 학자들의 의견이 일치하지 않는다. 우리는 이집트에 바실리데스(Basilides)의 추종자들인 일부 영지주의자가 있었고, 그들이 그 날짜에 예수님의 세례를 기념했다는 것을 알고 있다(그들에게는 예수님의 세례가 특히 중요했다. 왜냐하면, 그들은 신성이 그 시점에 예수님 안에 거하기 시작했다고 믿었기 때문이다).

그런 견해에 대응하기 위해서, 이집트의 정통 그리스도인들은 그 날짜에 이런 영지주의자들이 했던 것처럼 예수님의 세례뿐만 아니라, 그분의 탄생도 기념하기 시작했다. 그것은 동시에 예수님의 인성과 신성을 강조하는 한 방법이었다. 여전히 분명하지 않은 이유 때문에, 그날 이집트의 그리스도인들은 가나의 혼인잔치의 표적도 기념했다. 아마도 이것은 그 표적이 물을 변화시켜 세례수에 권능을 부여하는 예수님의 권세를 보여주었기 때문일 것이다.

또 다른 가능성은 가나의 표적이 제자들에게 예수님의 신성한 능력을 나타내었고, 하늘로부터 온 비둘기와 말씀이 유대인들에게 예수님의 신성을 보여주었기 때문일 것이다. 이방인들에게 예수님의 신성을 선포한 자는 동방박사였기에 어떤 이들은 그들의 도착을 이날에 기념했다. 그러나 동방보다는 서방의 그리스도인들이 동방박사의 이야기에 더 큰 관심을 가지고 있었던 것으로 보인다는 사실을 주목해야 한다. 마지막으로 다른 이들은 그 날짜에 물과 관련된 이교도의 축제가 있었고 이에 대응하기 위해서 1월 6일이 선택되었다고 믿는다.

이러한 발전들이 동방교회에서 일어나고 있었던 반면, 서방에서는 그리스도의 탄생이 12월 25일이어야만 한다는 전통이 발전되었다. 또한, 이 경우에는 기존의 이교도 전통과 축제를 대신하기 위해서 이 날짜가 선택되었을 가능성이 상당히 농후하다. 어떤 이는 3월 25일에 십자가에 달리신 것에 근거해서 이날이 선택되었다고 시사한다. 하나님은 모든 것을 순서대로 행하시고, 아무것도 불완전해서는 안 되기 때문에, 이것은 예수님이 동일한 날인 3월 25일에 잉태되셨다는 것을 의미한다.

그리고 3월 25일의 9개월 후는 12월 25일이기 때문에, 그것이 예수님의 탄생을 기념하기에 최상의 날짜로 보였다. 비록 일부 문서들이 이 이론을 지지하는 것처럼 보이지만, 그것은 그 이후이고, 이미 행해진 것을 사후에 정당화시키려는 시도일 가능성이 아주 크다. 어쨌든, 우리에게는 탐정소설을 연상시키는 복잡한 학술 연구 과정을 거쳐서 335년까지는 서방 그리스도인들, 혹은 적어도 로마의 그리스도인들은 12월 25일을 주님의 탄생이 기념되어야 하는 날로 간주하였다.

요약하자면, 서방에서는 그리스도의 탄생을 12월 25일에 기념했지만, 동방에서는 1월 6일에 기념하였다. 이러한 상태는 4세기에 만연했다. 설명할 수 없는 일이지만, 이러한 불일치는 부활절 날짜를 두고 그리스도인들을 분열시켰던 것과 비슷한 심각한 어려움을 야기할 수도 있었지만 별다른 충돌 없이 해결되었다. 동방과 서방 둘 모두에서 12월 25일이 예수님의 탄생을 기념하는 날이 되었고, 1월 6일은 세례에서 드러난 예수님의 신성의 계시, 동방박사의 방문, 그리고 가나의 표적을 기념하는 주현절이 되었다.

이 날짜가 너무나 잘 받아들여져서, 주후 386년 12월 25일에 존 크리소스톰은 안디옥에서 설교하면서 너무 기뻐서 "우리가 이 기념행사를 알게 된 것이 단 10년 지났다." 그러나 그것은 "마치 우리가 처음부터 받았던 것 같다"라고 선포했다(*Homily on the Date of the Birth of Christ*; PG 61:737).

시간이 흐르자, 부활절을 위한 준비 기간이 사순절로 발전되었던 것과 마찬가지로, 성탄절을 위한 유사한 준비 기간이 대림절로 발전되었다.

승천일의 경우는 다소 다르다. 예수님의 부활 날짜는 일단 확립되었지만, 승천일 날짜에 이르는 것은 40일을 세는 것으로 충분하다. 4세기 중엽까지, 우리가 가지고 있는 큰 기독교 축제와 예식에 관한 다양한 목록에서 승천 일을 그중 하나로 언급하진 않는다. 4세기 끝 무렵에, 니사의 그레고리와 존 크리소스톰 둘 다 승천일을 언급한 것을 볼 수 있다. 대략 같은 시기에, 에제리아는 부활 후 40일째에, 예루살렘에서 특별 철야가 있었고, 감독과 사제들이 그 장소와 사건 모두와 관련되는 주제로 설교했다고 보고한다. 약간 나중에, 어거스틴이 다음과 같이 선포했다.

> 주님의 영광이 그분의 부활과 승천으로 완성되었습니다. 우리는 부활절 주일에 그분의 부활을 기념했고, 오늘 그분의 승천을 기념합니다. 둘 다 우리에게 축제일입니다. 왜냐하면, 그분은 우리의 부활을 증명하기 위해서 죽은 자로부터 다시 살아나셨고, 높은 곳으로부터 우리를 보호하시기 위해서 승천하셨기 때문입니다. 따라서 우리의 주님과 구주는 먼저 십자가에 달리시고, 이제는 하늘에 앉아 계신 예수 그리스도이십니다(*Sermon* 263.1; PL 38: 1209).

5세기에는, 소크라테스 스콜라스티쿠스(Socrates Scholasticus)가 다른 주제를 논의하던 중에 콘스탄티노플 교외의 엘레아(Elaea)라는 곳을 지나면서 "고대부터 우리 구주의 승천을 기념하기 위해서 매년 전 인구가 모이는 관습이 있었다"고 말했다(*Church Hist*. 7.26; NPNF2 2:168).

이런 축제들이 기독교 달력에 첨가되는 동안, 달력 자체는 점점 더 복잡해졌다. 이는 순교자들의 기일에 성찬식을 거행하기 위해서 그들의 무덤에서 모이고, 그렇게 해서 순교자들이 동일한 교회의 일원이라는 것을 표시하는 고대의 관습 때문이다.

각각의 장소에서 그 장소에 해당되는 순교자를 기념하기 위해서 모였기 때문에, 4세기까지 그런 행사들은 당연히 지역적인 것이었다. 그러나 4세기에 들어서서 교회들 사이에 더 많은 교류가 일어나고 그러한 순교자들의 이름과 사망 날짜 또한 서로 교환되자, 특별한 날짜의 수가 기하급수적으로 늘어났다.

여기에는 존재한 적도 없었던 순교자들의 이름과 가짜 무덤과 유물 또한 포함되었다. 성 게르바시우스(Gervasius)와 성 프로타시우스(Portasius)가 그 좋은 사례이다. 암브로스가 그들의 유물을 발견했다고 주장했고, 그들은 곧 밀라노뿐만 아니라, 북아프리카에서도 추앙받게 되었다. 또한, 고대의 신이나 여신이 소위 성인의 이름으로 "세례를 받고", 그다음에 이전에 이교도 신을 숭배했던 사람들에게 헌신의 대상이 되는 경우도 종종 있었다.

수 세기 동안, 원래 기독교 달력의 그리스도 중심적인 본질이 가려졌고, 많은 사람의 헌신은 삼위일체 하나님이나 그리스도보다는, 특정 장소에서 가장 인기가 있는 성인들에게로 향했다. 지역 인물들에 대한 헌신은 교회의 통합을 약화시켰다. 왜냐하면, 각 지역이 좋아하는 성인들을 가지게 되었고, 각 직업이나 인간의 조건 또한 곧 자체의 수호성인을 가지게 되었기 때문이다.

2. 장소: 바실리카

박해가 종식되었을 때, 몰수되었던 모든 재산은 교회로 반환되었고, 그리하여 그리스도인들은 즉시 모일 곳이 생기게 되었다. 하지만, 얼마 되지 않아서 예배에 봉헌되는 새로운 건물의 건축이 시작되었는데, 그것들은 이전 것들보다 훨씬 크고 화려하게 장식되었다. 이는 교회에 가입하는 사람의 수가 많아졌기 때문에 필요한 것이었고, 부유한 사람들의 직접적인 지원 덕분에 가능했다. 그중에는 콘스탄틴과 그의 어머니인 헬레나 그리고 그들의 후계자 몇 명도 있었다.

그 당시에 예배를 위해 건축된 건물의 특정 양식은 "바실리카"(basilica)라고 불렀다. 비록 이러한 바실리카의 건축양식은 다양한 출처와 영향으로부터 나온 것이지만, 그 이름 자체는 원래 헬라어의 "왕"(king)이란 단어에서 비롯되었다. 그 이유는 원래 바실리카가 단순히 큰 정부 건물이었기 때문이다.

그러나 콘스탄틴과 새로운 환경으로 생겨났던 엄청난 교회 건물들 후에 "바실리카"라는 단어는 수 세기 동안 교회 건물에서 두드러졌던 어떤 특정 양식을 의미하게 되었다.

본질에서, 바실리카는 일반적으로 주 회중석이 동쪽으로부터 시작해서 서쪽으로 향하는 직사각형 건물로서 입구가 서쪽에 있어서 예배자들은 동쪽을 향하게 된다. 그러나 콘스탄틴은 반대 방향, 즉 예배자들이 서쪽을 향하는 것을 선호했던 것으로 보인다.

그다음에 주 회중석은 평행하게 줄지어 있는 기둥들로 인해 세로로 나뉘었다. 바실리카에는 그런 줄이 두 개가 있어서 회중석을 세 개의 긴 부분으로 나누게 되는 것이 가장 일반적이다. 하지만, 이후에 기둥들이 더 추가되어, 일부 바실리카는 평행한 회중석이 일곱 개까지 있었다. 어떤 경우에는, 특히 서방과 또한 다른 곳에서 주 회중석의 거의 끝에 십자형 둥근 천장이나, 남북으로 길게 뻗어있는 트랜셉트(transept: 십자형 교회의 좌우 날개 부분)가 있어서, 전체 바실리카가 십자가의 모양이 되도록 했다.

중앙홀을 지난 후에는, 바실리카의 한쪽 끝에 출입구가 있다. 일반적으로 바실리카에는 분할된 몇 개의 회중석으로 들어가는 각각의 문이 있었을 것이다. 그래서 만약 바실리카에 두 개의 기둥 열과 3개의 회중석이 있다면, 건물 반대쪽에 세 개의 출입구가 나란히 있었을 것이다. 또 다른 끝에는 휘어진 벽과 오목한 지붕이 있는 후진(apse)이 있다. 그곳에 제단이 있었고, 보통 고위성직자들이 그곳에 앉는다.

원래, 대부분 제단은 나무로 되어있었지만, 어떤 것은 귀한 재료로도 만들어졌다. 주후 336년에 건축이 시작된 로마의 성 베드로 바실리카—오늘날과 같은 건물은 아니다—에는 금과 400개의 보석으로 덮인, 350 파운드 이상의 무게가 나가는 은 제단이 있었는데, 이는 콘스탄틴이 기부한 것이었다.

후진과 회중석의 주요 부분 사이에는 하나, 때로는 2개의 강단이 있었다. 이것은 사람들이 멀리 있는 설교자를 보고, 들을 수 있도록 높이 세워졌다. 회중석에서는 남자들과 여자들이 다른 지역에 앉거나 서 있었을 것이다. 보통 대부분 사람은 예배 동안 서 있지만, 앉아야 할 사람들이 앉을 수 있는 장소도 있다. 남자들이 오른쪽에, 여자들이 왼쪽에 있는 것이 가장 일반적이지만, 이것은 장소에 따라서 달라진다.

바실리카는 종종 감독의 관저였기 때문에, 그를 위해 후진에 특별한 의자가 마련되었다. 이 의자, 혹은 **감독**좌(*cathedra*) 때문에, 결국 감독이 주재했던 교회는 "대예배당"(cathedral)으로 알려지게 되었다.

큰 회중석이 적어도 세 개의 좁고 긴 회중석으로 분할되었기 때문에, 중앙이 가장 넓을 뿐만 아니라, 가장 높아서, 중앙 회중석 위에 있는 벽에는 건물에 빛이 들어올 창을 만들기 위한 공간이 있었다. 이것은 결국 성경의 장면을 대표하는 그림들, 교회 역사에서 중요한 인물들의 삶에 있었던 일화들, 그리고 때로는 건물을 짓기 위해 기금을 제공했던 사람들의 형상으로 벽과 천장을 장식할 수 있게 만들었다. 이러한 예술 중 대부분이 비잔틴 제국에서 곧 번성하게 될 예술 형식인 모자이크 식이었다.

그러한 바실리카의 장엄함은 가이샤라의 유세비우스가 티르(Tyre)의 새 교회에 관해서 쓴 찬사에 상세하게 묘사되어 있다. 유세비우스는 역사적 맥락 안에서 설교를 하면서, 청중들에게 박해 시에 바로 이 땅에 서 있던 옛 교회가 파괴된 것을 상기시킨다. 그는 이것은 "우리가 모두 원하고 기도했던 광경"이라고 선언한다. 도시에서는 봉헌의 축제가 있었고, 새로 지은 기도의 집에 대한 헌당식이 있었다. 감독들이 모였고 해외로부터 외국인들이 왔다"(*Church Hist.* 10.3.1; NPNF2 1:270). 교회에 대해 말하면서, 그는 그것의 영광은 그 이전의 것을 훨씬 능가할 것이라고 말한다. 그런 다음 유세비우스는 이 새로운 교회를 계획하고 건축한 것에 대해 티르의 감독인 파울리누스(Paulinus)를 칭찬한다.

훨씬 큰 공간이 둘러싸여 있기 때문에, 벽으로 완전히 둘러져 요새화 된 바깥뜰은 건물 전체에 매우 안전한 방어벽이 됩니다. 그리고 그는 떠오르는 태양의 광선을 향하여 현관을 높이고 넓혔습니다. 그것은 너무나 높아서, 심지어 성역 밖 멀리 있는 사람들도 안에 있는 사람들을 완전히 볼 수 있을 정도입니다. 따라서 신앙을 알지 못하는 사람들의 눈은 거의 입구로 향할 것입니다. 이전의 황량함에 대한 기억과 지금의 믿을 수 없는 변신에 감명받지 않고 지나갈 수 있는 사람은 아무도 없었습니다. …
그는 [성소]를 4개의 가로지르는 회랑으로 둘러싸고 장식했고, 사방에 기둥을 세워 사각형의 공간을 만들었습니다. 그는 이것들을 적당한 높이의 나무로 된 격자무늬 스크린으로 결합시켰습니다. 그는 중앙에는 빈 공간을 남겨서 하늘을 볼 수 있고, 자유로운 공기가 태양광 속에서 빛나도록 했습니다. 여기에 그는 신성한 정화의 상징을 두고, 성전 반대편에 풍부한 물을 제공하는 분수를 두었습니다.
그래서 성소에 들어오는 사람들은 스스로 정화할 수 있습니다. 여기가 그곳에 들어오는 사람들이 첫 번째로 멈추는 지점입니다. 게다가, 그것은 모든 사람에게 아름답고 찬란한 광경을 제공합니다. 그것은 여전히 초등교육을 받을 필요가 있는 사람들에게 적절한 장소입니다.
이 아름다운 구역 너머에, 성전으로 들어가는 열린 입구가 있습니다. 그 안에는 많은 다른 전실이 있습니다. 한쪽 면에 태양광선을 향하고 있는 세 개의 문이 있습니다. 중간에 있는 문은 양각으로 되어있고, 철이 합금된 청동 도금으로 장식되어 있습니다. 이 문은 다른 두 개의 문보다 높고 넓어서 마치 다른 문들이 여왕을 지키는 경비병처럼 보입니다. 같은 방식으로, 성전의 각 면에 있는 복도를 위한 전실의 숫자를 정하면서, 그는 더 많은 빛이 건물 안으로 들어올 수 있도록 전실 위에 개구부를 만들었습니다. 그는 이러한 것들을 아주 정밀한 나무 세공으로 장식했습니다. 그러나 그는 왕실을 위해 더 많은 아름답고 찬란한 재료를 준비했습니다. 그의 지출은 거침없고, 자유로웠습니다. …

그가 성전을 완성했을 때, 그는 그것을 주재했던 사람들을 기리기 위해 우뚝 솟은 왕좌를 비치했습니다. 전체 건물을 통틀어 적절한 순서로 정렬된 의자들이 있습니다. 마지막으로 한 중간에 있는 것은 제단이 있는 지성소입니다. 그것은 많은 사람이 접근할 수 없도록, 나무로 된 격자 세공품으로 둘러싸여 있습니다. 그것은 보는 사람들에게 굉장한 광경을 보여줍니다. 그는 심지어 인도도 내버려두지 않았습니다. 그는 각양각색의 아름다운 대리석으로 인도를 장식했습니다 (*Church Hist*. 10.4.37-45; NPNF2 1:375).

우리가 충분히 상상할 수 있듯이, 그런 바실리카는 예배 자체에 지대한 영향을 끼쳐서, 예배는 곧 의식, 예복, 찬양 대, 그리고 건물 자체의 장엄함에 더 합당하게 보이는 다른 요소들을 발전시키기 시작했다. 제단 주위의 격자 세공은 성직자와 사람들 간에 분리가 점점 증대되었음을 보여준다. 회중 속에 수백의 사람들이 있었지만, 그들 중 많은 이들은 제단으로부터 어느 정도 떨어진 거리에 있었고, 성직자의 예복이 중요시 되었다. 왜냐하면, 사람들이 누가 감독인지, 사제인지, 집사인지 등을 알 필요가 있었기 때문이다.

각 사람이 입었던 것과 자신들의 머리를 가리는 방법과 다른 그러한 표지들이 그러한 구별을 명확하게 했다. 주일예배, 특히 성찬은 새로운 배경에서 일어나는 드라마였다. 그리고 예복들은 각 배우의 역할과 기능을 구별해 주었다. 이것은 그리스도인들이 개인 집이나, 예배 장소로 바뀐 주거지에서 만났던 초기의 시대로부터 엄청나게 변화된 것이다. 당연히, 그때는 누가 누구인지 알기 위해서 특별한 의복을 입을 필요가 없었다.

이곳이 예전 예복 발전에 관한 추가적인 말을 할 최적의 장소일 것이다. 개신교 종교개혁 때까지 보편적이었던 예복의 기원은 고대 로마인들이 입었던 드레스를 떠올리게 한다. 간략하게 말해서, 원래 이런 것은 예배를 인도하는 사람들이 입었던 특별 의상이 아니라, 단순히 대부분 인구가 입었던 통상복이었다. 평신도와 성직자가 입는 옷이 진화됨에 따라, 예복도 다른 방향으로 진화되었다. 우리가 연구하는 시기, 즉 대부분 4-5세기에 성직자가 입었던 것은 대부분 사람이 입었던 것과 아주 비슷했다.

이후에 부분적으로는 침략자의 영향 아래에서 일반 사람들이 입는 의복에 변화가 있었다(예를 들어, 바지가 발전하면서 그것이 더욱 전형적이 되어갔다). 그러는 동안 성직자의 복장은 자체 라인에 따라 개발되었지만, 항상 고대 로마 관습을 반영하였다. 이미 이 시기까지는, 감독과 고위성직자는 점점 커지는 사회적 명성을 누렸고 예복은 점차 더 화려해지기는 했지만, 여전히 평신도가 입는 것과 비슷했다.

이 기간의 말쯤에, 부적합할 정도로 과시하는 예복에 대해 경고하는 강한 말들이 생기기 시작했다. 주후 424년 로마의 이노선트 감독(Bishop Innocent)은 비록 성직자가 사람들과 대체로 구별되어야 하지만, 이러한 차이는 예복이 아니라 교리에 있어야 하고, 무엇을 입는가가 아니라, 관계와 대화에 있어야 하며, 과시가 아니라 정신적인 정결함에 있어야 한다고 말하면서 골(Gaul) 지방에 있는 자신의 동료를 꾸짖었다.

거의 동시대에, 어거스틴은 자신은 함께 사는 다른 모든 사람처럼 옷을 입었다고 거의 지나가는 말로 말한다. 그러나 이노선트가 골 지방의 감독에게 말했던 것들은 그곳에 사실상 과시하는 경향이 있었다는 점을 보여준다.

좀 더 정교한 예식으로 이렇게 진화하는 것은 특히 동방에서 현저했는데, 부분적으로는 황실을 모방했기 때문이었다. 서방에서는 침략과 다른 방해들이 삶의 모든 측면에 영향을 주어서, 예배에서 화려함은 동방에서만큼 눈에 띄지 않았다. 그러나 이후에 중세 시대에, 새로운 게르만족 제국이 서방을 지배했을 때, 동방예배와 유사한 장엄함이 발전될 것이었다.

3. 장소: 다른 건축물들

새로운 교회들 이외에도, 수많은 세례당들이 건축되었다. 이러한 건물의 중요성을 이해하기 위해서는, 사람들이 통상 벌거벗은 채로 세례를 받았고, 따라서 전체 회중이 참석하지 않는 상태에서 세례 받았다는 것을 기억하라. 회중들은 새 세례자-유아들-이 자신들에 합류해서 처음으로 성찬을 받는 것을 기다리고 있을 것이다. 우리는 이미 듀라 유로포스의 교회에 세례를 받는 특별한 방이 있는 것을 보았다. 이제 호사스러운 교회가 건축되었으므로, 그 옆에 세례를 거행할 또 다른 구조물을 배치하는 것이 일반적이었다.

건물 자체와 그 안의 조는 모양이 다양했다. 특히, 서방에서, 또한 다른 곳에서도 건물이나 조 자체가 8각형의 모양에, 8개의 기둥이 받쳐주는 돔으로 된 경우가 아주 잦았다. 이것은 창조의 "제8일", 즉 영원으로 들어가는 입구로서 세례를 가리키는 것이었다. 다른 세례 당들과 조들은 둥근 모양이었거나, 혹은 십자가나, 관의 모양이었다.

비록 유아세례가 점점 더 빈번해졌지만, 적어도 8세기까지 세례 당은 성인이 몸을 담그고 세례를 받을 수 있도록 설계되었다. 오랫동안, 유아뿐만 아니라, 성인도 일반적으로 몸을 담그는 침례가 일반적이었다. 서방에서는 이 관습이 12세기 즈음에 사라졌지만, 동방에서 지속되었다. 서방에서는 옛 세례당이 일반적으로 교회 입구의 세례반으로 대체되었다.

주요 도시와 성스러운 장소들, 특히 성지에 건설된 바실리카와 그에 딸린 세례당 이외에도, 다른 교회들이 다른 건축 양식, 특히 일부는 십자가 모양을 따라 건축되었다. 수많은 기념비적인 건축물이 중요한 사건의 순교자들을 기리기 위해 세워졌다. 이러한 것들은 **순교자 기념교회**(martyria, 혹은 단수의 *martrium*)라고 불렸다.

이런 건물 중 가장 눈에 띄는 것은 콘스탄틴의 명령으로 건축된 **기념교회**(*martyrium*), 즉 **예수 성묘**(*Holy Sepulcher*)교회였다. 유세비우스는 콘스탄틴이 예루살렘의 감독인 마카리우스(Macarius)에게 이 특별한 건물에 관해 지시했던 편지를 인용한다.

> 교회 자체의 아름다움뿐만 아니라, 세부사항도 제국의 어떤 도시에 있는 가장 아름다운 구조물을 능가할 것이다(*Life of Constantine* 3.31; NONF2 1:528).

그다음에 유세비우스는 건물 자체를 다음과 같이 묘사한다. 하나도 같은 것이 없고, 모든 종류의 장식이 달린 대리석 기둥, 삼면이 광대한 포르티코(portico)로 둘러싸이고 무덤에 면해 있는 광택 있는 돌로 된 포장도로, 여러 가지 색의 대리석 바닥으로 된 큰 교회, 그 아래 장식이 있는 납으로 덮인 지붕, "바다처럼 넓은" 공간. 세 개의 장식된 문을 통하여 건물로 들어갈 수 있고, 건물 안에는 사도들을 기리는 기둥에 둘러싸인 높은 제단이 있었고, 각 기둥은 은으로 된 주두(柱頭)로 되어 있었다.

4. 관례

새로운 질서와 박해의 종식이 가져온 주된 영향 중 하나는 수도원주의의 급증이었고, 그에 대해서는 이미 언급했다.

수도원의 삶에 여자들의 존재를 인정하는 것은 중요하다. 이것이 여자들이 회중의 삶에 참여했던 전통적인 방법들을 약화했다는 점에 주목해야만 한다. 우리가 살펴본 것처럼, 초기부터 교회는 궁핍한 과부들을 지원했다. 이런 여자들에게는 특히 돌봄, 교육, 다른 여자들을 위한 영적 지침을 제공하는 다양한 기능이 주어졌다. 곧 과부가 아닌 여자들이 비슷한 독신의 삶에 헌신했고, 따라서 우리는 교회를 위해 일하도록 위임받은 "과부와 동정녀들"에 대한 언급을 볼 수 있었다.

그러나 수도원이 존재하여 그런 여자들이 거기서 살며 생계를 유지할 수 있게 됨으로써, 이전의 "과부와 동정녀"라는 체계는 설 자리를 잃게 되었다. 부분적으로는 자신들의 재원으로 기도 생활, 묵상, 그리고 선행을 할 수 있는 귀족 여자들이, 부분적으로는 수도원의 여자들이 그들의 자리를 차지했다.

일반적으로, 수도원 운동은 물건을 공유하고 가난한 자들의 필요를 채워주는 고대의 관행이 계속되는 한 방법이었다. 교회는 대체로 그러한 고대 관행에 더 이상 관심을 두지 않았지만, 수도원의 삶에서는 물품이 공유되었고, 보통 사적인 재산이 금지되었다. 공동체적인 수도원의 삶은 "규칙"을 따라 조직되었다. 많은 규칙이 있었지만, 결국 서방에서는 성 베네딕트 규칙서(Rule of St. Benedict)를 가장 많이 따르게 되었다.

그리스도인들이 멀리 떨어져 있어도 모두 같은 시간에 기도할 수 있도록 정해진 기도 시간을 떼어 놓는 것을 비롯한 초기의 관습들은 수도원이 기도의 삶에서 따르는 양식이 되었다. 이제 교회에 왔던 방대한 수의 사람들은 더 이상 그 시간을 지켜야 한다는 강박감을 느끼지 않게 되었고, 평신도들은 서서히 그것을 무시하게 되었다. 하지만, 수도원의 남자들과 여자들 사이에서 기도를 위해 정해진 시간을 가지는 것은 그들의 경건한 삶에 있어서 필수적인 요소였다.

대 바질은 수도원의 기도를 위한 프로그램의 윤곽을 그린 많은 저명한 인사 중의 한 사람이었다. 그가 제안했고, 많은 이가 따랐던 것은 매일 8번의 기도 시간—아침에 일어나자마자, 제3시과(terce) 제6시과(sext) 그리고 제9시과(none), 하루의 마지막에, 자러 갈 때, 자정에, 그리고 동트기 전에—이 있는 것이었다.

만약 수도원 예배당으로부터 다소 떨어진 곳에서 일하고 있어서 특정 기도 시간에 돌아올 수 없다면, 그들은 자신이 하고 있던 일을 멈추고 공동체의 나머지가 예배당에서 기도하는 것과 같은 시간에 기도해야 한다.

스케줄을 알려주는 벨에 의해서 삶이 지배되었다. 그런 고정된 기도 시간에 의해서 형성된 이러한 경건의 삶에는 감사, 고백, 청원 그리고 묵상에 대한 중요한 강조가 그랬던 것처럼, 시편이 특별한 위치에 있었다. 이러한 관행들을 확립하는 『규칙서』(Rule)는 주후 397년에 헬라어에서 라틴어로 번역되어서 서방 수도원 생활에 큰 영향력을 가지게 되었다.

요컨대, 그리스도를 믿는 신자들의 수는 엄청나게 증가한 반면, 헌신의 수준이 곧 그들을 두 개의 범주로-수도원의 삶이라는 높고 어려운 요구를 따랐던 상대적으로 적은 수의 사람들과 반면에 그저 교회의 의식에 참석하는 나머지-로 나누는 일이 일어난 것이다.

주목해야 할 것은 거의 모든 수도사들이 평신도, 다시 말하자면 안수를 받지 않은 사람들이라는 점이다. 그래서 안수받은 장로가 거행해야만 하는 성찬은 수도원에서는 가장 일반적인 예배 형식이 아니었다.

각 수도원 공동체는 성찬을 기념할 수 있는 방법을 강구했다. 어떤 경우에는 이 목적으로 수도사가 안수를 받았고, 다른 곳에서는 지역 사제가 목사로 섬겼고, 그리고 성찬을 기념하기 위해서 정기적으로 방문했다. 이 기간 후의 기독교 예배 발전을 연구하기 위해서는 전체적인 평신도와 수도사 사이의 훨씬 두드러진 차이를 유념해야만 한다.

4세기에 또 다른 주목할 만한 발전은 순교자에 대한 헌신과 그들의 무덤에서 매년 기념하는 일이 늘어난다는 점이다. 오랫동안 그리스도인들은 신앙을 자신들의 피로써 증언한 사람들을 공경했다. 빠르면 2세기에, **폴리캅의 순교**(Martyrdom of Polycarp) 사건에서 서머나의 그리스도인들은 자신들의 감독이 죽은 후에 그의 뼈를 모을 수 있었던 것을 기뻐했다. 그것은 그들에게 "가장 정교한 보석보다 더 귀하고 금보다 더 정결한 것이었고, 그들은 그것들을 적절한 장소에 두었다"(Martyrdom of Polycarp 18; ANF 1:43).

이렇게 순교자들의 기념일에, 종종 그들의 무덤에 모여서 성찬을 하면서 그들의 증언을 기념하는 일에 관심을 두는 것은 고대교회 역사 내내 계속되었다. 그러나 순교자들은 숭배 받아서는 안 되고, 그들이 했던 증언에 대해 특별한 영예와 존경을 받는 것이라는 진술이 반복되었다.

비록 그렇다 하더라도, 4-5세기 동안, 교회의 평화와 소통의 발전과 더불어 어떤 교회도 듣게 되는 순교자들의 수가 급속히 증가했다. 암브로스와 게르바시우스와 스로타시우스의 뼈로 추정되는 것의 경우에서처럼, 의심스러운 기원의 진설들이 더욱 의심스러운 선언들, 즉 어떤 뼈들이 순교자들의 실제 유해라는 선언으로 인해 강화되었다.

이 모든 것이 저항의 목소리와 그 관례를 지지하는 다른 이들의 목소리들 한가운데서 일어났다. 주후 406년에, 베들레헴에 있는 제롬의 수도원 공동체의 일원이었다가 떠났던 어떤 비질리안티우스(Vigiliantius)라는 사람이 논문을 작성했다. 제롬이 그의 말을 인용한 것처럼, 그 논문에서 그는 다음과 같이 물었다.

"왜 당신은, 그것이 무엇이건, 당신이 작은 병에 가지고 다니며 숭배하는 물건에 숭배는 말할 것도 없고, 그런 경의를 표하는 것입니까?"

다시 동일한 책에서 "왜 당신은 천에 싼 소량의 가루에 키스하고 경의를 표합니까?"

그리고 같은 책에서 "종교라는 망토 아래 우리는 교회에 도입된 거의 이단의 의식을 보고 있습니다"라고 더 나아간다(*Ag. Vigiliantius* 4; MPMF2 6:418).

제롬은 자신은 순교자를 숭배하지 않고, 그저 그들의 위대한 신앙 때문에 그들을 칭송하고 존경하는 것이고, 그러므로 이것은 우상숭배가 아니라고 응수한다. 아마 둘 다 옳았을 것이다. 제롬은 순교자와 그들의 유물이 숭배 받아서는 안 되고 다만 존경 받아야 한다는 점에서 옳았다. 왜냐하면, 하나님만이 경배 받으시기에 합당하시기 때문이다.

그러나 비질리안티우스 또한 옳았다. 왜냐하면, 사도들, 순교자들, 그리고 다른 위대한 인물들을 둘러싼 많은 대중의 종교성이 숭배에 이르렀고, 이것이 하나님에 대한 예배를 대신할 것이기 때문이다. 학자 같은 감독이고 우리가 그의 **교리 교육**을 반복해서 인용했던 예루살렘의 시릴은 성인들의 유물이 기적을 일으키고, 심지어 순교자의 몸에 닿았던 옷도 기적의 능력이 있다고 믿었다. 걸출하고 높은 교육을 받았던 밀라노의 감독 암브로스는 자신의 형제인 사티루스(Satyrus)가 그의 목에 걸고 다녔던 축성된 떡 한 조각 때문에 난파선에서 구조되었다고 믿었다.

4세기와 5세기 초의 그런 해들 동안, 유물에 대한 이러한 강조가 일정 수준의 평화와 안전과 결합 되어 모든 종류의 순례를 일으켰다. 대부분 순교자가 도시 외곽에 매장되었기 때문에 그들의 순교 날짜가 다가오면 사람들은 그들의 무덤에 순례를 계획하였다. 소위 순교자의 일부는 사실상 거의 기독교화 된 고대의 지역 신이었기 때문에, 이런 순례는 그들이 대체했던 이교의 관습과 매우 유사했다.

박해가 종식되었기 때문에, 더 먼 장거리 여행 또한 가능했다. 에제리아의 순례는 그녀가 자신이 보았던 것에 대한 기록된 증언을 남겼기 때문에 특별하지만, 성지 순례가 예외적이진 않았다. 순례자들은 이집트, 시리아, 그리고 로마의 다른 장소들도 방문했다. 에제리아가 예루살렘과 다른 곳들에서 예배한 것을 보았듯이, 순례자들은 그런 장소들에서 예배에 참석했다. 그들은 또한 고향으로 가지고 갈 소위 유물들을 모았고, 고향에서 이것들은 헌신의 대상이 되었다.

부분적으로는 그런 남용에 대한 반응으로 우리가 연구하는 시기의 끝에 이르는 주후 426년에 데오도시우스 법전(Code of Theodosius)은 무덤에 손을 대거나 시체의 유해를 옮기는 것을 금지했다. 그런데도, 유적 도굴이 계속되었고 중세기 내내 점점 더 증가했다.

제4부

침략 이후

제17장 새로운 시대

제18장 나가는 글:
　　　　어제와 내일 사이에 있는 오늘의 예배

제17장

새로운 시대

1. 침략

　기독교의 요람인 성지(Holy Land)는 로마 제국 거의 동쪽 끝에 있었다. 너무나 방대해서 본고에서 그 개요조차 서술할 수 없는 이야기 속에서, 기독교는 그 땅으로부터 동쪽으로 확장하여 8세기 – 혹은 심지어 그 이전에 – 에는 중국에 도달할 정도였다.
　우리가 지금까지 추적해왔던 역사는 거의 우리 자신의 역사로서 로마 제국 내부의 기독교 역사이다. 4세기부터 시작하지만, 특히 5세기에 있었던 일련의 침략들로 인해 결국 서로마 제국은 사라졌고, 수도가 콘스탄티노플에 있었던 동로마 제국은 존속했다. 콘스탄티노플의 옛 이름이 비잔틴이었기 때문에 동로마 제국은 보통 비잔틴 제국으로 불린다.
　로마 제국의 서부지역은 서유럽 대부분과 이집트 서쪽의 아프리카 북쪽 해안을 포함했다. 북쪽과 동쪽의 전통적인 국경선은 다뉴브강과 라인강이었다. 비록 때로는 로마 군단이 국경선 너머에 전초기지를 세웠지만, 그런 전초기지는 오래가지 않았기 때문에 그곳에 나타난 문화에 미치는 영향력은 적었다.
　유럽의 나머지 대부분인 라인강 동쪽과 다뉴브강 북쪽은 지중해 유역에 가까운 지역보다 인구 밀도가 낮았다. 그 지역의 대부분은 밀림이어서 큰 도시도 없었다. 대부분 어업과 광업에 기반을 둔 정착지들이 분명히 있었지만, 그 중 헬라나 로마의 도시들에 비교할 만한 것은 하나도 없었다.

로마인들은 그 큰 강들 너머에서 사는 모든 사람을 "야만인들"(barbarians)이라고 불렀다. 그들 중 대부분은 비시고트(서고트족[Visigoths]) 오스트로고트(동고트족[Ostrogoths]), 반달(Vandal), 프랑크(Franks), 롬바르드(Lombards), 알라만(Alemanni) 그리고 색슨(Saxon) 같은 다양한 민족들을 포함하는 게르만족이었다.

오랫동안 이러한 여러 민족 중 많은 이들이 제국의 영토를 습격하였다. 처음에는 이러한 습격들이 전리품과 노예를 구하기 위한 것이었고, 그래서 로마 영토 내부에서 야만인들의 정착으로 이어지지는 않았다.

서서히 그러나 점진적으로, 상황은 다양한 방식으로 변하고 있었다.

첫째, 로마인들 스스로 종종 "야만인들"로부터 용병부대를 수입했다. 그들 중 일부는 제국 경비대의 핵심이 되었고, 따라서 많은 이가 로마 영토 내에 정착하게 되었다.

둘째, 이 사람들은 스스로가 수 세기 전에 몽고에서 시작되어 이제 유럽 북동부에서도 감지되는 이주의 물결에 압박을 받고 있었다. 이로 인해 동쪽으로부터 온 침략자들에 의해서 위협을 느끼고 있었던 게르만족은 자기들의 전통적인 영토를 방어하기 위한 전사사회를 발전시키게 되었다.

그렇기는 하지만, 다뉴브강 북쪽과 라인강 동쪽 평야의 많은 거주자는 로마 제국 안으로 이주할 수밖에 없었다. 게다가 이런 이웃한 야만족 중 많은 이가 로마 제국의 부와 안락을 열망했다. 동쪽에서 밀리고 서쪽에서 끌어당겨 지면서 많은 게르만족이 로마 영토 내에 정착했고, 그들을 추가적인 침략에 맞서는 완충제로 활용하려는 로마인들로부터 직접 이주를 요청받기도 했다.

하지만 그런 이주민들은 약속받았던 것을 항상 받지는 못했다. 그래서 로마인들은 게르만족의 정착지에서 일어나는 반란을 반복적으로 진압할 필요성이 있었다.

로마 역사에서 가장 중요하고 획기적인 사건은 발렌스(Valens) 황제의 요청으로 로마 제국의 국경 안에 정착했던 비시고트 족의 반란이었다. 그들은 약속 받았던 것을 받지 못하자 반란을 일으켰다. 주후 378년, 비시고트 족은 제국의 군대를 격파하고, 황제를 죽였다. 그런 다음 그들은 발칸반도를 약탈하고, 아드리아 해 연안을 따라 행진하면서 이탈리아를 침략했다. 주후 410년에 그들은 로마를 점령하고 약탈했다. 이것은 자주 고대의 종언과 중세 시작의 표시로 사용될 만큼 중요한 사건이다. 비시고트족은 로마로부터 지금의 프랑스 남쪽을 따라 계속 북진하면서 마침내 스페인에 정착했다. 그들은 주후 711년 아랍의 침략 시까지 끈질기게 지속되었던 비시고트 왕국을 그곳에 세웠다.

그러는 동안 프랑크족이 라인강을 건넜고, 오늘날 프랑스의 많은 부분을 차지했다. 반달족은 같은 강을 건너서 프랑스, 스페인을 거쳐 지브롤터 해협을 건너 북 아프리카의 고대 로마 영토를 정복했다. 그런 다음 배를 타고 시실리로 돌아가서 주후 455년에 그들 또한 로마를 약탈하였다.

비록 이러한 반복된 침략이 수확에 많은 손해를 끼쳤고, 수도원과 다른 문화 중심지를 약탈했지만, 그들의 목적은 제국을 멸망시키는 것이 아니라 오히려 그 안에 정착하여 제국의 문화가 주는 유익들을 누리는 것이었다. 이러한 이유 때문에, 다양한 게르만족의 족장들은 스스로를 왕이라고 불렀고, 오랫동안 자신들을 제국의 신하라고 여겼으며, 자신들의 통치자들에게 적어도 구두로 경의를 표했다.

심지어 마지막 서로마 황제가 공식적으로 퇴위했던 주후 476년 이후에도, 게르만족 왕 중의 일부는 자신들이 이제는 수도가 콘스탄티노플에 있는 제국의 일원이라고 여겼다. 300년 이상 후인 주후 800년에, 교황이 샤를마뉴(Charlmagne)에게 "황제"라는 칭호를 주었을 때, 그는 게르만족의 침략으로 생긴 고대 왕국인 프랑크 왕국의 통치자였다.

로마의 국경을 넘었을 때, 침략자인 이들 대부분은 조상들의 이교도 신앙 관습을 가져왔다. 이미 그리스도인이었던 자들—주로 고트족과 반달족—은 아리우스파였다. 다시 말하자면, 그들은 니케아(325), 콘스탄티노플(381) 공의회에서 정의되었던 것과 같은 삼위일체 교리를 받아들이지 않았다. 그 이유는 기독교가 고트족의 땅에 들어왔을 때, 콘스탄티노플에서는 아리우스파가 우세했고, 이것이 고트족과 이후에 반달족이 채택했던 기독교의 형식이었기 때문이다. 따라서 이러한 침략의 영향으로 서방에서 결코 강한 적이 없었던 아리우스파가 그 곳에서는 중요한 이슈가 되었다.

게르만족의 아리우스파 교회의 예배에 관해 매우 상세하게 말하는 것은 불가능하다. 그들 언어의 대부분이 문자 형태를 가지고 있지 않다. 주요한 예외는 고트족의 언어이다. 이는 기독교를 그 지역으로 가져간 것으로 여겨지는 울필라스 감독(Bishop Ulphilas)이 성경을 고트족의 언어로 번역하기 위해 그것을 문자로 변형시켰기 때문이다(주의할 것은, 울필라스가 성경의 책 일부를 번역하지 않았다는 점이다. 왜냐하면 그가 성경의 빈번한 전쟁과 전투에 대한 역사가 고트족의 호전성을 악화시킬 것을 두려워했기 때문이다).

문자로 된 기록이 거의 없기 때문에, 침략 이후 게르만족 교회가 취했던 예배 형태를 아는 것은 어렵다. 문자 언어가 없다는 것은 문자로 된 많은 기도가 아니라, 짧고 고정된 문구를 폭넓게 사용했음을 의미한다.

그런 문구는 얼마동안 존재했던 것으로 보인다. 어거스틴이 저자라고 잘못 알려진 글(*Collation against Pascentius*; PL 33: 1162)에서, 아프리카에서는 반달족뿐 아니라, 심지어 로마인들도 라틴어로 된 **주여 불쌍히 여기소서**(*Domine miserere*) 대신 반달어로 된, **시보라 아멘**(*Sibora amen*)을 사용했다.

문자 언어가 없었기 때문만이 아니라 침략 이후 사회 문화적 구조가 발전함에 따라, 결국 구 서로마 제국 전체에서 라틴어를 주요 예전 언어로 사용하게 되었다(우리가 "주요" 예전 언어라고 말하는 것은, 수 세기 동안 일부 지역, 특히 로마 자체에서 헬라어 역시 약간 사용되었기 때문이다). 정복자들은 자신들이 정복했던 땅에서 소수였다. 군사력 덕분에, 그들은 다른 사람들이 존경하고 순종해야 하는 귀족계급이 되었다. 그러나 소수는 정복했던 땅을 다스리기에 필수적인 문화적 요건을 갖추지 못했다. 대부분의 경우에, 그들은 읽을 줄도 몰랐고, 자신들의 언어로 쓰는 것도 불가능했다.

그래서 그 권력의 귀족계급은 라틴어를 사용하는 관료들 - 피정복자 사이에서 모집된 관료들 - 로 둘러싸일 수밖에 없었고, 이는 그 땅을 적절하게 경영하기 위해 필요했던 것이었다. 또한 라틴어는 다른 게르만족 왕국의 지도자들이 소통할 수 있는 유일한 언어였다. 거기에는 같은 결과를 가져올 두 가지 후과가 있었다.

첫째, 새로운 게르만 왕국의 경제적, 문화적 경영의 많은 부분이 라틴어를 말하고, 그 문화에서 교육 받았던 사람들의 손에 맡겨졌다는 점이다.

둘째, 새로운 정복 귀족계급은 정복된 땅과 문화에 관해서 배우는 것 - 특히 자신들의 아이들 또한 그것들을 배우는 것 - 에 지대한 관심을 가지고 있었다. 결국, 언어와 문화와 더불어, 그들은 피정복자의 종교를 받아들이게 되었다.

종교적인 고려는 차치하고라도, 이러한 과정의 결과는 오늘날에도 현저하게 남아 있다. 침략자들에 의해 정복된 거의 모든 로마 영토에서 현재 로망스어, 다시 말하자면 대부분 라틴어로부터 파생된 언어들이 사용되고 있다는 점에서 그렇다. 가장 눈에 띄는 예외들은 라인강 유역의 땅들, 영국, 그리고 북아프리카이다. 북아프리카에서는 아랍의 정복의 결과로 라틴어와 반달어 둘 다 사라지는 일이 일어났다.

게르만족의 아리우스파가 종종 아리우스주의에 집착했던 주된 이유 중의 하나는 그것이 그들 자신들의 많은 민족적 문화적 유산에 대한 확증이 되었기 때문이었던 것으로 보인다. 침략 직후인 주후 496년, 이교도였던 프랑크의 왕 클로비스(Clovis)가 니케아 신앙으로 세례를 받았다. 결국 아리우스파였던 사람들을 포함하여 모든 침략자의 후손들은 동일한 신앙을 받아들이게 되었으나, 그 과정은 수 세기가 걸렸다. 그러한 과정에서 마지막 전환점은 주후 589년 비시고트족인 스페인 왕의 회심이었을 것으로 보인다.

이러한 모든 이유로 인해, 거의 침략 직후에 라틴어는 아리우스파와 니케아 신앙 둘 다에서 사업 경영과 예전을 위한 공통어(lingua franca)가 되었다.

하지만, 라틴어의 이러한 우위는 또한 이상한 결과를 낳게 되었다. 고대 제국의 멸망은 다양한 게르만족의 언어를 말하는 사람들의 우세와 더불어, 라틴어─한때 전 지역의 공통어였고, 여전히 학자들과 다른 지역으로부터 온 상인들이 소통할 수 있는 유일한 언어였던─가 더 이상 어떤 사람의 모국어도 아니게 되는 진화로 이어졌다는 점이다. 시간이 흐르자, 회중들은 예배에서 말하는 것을 점점 더 이해할 수 없게 되었고, 그 결과 한편으로 학식 있는 사람들 및 성직자, 그리고 다른 한편으로 다수 인구 사이에 균열이 커졌다.

또 다른 요소는 수도원 생활의 중요성이 증대된 점이다. 수도원 생활은 모든 신자가 신앙과 헌신을 이해하는 방식에도 그 흔적을 남겼다.

이제 기독교 순종에 대한 두 가지 스타일, 혹은 수준이 있었다. 이전에 모든 신자에게 요구되었던 많은 것이 이제 수도사들의 관행이 된 반면, 사람들에게는 대체적으로 적게 요구되었다. 모든 사람의 필요를 충족시킬 수 있도록 물품을 공유하는 것은 이상적이고, 종종 초기 그리스도인들의 관행이었지만, 이제 수도원 삶의 특징이 되었다.

하나님의 제사장 백성의 일원으로서 모든 신자의 제사장직분과 신자들의 기도에서 표현되었던 것이 이제 수도원 공동체의 특별한 직무가 되었다. 수도원 공동체는 오랜 시간을 나머지 사람들을 위한 중보에 헌신하고, 결국 사람들은 자신의 제사장적 직무를 그저 수도사들의 어깨에 내려놓았다.

6세기부터, 매 24시간마다 8번의 기도시간을 포함함으로써 옛 관례를 따랐던 성 베네딕트 규칙이 라틴어를 사용하는 서방 전체에 퍼졌다. 기도 외에도, 수녀회와 수도원에서 일반 예배의 많은 부분이 시편 읽기에 바쳐졌다. 처음에는 몇 개의 수도원에서, 마침내 실제로 모든 수도원에서 성경과 다른 종교적 책들을 공부하는 것─종종 그것들을 복사하는 것도─은 거주자들의 주된 직무 중의 하나가 되었다.

앞으로 살펴보겠지만, 세례 예비자과정은 점점 중요성을 잃어갔고, 마침내 사라졌다. 그리고 가장 경건한 사람들을 대체한 것은 수도원이나 수사 수련회였다. 일부 수도원 공동체에는 기독교 신앙에 대해 단지 기본 지식만 있는 사람들이 수사 수련기간에 들어갔다.

결국, 이런 전체 과정으로 고대 신자들의 기도가 사라지게 되었다. 그것은 제사장 백성으로서의 교회의 비전을 반영했고, 그에 따라 세례 자체가 신자를 하나님의 거룩한 제사장의 일원으로 만들었던 기도였다.

신자들의 기도는 6세기까지는 동방과 서방 모두에서 계속되었으나, 그 이후에 서방 예전에서는 일반적으로 사라졌다. 때때로 설교 후에 비슷한 기도가 있었다.

그러나 그것은 이제 사람들이 더 이상 거룩한 제사장의 일원이 아니라, 오히려 제사장의 가르침과 기대에 부응하는 자들이란 것을 암시했다. 시간이 흐르자, 성주간(Holy Week) 동안, 특히 수요일과 금요일의 일부 특별한 기도를 제외하고 사람들의 제사장적 기도는 완전히 사라졌다.

수요일 기도는 8세기에 사라졌다. 그리하여 중세의 나머지 기간 동안, 그리고 꽤 최근까지, 고대의 신자들의 기도의 유일하고도 중요한 흔적은 성금요일에 하는 일련의 특별 기도들이었다.

2. 침략이 예배에 미친 영향: 설교

본 연구의 각 파트에서 우리는 모든 예배 관례를 언급하지 않고, 가장 중요한 관례에 초점을 맞추려고 노력했다. 마찬가지로, 그러나 그것 이상으로, 여기서 침략 이후의 모든 예전의 발전을 따라갈 수는 없다.

따라서 이전 섹션에서처럼, 여기서는 특히 설교를 다루고, 그런 다음 세례와 그 준비로 옮겨갈 것이고, 다음에 성찬, 마지막으로 예배의 장소와 경건한 관례들을 뒤이어 다룰 것이다.

이전 섹션에서 논의했던 바질, 크리소스톰, 어거스틴 그리고 레오 같은 위대한 설교자 이후에, 지금 시작하려는 기간에는 어떠한 비교할 만한 권위자도 없다. 그것은 부분적으로는 침략 후 문자가 전반적으로 쇠퇴한 것에 기인하고, 부분적으로는 성찬이 설교를 능가했던 정도에 기인한다. 초기 시대부터, 예배는 "말씀 예전"의 설교와 "만찬 예전"의 성찬 둘 다를 포함했다.

요약하자면, 예배의 첫 부분에서는 그리스도인의 삶과 신앙의 본질적인 요소들이 설명되고 권면되었다. 그리고 이것은 성찬에 초점을 맞췄던 두 번째 부분에 의미를 부여했다. 마찬가지로, 이 두 번째 부분은 첫 번째 부분에서 말로 설명된 삶과 신앙을 보여주고 실천하도록 계획된 것이었다. 말씀은 행위를 설명했고, 행위는 말씀을 적용했다. 설교는 성찬을 제시했고, 성찬은 설교를 실행에 옮겼다.

5세기 말 경에 시작해서, 설교의 본질이 대폭적으로 변화했다. 설교는 아직 남아있었지만, 이제 다른 형식하에서 다른 어조로 행해졌다. 동방에서는 많은 설교가 기독론이라는 복잡한 질문에 대한 철학적이고 신학적인 강연이 되었다. 기독론은 주후 451년 칼케돈 공의회에서 해결된 것으로 추정하지만, 사실상 수 세기 동안 계속 토론 중이었다.

그런 맥락 안에서, 설교는 성경을 단지 적대자들에 대항하는 논쟁의 무기고로서 자주 활용했다. 서방에서는 거의 성직자의 교육 부족의 결과, 많은 사람이 읽기와 라틴어에 어려움을 겪었고, 설교는 일반적으로 규칙과 교회의 관례를 정하는데 할애되거나, 혹은 – 압도적인 혼란에 대한 응답으로서 – 도덕적인 가르침과 가르침을 따르지 않는 자들이 받을 벌로 위협하는데 할애되었다.

설교의 주요 주제가 되어야했던 성경은 종종 교회가 정한 규칙을 지지하는 버팀목에 불과하게 되었다. 동방과 서방에서 어거스틴, 크리소스톰, 레오의 시기에 설교의 특징이었던 생기 있고 활발한 어조를 잃어버렸다.

저명한 설교자들이 있었지만, 전임자의 수준까지는 도달하지 못했다. 서방에서 가장 유명한 이는 주후 590년부터 604년에 사망할 때까지 로마의 감독이었던 대 그레고리(Gregory the Great)였다. 그레고리가 설교의 중요성을 확신한 것은 틀림없지만, 특히 세례 예비자과정의 쇠퇴로 인하여 사람들은 기독교에 대한 아주 피상적인 이해밖에 할 수 없게 되었다. 그러나 스타일과 문학이라는 관점에서 볼 때 그의 설교들은 크리소스톰이나 어거스틴의 것들에 있는 우아함과 질서가 없었다.

명백히 그레고리는 설교에서 성경의 설명이 필요하다는 점을 이해했고, 그래서 남아있는 그의 설교들 대부분은 에스겔서, 그리고 나머지는 복음서를 다룬 것이다. 그러나 사실상 그레고리는 설교자로서보다 사회를 운영하고 조직하는 그의 능력 때문에 매우 중요했고, 그래서 잃었던 질서 일부를 회복시켰다. 그는 설교를 중요한 의무로 여겼지만, 소위 성찬과 관련되어 일어난다고 추정되는 기적을 강조함으로써 설교보다 성찬의 중요성을 강조했다.

3. 침략이 예배에 미친 영향: 세례

새 시대는 세례에 변화를 야기했다. 그런 변화는 특히 세례 준비와 그 시행이라는 두 가지 영역에서 두드러졌다. 세례 준비에 관한 변화에 있어서 즉시 알 수 있는 것은 세례 예비자과정의 쇠퇴이다.

콘스탄틴 직후인 4세기에 이미 세례 예비자과정은 어려움에 직면하기 시작했다. 이는 점점 많은 사람이 교회에 합류하기를 원했고, 교리 교육을 지도할 만큼 충분히 준비된 신자가 부족했기 때문이었다. 적어도 5세기 중반까지는 그 당시의 풍부한 교리 교육 문서에서 볼 수 있는 것처럼, 교회는 여전히 상당한 교리 교육을 제공할 수 있었다. 그중에는 예루살렘의 감독 시릴의 『교리 교육 강의』(*Catechtical Lectures*)가 있는데, 그것은 제3부에서 이 주제를 다루는 우리의 주요 자료 중 하나였다.

특히 침략 이후에, 세례 예비자과정은 급속하게 쇠퇴하기 시작했다. 이것은 부분적으로는 최근 태어난 유아에게 세례를 주는 관행이 점차 일반화되었던 것에 기인한다. 세례 전에 유아들에게 교리 교육을 시키는 것은 명백히 불가능한 일이었다.

콘스탄틴 직후의 기간에는, 이 요인으로 인한 교리 교육의 부족은 말씀 예전에서 일어났던 교육, 즉 광범위한 성경 읽기와 본문 자체의 의미뿐 아니라 일상생활과의 관련성까지 설명하는 설교(homilies)에 의해 부분적으로 채워졌다. 그 시점에, 유아일 때 세례를 받은 자는 누구든지 적어도 성경 낭독과 강해를 들음으로써 기독교 신앙의 기초를 배울 기회가 있었다.

침략 이후에는 여러 가지 언어로 말하고, 일반적으로 교리 교육의 언어를 이해하지 못했던 엄청난 다수에게 교리 교육이 필요하게 되었다. 결과적으로, 세례 예비자과정이 축소되었다.

전통적으로 그것은 2-3년 간 계속되어야 했다. 주후 305년, 그리고 콘스탄틴 몇 년 이전에 오늘날 그라나다(Granada)의 교외인 엘비라(Elvira)의 한 교회회의에서 세례 예비자과정은 2년 동안 계속되어야 한다고 명령했다. 약 200년이 조금 넘는 세월인 주후 506년에, 지금의 프랑스에 교회회의가 모여서 그 기간을 80일로 줄였다. 그리고 1세기가 못 되서, 대 그레고리는 그 기간이 50일간 지속되어야 한다는 지시를 내렸다. 그 날은 종종 사순절 날과 일치한다.

세례 예비자과정의 중요성을 약화시킨 또 다른 요인은 침략자들과 그들의 후손들 중 많은 사람들이 이교도의 신앙심과 관습을 많이 보유하고 있었다는 점이다. 정부와 사회의 교회에 대한 끊임없는 지원은 그리스도인이 되는 것과 시민 사회의 일원이 되는 것 사이에 거의 차이가 없다는 인상을 주었다. 그래서 일반적인 문화와 사회에서 성장했던 사람들은 자신들의 관점과 행위에서 많은 것을 바꾸거나, 세례를 받기 전에-심지어 세례 이후에도-기독교에 관해서 많은 것을 배울 필요가 없었다.

앞의 장들에서 세례 시행 또한 진화했다는 것을 보여주었다. 아주 초기부터 세례는 가급적이면 흐르는 물에 몸을 담그고 행해야 하는 것으로 기대되었다. 그 당시에도 고여 있는 물을 사용하는 것이 허락되었고, 물이 극히 부족할 경우에 머리 위에 그저 세 번 물을 부어서 세례를 주는 것 또한 마찬가지로 허락되었다.

이후에 구원을 받기 위해 세례를 받아야만 한다는 개념이 발전함에 따라, "임상 세례"(clinical baptism), 다시 말하자면 임종 시에 세례를 주는 것이 더욱 흔해졌다. 그 경우에는 물에 담그는 것이 가능하지 않았기 때문에, 세례를 받을 사람의 머리에 물을 세 번 부었다. 그렇게 해서 콘스탄틴도 세례를 받았다. 그런 세례의 타당성에 관한 일부 토론을 이미 보았지만, 결국 그것은 대체로 수용되었다.

마찬가지로, 대체로 세례가 구원에 필수적이라는 결론이 내려졌기 때문에, 유아세례 – 특히 죽음의 위험에 처한 것으로 보이는 자들의 세례 – 는 더욱 더 흔하게 되었다. 이것은 아마도 이전에 성인들에게 행해졌던 것과 유사한 일종의 임상 세례였을 것이다.

아주 연약한 자의 경우를 제외하고 아이들은 물론 성인들의 모든 세례는 보통 여전히 몸을 담그는 것이었다. 모든 사람이 신자일 것으로 예상되는 사회에서 성인세례는 드물어졌고, 보통은 타국에서 온 사람, 혹은 기독교로 개종한 유대인에게 시행되었다.

이후에는 그리스도인들에게 패배한 "야만인들"의 파견대 전체가 강제로 세례를 받게 되었다. 샤를마뉴가 색슨족을 대패시켰던 때가 그러한 경우였다. 성인들과 건강한 유아들은 세 번 물에 담그는 것으로 세례를 받았다. 다른 말로 하자면, 그들은 성부, 성자 그리고 성령의 이름으로 물에 세 번 잠겼다.

살수로 세례를 받는 것은 훨씬 후까지 교회의 흔한 관례가 되지는 않았다. 그리고 그럴 때도 단지 서방교회에서만 그랬다. 왜냐하면, 헬라, 러시아 같은 동방교회와 다른 교회들은 계속해서 아이들에게 담그는 세례를 주었기 때문이다.

살수가 흔한 관례가 되었던 첫 번째 지역은 몹시 추운 유럽의 북쪽이었던 것이 분명하다. 당시 생각대로 세례가 구원에 필수적이라면 무자비한 날씨 때문에 연기될 수는 없었다. 죽음의 위험에 처한 신생아나 병자는 기온이 얼마나 차든지 상관없이 즉시 세례를 받아야만 했다. 그런 경우에 얼음을 깨고 그 아래에 있는 물에 사람을 담그는 것은 명백히 현명하지 않았다. 그래서 살수의 관례는 훨씬 이전에 『디다케』에서 제안한 것처럼 일반화되었다.

하지만, 담그는 세례는 로마에서 적어도 12세기까지 일반적인 관례로 계속되었고, 동방교회에서는 오늘날까지도 여전히 그것이 표준이다.

마지막으로, 여전히 세례라는 주제에 관해서 또 다른 괄목할 만한 변화가 있었다.

고대교회에서 가장 일반적이고 선호되었던 관례는 준비된 모든 세례예비자들에게 같은 날, 즉 부활절 주일에 세례를 주는 것이었다. 세례 받을 준비가 된 사람이 어떤 이유로 그날 세례를 받을 수 없다면 그들은 오순절에 세례를 받았다.

그러나 이제, 세례가 구원에 절대적으로 필요하고 그리고 어떻게든 세례 이전에 지었던 모든 죄를 지울 것이라고 추정되기 때문에, 사람들, 특히 죽음의 위험에 처한 사람들에게 가능한 한 빨리 세례를 주는 것이 필요했다.

이것으로 세례와 예수님의 부활과의 관계—세례를 부활주일(Resurrection Sunday)에 받았을 때, 그리고 성금요일의 금식으로 절정에 달하는 준비 기간 후에 받았을 때는 많은 강조나 설명이 필요 없었던 그런 관계—가 무시되었다.

세례와 홍해와 요단강을 건너는 것 사이의 연결 또한 동일하게 퇴색되었다.

이제 세례를 자주 성찬 기념과 회중 예배와는 별개로, 그리고 하나님의 백성에 합류하는 행위로서 세례에 대한 어떠한 언급도 없이 어떤 날, 어느 시간에라도 주는 것이 관례적이었다.

4. 침략이 예배에 미친 영향: 성찬

우리가 연구하는 기간 오래 전에, 교회의 가장 걸출한 지도자 중의 일부, 예를 들어, 암브로스는 성별된 떡에 기적적인 능력이 있다고 믿었다.

이제, 찬양대는 회중이 종종 이해하지 못하는 찬송가를 부르고, 예전은 더욱 정교해지고 신비해짐에 따라, 성찬의 기념 — 미사(Mass) — 은 거의 특별한 능력이 있는 사람이 기적을 만드는 마법의 순간으로 여기게 되기 시작했다. 이 기적은 다가가서 성찬을 받기 위해서는 아주 엄격한 준비가 필요할 정도였다.

그리고 따라서 기적이 일어난 순간에 단순히 참석해 있는 것만으로 만족해야 되는 것이 점차 일반적이 되어갔다.

결국 사람들이 라틴어를 점점 더 이해하지 못함에 따라, 그 언어로 하는 미사 기념은 더 깊은 신비로 둘러싸였다. 주지하는 바와 같이, 16세기의 개신교 종교개혁자들의 항의 — 마침내 로마 가톨릭교회의 20세기에 있었던 제2차 바티칸 공의회(Second Vatican Council)의 문서에서 반향을 발견한 그 항의 — 는 극단에 치달았던 이 모든 것에 맞서는 것이었다.

사제의 말을 통해서 일어나는 기적적인 사건으로서 성찬을 강조하는 것은 성직자의 권위를 증가시켰고 설교를 덜 중요하게 만들었다. 이것은 특히 서방교회의 경우였다. 왜냐하면 로마 가톨릭의 미사가 성령임재기도, 즉 봉헌된 요소들을 축복해주시기를 성령님께 요청하는 기도를 대체로 빼거나 혹은 강조하지 않았기 때문이다.

사제의 가장 중요한 기능은 성찬에서 떡과 포도주를 봉헌하는 것이 되었다. 그런 봉헌을 하기 위해서는 안수를 받아야 하지만, 설교를 하는 데는 안수가 필요하지 않았다.

한마디로 목사의 기능이 이전에는 부분적으로 선지자와 초기의 랍비에 유사했지만, 이제 목사는 선지자 보다는 사제가, 설교자보다는 당회 목사가 되었다. 그의 권위는 더 이상 교사의 권위가 아니라 상급기관 대표의 권위였다. 그의 제스처와 예복은 중요성을 획득했지만, 그의 설교는 그것을 잃었다. 시간이 지나면서, 설교가 완전히 사라지는 경우도 있었고, 교회 규칙을 설명하는 교구의 고지와 도덕적 기준을 높이는 몇 마디 말이 그 자리를 차지했다.

이 시기까지 성찬(Eucharist)은 확실히 예배의 중심이 되었다—그리고 일부 사람들에게는 실질적으로 예배 전체였다. 하지만, 그 시기의 성찬은 많은 점에서 초기와는 달랐다.

첫째, 고대의 말씀 예전은 본질적으로 사라졌다.

둘째, 라틴어는 이제 교회의 언어가 되었고, 그래서 예전에서만 사용되는 언어였다. 그것은 이제 학자들이 언어 장벽을 넘어서 소통하는데 차용했던 사어(死語)였지만, 누구의 모국어도 아니었다.

이것은 예배에 참석하는 사람들이 듣는 것의 많은 부분을 이해하지 못한다는 것을 의미했다. 비록 이해하지 못했지만, 그들은 왔다. 왜냐하면 그 곳에서 일어났던 것이 자신들 신앙의 진정한 중심이었기 때문이다. 그들은 성찬에 참여하려고 오는 것이 아니라, 오히려 그것을 바라보려고 왔다.

성찬이 점차 두렵게 되었다. 사람들은 성별된 요소들을 만지는 것을 두려워했고, 성찬을 받기 위해서는 고도의 순도가 필요하다고 확신했다. 그런 상황에서 성직자와 평신도 사이의 거리는 더욱 더 명백했다. 왜냐하면, 사제는 성례전을 기념할 뿐 아니라, 참여도 했고, 평신도는 그저 목격하고 감탄했기 때문이다.

이것은 주후 1215년 제4차 라테란 공의회(Fourth Lateran Council)가 모든 신자는 적어도 일 년에 한 번, 가급적 부활절에, 반드시 성찬을 받아야 한다고 결정해야 할 지경에까지 이르렀다. 이 명령이 고치고자 노력했던 비극적인 상황의 씨앗은 훨씬 일찍이, 5세기에 초에 일어났던 변화들 안에서 뿌려졌다.

교회력과 대중의 신앙에서 성인들과 인간 마리아의 중요성이 증가하면서 상황은 악화되었다. 초기에는 저명한 순교자의 삶을 기념하는 몇 개의 날이 있었던 반면, 이제 성인의 기념이 기독교 신앙의 중심주제에 대한 여지를 거의 남기지 않는 상세한 일력이 있었다.

5. 장소와 관행

16장에서, 콘스탄틴 직후의 예배 장소를 논하면서, 예배 전용의 바실리카와 다른 장소들을 언급했다. 그런 바실리카들을 설명하면서 그 정교한 장식과 상징적인 표현과 더불어 대부분 내부에 관해서만 말했다. 그리고 또한 다양한 지도자들의 분포와 건물 내부의 예배 참석자에 관해서도 말했다.

그 모든 화려함 속에서, 4세기의 바실리카는 여전히 사람들이 예배하러 모이는 장소였다. 이런 의미에서 그것들은 듀라-유로포스에 있는 것과 같이 예배를 위한 장소로 개조되었던 고대 가정집의 연속이었다.

처음에, 4-5세기의 침략들, 그리고 뒤를 이었던 다른 침략들은 비록 동방에서는 아니지만, 서방에서는 그 전통이 연속되는 것을 방해했다. 이에 대한 증거는 지금의 이스탄불인 콘스탄티노플에 있는 성 소피아 대성당(Cathedral of St. Sophia)이다. 그것은 6세기에 유스티아누스에 의해 건축되었다(그리고 그 성당의 이름은 그것이 소피아라는 이름을 가진 성인에게 헌당된 것을 의미하지 않았고, 오히려 그것은 하나님의 거룩한 지혜[헬라어, 소피아]이신 예수 그리스도께 봉헌된 것을 의미했다).

새로운 게르만 왕국의 왕들과 유력자들이 오늘날 우리가 로마네스크 양식이라고 부르는 식으로 자신들만의 교회를 건축하기 시작했을 때, 이것들은 유럽의 도시들에서 성과 궁전과 함께 주요한 건물들이 되었다.

여전히 저런 로마네스크 교회들은 예배를 위해 만나는 장소로 지어졌다. 장식과 상징들은 거의 건물 내부에 있었다. 그리고 만약 내부 공간이 이후의 고딕양식의 대성당들만큼 화려하지 않다면, 그것은 관심의 부족 때문이 아니라, 차라리 빛의 부족 때문이다. 왜냐하면, 구조적인 이유 때문에 로마네스크 건물은 회중석을 꾸미는 더 큰 창을 허용하지 않았기 때문이다. 그 다음에 서방 기독교가 교회와 건축술의 양식에 가장 큰 기여를 했던 고딕 양식의 대성당들이 나타났다.

오늘날, 그 대성당들을 밖에서 보면서 다가가, 고대 로마네스크 양식의 건물과 비교할 때, 우리는 즉시 그것들의 찬란함은 내부뿐만 아니라, 외부의 정면, 출입문, 탑 그리고 괴물석상들에 있다는 것에 주목한다. 이전의 교회들이 대개 내부에서 볼 수 있도록 지어진 반면, 고딕양식은 이제 외부에서도 볼 수 있도록 건축되었다. 이것은 건설의 새로운 방식뿐만 아니라, 상당한 인구학적, 신학적 발전에 기인했다.

가장 오래된 교회들은 인구 전체가 그리스도인이 아니었던 시기에 건축되었다. 그래서 그곳들은 무엇보다도 신자들이 만나는 장소였다. 게르만 족이 기독교와 니케아 신앙으로 개종한 이후, 시민사회와 교회 공동체간의 구별이 사라졌다. 유대인을 제외하고, 모든 인구가 명목상으로는 그리스도인이었다. 이제 교회 건물은 더 이상 주로 신자들이 만나는 장소가 아니라 전체 공동체가 영원에 대한 열망으로 우러러보았던 장소였다.

인구학적으로, 위대한 고딕 성당들은—다른 곳에서 그것들을 모방한 작은 교회들 또한—성별된 떡, 당시의 신학에 의하면 문자 그대로 바로 그리스도의 몸인 떡이 보존되고 간직된 성물함과 같이 되었다. 그때는 순교자와 성인들의 유물 – 대부분이 진짜인 것이 의심스러운 – 이 높은 존경을 받았던 시기였다. 순교자의 뼈 한 조각, 성 마틴(St. Martin)의 망토 한 조각, 그리스도의 십자가의 못이나, 혹은 동정녀의 젖 몇 방울들은 보석이 박힌 금으로 된 아름다운 성물함에 담을 가치가 있다고 여겨졌다.

마찬가지로, 그러나 더욱 더, 이제 신자들을 위해 제물이 되셨던 그리스도의 바로 그 몸이 된 성별된 성물은 미사 후에 보관되는 장소인 장막 안에 보존되어 있다. 그리고 성물의 존재를 알리면서 항상 불타는 등불은 건물 전체로 된 거대한 유물함으로 둘러싸여 있었고, 그 화려함은 그 안에 보존된 성별된 떡의 헤아릴 수 없을 정도의 가치를 입증했다.

이 모든 것을 말한 후에, 당시의 예전 발전의 많은 부분을 개탄하거나 적어도 의문을 제기할 이유가 있을 수 있지만, 우리는 적어도 그것들이 기독교 예배에 어떤 중요한 기여를 했는지에 대해 언급해야 한다.

그중 첫째는 그레고리안 성가(Gregorian Chant)이다. 비록 주후 590년부터 604년까지 교황이었던 대 그레고리(Pope Gregory the Great)의 이름을 땄고, 그것의 초기 윤곽은 그레고리 당시였을 수도 있지만, "그레고리안"이라고 처음 불린 것은 훨씬 후인 9세기였다. 이는 그 성가를 고대의 저명한 인물에게 돌리려는 노력으로 보인다.

그것은 단 하나의 선율선 – 단선율 – 이 있는 평범한 성가이고, 보통 반주가 없으며, 그 기원은 몇 개의 음악적 전통으로 추적될 수 있다. 그 중의 일부는 이미 이전에 언급했고, 히브리와 헬라의 요소들과 평범한 성가를 결합시킨 것으로 오랫동안 목소리 발성을 돕기 위해서 활용되었던 것이다. 비록 그런 성가가 대성당, 큰 교회들, 수도원에서는 일반적이었지만, 마을 교회의 예배는 그렇게 정교하지 않았다. 어쨌든 그레고리안 성가는 서방 예전 음악의 가장 일반적인 형식이 되었고, 미사 자체는 물론 수도원에서 시편과 다른 본문들을 노래하기 위해서 차용되었다. 그레고리안 성가는 서방의 신성한 음악뿐만 아니라, 세속적인 모든 음악에서도 주요한 원천 중의 하나라는 것은 틀림없는 사실이다.

저 어려운 시기에 이뤄진 예배에 대한 다른 주요한 기여는 훨씬 중요하다. 왜냐하면, 그것은 다름 아니라 성경의 보존 그 자체이기 때문이다. 오늘날 우리에게는 침략 전부터 그 비극적인 후과까지를 기록한 원고는 거의 없다. 성경은 대부분 수도사로 이뤄진 긴 신자들의 띠를 통해서 우리에게 전해져 왔다. 우리가 그들의 신학은 동의하지 않을 수 있지만, 이런 수도사들이 성경을 복사하고 재복사하여 우리에게 그것을 유증해주었고, 그와 더불어 우리에게 기록된 하나님의 말씀(Word of God)에 대한 높은 존경심이라는 유산을 남겨주었다.

그러므로 그 시대가 우리에게 아무리 어두운 것처럼 보일지라도, 그들은 여전히 우리 시대를 비추는 빛을 남겨주었다.

제18장

나가는 글: 어제와 내일 사이에 있는 오늘의 예배

이러한 역사적 고찰을 통해서, 우리는 교회가 동일한 원칙으로 동일한 하나님을 예배하지만 상황의 변화에 의해서 예배 자체도 변화해 왔다는 점을 살펴보았다.

언뜻 보기에는, 이러한 변화를 쇠퇴의 과정으로 보기 쉽다. 마치 초대교회의 순수하고 고무적인 순전한 예배가 개혁과 복원을 위한 몇 번의 시도로 끊임없는 상실의 과정으로 이어진 것처럼 말이다.

만약 그렇다면, 우리에게는 유대-기독교 시대에 행해졌던 것과 같은 기독교 예배를 회복시키는 일만 남았을 것이다. 일부 집단은 단순히 몇 개의 히브리어 구절이나 회당의 관행으로부터 가져온 일부 다른 요소를 첨가함으로써 초기 예배를 복원한다고 주장한다.

그러나 사실상 문제는 훨씬 복잡하다. 한 가지 예를 든다면, 우리는 이미 신약 자체에서 예배에 관한 어려움과 불일치를 살펴보았다. 그리고 더욱이, 만약 예배가 사람들과 하나님 사이의 대화라면, 이것은 각 시대와 교회, 혹은 회중의 상황이 예배에서 반영되어야 한다는 것을 의미한다.

따라서 초기 기독교 예배를 복원하기 위한 쉬운 해결책은, 불가능하다는 점 외에도, 예배하는 교회의 상황과 완전히 단절된 예배형식으로 이어질 것이다.

두 번째 해결책은 어떤 이에게는 매력적으로 보일 수도 있다. 이는 과거 어떤 시기의 예배가 우리의 예배와 가장 닮았는지를 찾으려고 노력하고, 그 다음에 그것을 우리 예배의 갱신 패러다임으로 받아들이는 것이다.

하지만, 이것 또한 과도할 정도로 단순하다. 왜냐하면 그것은 다양한 장소와 교회와 조건에서 예배를 드리는 오늘날의 교회에는 존재하지 않는 획일성을 당연한 것으로 여기기 때문이다. 이러한 가설에 근거한 해결책은 실제로 실현 가능하지 않다.

따라서 여기서 우리의 과업은 초기 기독교 예배를 복원하거나, 전면적으로 모방할 가치가 있는 다른 시대를 찾는 것이 아니다. 우리가 할 일은 현재 우리의 맥락에서 도움이 되거나, 혹은 경고가 될 수 있는 저런 각 시기에서 무엇을 배울까를 성찰해 보는 것이다.

오늘날 교회 내부의 다양성을 감안할 때, 서로 다른 신앙 공동체들이 다양한 시기에서 서로 다른 교훈과 경고들을 찾을 수 있을 가능성이 매우 높다.

그러므로 본장에서는, 제안하는 방식으로, 각 시기의 특징들 일부를 간단히 요약하고 그들이 오늘날 교회에 도움이 될 수 있는 방법을 숙고할 것이다.

이렇게 할 때, 성찰과정의 첫 걸음은 우리의 현재 상황들이 우리가 본고에서 나누었던 4개의 기간 각각에 존재했던 것들과 어떻게 유사한지, 혹은 어떻게 서로 다른지를 묻는 것일 수도 있다.

그 성찰에 근거하여, 그 다음에 지난 시간들 각각의 경험으로부터 우리가 배울 수 있는 교훈이 무엇인지를 숙고할 수 있다. 이것은 간단한 문제가 아니다. 왜냐하면 그것은 단순히 4개의 기간 중 어떤 것이 우리 시대와 가장 비슷한지를 결정하는 질문이 아니라, 오히려 저 지난 기간 각각에 있는 어떤 요소, 어떤 상황, 그리고 어떤 예배 형식이 우리의 현재 상황에 더 적실한지를 숙고하고, 우리가 배운 것을 우리 현재 예배에 적용할 방법을 탐색하는 것이기 때문이다.

1. 첫 번째 기간: 유대-기독교

첫 번째의 유대-기독교 기간 동안 교회의 조건이 우리가 지금 알고 있거나, 혹은 알아왔던 것과는 완전히 달랐던 것처럼 보일 수 있다. 왜냐하면, 우리의 신앙공동체 안에는 기독교를 받아들인 유대인의 존재가 거의 없기 때문이다. 그러나 우리 자신의 역사와 현재의 상황을 더 깊이 들여다본다면, 우리와 초기 기독교의 상황 사이에서 많은 접촉점과 유사성을 볼 수 있다.

19세기는 개신교의 대 확장기였기 때문에, 그 시대 유산의 계승자인 우리 중 많은 사람은 서방이 영원히 기독교의 중심이 될 것이라고 여전히 생각했던 시기에 예배 관행을 배웠다. 여기는 기독교 세계였고, 나머지 세상은 "선교지"(mission field)였다. 어떤 이는 그것을 심지어 "이교국"(Heathendom)이라고 불렀다. 우리는 신교가 대단히 합리적이고 근대적이라는 점을 당연하게 생각했고, 우리 신앙에 합류했던 다른 나라 사람들에게 그런 견해들을 전하려는 경향이 있었다.

그 만연한 합리주의와 더불어 근대성이 서방의 지적 중심이 되자, 로마 가톨릭교가 그에 저항했다. 교황 비오 9세(Pius IX)가 발표했던 『오류 목록』(Syllabus of Errors [원제는 교황 비오 9세의 담화, 추기경회의, 회칙, 그 밖에 단죄한 이 시대의 가장 중대한 오류들의 목록]이다: 역자 주)은 보수적인 가톨릭교가 근대성에서 잘못됐다고 믿은 모든 것에 대한 적나라한 요약이다.

반대방침을 취하면서, 많은 신교 지도자들, 신학자들, 그리고 전체 교파들이 근대성을 포용했다. 20세기 초에 있었던 가톨릭과 신교도 사이의 토론들은 많은 면에서 근대성에 관한 토론이었다.

결과적으로, 가장 보수적인 개신교 교회들까지 사람들이 이해할 수 있는 예배를 자랑으로 여겼다.

모든 것을 이해할 수 있는 것이 근대 개신교 예배의 목표였다. 많은 이는 또한 예배자들이 이해할 수 없는 언어를 사용하는 로마 가톨릭교의 신비하고 거의 마술적인 예배를 비웃었다.
 극단으로 치달은 이 견해는 신비는 예배에서 차지할 자리가 거의 없다는 것을 의미했다. 세례는 하나님의 행위가 아니었다. 그것이 만약 유아세례라면, 그것은 우리에 대한 하나님의 사랑과 이 아이를 그리스도인으로 키우겠다는 우리의 약속의 상징이었다. 그것이 성인세례라면, 그것은 사람이 그, 혹은 그녀의 신앙을 증언하는 것이었다. 유사한 일이 성찬에도 일어났는데, 성찬의 가치는 성찬이 신자들 안에서 불러일으키는 생각과 느낌이었다.
 이 모든 것이, 이제 현대적이고, 합리적인 방식으로 해석되는 초대교회 예배로 복귀하는 것에 의해 정당화되었다. 초대교회 예배는 사실상 고도로 교훈적이었다. 왜냐하면 교육이 "말씀 예전"의 가장 큰 목적들 중의 하나였기 때문이다.
 그러나 우리가 성장하면서 경험했던 예배의 많은 부분이 이 연약한 원칙 위에 세워졌다. 우리는 사람들이 예배에서 행해지는 모든 것을 이해하는 것이 중요하다고 강조했기 때문에, 우리 예배가 단순히 최초의 기독교 예배의 복원이라는 말을 들었고, 또 그렇게 확신했다.
 교육이 예배에서 중요한 요소인 반면, 유대-기독교 예배는 우리에게 잊어버려서는 안 되는 또 다른 중요한 차원 역시 상기시켜 준다. 이제 예배에 내재된 신비한 본질을 재발견하고 재언명할 시간이다. 우리는 여전히 예배의 교육적 차원을 고양시킬 방법을 찾아야 하지만, 그럼에도 동시에 그 내재된 신비를 강조하고 경험해야 한다. 이 둘에 대한 노력에 있어서, 유대-기독교 예배가 도움이 될 수 있을 것이다. 특히, 모든 피조물과 하늘의 무리들의 예배가 우리의 현재 예배에 합류하는 것을 재발견하고 새롭게 경험한다면 크게 도움을 받게 될 것이다.

2. 두 번째 기간: 주후 100년부터 313년까지

이제 대부분 교회가 원래 이방인으로 구성되었던 두 번째 기간으로 넘어간다. 그때는 교회가 제국 당국으로부터 혹독하게 박해받은 시기였고, 동시에 반박되고 거부되어야 했던 일련의 교리들에 의해 위협 받는 시기였다.

이것은 전체적인 교리 교육 체계의 발전으로 이어졌다. 그 목적은 이교도로부터 개종한 사람들이 기독교의 삶과 교리를 정말로 이해하고, 그들이 그것을 따를 준비가 된 것을 확실히 하는 것이었다.

동시에, 새로운 상황은 성서 연구의 발전으로 이어졌다. 그것은 회당의 삶에서 항상 중요한 것이었다. 그렇지만 유포되고 있었던 많은 거짓 가르침을 인식하고 거부할 수 있도록 새로운 개종자들을 교육시킬 필요성에 직면하여, 이제 그것은 시급한 일이 되었다.

사실상 모두 유대인이거나 적어도 하나님을 경외하는 자들이었던 최초의 기독교 세대들은 이스라엘 신앙의 필수 요소를 알고 있었다. 기독교로 개종하기 전에도, 그들은 성전과 회당에서 예배를 드렸고, 이스라엘의 신앙과 전통에 대해 많은 것을 알았다.

그들은 그런 예배에서 배운 것을 교회에 가져왔지만, 반면에 또한 교회와 회당 사이의 균열이 커지자 일부 다른 관행들은 가져오지 않았다. 그리스도인이 되기 전에, 그들은 하나님의 백성으로서 이스라엘이 하나님의 위대한 행위—창조, 출애굽, 유배지로부터의 귀환 등—의 역사에서 자신의 정체성을 찾았다는 것을 배웠다.

따라서 하나님의 백성으로서 교회 또한 동일한 역사에서 자신의 정체성을 찾아야 했다. 그러나 이제는 하나님께서 그리스도 안에서 행하신 일에 대한 준비로서 역사를 해석하였다.

한때 기독교 국가라고 불렸던 곳에서 살았던 우리들 대부분은 기독교의 배경이 당연시되는 맥락에서 성장했다. 사람들은 단 한 분 하나님이 계시다는 것과, 이 하나님이 만물의 창조주시라는 것, 하나님이 특정한 행동을 요구하신다는 것을 교회에서 배울 필요가 없었다. 그들은 하나님이 말씀 하시는 통로인 성경이 있다는 것과 출애굽의 이야기, 광야에서의 세월 등에 대해서도 배울 필요가 없었다.

이는 어떤 사람이 교회에 가입하려고 결심했을 때 그들에게 필요한 것은 특별한 행정 형식과 그들이 가입하려는 교파나 회중의 신학적 강조에 대한 일부 일반적인 교육이 전부이고, 그러면 그들은 세례 받을 준비가 되어 있다고 간주되었다는 것을 의미했다.

개신교가 전통적으로 가톨릭 국가들인 라틴 아메리카에 도착했을 때 유사한 일이 일어났다. 사람들은 이미 성경이 있다는 것과―비록 그것을 결코 본적은 없을지 모르지만―한 분 하나님이 계시다는 것과 이 하나님이 삼위일체시라는 것, 기독교의 삶에 특정 도덕적 원칙들이 있다는 것 등을 알고 있었다.

필요한 모든 것은 그들이 개신교의 특정한 교리를 받아들이는 것이었고, 그렇다면 그들은 세례를 받을 준비가 되었다고 간주되었다. 따라서 교리 교육 체계는 무시되었다.

많은 교회와 교파에는 몇 주간 지속되는 "회원 교실"(membership classes)이 있었고, 그 곳에서 가르치는 것은 기독교의 본질이 아니라, 오히려 그 사람이 가입하려고 준비하는 신앙공동체의 특별한 특징이었다. "복음 전도"(evangelism)라고 불리는 것은 실제로는 그것을 들어 본적이 없었던 사람들에게 복음을 말하는 것이 아니라, 분명히 휴면하는 신앙을 회복시키는 것이다.

오늘날 기독교 국가는 사라졌다. 전통적으로 기독교 국가였던 서방은 점점 더 세속적이 되어갔고, 그 영향으로 종종 대중 매체와 정치에서 표현되는 왜곡된 견해를 제외하고는 기독교의 근본 교리에 대한 관념이 거의 없는 사람들의 수가 늘어간다.

따라서 예전에는 기독교 국가였지만 현재는 점점 더 세속화되고 있는 땅에서, 우리는 교리 교육 체계의 일부 형식을 회복시킬 필요를 다시금 발견하고 있다.

우리는 기독교가 무엇인지 사람들이 알고 있다는 것을 더 이상 당연시할 수 없다. 교리 교육 체계의 회복과 더불어, 우리는 초대교회의 말씀 예전이 가지고 있었던 교육적 차원을 회복시킬 필요가 있다. 설교는 더 이상 그저 도덕적 권면이나 고무시키는 경험일 수 없다, 다만 회중이 성경과 복음의 의미를 더 깊게 이해하도록 도와야만 한다.

이러한 점에서 이전의 기독교 국가 외부에 있던 교회가 우리에게 많은 것을 가르쳐 줄 수 있다. 그 교회들은 사람들이 모든 종류의 종교적, 문화적 배경으로부터 자신들의 상황에 대한 복음의 적실성을 이해하는 데까지 전진하도록 돕는 체계를 발전시켜야 했다. 기독교 국가의 붕괴와 더불어 이것은 이제 그들이 옛 기독교 국가의 교회들보다 앞서 있다는 것을 의미하고, 옛 기독교 국가의 교회들은 근대와 근대 이후의 세계에서 교리 교육 체계를 회복시키기 위해 그들에게 지침을 구해야만 한다는 것을 의미한다.

복음 전도에 있어서도 마찬가지이다. 잠자는 신앙을 깨우는 것은 점점 더 적어지고, 종종 곡해된 내러티브를 점점 더 많이 이야기하고 있다.

불행하게도, 신자들이 이런 새로운 상황들을 인식하지 못하는 것처럼 보이는 교회들과 장소들이 오늘날 있고, 여전히 교회에 합류하고자 하는 사람들이 기독교 신앙의 본질을 알고 있는 것을 당연하게 생각한다.

그 결과 교회 지체들이 종종 모든 종류의 교리 풍조, 다니엘서와 계시록에 근거한 숫자의 계산, 번영복음, 다양한 형태의 "기독교" 민족주의, 인종 우월 교리, 그리고 유사한 근대 이단에 의해서 사로잡히게 된다.

단 하나의 해결책은 옛 교리 교육 체계의 일부 형식을 복원하는 것이다. 많은 교회가 이러한 방향으로 움직이고 있다. 로마 가톨릭교회가 성인들의 기독교 입교 예식(the Rite of Christian Initiation of Adults[RCIA])을 도입한 것은 괄목할 만하다. 그것은 의례 그 이상이다. 왜냐하면, 그것은 세례 예비자과정의 회복을 포함하고 있기 때문이다.

전 세계의 몇 개 다른 교회들이 뒤를 따르고 있다. 그 과정에서 이전에 기독교 국가였던 곳의 교회들은 결코 기독교 국가의 일원이 아니었던 교회의 관행에서 지침을 찾고 있다.

복음을 불신자에게 전달하는 직무도 마찬가지다. 우리가 "보다 젊은 교회들"이라고 불렀던 교회들은 옛 기독교 국가의 교회보다 이러한 직무에 훨씬 능숙하다.

요컨대, 우리 이야기의 이 두 번째 기간을 숙고할 때, 우리는 그 시기의 교회가 새로운 상황—교회의 회원들이 더 이상 대부분 유대인 출신이 아니었던 때—에 대처할 수 있었던 점을 알고 있다.

교회의 대처는 본질적으로 사람들의 신학적 교육을 강조한 것이었고, 오늘날 우리의 귀감이 될 수 있는 것이었다. 감사하게도, 오늘날 전 세계의 교회에서 성경과 신학 공부에 관심이 커져간다. 이것은 성경에 대한 보다 신중한 연구를 포함하고 있다.

그 목적은 성경을 외우거나, 여러 가지 상황에서 적실하고 특별한 절을 인용할 수 있도록 하려는 것이 아니라, 오히려 하나님의 백성의 일원이 되고, 성경 이야기에 합류하여 살고, 그것을 계속하는 것이 무엇을 의미하는지를 알기 위한 것이다.

3. 세 번째 기간 : 콘스탄틴부터 침략까지

역사상 그런 일이 종종 일어나듯이, 기독교 역사의 이 세 번째 기간은 깨닫지 못하는 사이에 교회를 사로잡았다. 얼마 동안 박해가 맹위를 떨쳤고, 갑자기, 일련의 예상치 못한 포고를 통하여 교회는 용인되었을 뿐만 아니라, 총애와, 결국에는 당국으로부터 구애까지 받게 되었다.

이것은 보통 "콘스탄틴의 시대"(Constantinian era)라고 불리는 것의 시작이었다. 그 주된 특징은 교회, 문화 그리고 국가 사이의 가까운 관계였다.

이들 사이의 협업은 복음 선포와 사회에 영향을 미치는 새로운 길을 연 반면에, 부정적인 결과 또한 가져왔는데, 그 중 많은 것이 수 세기 간 지속되었다. 그런 결과 중의 하나가 성직자와 평신도, 전체적인 신자와 수도사들 사이의 거리가 커지는 것이었다. 수도사들은 남자나 여자나 여전히 물품을 공유하고, 성경을 신중하게 연구하는 데 시간을 바치며, 스스로를 제사장 공동체로서 세상의 나머지를 위해서 기도하는 것이 자신들의 직무라고 여겼다.

이것은 수도사들로 하여금 심오한 그리스도인의 삶이라고 여겼던 삶을 이끌 수 있게 한 반면, 신자들은 그리스도인으로서의 소명을 수도사들에게 넘기고, 비교적 그것으로부터 해방감을 느낄 수 있게 했다.

우리 이야기의 이 기간에 대한 성찰은 또 다른 일련의 기회와 도전에 초점을 맞춘다. 그 순간까지 박해 받았고, 하찮아보였던 교회는 갑자기 존경받는 강력한 존재가 되었다. 교회의 많은 지도자들은 불의에 맞서고, 정의를 증진시키며 보호받지 못한 자들을 방어하기 위해서 이러한 새로운 존경과 영향력을 활용할 방법을 발견했다.

그러나 일반적으로 교회 대부분은 새로운 명망에 너무나 놀라서 이것이 수반할 위험에 대한 고찰 없이 그저 권력을 수용했다. 그 결과 교회는 자신이 복음에 비추어서 어떻게 관리해야 할지 모르는 권력을 장악한 것을 깨닫게 되었다.

유사한 일이 최근까지 사회에서 소외 계층이었고, 이제는 커지는 권력의 지위에 있게 된 교회에서 오늘날 일어난다.

라틴 아메리카에서는, 몇 십년 전에는 인구의 극히 작은 부분이었던 개신교가 이제 폭발적인 비율로 증가하고, 정치가, 영업사원 그리고 다른 사람들이 교회의 환심을 사려 한다.

그 결과 오랫동안 교회와 국가가 상호 간섭으로부터 보호되어야 한다고 주장해왔던 교회들이 이제 입장을 바꾸었다. 이것은 교회 지체 중 한 명이 독재자가 되었기 때문에 교회가 기뻐했던 지경까지 이르게 되었다!

미국에서는 전통적으로 사회로부터 소외되었다고 여겼고, 심지어 주류 문화의 일원이 아닌 것을 자랑했던 일부 복음 전도 집단이 권력의 중심에 합류될 기회를 가지게 되었을 때, 그 권력 앞에 절했다.

이 모든 것이 예배에도 영향을 미쳤다. 기독교 예배에 대한 그 세 번째 기간의 결과는 예배 인도자와 신자 집단과의 커지는 거리였다. 회중이 엄청나게 커지고 의식이 더욱 과시적이 되면서, 누가 권력이 있는 자리를 차지했는가와 누가 그러지 못했는가를 명확하게 할 필요가 있었다.

그래서 다른 가치관을 보여주어야 했던 예배가 사회의 불평등한 구조를 전반적으로 모방했다. 불행히도, 유사한 일이 오늘날 많은 교회에서 일어나고 있다. 예배가 이제는 더 이상 신자들이 아니라, 소위 그들의 지도자들을 중심으로 하고, 그래서 전반적인 사회의 가치와 서열을 반영하면서 점점 더 계층적이 되는 것이다.

일부 교회에서는 예배 인도자들이 "예배자"(worshiper)라고 불리는데, 이는 마치 모든 사람이 아니라, 그들만 예배를 드리고 있는 것처럼 들린다. 그리고 그런 인도자의 롤 모델은 종종 음악 아이돌과 텔레비전 쇼이다.

하지만, 긍정적인 면도 있다. 우리 이야기의 세 번째 기간은 설교와 예배 둘 다의 황금기였다.

존 크리소스톰, 암브로스, 바질, 어거스틴은 너무나 뛰어났다. 그들의 천재성은 주변 문화―명확하고 우아하며 심오할 뿐 아니라, 단순하고 명확하게 하나님의 말씀에 근거했던 설교를 위해 그들이 조상으로부터 상속받았던 헬라와 라틴 문화―에서 최상의 것을 어떻게 활용할지 아는 것이었다. 그들은 성경을 활용하여 어려운 질문을 피하려고 하지 않았다.

오히려 성경은 그들을 그런 질문에 직면할 수밖에 없도록 했는데, 그들은 황제나 어떤 지상의 권세에게가 아니라, 하나님의 말씀에 신실하게 순종하면서 그렇게 했다.

예배 자체에서는 4세기는 가장 단순한 예배부터 가장 정교한 예배에 이르기까지 많은 현대 예배에서 여전히 볼 수 있는 흔적을 남겼다.

이러한 지도자들은 사람들이 참된 교리와 좋은 신학을 확실히 견지하도록 하는 가장 좋은 방법은 그 교리와 신학이 예배-설교에서뿐만 아니라, 노래, 기도, 제스처, 등등의 말해지고 행해지는 모든 곳에서-에서 확고하게 표현되고 지지 받게 하는 것임을 알고 있었다.

어떤 신학적 요점이 그런 식으로 제시되어, 사람들 사이에서 뿌리내릴 필요가 있었을 때, 4세기 위대한 인물 중의 어떤 이는 사람들의 신앙을 형성했던 찬송가를 썼다.

우리가 "보다 젊은 교회들"이라고 부르곤 했던 교회들 일부에서 유사한 일이 일어나고 있다. 그곳에는 음악과 노래에 엄청난 창의성이 있다.

이것은 오늘날 예배의 많은 것이 고대교회의 예배와 유사할 수 있는 또 다른 중요한 측면으로 이어진다. 즉 경축으로서의 예배이다.

그리스도인들이 주간의 첫날에 모였던 이유는 하나님이 내리셨던 법을 순종하기 위해서가 아니라, 예수님의 부활과, 이제 새 창조의 첫날이 된 창조의 첫날과, 새 창조가 완전한 결실을 맺을 때인 마지막 날을 경축하기 위해서였다. 거기에는 우리의 경축의 강조가 너무나 자주 한쪽으로 치워두는 죄의 고백을 위한 지점이 분명히 있었다.

그러나 그 고백 위에는 하나님의 구원하시는 은혜에 대한 강한 확언이 있었다. 뿐만 아니라, 고백이 깊고 고통스러울 때, 기쁨은 더 크고 더 깊게 느껴진다.

오늘날 우리는 예배에 기쁨의 표현을 점점 적게 포함시키는 교회들을 볼 수 있고, 모든 것이 표면적인 기쁨으로 보이는 또 다른 종류의 예배를 볼 수 있다.

그리스도인의 기쁨은 죄의 고백과 은혜의 경험에 근거하고, 우리는 하나 없이는 다른 하나를 가질 수는 없다. 예배에서 기쁨의 회복은 현대 예배의 특징들 중의 하나이다. 이것은 특히 성찬 예전에서 두드러지는데, 그것은 원래 부활의 경축이었지만 수 세기 동안 장례식이 되었다.

오늘날 성찬의 그 경축하는 본질이 회복 중에 있고, 개신교도 사이에서 성찬의 빈도 또한 회복되고 있다.

4. 네 번째 기간 : 침략 이후

마지막으로 우리 이야기에서 네 번째 기간으로 간략하게 돌아간다. 그에 관해서는 다만 간단한 개요만 제공했었다.

이 네 번째 기간은 수 세기동안 지속된 혼란의 시기였다. 위기에 처한 사회의 일부로서, 서방의 교회 또한 무질서와 물리적이고 지적인 유산 대부분이 파괴됨으로 인해 흔들렸다.

그럼에도, 교회는 사회에 일정한 질서를 가져오고, 하늘 보좌 앞에서 세상을 대표하는 자신의 직무인 제사장으로서의 그 고대 기능을 계속하는 역할을 했다. 어려운 시기에, 사람들은 자신들을 위해서 끊임없이 기도하는 몇몇 사람들이 있다는 것을 알고 있었다. 사회적, 경제적 무질서의 영향으로 굶주림이 덮쳤던 도시들을 위해 음식을 확보할 필요가 있게 되었을 때 교회는 음식 전달과 거래의 재개를 체계화했다. 요컨대, 교회는 제사장직과 인간의 다양한 욕구를 충족시키는 두 가지 기능을 성취할 수 있었다.

또 다시, 우리는 지금 혼돈, 불안 그리고 파괴의 시대에 살고 있다. 본고의 마지막 줄들을 쓰고 있을 때, 전 세계는 치명적인 팬데믹의 영향으로 고통 받고 있다. 부분적으로는 그 팬데믹의 결과로 지구의 여러 곳에서 혼돈이 날뛰고 있다. 다른 곳에서는 억압적인 정부와 경제 체계가 있다. 전 지구적 경제 위기는 실업, 노숙, 기아의 급증으로 이어진다. 항상 있었던 불공정이 백일하에 드러났다.

이런 맥락 안에서 교회는 계속 모여ㅡ자주 팬데믹으로 인하여 실제로 가지 않고 가상으로ㅡ예배를 드린다.

이러한 시점에서, 만약 이 한 페이지로 이어지는 모든 페이지로부터 어떤 중요한 것을 배웠다면, 그것은 바로 예배할 때 우리는 우리 자신의 유익만을 위해서 그렇게 하지 않는다는 점이다. 우리는 하나님께서 이 인류의 고통, 고뇌, 필요와 소망을 하늘 보좌 앞에 가져오기 위해서 세우셨던 제사장 백성이다.

따라서 우리는 그저 모임의 기쁨을 위해서가 아니고, 심지어 주로 우리의 영적 교화를 위해 모이는 것이 아니라, 오히려 그리스도의 몸인 교회뿐만 아니라, 하나님의 영원한 손 안에서 안식하는 모든 피조물의 안녕을 요청하면서 모든 피조물의 주님께 우리의 애처로운 절규를 올리기 위해 모이는 것이다;

하지만, 우리는 멋있는 말과 자기 정당화로 만족하지 않도록 조심해야 한다.

교회 전체를 바라볼 때, 우리는 다음과 같은 점을 고백해야 한다. 그것은 한 분 유일하신 하나님께 드리는 하나의 찬양으로 우리를 결합시켜야만 할 예배라는 주제가, 그렇게 하는 대신 우리를 분열시켜왔고 계속해서 분열시킨다는 점이다. 어떤 이는 어떤 종류의 음악을, 다른 이는 또 다른 것을 원한다. 어떤 이는 차분하고 고요한 예배를, 다른 이는 즐거운 소음을 선호한다. 어떤 이는 침묵으로 기도하는 것을 선호하고, 어떤 이는 더 소리 내는 기도일수록 더 좋은 기도라고 믿는 것처럼 보인다. 그 외에도 여러 가지가 있다. 어떤 이가 "예배 전쟁"(worship wars)이라고 이름 붙였던 이 모든 것의 와중에서 신자들의 빛이 되어야 할 사랑은 꺼질 것 같고, 신앙은 증오가 되며, 증언은 가려진다.

이 모든 것에 또 다른 부정적인 결과들이 첨가된다. 오늘날의 도전들에 대한 해답은 예배 전쟁에서 제안된 많은 해결책 중의 하나에 있다고 생각하면서 우리 스스로를 속이는 것이다. 진정으로 문제의 핵심을 탐구하기보다 우리는 최종 분석에서 피상적인 문제들만 다룰 뿐이다.

5. 우리 예배의 근본적인 변혁을 향하여

아마도 우리 예배 개혁을 위한 첫 번째 단계는 일종의 신앙의 휴전으로서 잠시 동안 소위 예배 전쟁을 제쳐두고, 고대교회가 우리를 가르칠 수 있는 관행과 경험이 무엇인지 숙고하는 것이다. 본고의 서론에서 그 라인을 따라 몇 가지 가능한 경로를 제안했다. 그런 경로를 제안하면서, 우리는 절대 오늘날의 교회들에게 수 세기 전에 행해진 것을 모방하라고 요구하지 않는다. 그런 모방은 또 다른 쉽고, 피상적이고, 따라서 오늘날의 요구에 대해 그다지 유용하지 않은 대응일 것이다.

우리가 제안하는 것은 고대교회가 어떻게 예배했는지 혹은 어떻게 기도했는지, 혹은 그들이 무슨 말을 했는지, 혹은 그들이 무슨 음악을 노래했는지가 아니라, 오히려 그들이 예배와 그 기능에 대해서 가졌던 기본적인 비전이 무엇이었는지를 묻는 것이다.

이러한 질문에 직면하여, 우리는 고대교회가 참된 예배는 항상 양방향이라는 점을 우리에게 가르쳐 준다고 단언하는 것으로 시작해야 한다.

예배에서 우리는 하나님께 말하고, 하나님은 응답하신다. 하나님은 말씀하실 뿐 아니라, 우리의 응답을 기다리신다. 하나님이 얼마나 선하시고 위대하신가에 대해서 소리치고 노래하는, 오직 찬양만 하는 어떤 예배도 그 예배가 되어야만 하는 것의 반에 지나지 않는다.

예배는 하나님과 하나님 백성 사이의 대화이다. 예배에서 하나님은 우리에게 말씀하시고, 우리는 응답한다. 예배에서 우리는 또한 하나님께 말하고 하나님은 응답하신다.

만약 이 대화에서 하나님의 말씀이 우리에게 평화, 정의 그리고 사랑의 왕국을 약속하신다면 우리 예배는 우리가 평화, 정의 그리고 사랑 속에서 살아야 할 것을 요구한다.

  만약 우리가 높은 곳으로부터 생명, 교회, 재물, 모든 피조물과 같은 선물을 주시는 하나님의 관대하심을 찬양한다면, 우리 또한 그런 선물들을 적절히 사용하는 것에 관해 하나님이 우리에게 말씀하시는 것을 들을 준비가 되어야만 한다.

  "주님, 우리에게 생명을 주셔서 감사합니다"라고 말하는 것만으로는 충분하지 않다. 우리는 또한 "주님, 우리의 생명은 당신의 것입니다. 당신이 원하시는 대로 그것을 사용하시옵소서"라고 말해야만 한다.

  만약 하나님의 말씀이 우리가 얼마나 죄로 가득한지 보여주신다면, 그 말씀은 또한 고백과 회개의 응답을 요구하신다. 이런 응답은 우리로 하여금 은혜와 용서의 말을 들을 수 있도록 허락한다. 그런 은혜와 용서에 근거하여, 하나님은 우리에게 새 생명으로 부르신다.

  만약 하나님의 말씀을 통하여 우리가 평화, 정의, 사랑을 약속받았다면, 우리 예배는 우리가 평화, 정의 그리고 사랑의 결정과 행위로 응답하도록 요구한다.

  이것은 반드시 강조해야 하는 본 연구의 두 번째 큰 배움으로 우리를 데리고 간다. 현재 교회의 예배는 하늘의 지존하신 분의 보좌 앞에서 일어나는 훨씬 광대하고 영화롭고, 압도적인 예배의 일부이다. 비교할 수 없는 은유와 이미지로 계시록에서 묘사하는 예배는 하나님께 드리는 참되고 영원한 예배이다. 그러는 동안 교회가 하는 것은 그 예배에 참석하고, 그것을 맛보기를 즐거워하는 것이며, 교회 또한 천사들과 천사장들과 아무도 셀 수 없는 하늘의 모든 무리들과 함께 노래할 수 있는 영광의 날을 위해 준비하는 것이다.

  우리의 현재 연구로부터 도출되는 또 다른 중요한 교훈은 예배는 개인 신자의 하나님께 대한 찬양과 하나님께서 그 신자에게 하는 대답에 관한 것만이 아니라는 점이다. 그것은 또한, 그리고 무엇보다도 하나님의 전체 백성이 하나님께 말하는 찬양과, 하나님이 그 백성에게 대답하는 것이다.

예배 목적의 일부는 그리스도의 제자로서 우리를 형성시키고 만드는 것이다.

그러나 그 형성은 주로 개인적인 것이 아니다. 왜냐하면 그것이 하는 것은 우리 모두를 그리스도의 몸의 지체의 모양으로 만들고, 하나님이 하나님 자신을 위하여 창조하신 이 백성 안으로 우리를 접붙이는 것이기 때문이다. 우리의 참된 시민권이 이미 있는 최종적인 왕국을 위해 우리가 준비하는 것은 동료 시민으로서 그렇게 하는 것이다.

한마디로, 항상 기억되어야 하는 예배의 근본적인 목적은 하나님의 백성을 개인뿐만이 아니고, 혹은 개인이 주가 아니라, 지체 모두를 하나의 백성으로서 공동으로 만들고 강화시키는 것이다.

여기서 우리는 고대교회 예배와 오늘날 우리 예배의 많은 것 사이에 있는 가장 비극적인 차이를 발견한다. 이 점에서 고대교회에는 우리에게 가르쳐 줄 많은 것이 있다.

우리 시대와 문화의 개인주의는 그리스도인의 삶을 위한 교회의 중요성을 이해하기 어렵게 만든다. 우리 각자는 교회에 가서 하나님께 우리만의 찬양을 올려드린다.

고대에서 우리는 세상의 다양한 부분들 가운데 있는, 심지어 하나님을 찬양하는 하늘의 무리 사이에 있는 엄청난 찬양대에 합류하기 위해 교회에 갔다.

오늘날 우리는 하나님에 관해서 좀 더 배우려고 교회에 간다. 그리고 그것은 괜찮다. 그러나 하나님의 백성인 것이 무엇을 의미하는지 배우고 실천하기 위해서 우리가 교회에 간다고 생각하는 일은 드물다.

오늘날 우리는 심지어 주유하러 교회에 가고, 그로 인해서 또 한 주의 삶의 위험을 받아들일 수 있게 된다는 말까지 듣는다.

확실히, 예배는 삶의 기쁨과 어려움을 직면할 힘을 제공하지만, 그것이 교회의 주된 기능은 아니다.

신약에서 보는 것처럼, 구약에서 이스라엘의 주된 기능이 바로 하나님의 백성인 것처럼, 교회의 주된 기능은 하나님의 백성이 되는 것이다.

교회의 예배 생활은 하나님의 백성이 형성되는 모루(anvil: 대장간에서 뜨거운 금속을 올려놓고 두드릴 때 쓰는 쇠로 된 대: 역주)가 되어야 한다. 예배는 우리가 참으로 하나님의 백성과 그리스도의 몸이 되도록 도와주는 것과 같은 것이 되어야 한다. 이는 각 지역 교회, 그리고 전체로서의 교회에도 마찬가지의 사실이다.

오늘날 "내 신앙"(my faith), 혹은 아마도 "내 가족"(my family)의 신앙을 강화시키기 위해서 교회에 간다고 생각하는 것이 일반적이다. 교회는 확실히 그렇게 한다. 그러나 중요한 것은 내 신앙, 혹은 나의 순종, 혹은 나의 거룩함이 아니라, 오히려 이 백성, 우리가 "교회"라고 부르는 이 몸의 신앙, 순종, 거룩함이다.

결론적으로, 고대 기독교 예배는 안내자로서의 역할을 할 수 있다. 그리하여 우리가 모방할 수 있게 되는 것이 아니라, 우리가 그 부정할 수 없는 힘의 깊은 뿌리를 재발견할 수 있게 될 것이다.

만약 그것을 신중하게 연구하고, 만약 우리가 그 예배가 들이마셨던 동일한 원천으로 간다면, 우리는 미래세대에게 우리 신앙의 조상들이 우리에게 남겼던 것과 유사한 유산을 남겨줄 수 있을 것이다.

한편으로, 하나님께 영광을 돌리고, 우리가 천사들과 천사장들과 함께 "거룩, 거룩, 거룩, 만군의 여호와 하나님, 하늘과 땅이 당신의 영광으로 충만합니다. 영광이 당신께, 오 지존하신 주님!"이라고 노래하면서 계속 기뻐하게 하라.